江口　桂　著

古代武蔵国府の成立と展開

同成社　古代史選書　13

まえがき

日本古代国家の地域支配の基幹組織となる地方行政区画は、国（嶋）・郡・里（後に郷）に分けられ、国司・郡司・里長（郷長）がそれぞれの行政を担当していた。国は、大宝律令（七〇一年制定）施行時には、五八国三嶋だったが、その後の増減を経て、天長元年（八二四）に多祢島を大隅国につけて二嶋となり、以来六六国二嶋の数に定まったとされる。

その国内の地域支配の政治的拠点として設置された役所が国府である。さらに、国府は、国と国を結ぶ駅路などの道路網と河川沿岸の交通の結節点である水陸交通の要衝に選地された、国の政治、経済、文化の中心となる古代地方都市と性格づけることができる。

現在の四七都道府県をはるかに超える国があり、それぞれに置かれた国府だが、実はその所在地すら明らかになっていない国府が半数以上を占める。六六国二嶋の国府のうち、国史跡の指定を受けている国府が一七、発掘調査によって国府の所在地がほぼ特定されている国府が一一と、両者合わせても全体の半分以下であり、四〇か国の国府がその所在地すら特定されていないのが実情である。

その理由は、国分寺との比較で理解することができる。国府と対照的に、全国の国分寺は、国史跡の指定を受けている国分寺跡が五一と、全体の七割を超えている。行政の中心地だった国府の大半がその衰退とともに後世の人々の記憶に残らなかったのに対し、国分寺は今もその法灯を伝える寺院が残っているように、地域の信仰の対象として、人々の記憶にとどめられたからこそ、礎石などの地上部の遺構も残ってきたのである。

このように地域のなかで忘れ去られた国府だが、歴史地理学の地名や地形などによる国府所在地の探求にはじまり、考古学の発掘調査によって、各地で国府の調査が行われるようになってきた。ただし、国府跡の発掘調査は、一九六三年および一九六五年に実施された滋賀県大津市の近江国庁跡のように[1]、その当初は国庁の解明に主眼が置かれ、国府の全体像を把握するには、ほど遠い状況であった。

こうしたなか、東京都府中市では、全国の国府跡に先駆けて、一九七五年の段階で、国府域全体の実態解明を目指した網羅的な発掘調査を開始した。筆者が今から二〇数年前に府中市に勤務した時点では、国庁こそ未解明であったが、すでに市内の埋蔵文化財包蔵地で六〇〇か所を超える発掘調査が実施され、武蔵国府域全体の解明を目指したさまざまな取組みが行われていた（序章第二節）。しかし、国府の中枢施設である国庁が特定できなかったことや発掘調査の大半が個人専用住宅等の建設に伴う狭小な面積だったことから、国府域全体の具体像が捉えにくく、いち早く国庁が解明された近江や下野などの国府跡に比べ、その成果が学会で注目されることは少なかった。

しかし、武蔵国府跡の発掘調査は、断片的な資料を地道に積み重ねる作業だが、それらを丹念に、かつ総体的に検討していくことができれば、文献史料にはない古代国府の具体的なあり方を明らかにし、それを古代地域社会の実態の解明に結びつけることができるのではないか。それを実現できるかは、これまで蓄積されてきた膨大な発掘調査のデータをいかに体系的に整理・研究していくことができるかにかかっている。

二〇一三年三月末現在、東西約二・二キロメートル、南北最大一・八キロメートルに及ぶ国府域の発掘調査実施面積は、約三九万一五〇〇平方メートルに及び、竪穴建物跡約五〇〇〇棟、掘立柱建物跡約九〇〇棟が検出され、土器などの遺物もコンテナで一万箱以上が出土している。これらの膨大な発掘調査データは、一つひとつが断片的な情報のため点でしかなかったのに、調査に従事してきた関係者の地道な努力によって、次第に点と点が線で結ばれ、面的に広がっていった。

特に、武蔵国府跡の発掘調査は、府中市全域をカバーする国家座標に基づく測量によって記録化がなされてきたことから、これまで市内で行われた一六五〇か所を超える発掘調査のすべての遺構を地図上に正確にはめ込むことが可能となった。その結果、一つひとつの竪穴建物や掘立柱建物の分布が国府域の広がりを示すようになってきたのである。竪穴建物と掘立柱建物が面的に広がる国府域には、国府の中枢施設である国庁・国衙を中心に、主要な道路網と、それに沿って位置する曹司（官衙ブロック）や国司館、国府への人口の集住を支えた共同井戸、寺社、各種工房、市などの諸施設の存在が捉えられてきている。

また、国府の北北西約一・五キロメートルに立地する国分寺も、長年継続的な発掘調査が行われ、全国最大級の国分寺として、寺院中枢部とそれを取り巻く集落の状況も明らかになってきた。さらに、国府所在郡である多磨郡の集落遺跡の発掘調査の進展によって、国府と国府所在郡の集落の動向が密接な関わりを持って武蔵国の地域社会を形成していたこともうかがわれるようになってきたのである。このように、古代の国府と国分寺、駅路とその周辺地域の集落をも含めた古代社会の実相が考古学の発掘調査によって明らかにできる地域は、国内でも他に例はないと言っても過言ではないであろう。

本書は、古代武蔵国の国府の成立と展開に関して、これまで発表してきた論考を中心とし、それに数篇の新稿を加えて一書としたものである。旧稿に関しても、できるだけその後の調査研究成果を取り入れて書き改めた。本書の構成は次のような意図に基づいている。

まず、これまでの古代国府の研究史を振り返り、国府研究の現状と課題を整理した。そのなかで、武蔵国府の研究史を特に深く掘り下げ、武蔵国府跡の調査研究の意義を説いた。続いて、本書の核となる武蔵国府の機能を順に検討し、国庁・国衙から国府域の具体的なあり方を、さまざまな考古資料に基づき解明することを目指した。その後、国府と国分寺、さらには国府所在郡である多磨郡の集落の変遷から、国府と周辺集落との関わり、多磨郡の古代集落の実相を検討した。最後に、東国の国府の比較検討も行った。

以下、章ごとのねらいは次のとおりである。

序章「古代武蔵国府研究の成果と課題」では、古代国府研究の動向として、これまでの国府研究史を振り返った上で、武蔵国府研究の現状と課題を整理し、本書で扱う用語と武蔵国府の土器編年を整理する。

第一章「武蔵国府成立前夜の南武蔵地域」では、国府設置から半世紀ほど前に府中の地に築造された国内最大・最古の上円下方墳である武蔵府中熊野神社古墳の調査の意義を明らかにし、その対象地域を多磨川中流域左岸の古墳と集落、さらには武蔵地域と東国の他地域（関東地方）に広げて、終末期古墳と国府の成立を検討する。

第二章「武蔵国府の成立と展開」では、JR府中本町駅前で発掘された国府の初期国司館から、国府の中枢施設である国庁・国衙、国府域に至る武蔵国府の成立を検討する。次に、成立後の武蔵国府の展開について、国府の諸機能を整理し、考古学の発掘調査成果によって判明してきた国府の機能と具体像について考察を行う。さらに、円面硯・畿内産土師器・須恵器盤類という官衙的土器および墨書土器からみた国府の空間構成、景観を検討し、武蔵国府の成立を象徴する遺物である盤状坏の出現とその背景を明らかにする。

第三章「武蔵国府とその周辺」では、武蔵国府と他地域の比較に主眼を置き、武蔵国府と多磨郡、南武蔵、東国の国府との比較検討を行う。具体的には、武蔵国府跡で発掘された方形区画遺構を「社」と考えた上で地方官衙における「社」を考える。次に、武蔵国府と国分寺の景観を竪穴建物群の分布と変遷から比較検討し、その研究方法を国府と国府所在郡である多磨郡の集落に対象を拡大し、郡と郷の領域・開発と国府との関わりまで考究する。さらに、生業遺物からみた武蔵国府の特質を明らかにし、最後に、東国における国府の景観と道路網を比較検討する。

終章では、全体を総括し、今後の課題を整理する。

古代武蔵国の国府の特質は、第一に、七世紀末〜八世紀初頭に国府が成立し、その後、十二世紀代まで移転なく同一の地に存続し続けることにある。他国の国府では、隣国の相模国府のように、二遷ないし三遷した事例（第三章第五節参照）があるなかで、武蔵は移転なく、府中の地に国府が四〇〇年間累々と存続し続けたことを常に意識しておかなければならない。

第二には、国府を構成する遺構の中心が竪穴建物跡であること。絶えず竪穴建物跡が本書の分析検討の主な対象となっている。

第三には、古代の国府は官庁としての機能だけでなく、その国の政治・行政・経済・文化の一大センターとして都市的機能を有し、国府とその周辺地域が密接なつながりを持っていたことである。国府は、中央政府の出先機関としての官庁の機能だけでなく、さまざまな機能を有した古代の地方都市と位置づける。

以上の三点を本書の基本的な視点として、古代武蔵国の国府の成立と展開を考古学の立場から検討したい。

なお、本書で取りあげた武蔵国の国府の発掘成果は、一九七五年から三五年以上に及ぶ多くの市民の理解と協力によって実施された発掘調査の成果に基づくものである。その調査は、多くの関係者の地道な現場での苦労とその後の報告書作成に至る努力の蓄積による。本書の冒頭で、市民、事業者、関係機関および発掘調査を担当した多くの方々に対し、深く感謝を申しあげる次第である。

本書が、全国各地で行われている国府跡の調査研究の一助となるとともに、いまだ解明されていない国府の実態に迫る手がかりとなれば幸いである。

注

（1）滋賀県教育委員会『滋賀県文化財調査報告書』六、一九七一年。

目次

古代武蔵国府の成立と展開

序章　古代武蔵国府研究の成果と課題

第一節　古代国府研究の動向

一　第一期の研究（歴史地理学を中心とした研究期）

近代日本の古代国府の研究は、まず歴史地理学の立場から、景観論的な研究が行われてきた。その先駆けとなった米倉二郎の研究(1)は近江国府域の景観復元を地図上で試みたことに意義があった。

その後、一九六九年に初版が刊行された藤岡謙二郎の『国府』(2)は、当時の国府研究の一つの到達点を示している。ここでは、律令期の政治機構は古代的中央集権制で、近世にみる厳密な地方分権的な大名領国のような性格は形成されていなかったとしながらも、我が国の都市発達史上、全国の畿内七道計六八か国（第1図）に画一的に設立された地方の政治的中心都市といえば律令体制下の国府をおいて他にはなく、各国の国府は一国一城の各国の首都であったこと(3)、国府は、それぞれの国での海陸両様からなる交通の焦点、かつ結節点だったとしたことを重視しておきたい(4)。

つまり藤岡は古代の国府を、日本の古代律令国家が地方行政単位として区分した六八余の国を統治するために設け

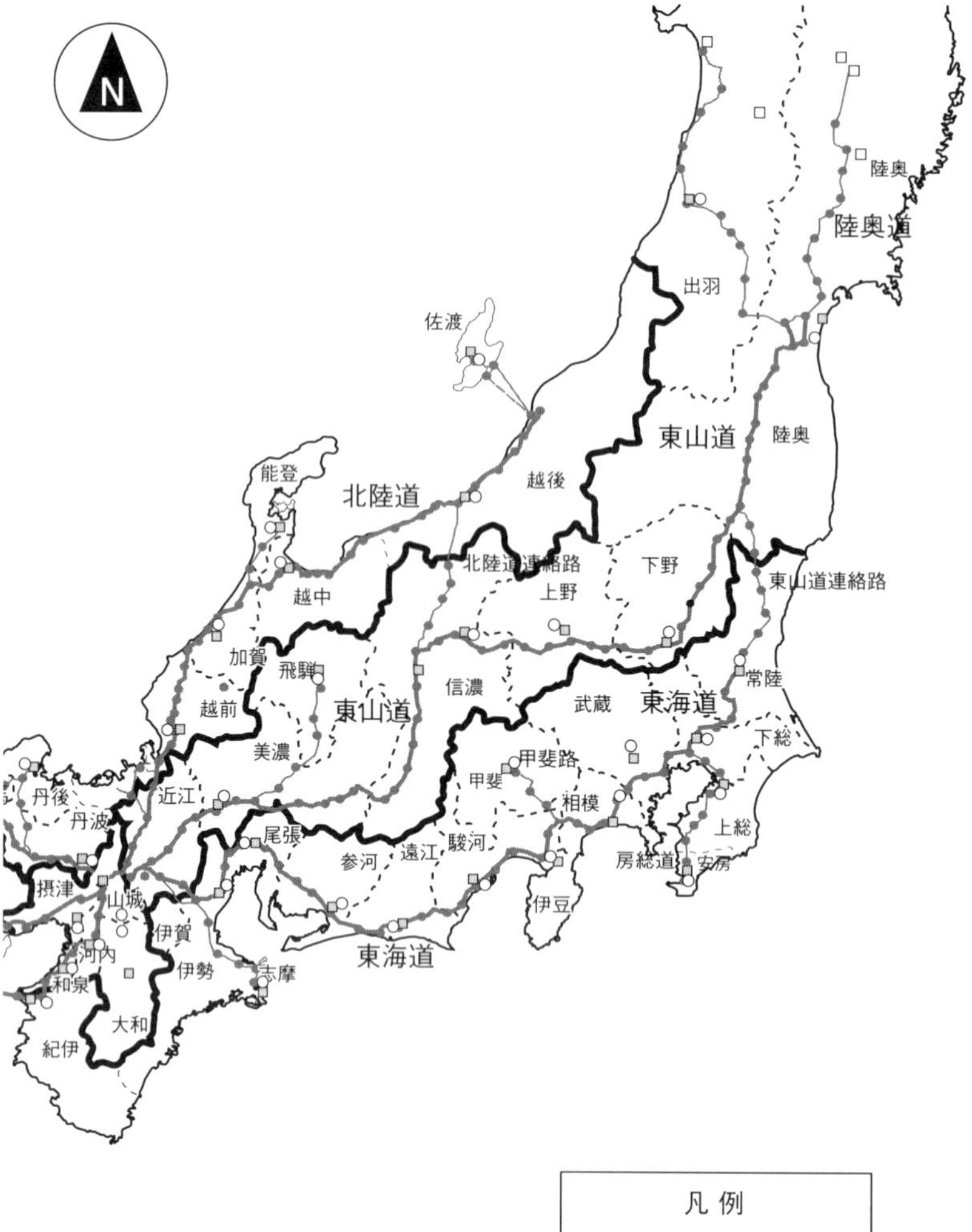

凡例

- 各道本路
- 支路または連絡路
- 国府
- 国分寺
- 城柵
- 駅家

第1図　全国の七道駅路と国府・国分寺の位置
（武部健一『完全踏破古代の道』吉川弘文館 2004 年付図をもとに作成）

られた行政機関＝官庁と定義づけただけでなく、国と国を結ぶ駅路、国府と諸郡を結ぶ道路網の結節点や河川の沿岸など、水上・陸上交通の要衝に選地されたことから、各国の政治、行政、経済、文化の中心という古代地方都市（いわば各国の「首都」）としてさまざまな役割を担っていたと考えたのである。

この藤岡の研究を受け継いだ木下良は、国府の立地環境に加え、条理地割、国府と駅路、国府と河川・水運、国府と国府付属寺院、国府関連の神社等の国府の景観論のみならず機能論に踏み込んだ研究をまとめた(5)。

このように、古代の国府研究の第一期は、主に歴史地理学の研究者によって、現地のフィールド調査に基づいた国府の景観的な姿を復原することに主眼が置かれ、国府は都城と同様に碁盤目型の方格地割が形成され、方八町（約九〇〇メートル四方）の国府域を呈していた（いわゆる「国府方八町説」）と考えられるようになった。こうした歴史地理学の立場から見た国府研究は、木本雅康(6)、中村太一(7)にも受け継がれている。

二　第二期の研究（共同研究と国府方八町説の検証期）

一九八〇年代後半には、古代の官衙全体を総括的にまとめたなかで、国府の現状と課題を整理された阿部義平の研究(8)をはじめ、国内各地で行われるようになった国府跡の発掘成果に基づく論考が増えていった。特に、国立歴史民俗博物館の一連の共同研究「古代の国府の研究」では、考古学に加え、古代史学、歴史地理学、建築史学などの関係学問分野の協働によって、国府の諸問題が検討された(9)。そこでのシンポジウムの総合討論では、①国府の定義（国府とは何か）、②国府の成立から展開および国府の具体像、③地方都市成立の問題という三つの柱が議論され、はじめて関係分野の協働による国府の総合的な研究成果がまとめられた。特に「国府方八町説」に対しては、井上満郎から、国府には都市規制がないことから、古代都市ではなく、国府域そのものも否定する見解(10)が出されたように、さまざまな視点から再検証しようとする動きが出てきた。

このようななか、古代地方官衙研究をリードしてきた山中敏史は、各地の国府跡の発掘調査事例を検証し、国府の成立時期や国府の実態を検討した[11]。そこでは、方八町説を再考が必要としながらも、①国ごとにある範囲が国府域にあたると意識されていたが、それは時期によって流動的な要素を持っていたこと。②国によっては、都城の主要街路にあたる道路が部分的に設けられていたことなどから、国府は政治的都市と性格づけることができると結論づけた。国府を、農村などの周辺地域とは異なり、人口が集中した独自の景観を有していた政治的都市とみる立場は、平川南

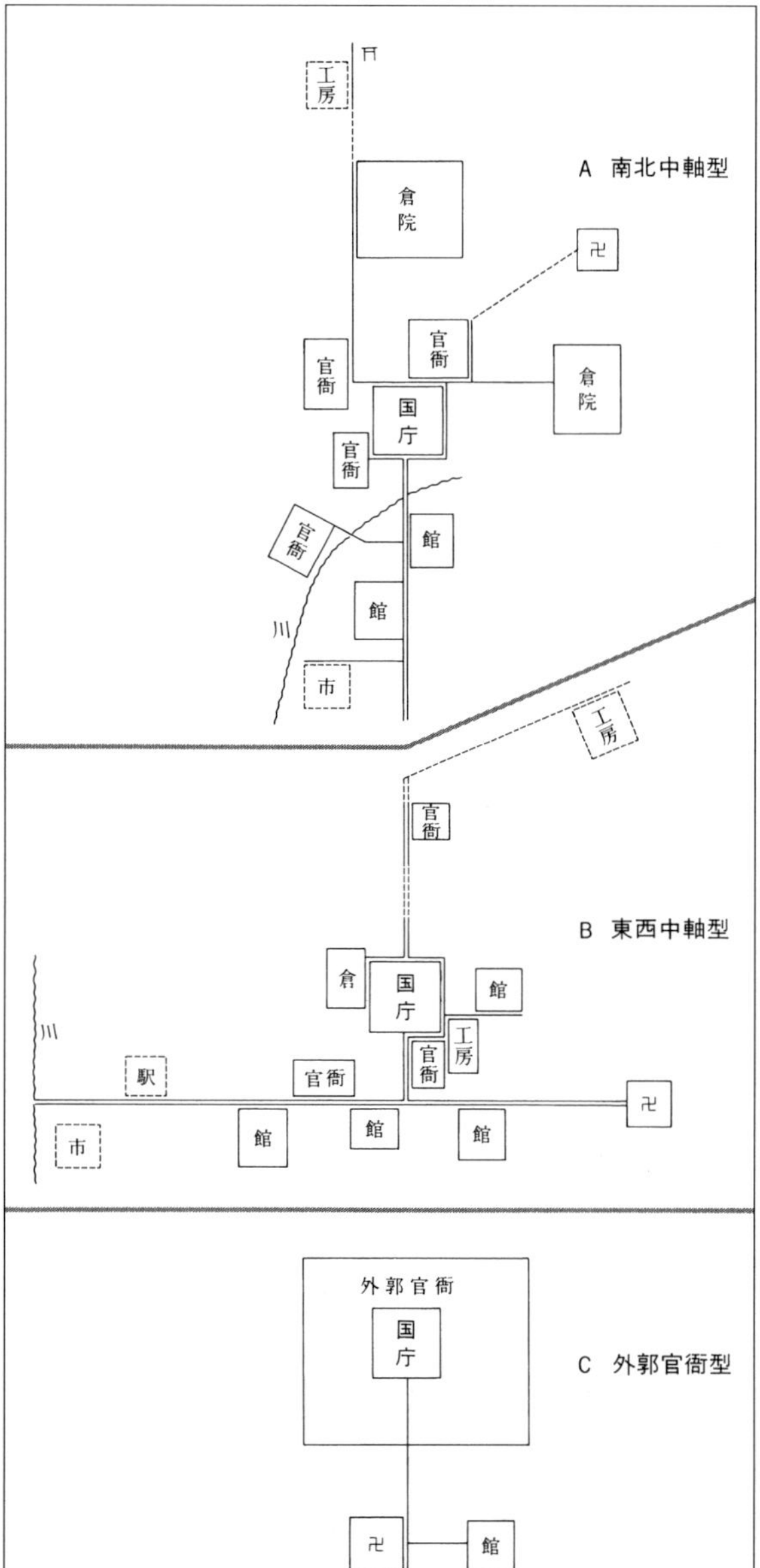

第2図　国府域の類型（注12金田2002、178頁図3-8を転載）

も提唱している[13]。

一方、歴史地理学の側から国府の形態と構造を研究した金田章裕は、八世紀から十世紀前半の国府の構造と国府域のパターンを、「A　南北中軸型」、「B　東西中軸型」、「C　外郭官衙型」という三パターンに分類した（第2図）。そして、国府は、本来方形とか一まとまりの連続した空間であるとは限らず、国庁と道路を核ないし軸として官衙群が配置された機能的な構造を基本とした機構で、「市街不連続・機能結節型の都市」と定義づけた。さらに、十世紀中頃から十二世紀頃の国府は、大宰府に象徴されるように、方形国府域が構想される契機があって、方格地割も形成される場合があったと想定した[13]。金田の研究は、歴史地理学の立場から、一九九〇年代前半までの国府跡の発掘調査成果を的確に検証し、モデルを提示したことについて高く評価される。

三　第三期の研究（発掘調査の進展と全国国府の比較検討期）

一九九〇年代後半になると、国府の具体的な研究とともに、国内各地で国府跡の発掘調査が進展し、一九九六年の日本考古学協会三重大会における全国的な集成[14]をはじめ、各地域でシンポジウムが開催され、国府の実態が比較検討される段階に入った[15]。こうした発掘調査の成果は、山中敏史を中心とする奈良文化財研究所[16]や佐藤信[17]によって、総括的にまとめられている。

また、国府の景観論に関しては、山路直充が京と寺の景観を主題としながらも、東国国府の空間と景観を検討し、東国国府を宮都の「閉鎖型」と対比して、「開放型」と意義づけた論考[18]や、古代の地方都市（官衙）に方格地割を持つ都市と持たない都市に注目した前川佳代の研究[19]があげられる。さらに八雲立つ風土記の丘が出雲国府域を千分の一スケールで復元を試み、東西四・八キロメートル、南北三・五キロメートルの範囲を模型で表現した取組[20]がある。

国府の景観という観点から問題となる大きな論点は、①国府域の広がりと性格をどう捉えるか。つまり、国府域が金田の提示にある三つのモデルのように、「市街不連続・機能結節型」都市としての景観を有していたのか。②国府の機能を考える場合、国府域には、どのような施設が展開していたのか。という二点である。出雲国府域では、国庁、国庁周辺の官衙群、国司館、官営工房、軍団、駅家、郡家、役民の宿舎、仏教寺院、神祇祭祀、国学の学校、国府内神、市、国府津などのさまざまな国府の機能が復元されている。出雲国風土記の記載がある出雲と同レベルで各国の国府を論じることは難しいが、出雲国府域の復元は国府域の実像を考える上で、一つのモデルケースとなっている。

さらに、近年新たな見解が出されてきた国府の成立を検討する上では、国庁という国府の中枢施設の造営のみならず、その周辺に広がる曹司も含めた国府＝古代の地方都市がいつ成立するのかという視点が肝要である。一九七〇年代後半以降、全国各地で国府跡の発掘調査が進展しているが、国庁周辺に広がる官衙群や官営工房、仏教寺院、神祇祭祀、市などのさまざまな諸施設と道路網がいつ成立したのかは明らかになっていない。

武蔵国府跡の場合、七世紀末から八世紀初頭の段階で、後の国府域を形成する東西約二・二キロメートル、南北最大一・八キロメートルの範囲に、突如として竪穴建物が面的に広がる空間が出現し、そこには共同井戸も掘削されていることから、この段階で国府域が成立すると考えられる。ただし、あくまで武蔵国衙（国庁）の成立は、八世紀前葉を遡ることはないと考えられているので、後述する国司館とみられる建物との関係が重要な課題となっている。

四　国府研究の課題

以下、本書で検討する課題を整理しておきたい。

第一に、国府の機能の問題である。国府には、国庁・国衙の中核となる政務、儀式、饗宴などの公的な場としての機能があり、この機能は、平安時代以降、国庁から国司館に移っていくと考えられている。その他の機能としては、文書行政の場としての機能、財政的な機能、国家仏教の体現の場としての機能、神祇祭祀の場としての機能、国府所属官人の給食の場としての機能、国府の維持管理のための各種工房や工業生産機能、陸上交通と水上交通の結節点としての交通機能、経済交易圏の中核的機能など、さまざまな機能があった。これらの機能をいかに考古学の発掘調査の成果で明らかにしていくか、これが本書の大きな課題である。

第二に、国府の成立から衰退までの時間的推移の問題がある。国府設置以前の在地社会と国府の成立時期、国府域と国庁・国衙の造営は同時なのか、国分寺創建と国府の整備拡充の時期、国分寺の再建の時期と国府の再整備時期、さらには国府・国分寺の衰退と周辺の開発の時期がどうなっているのか、という課題である。

第三に、国府は、何郷に属していたのか、あるいは属していなかったのか、これが非常に重要な問題である。この点は、国府と国府所在郡である多摩郡の一般集落との検討を行うなかで、国府が国-郡-郷（里）制のなかの何郷に属するのか、それとも属さないのかといった問題も含めて課題としたい。

このことは、地域論的視点に立った国府と国府所在郡の周辺遺跡の関係の問題ともつながっていく。ただし、いうまでもなく、国府とは、古代律令国家が中央集権体制の下、地域支配を目指した行政府であるので、全国一律に国府を整備していく強い意志のもと設置されたことは間違いない。このため、東国独自の国府の特質を明らかにすることは困難だという指摘もあるが、武蔵国府跡を中心とした東国の国府の特質を抽出することを課題にする。

本書では、これらの課題について考古学的に検討しながら、東国の古代史を考えることに目的がある。次節では、さらに武蔵国府の調査研究史を振り返っていきたい。

第二節　古代武蔵国府研究の動向

古代武蔵国府の調査・研究は、府中市教育委員会が主体となって着手して、四〇年近く経った。その間、市内で一六五〇か所を超える発掘調査が行われきたが、国府の中枢施設である国衙が特定されたのはごく最近のことである。一九六八年に発行された『府中市史』上巻でも、「武蔵国府が府中におかれたことは動かしがたい事実であるが、長年の調査にもかかわらず、確実な考古学的証拠はまだつかめていない」[21]と記されていた。地上に礎石等の遺構が顕在し、戦前から国の史跡として指定・保護されてきた武蔵国分二寺跡と比べ、東京の市街地の下に埋もれ、地上にその痕跡をとどめない武蔵国庁の究明は多くの困難を伴った。

しかし、「幻の国庁」と言われながらも、多くの先人たちの努力によって、武蔵国府の調査研究が行われてきた。それらの研究のうち一九七五年以前については、坂詰秀一がまとめている[22]ので要点を整理するのみとし、一九七五年以降について年次ごとに記載する。

一　一九七五年以前の調査研究

一九七五年以前の調査研究は、武蔵国庁の所在地をめぐって、御殿地説（府中市本町一丁目付近）、京所説（宮町二・三丁目付近）、高安寺説（片町二丁目付近）、坪宮説（片町三丁目～本町二丁目付近）、高倉説（美好町三丁目～分梅町一丁目付近）の五説が提起されていた（第3図・第1表）が、確定するに至らなかった。

また、国庁の所在地解明に向けた動きとともに重要な研究として、歴史地理学の立場から条里遺構の復元に基づいて国府域を推定した平田美枝子・池田文子[23]および遠藤吉次[24]の研究と、従来の地名や伝承に基づいた論によらず、古代

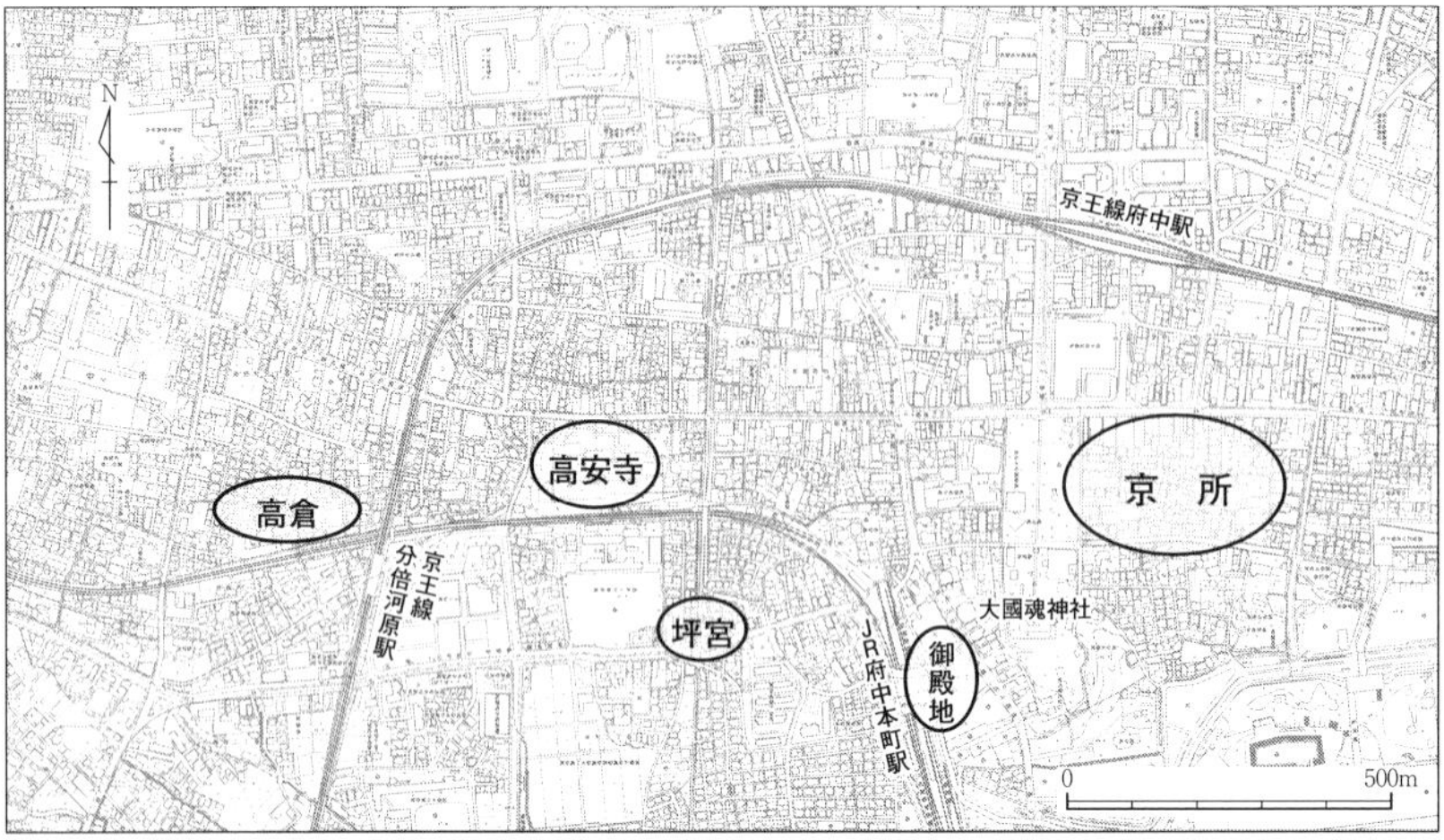

第3図　国庁推定地の位置（注22坂詰2006より転載）

第1表　武蔵国府の国庁所在地説一覧

No.	所在地	提唱者	住所	根拠
1	御殿地	猿渡盛章	府中市本町1丁目付近	徳川家康が鷹狩りなどで休憩・宿泊した御殿に、昔国造家があり、その後に国衙が設置されたとする説。
2	坪の宮	菊池山哉	府中片町3丁目～本町2丁目付近	坪の宮神社の存在に注目し、その宮を中心に90間×180間の国衙が存在したとする説。
3	京《きよう》所《ず》	猿渡盛厚	府中市宮町2～3丁目付近	京所の地には礎石らしいものも各所に散在し、ここから布目瓦や塼が多量に出土することによる説。
4	高安寺	甲野勇	府中市片町2丁目付近	武蔵国分僧寺跡の中軸線延長上にあたる高安寺に、方2町の国庁の地割が設定できるとする説。
5	高倉	地名による推定	府中市美好町3丁目～分梅町1丁目付近	高倉の地名から国府の国倉が置かれた地とし、その近くに国庁が置かれたとする説。

国府の民家（竪穴建物）の配置その他によって、条里復原の手がかりを求める目的で、一九五五年以降、府中市内の発掘調査を手掛けた甲野勇の調査・研究[25]があげられる。特に、甲野の研究は、坂詰秀一が積極的に評価している[26]ように、武蔵国府跡を考古学的方法から究明しようとした貴重な提言であった。この研究姿勢が以後の調査に活かされ、府中市教育委員会による武蔵国府域全体の網羅的な発掘調査が行われるに至ったのである。

二　一九七五年以降の調査研究[27]

（1）国庁所在地の特定と国史跡指定

一九七五年に府中市が遺跡調査会を発足した当初の目的は、武蔵国庁の解明にあったのだが、東西約六・五キロメートル、南北最大一・五キロメートルの広範囲を「武蔵国府関連遺跡」として埋蔵文化財包蔵地に指定したことで、開発事業に先立つ埋蔵文化財の発掘調査を義務づけられ、国府域の網羅的な発掘調査が行われるようになった。その当時、近江国府で国庁跡が発掘され、国庁の構造等が明らかになりつつある状況ではあったが、国府域全体の網羅的な発掘調査を視野に入れた調査の実施体制を作っていた市町村は全国にも例がなかった。その際の遺跡名称についても、ときどきの発掘地域の所在地名で呼ぶことは煩雑で好ましくないとの見地から、「武蔵国府関連遺跡」としたことは、その後の武蔵国府跡およびその周辺地域の実態解明に大きな意義があった[28]。

こうして武蔵国府の国庁所在地の確定を目指した発掘調査が実施され、大國魂神社境内から東側の一帯（京所国庁推定地）に国庁が置かれた可能性が高くなっていった。その発掘成果は左記のとおりである（第4図）。

ア「京所国庁推定地」の中心地域では、竪穴建物跡が七世紀末～八世紀初頭のもののみであり、国府域で数多く検出される八世紀代のものがほとんどない。

イ　大型の建物は、これらの竪穴建物を壊して建てられている。

ウ　掘立柱建物跡は、数回の建替えが認められ、大型の掘方で、長さが二〇メートル以上の大型のものがあり、礎石建物へ建て替わる建物もある。

エ　ほぼ真東西・真南北に走る深さ二メートル以上の二条の大溝がこれらの建物群の周囲で検出され、国衙域を画するものと考えられる。

オ　武蔵国二一郡中一九郡の郡名が記された多量の瓦や塼《せん》が出土し、国衙が武蔵国の全郡一致体制で造営されたことがわかる。

カ　塼の出土によって、塼敷もしくは塼積基壇を有する建物が存在した可能性が高い。

これらの成果によって、大國魂神社境内とその東側（「京所地区」西側）に、国庁を取り巻く官衙施設＝国衙の一郭が存在したことが明らかになってきたが、国衙域も不確定で、いまだ国衙中枢建物の規模・構造も不明確な部分が多かった。

また、大國魂神社東方の京所地区東側は、古瓦

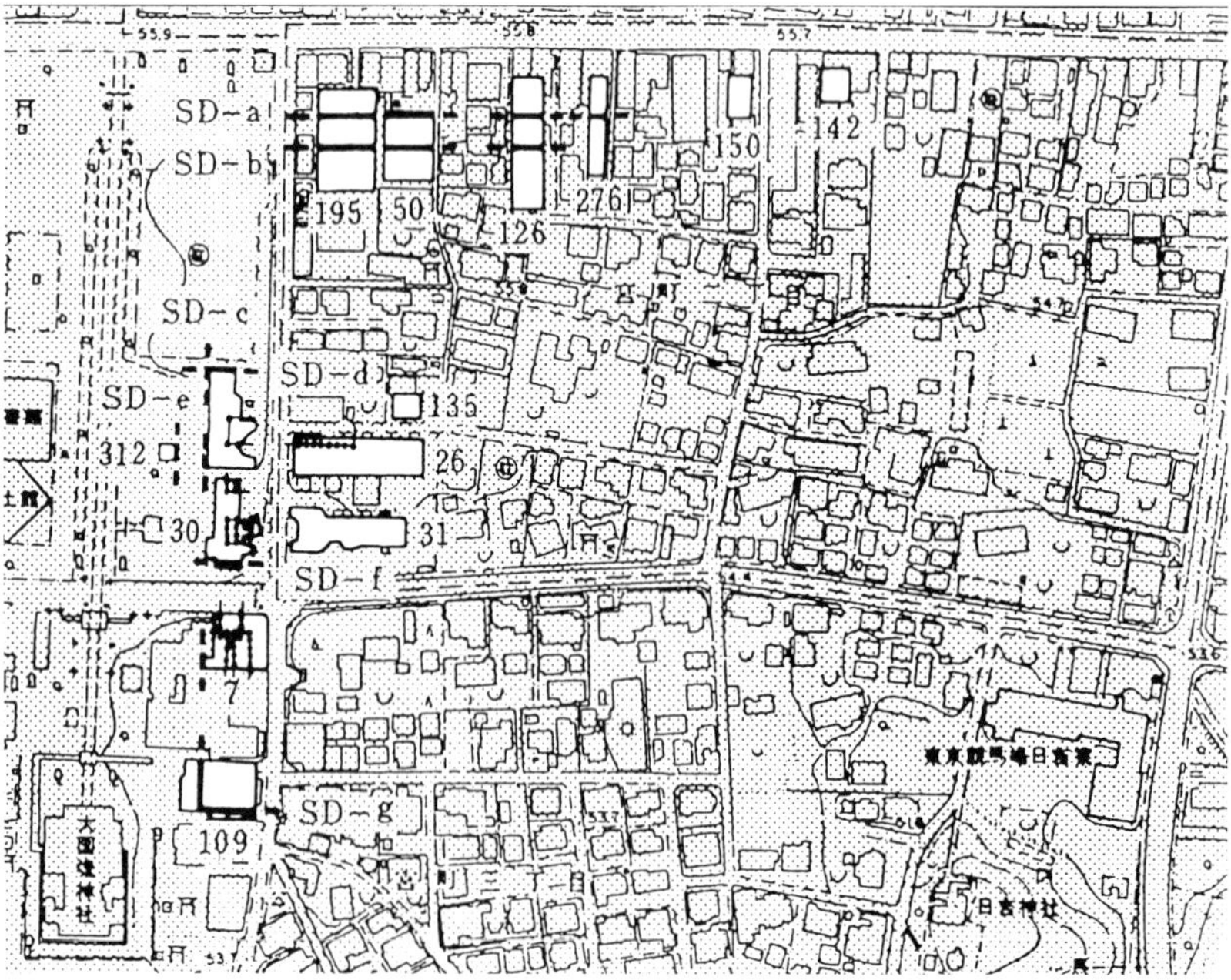

第4図　1980年代までの京所国庁推定地の調査状況（注41荒井1995②より転載）

の散布、塔心礎状大石、「多寺」押印平瓦の出土などによって、古くから廃寺跡（京所廃寺）の存在が考えられてきた。発掘調査でも、七世紀末頃の竪穴建物を壊して建てられた大規模な掘立柱建物跡、多量の瓦とそれらが武蔵国分寺創建以前に遡ることが確認されていた[29]。この性格については、「京所地区」全体を国衙域とし、西側を「新国庁」とし、東側をそれに先行する「古国庁」と考えられていたこともあった[30]。その後、「京所地区」東側の調査で掘り込み地業を伴う大型の建物跡、幢竿支柱跡とされる一対の柱穴などとともに、珠文縁単弁蓮華文軒丸瓦や「□磨寺」銘平瓦が出土したことを受けて[31]、深澤靖幸は、塔心礎状大石の存在も含め、「京所地区」西側を国庁域に、その東側に多磨郡司層が建立した多磨寺が存在したと考えた[32]。

その後、国府域の調査が進展していくなかで、国庁・国衙の存在が特定されていった。二〇〇五年の府中市市制施行五〇周年記念シンポジウム「ここまでわかった武蔵国府」では、過去の調査成果の報告がなされ、翌年刊行された東京都教育委員会発行の『文化財の保護』第四〇号でも公にされた[33]。二〇〇九年には武蔵国衙跡の発掘調査成果を集大成した調査報告書が刊行された[34]。こうした発掘成果の蓄積によって、二〇〇九年七月には、武蔵国府跡が国史跡の指定を受け、史跡指定地のうち国衙中枢地区の整備が行われている。

（2）国府域の実態把握と国府の総合的研究

一九七五年以降の武蔵国府の研究は、国庁の特定とともに、遺構・遺物の両面から国府全体の総合的な検討が行われてきた。一九八〇年には、東京都教育委員会発行の『文化財の保護』第一二号で「特集・武蔵国府と国分寺」が組まれ、その時点での武蔵国府研究の到達点が紹介されるとともに、武蔵国府の変遷を捉える上で基準となる土師器・須恵器などの土器編年（試案）が発表された[35]。

その後、山口辰一は、武蔵国府跡出土土器群を詳細に分析し、七世紀末以前をK期とし、七世紀末から十一世紀代までをN1期～N4期、H1期～H9期までの一三期に区分した土器編年を提示した(36)。そこから、奈良時代の武蔵国府の動向については、N1期（七世紀末～八世紀初頭）に国府の街並みが形成されはじめ、国衙権力が拠点を置き活動を開始し、N2期（N1期以降武蔵国分寺造営開始まで）に国庁・国衙施設の造営が本格的に開始され、N3期（七四〇年頃～七六〇年頃）まで大規模事業である官衙移設の造営と街区の整備を遂行するために武蔵国各地から人員が徴発され、N4期（八世紀後葉頃）に至り、大規模事業の一応の終了に至ったとの見解を表明した(37)。そして、国府域はその周辺部と異なる都市的形態を示し、集落の成立の契機・消長に武蔵国衙が直接関わった「武蔵国府集落」と位置づけ、土地利用の規制や土地の区画が全く存在しなかったとはいえないが、方何町域という国府設定計画がある程度施工され、土地に刻まれた形として存在したことについては否定せざるを得ないとした。さらに、武蔵国府域は、国府を取り巻く区画や外郭施設が確認されていない現在、明確に定められた地区ではなく、国衙を取り巻く漠然とした範囲の市街地として把握しなければならないと述べている(38)。

また、遺構面、特に竪穴建物跡の分析を中心に武蔵国府跡の検討を行ってきた荒井健治は、都で碁盤の目状の街路が築かれたのと同様に、武蔵国府は井戸が掘削され、規模的にも一般集落を卓越したもので、国庁に伴って構築された公的かつ計画都市的な集落で、必要に応じて造られた都に近い性格と結論づけた(39)。さらに、国府域はその西側地域に限定しながらも一般集落のような漠然としたものではなく、直線的な方形状の範囲を想定し(40)、京所国庁推定地周辺に初期の段階から広大な規模をもって計画的に出現した集落を地方支配の拠点としての国府が必要性から生み出した「国府集落」と位置づけた(41)。

以下、年次ごとに発掘成果を列挙する（以下、年次は調査実施年）。

一九八〇年代　国衙から西方約一キロメートルの東山道武蔵路付近で、L字形に折れる区画溝とそれに平行する柵のなかに、桁行四間×梁行二間の掘立柱建物跡が検出された(42)。溝から出土する土器などから、この遺構はN1期～N

2期で、国府成立期の官衙ブロックと考えられている。

国衙から東方約一キロメートルの国府域東端付近で二個の土師器武蔵型甕の口を合わせるように水平に埋められた墳墓が発掘された(43)。土器はH6期（九世紀末～十世紀前半）とされる。深澤靖幸は、これらの出土地点が国府の外縁部に分布することに注目し、都と同様の墳墓造営の規制が働いていた可能性を指摘した(44)。

国衙の北方至近に位置する府中駅南口第二地区市街地再開発事業地区では、竪穴建物跡一一一棟、掘立柱建物跡一五棟などの遺構が検出された(45)。特に、大型の四面廂掘立柱建物跡と工房と考えられる東西に主軸をもった長大な竪穴建物跡、後に国府・国分寺連絡路と呼ばれる国衙から国分寺方向へ延びる道路の側溝跡などの遺構と「多研」墨書円面硯、三彩陶器耳皿・埦、鍍金銅製帯金具（銅銙）などの遺物が出土した。なお、この隣接した府中駅南口第三地区でも、二〇〇〇年代に大規模な発掘調査が実施され、竪穴建物跡一九七棟、掘立柱建物跡二〇などの遺構が検出された(46)。この地区は竪穴建物の稠密な分布が特徴で、四間×三間の三面廂掘立柱建物跡や鍛冶工房跡などの遺構とクルル鉤をはじめ、「目」・「南曹」・「榎本」「解申」・「召都木」墨書土器などの遺物が注目される。

一九八八年から一五年間で、約六万平方メートルという府中市内最大の調査面積となる日本製鋼所東京工場跡地の再開発に伴う発掘調査が日本製鋼所遺跡調査会によって行われた(47)。竪穴建物跡三五九棟、掘立柱建物跡一〇五棟などの遺構をはじめ、八〇メートルの間隔をおいて東西に二条並行する大溝は国府北西地域の境界を示すものとして注目された。また、「高□〔高〕邊大□〔殿ヵ〕□」「壬」「人」の石製刻字紡錘車が出土している(48)。

一九八八年から一九九二年まで、武蔵国府跡で初めて段丘下における大規模発掘調査（調査面積七二八〇・五平方メートル）が実施された(49)。この地区は、国庁推定地から西方約一キロメートルで、国庁から西に延びる道路と東山道武蔵路が交差する付近に位置する。奈良時代後半から平安時代に至る竪穴建物跡六四棟をはじめ、鉄滓・銅滓、漆付着土器、「市」墨書土器とともに、一点だけだが、剣菱状単弁蓮華文軒丸瓦が出土している。

一九九〇年代　国衙から西北西約一キロメートルの調査では、H6期（九世紀末～十世紀前半）の竪穴建物跡から三八点の石製帯金具（石銙）が出土した[50]。これらの石銙は複数の銙帯からとれたものと理解され、銙帯の修理所と考えられている。この周辺では鍛冶関連の遺構・遺物が多く認められることから、国府北西地域に工房ブロックの存在が想定された。また、国府北西地域に、総延長九〇〇メートルに及ぶ直線の斜行道路跡が存在することが判明した[51]。

一九九三年から延べ七年かけて、都営住宅の建替えに伴い国衙域の南辺から南の段丘崖に湾入する谷部の発掘調査が行われ（調査面積六六三五・四七平方メートル）、竪穴建物跡五〇棟、掘立柱建物跡二棟をはじめ、後に国衙南辺を画することが判明する東西方向の二条の大溝、大規模な石敷遺構が検出された[52]。

国衙域の西方約三五〇メートルの段丘下の沖積低地では、大型の四面廂建物を含む掘立柱建物群と「大館」銘墨書土器が出土した[53]。この周辺では、一九九二年に区画溝が発見され[54]、二〇〇六～〇七年には東西の区画が約七〇メートルであることが特定される[55]など、平安時代の国司館を示す状況が明らかになっている。

国衙域の北辺に隣接する通称旧甲州街道の拡幅に伴う事前調査で、国衙に隣接して東西に走る道路跡と国府域で四例目となる古代の井戸跡が検出された[56]。特に古代の井戸跡は、主要な東西道路沿いで、区画溝の南東隅付近に位置していることから、他の三例[57]同様に国府の共同井戸として利用されていたと考えられる。

国衙の北西約七〇〇メートルの地で、方形の区画溝のなかに掘立柱建物跡一棟が存在する遺構が確認された[58]。この遺構は、国衙からほぼ四五度の方角にあたり、遺構の状況、至近から出土した「神」[59]、「戌」[60]墨書土器などから「戌亥」方向にある国府の守護社と考えられた（第三章第一節）。

武蔵国分僧寺中軸線上の金堂跡から南方約五〇〇メートルの発掘調査では、国内で類例のない国分僧寺の参道口にあたる道路跡と門柱状遺構が発掘された[61]。この参道口遺構は、道路跡の左右に掘立柱の柱穴が三基ずつ検出され、そのすぐ南では僧寺と尼寺の両方に向かう道路がY字状に分岐している。この道路は、その後の確認調査[62]や過去の調査の検証によって、南東方向の武蔵国衙へつながる「国府・国分寺連絡路」であることが判明している。

二〇〇〇年代以降　多摩川の氾濫原に形成された沖積低地上に立地する東京競馬場構内では、一九九八年にはじめて改築工事に伴う事前調査が行われ[63]、その後も改築工事に伴う複数回の調査が行われた[64]。当地区は、かつて条里の痕跡が認められるとして遠藤吉次が国府の復元を行った[65]場所だったが、十世紀後半～十一世紀代に当該地域まで国府域が広がることが判明した。また、詳細な調査によって、はじめて古代の水田層を確認できたことや古代の河道跡から市内初の「仏面」とされる[66]墨書土器が出土したことも大きな成果である。

国衙の北西地域では氷室の可能性が指摘されている円形および方形の大型有段土坑が検出されたことから、自然科学分析による検証が試みられた。断定するには至らなかったが、覆土中の珪藻分析によって氷室とする肯定的な結果が得られている[67]。その西方地域では、古代の畝状遺構が検出されたことから、プラントオパールの分析を行った結果、稲作（陸稲）の行われていた可能性が示唆され、重要な成果が得られた[68]。

西府町二丁目の熊野神社境内では、七世紀中頃に築造された国内最大・最古の上円下方墳が発掘された。それは国府成立前夜の多摩地域のみならず武蔵国の古代史を考える上でも重要な発見であった（第一章第一節）。

国衙の北北西約五〇〇メートルに位置する府中消防署の建替工事に伴う事前発掘調査では、武蔵国府跡ではじめてとなる完全な古代銅鏡（九世紀後半の小型八花鏡）や「政所」・「八講」墨書土器が出土した[69]。また、第二章第一節で詳述する国衙の南西約一〇〇メートルで、武蔵国府の初期国司館と考えられる建物群[70]が発掘されたことも近年の成果である。

このように、府中市教育委員会および府中市遺跡調査会では、一九七五年当初の目的であった国庁の解明とともに、国府域全体の実態を明らかにするべく、個人住宅等狭小な面積の調査であろうとも、一つひとつを手ぬかりなく実施してきた。従来、府中市教育委員会は調査年度の成果を概報という形で公にしてきたが、その成果が国府域全体の具体像を明示することまでにはなかなか結びつかなかった。しかし、現在は、統合型ＧＩＳと連動したデータベース化によって、国府域全体を地図上に表示できるまでに至っている。点から面へと発掘地点を地道につなげてきた結果である。

（３）府中市郷土の森博物館を中心とした武蔵国府の研究

府中市郷土の森博物館では、上述してきた発掘調査の蓄積データをもとに、年一回の研究紀要の発行、最新発掘資料展示会とそこで発行されるブックレットなどで武蔵国府の研究成果を明らかにしてきた。特に、深澤靖幸は、発掘調査の成果に加え、博物館資料や地域資料を丹念に調査研究して武蔵国府の研究を進展させてきた。先述したように、一九九五年の段階で「京所地区」東側に郡名寺院多磨寺が存在したことをいち早く指摘したことや[71]、まだ発掘調査前の熊野神社境内の丘を横穴式石室の古墳だと指摘したことなどはその一例である[72]。研究紀要では、武蔵国庁跡に建てられたミヤノメ神社に関する研究[73]、武蔵国府の手工業生産の特質を指摘した研究[74]、武蔵国府における仏教施設の三形態の存在を明らかにした研究[75]、府中周辺の条里地割形成の端緒が八世紀代に遡及する可能性を指摘した研究[76]、中枢官衙と国府のマチという二つの側面から武蔵国府の成立を再検討した研究[77]などがあげられる。

さらに、武蔵国府跡の発掘成果をわかりやすくまとめたブックレット『武蔵国府』[78]は、『武蔵の国府と国分寺』[79]と合わせて好評を博しており、府中市教育委員会・府中市遺跡調査会の地道な発掘調査の成果をよりわかりやすく市民に伝えている点が高く評価される。

本書では、以上のような古代武蔵国府に関する調査研究を踏まえ、まえがきに述べた視点から、古代武蔵国の国府の成立と展開に関する研究を進めるものである。なお、各節のなかでも関係する研究史はそのつど記した。

第三節　用語の整理と武蔵国府の須恵器編年

一　国府

国府の諸施設を指す用語は、文献史料でもその語義が統一的に用いられていないので、いまだ研究者によって異なっている。筆者は、奈良時代の文献史料に「国衙」の用例が見られないながらも、「国庁」とその周辺曹司群を明確に区別するために、山中敏史の用語規定（左記）に従っている。

・国庁＝国府の中心となる役所の中枢施設。儀式、饗宴または政務の場として機能した国府の政庁。
・国衙＝国庁とその周囲に設けられた国の行政事務や維持・管理・運営に関わる役所群。
・国府と国府域＝国庁・国衙を含む総体としての一般名称として「国府」を用い、国庁・国衙の周辺に営まれた官衙施設群、国司館、国衙で労役に従事する徭丁や軍団兵士らの宿所、市、国学の学校、国博士らの居所、百姓の民家などを含む国府全体の範囲を「国府域」とする。

二　竪穴建物

一般的に竪穴住居と呼んできた遺構を竪穴建物と呼ぶことについては、関和彦が提唱し(80)、今では古代だけでなく他の時代でも広く行われるようになってきた。本書でも、国府における多種多様な建物があるという認識を持つために、関の研究に導かれながら、左記の理由により竪穴建物と呼ぶ。

竪穴住居と呼ぶとすべての竪穴遺構が住居であることを意味するが、竪穴遺構のすべてが住居跡とは限らない。古代文献史料では、有名な「鶴の恩返し」に登場する機織り小屋のように、住居に限らず竈屋、酒屋、機屋、桑屋、蚕

より作成）

10C　11C

850　900　950　1000

葉　中葉　後葉　前葉　中葉　後葉

半期　第２四半期　第３四半期　第４四半期　第１四半期　第２四半期　第３四半期　第４四半期

833　845　934
悲田処を置く　武蔵国分寺七重塔再建　宮の里遺跡須恵器墨書「甲午」

H Ⅵ 期　H Ⅶ 期　H Ⅷ 期　H Ⅸ 期（境田窯）
H Ⅵ 期　H Ⅶ 期　H Ⅷ 期　＋　H Ⅸ 期

新久A-1
八坂前４　八坂前６　新久D-1　新開１　栗谷ツ１

815～835 Ⅵ期　835～860 Ⅶ期　860～885 Ⅷ期　885～910 Ⅸ期　10C第1四半 Ⅹ期

G37　G59　G25　G5　G14
～850 G37　＋　870～900 G59　900～930 G25　930～980 G5　980～1010 G14
～850 G37　850～875 G59　875～910 G25　910 G5古　930～950 G5中　950～970 G5新　970～990 G14

A・F G37（天沼1·2号窯）　G27B（G59）　G25C　G28　G62・G1A

H2（G37併行）　H3（AA-1併行）　H4（G59併行）　H5（G25併行）　H6古（G5古併行）　H6新（G5古併行）　H7（G14併行）
H2　H3　H4　H5　H6古　H6中　H6新　H7（G14併行）

階（O10）　830～860 Ⅵ期古段階（IG78～K14）　860～890 Ⅵ期中段階（K90古）　890～920 Ⅵ期新（K90新）　920～950 Ⅶ期古（O53）　950～980 Ⅶ期中段階（H72）　980～1010 Ⅶ期新段階

屋、産屋など各種の建物が登場する。もちろんこれらの建物には掘立柱建物も含まれると考えられるが、考古学的も、鍛冶工房に代表されるように、これまで竪穴建物跡と呼んできた遺構と同じ形状・深さの遺構でも、決してその機能が竪穴住居だけではないことを理解すべきである。

　また、竪穴住居と呼ぶと住居以外の機能は含まれないイメージが強く、発掘された竪穴遺構すべてが住居である間違ったイメージを与えることとなる。現代の私たちは、住居というと、一戸建て・共同住宅においても、一棟の住居で日常の家庭生活が完結する感覚が強い。しかし、古代人の場合は、一つの竪穴で生活が完結するものではなく、さまざまな機能を持った竪穴があり、多種多様な生活様式があった。現代人の居住感覚と古代

第2表　武蔵国府編年と武蔵国の須恵器編年および灰釉陶器編年の対比表（注83文献

西暦	7C	8C				9C
年代		700		750		800
		前葉		中葉	後葉	前
		第1四半期	第2四半期	第3四半期	第4四半期	第1四
歴史事項・共伴関係資料	694 藤原京遷都	701 大宝令制定　この頃 国衙整備	741 国分寺建立詔	757 国分寺具注暦　758 新羅郡設置　769 入間郡正倉焼失	771 武蔵国東海道へ所属変更	
南比企窯跡群鳩山編年（渡辺1988ほか）	H0期	HⅠ期	HⅡ期　HⅢ期	HⅣ期	HⅤ期	
南比企窯跡群編年（酒井1993）		H0期　HⅠ期	HⅡ期	HⅢ期	HⅣ期　HⅤ期	
東金子窯跡群編年			＋　前内出1　前内出2		＋	＋
参考：若葉台遺跡編年（加藤・坂野2005）		705〜720 Ⅰ期（Y6）	725〜745 Ⅱ期	745〜770 Ⅲ期（武蔵台）	770〜795 Ⅳ期	795〜815 Ⅴ期
南多摩窯跡群編年（服部・福田1981）			M-1　G9（古）	G9	＋	＋
南多摩窯跡群編年（服部1982）						
南多摩窯跡群編年（福田1986）						
南多摩窯跡群編年（坂詰ほか2001）	TNT №342・446		TNT №513			G68
武蔵国府編年（山口1985）	K	N1（7C末〜7C第1四半期）	N2（N1後〜740年頃）	N3（740〜760年頃）	N4（8C後葉）	H1（8C末）
武蔵国府編年（江口試案）	K	N1	N2	N3	N4	H1
灰釉陶器編年（尾野2000）	680〜710 Ⅳ期中段階	710〜740 Ⅳ期新段階		740〜770 Ⅴ期古段階	770〜800 Ⅴ期中段階	800〜830 Ⅴ期新段

人の居住感覚とは大きく異なる可能性が高い。

特に、武蔵国府跡では竪穴建物跡が五〇〇〇棟以上発掘されている。これらのなかには、明らかに鍛冶工房など特定の機能を想定できる遺構もあるが、機織りのように考古学的にその機能を特定できにくいもののほうが多い。それを住居と特定せずに、武蔵国府の造営から維持管理に伴う多くの諸作業を行った建物と考えていくことが重要である。

三　武蔵国府跡出土須恵器編年の整理

武蔵国府跡出土土器編年は、山口辰一の研究[81]によって、N1期からN4期、H1期からH9期までの一三段階の編年が組まれ、現在もその編年が踏襲されているので、本書でもその編年を用いている。山口が設定した年代根拠は、本来須恵器だけでなく、土器全体の共伴関係から導き出した相対編年に、根拠となる暦年代を比定したものだが、ここでは本書の年代設定の基準となる武蔵国府跡須恵器編年の根拠に絞って述べていきたい。

武蔵国府跡出土土器編年における須恵器の暦年代比定は、武蔵国内全体同様に、武蔵国分寺跡と府中市武蔵台遺跡出土の具注暦に伴う須恵器の年代観および国分寺塔再建瓦を焼いたとされる八坂前窯跡の第Ⅱ段階が再建瓦を焼成した段階とする根拠に求められている。武蔵国分寺跡と府中市武蔵台遺跡出土の具注暦に伴う須恵器の年代観については、武蔵国府編年N3期の年代の定点で、平城Ⅲの畿内産土師器と鳩山Ⅲ期の須恵器が共伴している事例からしても、七四〇年から七六〇年頃とする従来の年代設定は妥当と考えている。

武蔵国分寺塔再建瓦を焼いたとされる八坂前窯跡の第Ⅱ段階が再建瓦を焼成した段階は、武蔵国府編年において、H3期＝東金子新久A-1号窯式（九世紀第Ⅲ四半期）、H4期＝南多摩G59号窯式（九世紀第Ⅳ四半期）としてきた。国分寺塔再建を許された年代が『続日本紀』の承和九年（八四五）からどれくらい後なのかが問題となるが、鳩山Ⅶ期からⅧ期の南比企産須恵器と南多摩G59窯式の須恵器が共伴する事例(82)などからすれば、G59号窯式を新久A-1号窯式に一部かかるものの鳩山Ⅷ期と重複する段階に設定し、H4期が九世紀第Ⅲ四半期後半から第Ⅳ四半期前半頃の年代と考えられる。

次に、南多摩窯の須恵器と灰釉陶器との共伴資料については、武蔵国府関連遺跡の既報告資料で四四事例がある。段階別に共伴関係をみると、猿投窯系Ⅵ期古段階（IG78～K14）からⅥ期中段階（K90古段階）の灰釉陶器が南多摩G59号窯式の須恵器と共伴し、猿投窯系Ⅵ期中段階からⅥ期新段階（K90新段階）の灰釉陶器が南多摩G25号窯式（H5期）の須恵器と共伴し、猿投窯系Ⅵ期新段階から猿投窯系Ⅶ期古段階（O53段階）の灰釉陶器が南多摩G5号窯式（H6期）の須恵器と共伴する。猿投窯系Ⅵ期古段階からⅥ期中段階などの二段階にまたがっている点は、古い段階の灰釉陶器が伝世して出土することによる。

以上の共伴資料に基づき、武蔵国府編年の試案をまとめたものが第2表[83]である。大きな流れは山口編年に拠りながら、N3期とH3期の年代根拠を定点とし、須恵器と灰釉陶器との共伴関係を整理した上で、暦年代比定を行った。変更点としては、H4期を鳩山Ⅶ期〜Ⅷ期の九世紀第Ⅲ四半期後半から第Ⅳ四半期前半、H5期を九世紀末から十世紀第Ⅰ四半期としたことである。この根拠を含めた武蔵国府編年の再検討については、筆者の課題とさせていただきたい。

注

(1) 米倉二郎「近江国府の位置について」『考古学』六―八、東京考古学会、一九三五年。
(2) 藤岡謙二郎『国府』吉川弘文館、一九六九年。
(3) 同右。五〜六頁。
(4) 同右。三六頁。
(5) 木下良『国府―その変遷を主として』教育社、一九八八年。
(6) 木本雅康『古代の道路事情』歴史文化ライブラリー一〇八、吉川弘文館、二〇〇〇年、ほか。
(7) 中村太一『日本古代国家と計画道路』吉川弘文館、一九九六年、ほか。
(8) 阿部義平『考古学ライブラリー五〇　官衙』ニュー・サイエンス社、一九八九年。
(9) 国立歴史民俗博物館『共同研究「古代国府の研究」』国立歴史民俗博物館研究報告第一〇集、一九八六年。同『共同研究「古代国府の研究」(続)』国立歴史民俗博物館研究報告第二〇集、一九八九年。
(10) 井上満郎「国府と都市規制」『古代文化』通巻第三四五号、(財)古代学協会、一九八七年。
(11) 山中敏史『古代地方官衙遺跡の研究』塙書房、一九九四年。
(12) 金田章裕「国府の形態と構造について」『国立歴史民俗博物館研究報告』第六三集、国立歴史民俗博物館、一九九五年(のち、『古代景観史の探求　宮都・国府・地割』吉川弘文館、二〇〇二年所収)。

(13) 平川南「古代地方都市論」『国立歴史民俗博物館研究報告』第七八集、国立歴史民俗博物館、一九九九年。
(14) 日本考古学協会三重県実行委員会『シンポジウム2 国府―畿内・七道の様相―』一九九六年。
(15) 国史学会『シンポジウム 東国国府と景観』一九九五年。シンポジウム東国の国府in WAYO実行委員会『シンポジウム東国の国府in WAYO―考古学からみた東国国府の成立と変遷―』一九九八年(のち、寺村光晴ほか『幻の国府を掘る―東国の歩みから―』雄山閣、一九九九年所収)。鈴鹿市考古博物館『伊勢国府跡史跡指定記念シンポジウム 近畿・東海の国府発表要旨集』二〇〇二年。ふるさと歴史シンポジウム実行委員会『ふるさと歴史シンポジウム復元!古代都市平塚―相模国府を探る―』二〇〇六年など。
(16) 奈良文化財研究所『古代の官衙遺跡Ⅱ 遺物・遺構編』二〇〇四年。
(17) 佐藤信『日本史リブレット8 古代の地方官衙と社会』山川出版社、二〇〇七年。
(18) 山路直充「京と寺―東国の京、そして倭京・藤原京」『都城 古代日本のシンボリズム』青木書店、二〇〇七年。
(19) 前川佳代「古代地方都市の〝かたち〟」『古代都城のかたち』舘野和己編、同成社古代史選書3、二〇〇九年。
(20) 島根県八雲立つ風土記の丘『常設展示図録』二〇〇七年、ほか。
(21) 府中市史編さん委員会編『府中市史 上巻』東京都府中市、一九六八年。
(22) 坂詰秀一「武蔵国庁址を掘る」『多摩のあゆみ』第一一号、(財)たましん地域文化振興財団、一九七八年。同「武蔵国府跡研究の展望」『文化財の保護』第一二号、東京都教育委員会、一九八〇年。同「武蔵国府跡調査研究のあゆみ」『古代武蔵の国府・国分寺を掘る』学生社、二〇〇六年。同「武蔵国府跡発掘調査の三〇年」『文化財の保護』第四〇号、東京都教育委員会、二〇〇八年。
(23) 池田文子・平田美枝子「条里制と武蔵国府の研究」『日本史攷究』一二、一九六三年。
(24) 遠藤吉次「武蔵府中の条里」『府中市立郷土館紀要』第三号、府中市教育委員会、一九七七年。
(25) 甲野勇『武蔵野を掘る』雄山閣、一九六〇年。
(26) 注(22)坂詰一九七八年文献。
(27) 一九七〇年代後半以降の発掘調査史とその意義は、湯瀬もまとめているのでそちらも参照されたい。湯瀬禎彦「武蔵国府

跡の発掘調査史」『文化財の保護』第四〇号、東京都教育委員会、二〇〇八年。
(28) 注(22)坂詰二〇〇八年文献。なお、現在も、国府遺跡でありながら、国庁・国衙の実態が明らかになっていないため、調査地点の小字名ごとに、別の遺跡名を付している国府跡がある。しかし、そのことが市民にも理解されやすい広域に展開する国府跡の実態解明を阻んでいることは否めない。国府関連遺跡とすることで、重層的に存在する国府以前の遺跡と以後の遺跡がかえってわかりにくくなるという意見もあると思うが、例えば、府中市では明確に異なる時代の遺跡は「府中宿跡」などと呼ぶことで誤解を生じないような配慮がなされている。
(29) 荒井健治「武蔵国府の現状―国衙・国府について―」『東京考古』第五号、東京考古談話会、一九八八年。塚原二郎「二一・武蔵国府―京所国庁推定地の調査―」『東京都遺跡調査・研究発表会』東京都教育委員会、一九八九年。
(30) 坂詰秀一「多摩の古代を掘る」『多摩考古』二四、多摩考古研究会、一九九四年。
(31) 府中市教育委員会・府中市遺跡調査会『武蔵国府の調査二五―平成七年度府中市内調査概報―』二〇〇四年。なお、平成十八年の調査(一三五四次)で出土した瓦のなかに、「□磨寺」の□が「多」とはっきり読める瓦が確認されている。府中市教育委員会・府中市遺跡調査会『武蔵国府の調査四〇―平成一五〜一八年度府中市内調査概報―』二〇一〇年。
(32) 深澤靖幸「国府のなかの多磨寺と多磨郡家」『国史学』第一五六号、国史学会、一九九五年。
(33) 府中市教育委員会・国分寺市教育委員会編『古代武蔵の国府と国分寺を掘る』学生社、二〇〇六年。府中市教育委員会『新版　府中市の歴史』二〇〇六年。荒井健治「古代武蔵国府を復原する」『文化財の保護』第四〇号、東京都教育委員会、二〇〇八年。塚原二郎「武蔵国衙跡発掘調査の現状と成果」『文化財の保護』第四〇号、東京都教育委員会、二〇〇八年。
(34) 府中市教育委員会・府中市遺跡調査会『武蔵国衙跡1　本篇・図面図版篇』二〇〇九年。
(35) 東京都教育委員会「武蔵国府・国分寺跡出土土器の変遷(試案)」『文化財の保護一二』一九八〇年。
(36) 山口辰一「第六章　付論―武蔵国府関連遺跡における土器編年試論―」『武蔵国府関連遺跡調査報告V』府中市教育委員会・府中市遺跡調査会、一九八四年。同「第八章　付載―武蔵国府関連遺跡における坏類の基礎的分類と変遷―」『武蔵国府関連遺跡調査報告VI』府中市教育委員会・府中市遺跡調査会、一九八四年。
(37) 山口辰一「武蔵国府と奈良時代の土器様相」『東京考古』第三号、東京考古談話会、一九八五年。

(38) 山口辰一「第四章　考察　第二節　武蔵国府集落の展開」『武蔵国府関連遺跡調査報告Ⅶ』府中市教育委員会・府中市遺跡調査会、一九八六年。
(39) 荒井健治「第四章　考察　第一節　武蔵国府における街並み復元のための覚え書き」『武蔵国府関連遺跡調査報告Ⅶ』府中市教育委員会・府中市遺跡調査会、一九八六年。同「立川段丘上の開発について―おもに武蔵国府周辺の状況をもって―」『地方史研究二二六』地方紙研究協議会、一九九〇年。同「国府（集落）〝域〟存在の可能性について―武蔵国府西側部分の事例から―」『東京考古第一一号』東京考古談話会、一九九三年。
(40) 荒井健治「武蔵国府における中世遺構の現状」『府中市埋蔵文化財研究紀要』第一号、府中市教育委員会、一九九二年。
(41) ①荒井健治「国庁周辺に広がる集落遺構の性格について―武蔵国庁周辺の状況をもって―」『国立歴史民俗博物館研究報告第六三集』国立歴史民俗博物館、一九九五年。②同「武蔵国庁周辺に広がる集落」『国史学第一五六号』国史学会、一九九五年。
(42) 府中市教育委員会・府中市遺跡調査会『武蔵国府の調査二〇―昭和五九年度府中市内調査概報―』二〇〇二年。
(43) 府中市教育委員会・府中市遺跡調査会『武蔵国府の調査二三―昭和六〇年度府中市内調査概報―』二〇〇三年。
(44) 深澤靖幸「武蔵国府と古代墳墓」『第五回東日本埋蔵文化財研究会　東日本における奈良・平安時代の墓制―墓制をめぐる諸問題』栃木県考古学会・栃木県立博物館・東日本埋蔵文化財研究会、一九九五年。
(45) 府中市教育委員会・府中市遺跡調査会『武蔵国府関連遺跡調査報告一七―府中駅南口第二地区市街地再開発事業建設に伴う事前調査―』一九九六年。
(46) 府中市教育委員会・府中市遺跡調査会『武蔵国府関連遺跡調査報告三四―府中駅南口第三地区市街地再開発事業建設に伴う事前調査―』二〇〇五年。
(47) 日本製鋼所遺跡調査会『武蔵国府関連遺跡調査報告―日鋼地区―（第一分冊～第六分冊）』一九九四～一九九五年。
(48) 藤原佳代「第二節　武蔵国府関連遺跡「日鋼地区」出土の石製刻字紡錘車について」『武蔵国府関連遺跡調査報告二六―府中島忠日鋼町店建設に伴う事前調査（第一分冊）』府中市教育委員会・府中市遺跡調査会、一九九九年。
(49) 府中市教育委員会・府中市遺跡調査会『武蔵国府関連遺跡調査報告一六―府中東芝ビル建設に伴う事前調査―』一九九九

年。
(50) 府中市教育委員会・府中市遺跡調査会『武蔵国府関連遺跡調査報告二三―都営府中美好町一丁目第六アパート建設に伴う事前調査―』一九九九年。
(51) 府中市教育委員会・府中市遺跡調査会『武蔵国府関連遺跡調査報告三〇―ケーズデンキ府中本店建設に伴う事前調査―』二〇〇四年。
(52) 府中市教育委員会・府中市遺跡調査会『武蔵国府関連遺跡調査報告三一―都営府中宮町三丁目アパート建設に伴う事前調査―』二〇〇四年。
(53) 府中市教育委員会・府中市遺跡調査会『武蔵国府の調査二五―平成七年度府中市内調査概報―』二〇〇四年。
(54) 野村不動産・盤古堂『武蔵国府関連遺跡調査報告―プラウドシティ府中建設に伴う事前調査―』二〇〇八年。
(55) 府中市教育委員会・府中市遺跡調査会『武蔵国府の調査三六―平成四年度府中市内調査概報―』二〇〇七年。
(56) 府中市教育委員会・府中市遺跡調査会『武蔵国府関連遺跡調査報告三二―府中都市計画道路3・4・9号線（旧甲州街道）拡幅に伴う事前調査―』二〇〇四年。
(57) 他の三例は次のとおりである。①ことぶきマンション地区（一四次調査）。甕井時期不明。九世紀代廃絶。（府中市教育委員会・府中市遺跡調査会『武蔵国府関連遺跡調査報告Ⅱ』一九八〇年）。②京王府中マンション地区（六一次調査）。七世紀末〜八世紀初頭甕井、九世紀後葉廃絶。（府中市教育委員会・府中市遺跡調査会『府中市遺跡調査会年報昭和五六（一九八一）年度』一九九一年。③レジデンス・オーク地区（三〇一次調査）。七世紀末〜八世紀初頭甕井、八世紀前葉廃絶。（府中市教育委員会・府中市遺跡調査会『武蔵国府の調査二四―昭和六一年度府中市内調査概報―』二〇〇三年）。
(58) 府中市教育委員会・府中市遺跡調査会『武蔵国府の調査二二―平成一一年度府中市内調査概報―』二〇〇二年。
(59) 府中市教育委員会・府中市遺跡調査会『武蔵国府の調査三四―平成一三年度府中市内調査概報―』二〇〇六年。
(60) 府中市教育委員会・府中市遺跡調査会『武蔵国府の調査二六―平成八年度府中市内調査概報―』二〇〇四年。
(61) 府中市教育委員会・府中市遺跡調査会『武蔵国分寺跡調査報告六―都営府中栄町三丁目第二団地建設に伴う事前調査―』二〇〇二年。

(62) 府中市教育委員会・府中市遺跡調査会『武蔵国府の調査三四―平成一三年度府中市内調査概報―』二〇〇六年。同『武蔵国府の調査四一―平成一九年度府中市内調査概報―』二〇一一年。
(63) 府中市教育委員会・府中市遺跡調査会『武蔵国府関連遺跡調査報告三五―東京競馬場スタンド改築工事に伴う事前調査―』二〇〇五年。
(64) 府中市教育委員会・府中市遺跡調査会『武蔵国府関連遺跡調査報告三七―東京競馬場スタンド改築工事に伴う事前調査―』二〇〇六年。
(65) 注(24)と同じ。
(66) 東京競馬場スタンド改築に伴う発掘調査で出土した「仏面」とされる墨書土器(土師器甕)については、高島英之氏にご教示をいただいた。
(67) 府中市教育委員会・府中市遺跡調査会『武蔵国府の調査三四―平成一三年度府中市内調査概報―』二〇〇六年。
(68) 府中市教育委員会・府中市遺跡調査会『武蔵国府の調査三四―平成一三年度府中市内調査概報―』二〇〇六年。
(69) 東京都埋蔵文化財センター『府中市武蔵国府関連遺跡―東京消防庁府中消防署建替工事に伴う埋蔵文化財調査―』二〇〇八年。
(70) 府中市教育委員会・府中市遺跡調査会『武蔵国府関連遺跡調査報告四七―武蔵国府跡(御殿地地区)―』二〇一二年。第一三共ビジネスアソシエ・共和開発『東京都府中市武蔵国府関連遺跡調査報告―(仮称)府中本町駅前開発地区(Ⅰ期)―』二〇一二年。
(71) 注(32)と同じ。
(72) 深澤靖幸「熊野神社裏の塚は古墳だった」『あるむぜお』三六号　府中市郷土の森博物館、一九九六年。
(73) 深澤靖幸「国庁跡に建てられた社―ミヤノメ神社小考―」『府中市郷土の森博物館研究紀要』第一五号、府中市郷土の森博物館、二〇〇二年。
(74) 深澤靖幸「武蔵国府における手工業生産」『府中市郷土の森博物館研究紀要』第一六号、府中市郷土の森博物館、二〇〇三年。

(75) 深澤靖幸「国府のなかの寺と堂」『府中市郷土の森博物館研究紀要』第一九号、府中市郷土の森博物館、二〇〇六年。
(76) 深澤靖幸「武蔵府中における条里地割の基礎研究」『府中市郷土の森博物館研究紀要』第二一号、府中市郷土の森博物館、二〇〇八年。
(77) 深澤靖幸「古代武蔵国府の成立」『府中市郷土の森博物館紀要』第二三号、府中市郷土の森博物館、二〇一〇年。
(78) 『府中市郷土の森博物館ブックレット二　古代武蔵国府』府中市郷土の森博物館、二〇〇一年（のち、『府中市郷土の森博物館ブックレット六　古代武蔵国府』府中市郷土の森博物館、二〇〇五年として再版）。
(79) 『府中市郷土の森博物館ブックレット四　武蔵の国府と国分寺』府中市郷土の森博物館、二〇〇三年。
(80) 関和彦『日本古代社会生活史の研究』塙書房、一九九四年。同「古代びとの建物仕様―竪穴「住居」論批判―」『研究集会報告集三　住まいと住まい方―遺跡・遺物から何を読みとるか』平野修編、帝京大学山梨文化財研究所、二〇〇〇年。
(81) 註（36）・（37）と同じ。
(82) 府中市教育委員会・府中市遺跡調査会『武蔵国府関連遺跡調査報告三四』二〇〇五年、掲載のM五〇-SＩ二三六。
(83) 第2表作成にあたっては以下の文献を参照した。服部敬史・福田健司「南多摩窯址群出土須恵器とその編年」『神奈川考古』第六号、神奈川考古同人会、一九七九年。同「南多摩窯址群における須恵器編年再考」『神奈川考古』第一二号、神奈川考古同人会、一九八一年。服部敬史「南武蔵における古代末期の土器様相」『東京考古』一、東京考古談話会、一九八二年。福田健司「第一部 二 各地における古代末期の土器様相 （三） 南武蔵における平安時代後期の土器群」『神奈川考古』第二一号 神奈川考古同人会、一九八六年。酒井清治「武蔵国における須恵器年代の再検討」『研究紀要』九号、埼玉県立歴史資料館、一九八七年。渡辺一ほか『鳩山窯跡群』Ⅰ～Ⅳ、鳩山窯跡群遺跡調査会・鳩山町教育委員会、一九八八年～一九九一年。酒井清治「生産地の様相と編年　多摩・比企」『季刊考古学』四二号、雄山閣、一九九三年。坂詰秀一ほか『南多摩窯跡群―八王子みなみ野シティ内における古代窯跡の発掘調査―』Ⅰ～Ⅳ、八王子南部地区遺跡調査会、一九九七～二〇〇一年。尾野善裕「猿投窯（系）須恵器編年の再構築」『第一回東海土器研究会　須恵器生産の出現から消滅　第一分冊発表要旨』東海土器研究会、二〇〇〇年。坂詰秀一・福田健司ほか『落川・一の宮遺跡』Ⅲ、落川・一の宮遺跡（日野3・2・7号線）調査会、二〇〇二年。加藤恭朗・坂野千登勢『若葉台遺跡』坂戸市教育委員会、二〇〇五年。

第一章　武蔵国府成立前夜の南武蔵地域

第一節　上円下方墳の調査とその意義

二〇〇三年十月のことである。東京都府中市西府町二丁目九番地、熊野神社境内地内の発掘現場で、武蔵の古代史を塗り替えるような大きな発見があった。従来有力首長墳は存在しないとされてきた府中市域で、国内最大・最古の上円下方墳が発見されたのである。この古墳は、横穴式石室と墳丘の保存状態も良好だったことから、二〇〇五年七月には国史跡に指定された。本節では、上円下方墳である国史跡武蔵府中熊野神社古墳（以下「熊野神社古墳」と記す）の調査とその意義を検討する(1)。

一　熊野神社古墳の概要

熊野神社古墳は、多摩川中流域左岸の武蔵野台地上の平坦面に立地する。南方段丘崖の縁辺には、古墳時代後期の群集墳である高倉古墳群と御嶽塚古墳群が形成されている。高倉古墳群は、二八基が発掘調査で確認され、全体で三〇基以上からなる古墳群と考えられている。(2) 御嶽塚古墳群は、近年新たに発見された古墳群で、二〇基の古墳が確認されている。(3) 時期的には、両古墳群ともに、六世紀前葉から七世紀前半代に造営されたものと考えられる。(4) 熊野神社古墳は、これらの群集墳から三〇〇メートル以上離れた段丘奥に単独で立地している（第5図）。

熊野神社古墳は、江戸時代の地誌類に全く記載がみられないが、一八八四年（明治十七）発行の『武蔵野叢誌』一九号に、後に明らかになった横穴式石室内部の様子と何らかの鉄製品、二個の人骨があったことが記述されている。(5)

墳丘は、一段目が一辺三二・八〜三二・〇メートルの方形、二段目が一辺二三・一〜二三・二メートルの方形、三段目が直径一五・九メートルの円形を呈する三段築成の上円下方墳である。墳丘一段目の裾には、シルト岩（脆弱な堆積岩）の縁石がめぐり、墳丘二段目と三段目の裾には、河原石が高さ最大一メートルで小口積されている。墳丘二段目の平場には、礫の貼り石がみられる。墳丘の中軸線は、真北から西へ約七度傾くが、当時の磁北が意識されたものと考えられる。墳丘の中心は玄室中心やや奥壁寄りに位置し、その付近の玄室床面礫床下から直径九センチメートル、深さ二六センチメートルの杭を打ち込んだような小穴が検出されている。周溝は、一辺九〇メートル四方という広範囲にめぐる可能性が想定されているが、府中市教育委員会によって、その特定に向けた範囲確認調査が実施され、徐々に周溝の実態が明らかになりつつある。(6)

主体部は、胴張りの切石切組積横穴式石室である。横穴式石室は南面に開口しており、玄室・後室・前室・羨道からなる三室構造である。石室は、シルト岩の加工石を使った切石切組積で構築されている。玄室平面形は胴張り、後室は胴張り気味の方形、前室は方形である。

石室の規模は、全長八・九メートル、玄室長二・五メートル、玄室幅二・七メートル、玄室推定高さ二メートル以上、玄門幅一メートル、玄門高一・五メートル、後室長一・九メートル、後室幅一・九メートル、後室高一・八メートル、後室門間口一メートル、前室長一・七メートル、前室幅一・七メートル、前室高一・八メートル、羨道長一・四〜一・八メ

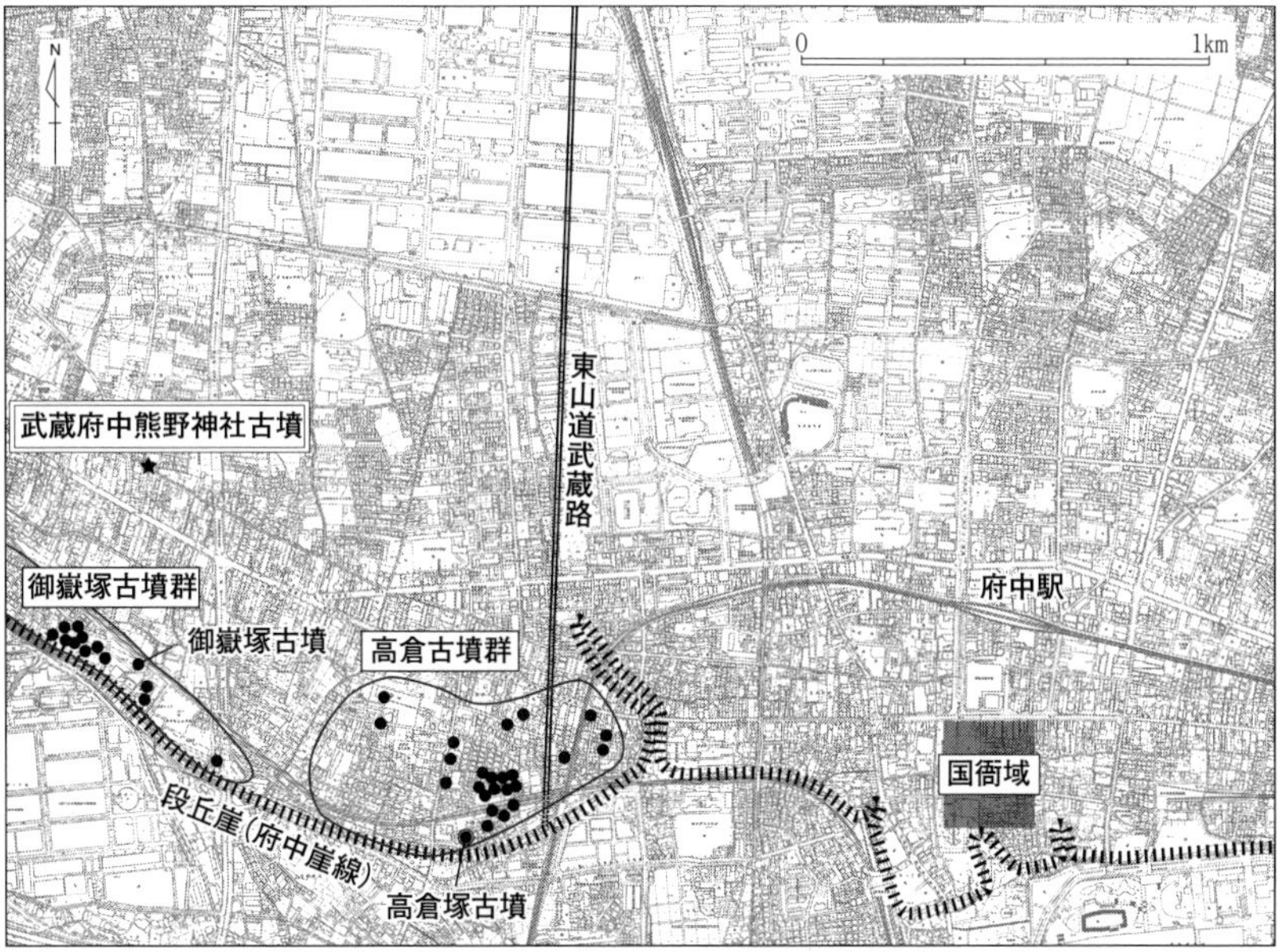

第５図　熊野神社古墳の位置図

ートル、羨道幅一・二〜一・五メートル、羨道高一・一五メートルを測る。復元天井高が三メートル以上になることが特筆される。[7] 羨道の南には、「ハ」の字に開いた前庭部（墓前域）が敷設されている。

　石室床面の直下からは、東西八・五メートル、南北一四・五メートルの範囲で、深さ一・五〜二メートルに及ぶ「版築工法」の「掘り込み地業」が確認された。この地業は、黒色土を完全に除去し、ローム土と粘土質のローム土を互層に搗き固めた強固なものである。

　遺物は、埋葬時と考えられるものは少なく、[8] 鉄地銀象嵌鞘尻金具一点、鉄製環座金具一点、鉄釘一五二点（釘頭の数）、ガラス小玉六点、刀子三点のみであった。古墳に伴う土器は、出土していない。鉄釘は、主に後室東側壁付近と玄室内の二か所で出土し、組合式木棺の留め釘と考えられるが、出土量が多いため、棺台が存在した可能性も考えられている。玄室奥壁近くから出土した大刀の鞘尻金具は、「心葉形」[9] と呼ばれる方頭大刀の鞘に付くもので七

第６図　鉄地銀象嵌鞘尻金具（左）と鉄製環座金具（右）

世紀後半代のものと考えられる。「七曜文」が七か所に配された銀象嵌文様としては、今のところ国内外に類例がなく、鉄製環座金具も、東国ではほとんど確認されていない（第６図）。

熊野神社古墳の築造年代は、その根拠となる土器が全く出土しなかったことから、特定が難しい。しかし、同様な胴張り形切石切組積横穴式石室の形態編年、墳丘の築造に「版築工法」や掘り込み地業が認められる点、企画性の高い上円下方墳であること、さらには、追葬時の副葬品と考えられる「七曜文」の鉄地銀象嵌鞘尻金具から判断し、熊野神社古墳は七世紀中頃に築造され、最終埋葬まで考慮しても、七世紀後半と考えられる。

二　熊野神社古墳の築造過程の復元と設計企画

（１）築造過程とその特質(10)

【第一段階】築造の準備段階

築造企画　設計企画（平面・立面）を行う。

用地選定　用地は、石材（シルト岩）の採取条件にかなう地域を選定し、段丘崖から五〇〇メートルほど入り込んだ台地の平坦面とする。その場所は、南にある群集墳から離れた立地と南東から入り込む大きな谷の最奥部が意識された可能性が考えられる。

造　成　地形が北から南へ緩やかに傾斜しているため、地山を広範囲で平坦に造成し、整形する。

【第二段階】墳丘盛土と切石の採取

土取り採取　墳丘の盛土に必要な土を墳丘近辺から採取する（土取り穴を周溝として利用）。その際、掘込地業の掘削と同様に黒色土、黄褐色土の柔らかい土と黄褐色土の堅い土は分けておく。

切石の採取　段丘崖や多摩川周辺から石室の切石を採取する。

【第三段階】石室の基礎地業

掘り込み地業　横穴式石室を構築する位置を選定し、石室を構築する部分の整備を行う。

掘　削　石室の平面規模を一回り大きくした範囲（東西約八・五メートル、南北約一四・五メートル）を深さ約一・五〜二メートル掘り込む（黒色土はここでは使用しないので、黄褐色土（ローム）と分けて保管する）。

搗き固め　黄褐色土と粘土質土を強固に搗き固めながら、埋め戻す（版築工法）。地業は、この後構築していく墳丘一段目の最上段（墳丘二段目の葺石の最下段）まで積み上げる。周囲の盛土も、墳丘第一段目まで薄く盛土されている可能性が高い。

【第四段階】基準杭の設置と石室の構築

基準杭打設　石室構築の基準となる杭を打設する。

切石の設置　石室構築を開始する。最初に玄室鏡石、玄室門柱、後室門柱、前室門柱石を設置し、壁体の基底石を設置する。

第一次墳丘盛土開始　石室裏側の補強のため、第一次墳丘の盛土を開始する（裏込めはない）。盛土は、黄褐色土、粘土質土、黒色土を交互に搗き固めていく。この第一次墳丘は石室を覆うように盛土するため、ドーム状に緩やかな傾斜で積み上げる。

【第五段階】壁体の構築

壁体の積み上げ　第一次墳丘の盛土の積み上げと並行して切石の加工を行いながら、壁体の石材を積み上げていく。この段階で切石の加工も同時並行で行う。玄室から羨道までは、ほぼ同時に構築する。その際、石室内部には、壁体が内側に倒れこまないため、土（土嚢）がつめられていると考えられる。

【第六段階】壁体の構築と仕上げ

壁体の積み上げ完成　一定の高さを単位とし、壁体の構築と墳丘の築成を同時に進め、壁体の構築を完成する。

切り石の調整　石室内面の切石を調整し、壁体の仕上げを行う。

【第七段階】前庭部の石積みと盛土構築

前庭部の石積みと盛土　第六段階と併行しながら、前庭部（墓前域）の石積みを積み始める。この部分の裏側にあたる墳丘盛土は、石室裏側と異なり、黄褐色土、粘土質土と砂礫土を交互に搗き固める版築工法で積み上げる。

【第八段階】天井石の架構と第一次墳丘の完成

天井石の架構　玄室天井は、玄室より手前の天井より一メートルほど高い構造のため、先に前室と後室までの天井石を架構する。その後、防水対策のため、石室上部全体を粘土質土で覆う。玄室天井石も同様に架構後、防水対策のため、その上部を粘土質土で覆う。さらに、上部に盛土を施し、第一次墳丘が完成する。

石室床面の完成　石室内部に砂礫を敷き、その上に扁平な河原石を敷き詰め、石室床面を完成する。この際、玄室に残った杭を抜き、切石の調整屑で埋め戻す。

【第九段階】第二次墳丘の開始

第二次墳丘の盛土開始　石室構築の一連の過程が終了すると、第一次墳丘外側の盛土積み上げを開始する（第二次墳丘）。その際、葺石は葺かずに、墳丘端面に板や土嚢等で土留めを施す（ただし、痕跡は残っていない）。

【第一〇段階】墳丘構築の完成

墳丘の構築完成　盛土の積み上げが終了すると、墳丘法面に小口積みで葺石を葺き、テラス面に貼石を施すなどの最終的な整形を行う。葺石は大きさが異なるものの、墳丘全面に葺かれる。最後に、墳丘第一段目裾部にシルト岩の縁石を敷き、墳丘の構築が完成する。

【第一一段階】埋葬

埋　葬　前庭部（墓前域）を通って、ヒノキ製の木棺が玄室内に運ばれ、副葬品とともに玄室内に納められる。木棺は、絹の布で覆う。

【第一二段階】閉塞と儀礼行為

閉　塞　羨門に切り石で蓋をし、その前を河原石で閉塞する。この段階で何らかの儀礼行為が行われたと考えられる。

【第一三段階】追葬と前庭部の閉塞

追　葬　初葬からどの程度時期が下るか不明だが、後に追葬を行う。この際に、鉄地銀象嵌鞘尻金具の付いた方頭大刀も副葬される。初葬時の木棺が片付けられて後室に置かれたものと考えられる（遺体は二体分となる）。

前庭部（墓前域）の埋め戻し　追葬が終わると、前庭部（墓前域）を河原石で閉塞する（石室の出入りが遮断される）。

築造過程の特徴として、古墳が台地の平坦面に単独で立地していること、掘り込み地業が行われていること、強固な版築工法の墳丘と全面に葺石が葺かれていること、明確な設計企画に基づいた上円下方墳であることをあげておきたい。

立地については、近隣の切石切組積横穴式石室墳がいずれも丘陵上であるのに対して、熊野神社古墳は、南方の段丘崖と群集墳から五〇〇メートルほど離れた台地の平坦面に、単独で立地していることが特質である。

石室直下の掘り込み地業は、埼玉県鶴ヶ島市鶴ヶ丘稲荷神社古墳[11]・鶴ヶ島第一号墳[12]、同小川町穴八幡古墳[13]、群馬県伊勢崎市祝堂古墳[14]、栃木県上三川町多功大塚山古墳[15]などで知られているように、広く古墳時代終末期に見られる特徴的な技法である。安定した地盤である関東ローム層をわざわざ一時除去し、埋め戻しながら搗き固める行為は、その地域の安定した地盤を改良してまで、より強固にしようとする技術が広く伝播されていたとしか思えない。掘り込み地業は、後に寺院の基礎工事として本格的に行われる前の七世紀中頃から後半にかけて、国内で広く用いられた古墳の地盤改良技術だったと考えられる。

さらに、墳丘の構築に他の古墳と比べて強固な版築工法が行われていることと、表面（全面）に葺石が施されていることも、他の南武蔵地域の同時期の古墳と大きく異なる特徴である。葺石は、発掘調査で明らかになった上円下方墳（奈良県奈良市・京都府木津川市石のカラト古墳、静岡県沼津市清水柳北一号墳[16]）ともに採用されていることから、葺石の採用は古墳時代的な古い様相を示すものではなく、上円下方墳という墳形にとって不可欠と認識されていたという高橋克壽の指摘[17]を支持する。

（2）墳丘の設計企画

調査で確実な上円下方墳のうち、石のカラト古墳は、高橋克壽が墳丘企画[18]を詳細に検討している。石のカラト古墳は、下方部一辺（一三・八メートル）の四分の一の三・四五メートルを一単位とし、上円部の裾が一単位三・四五メートルの方眼の交点上にある。つまり、上円部の半径は、この一単位の一辺×√2＝四・八五メートルで、この企画は排水溝や石槨の中心とも合致し、墳丘、石槨、周囲の施設の計画が一帯で決められていたと指摘した（第7図）。さらに、この単位が三四・五センチメートルの一〇倍で、一尺を三四・五センチメートルの尺（これを大尺と呼ぶ）とし、外周平坦面一辺が六〇尺（二〇・七メートル）、下方部四〇尺（一三・八メートル）、上円部二〇尺×$\sqrt{2}$（九・七メートル）の古墳が築造されたとみなした。墳丘の築成と同じ中心点を使用して構築された石槨も、全長が一〇尺（三・五二メートル）にほぼ等しく、天井までの高さと幅が三尺（一・〇六五・一・一六五メートル、一・〇三・一・〇四メートル）と、要所の大きさが「大尺」の完数値で設計されていると考えられている。同様に、清水柳北一号墳についても、石のカラト古墳と比べて一〇分の九という一単位の方眼原理で設計がなされたと復元されている。[19]

次に、熊野神社古墳の設計企画を検討してみたい。熊野神社古墳の規模は、一段目が東西三二・〇二メートル・南北三一・八〇メートルで平均三一・九メートル、二段目が東西二三・一メートル・南北二三・二メートルで平均二三・一五メートル、高さ最大一メートル、三段目が直径一五・九メートル、高さ最大〇・三八メートルである（第8図）。石のカラト古墳同様に、上円部の下段である墳丘二段目を基準として、一辺の四分の一の五・七八メートルを一単位とする方眼をかけてみると、上円部の裾が石のカラト古墳同様方眼の交点上に近い位置にある。ただし、測量上の誤差もあるのか、石のカラト古墳ほど厳密に方眼の交点には交わってこない。そこで、方眼原理ではない古墳築造の設計企画を設定した。

まず、切石の縁石が方形にめぐる一段目[20]（平均一辺三一・九メートル）の四角形（第9図①）の各辺に接するように円を書く（同②）。その円の外周に接するように四角形を書くと、ちょうど熊野神社古墳の二段目方形部（平均一辺二三・一五メートル）ができる（同③）。さらに、この四角形の各辺に接するように円を書き（同④）、その外周に接する四角形を作る（同⑤）。最後に、この四角形の各辺に接するように円を書くと、熊野神社古墳の三段目上円部（一五・九メートル）になる（同⑥）。

この場合、上円部の半径を一とした場合、七・九五メートル（上円部半径）対一一・五七メートル（二段目一辺の半

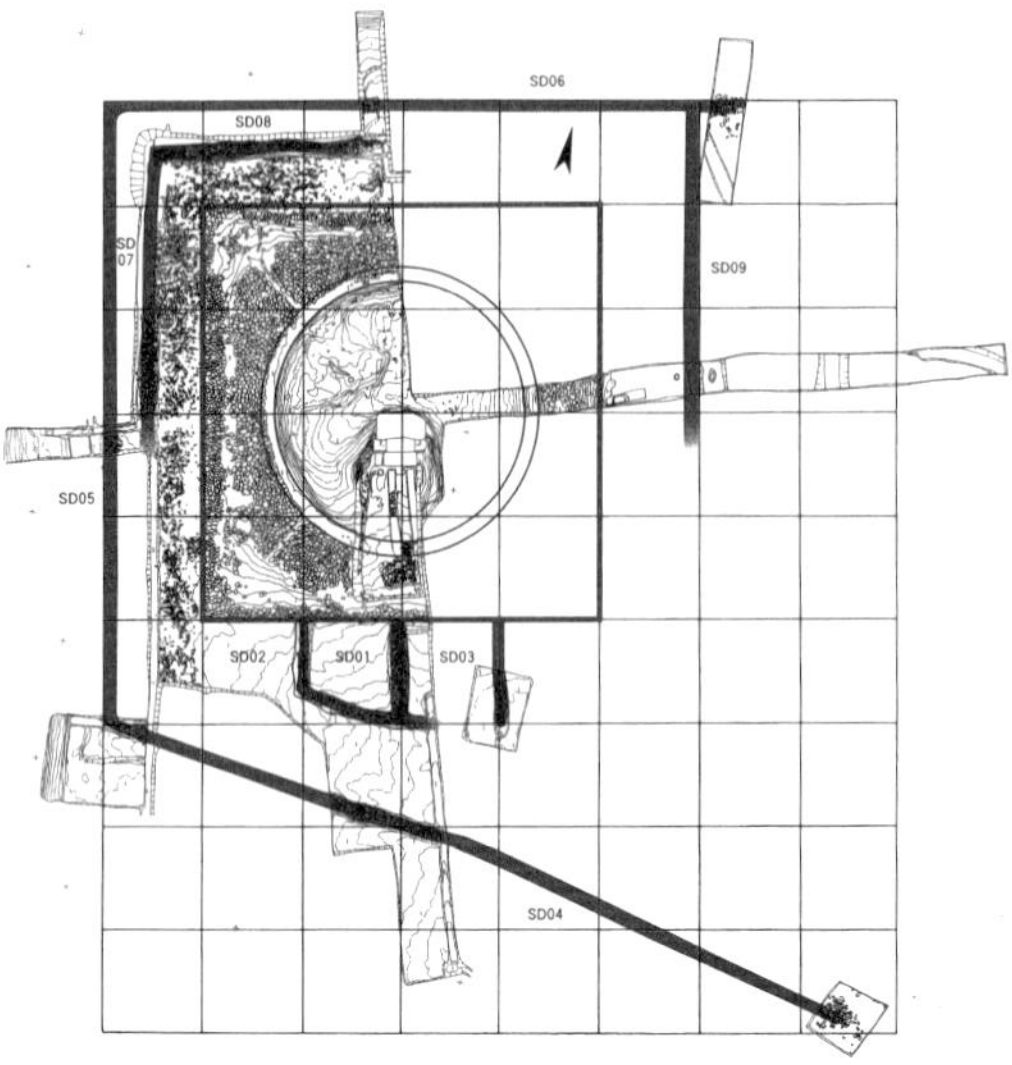

第7図　石のカラト古墳墳丘規格図
（注10奈良文化財研究所2005より）

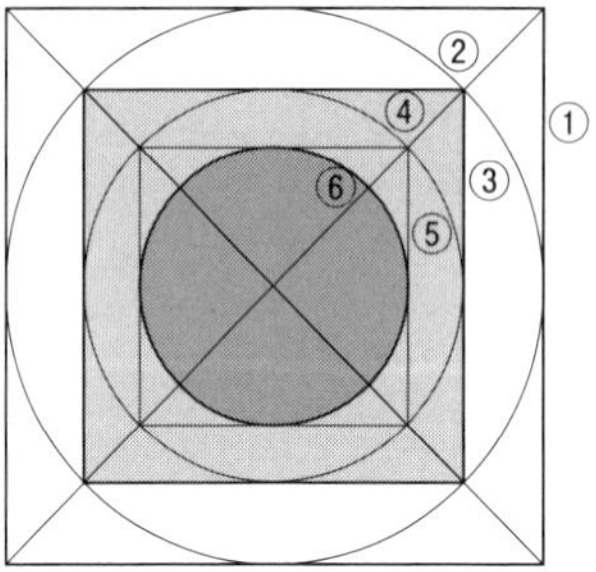

第9図　熊野神社古墳墳丘
企画模式図

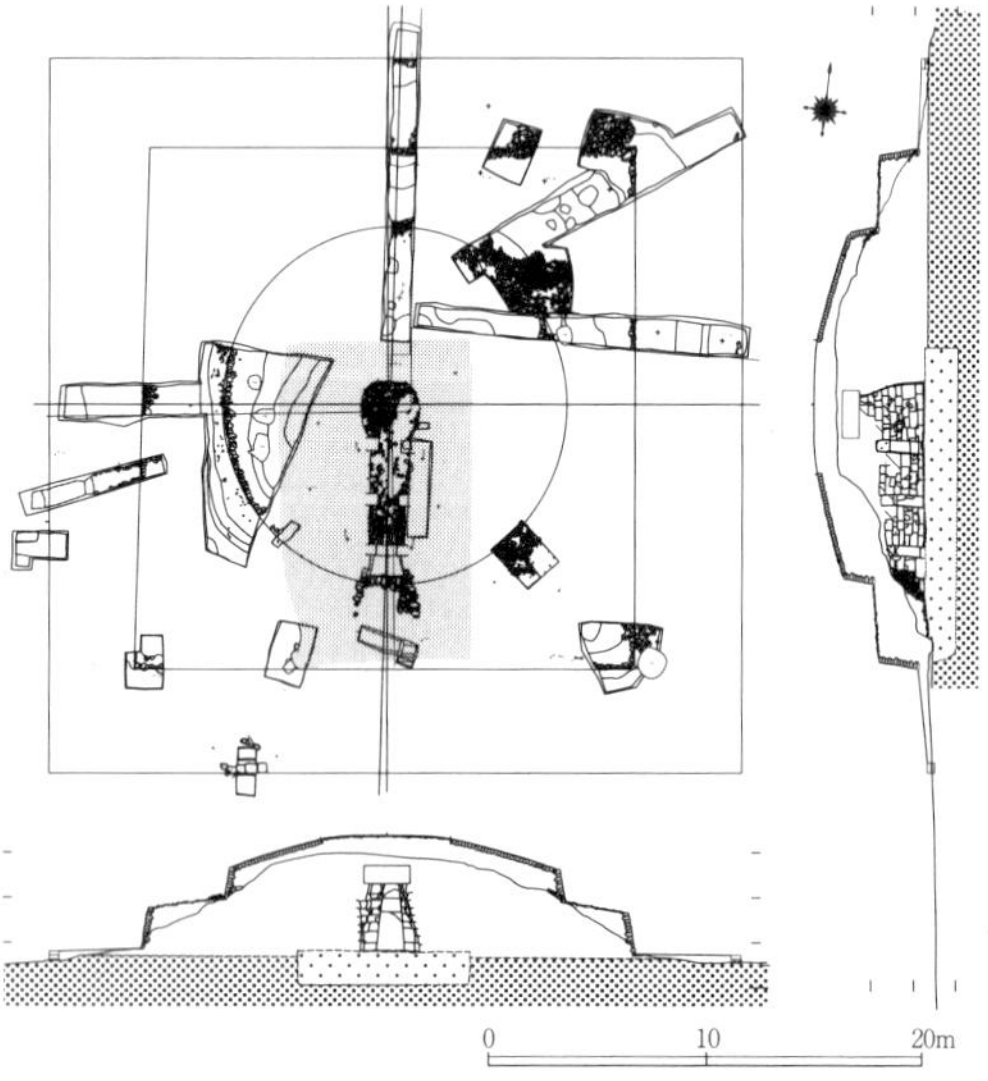

第8図　熊野神社古墳復元図（保存活用検討委員会資料
より）

分）対一五・九五メートル（一段目一辺の半分）が1：√2：2という比率になっている。つまり、上円部半径を最初に一とすれば、1：√2：2という比率で、三段目：二段目：一段目が設定されていることがわかる。

この設計企画を石のカラト古墳と清水柳北一号墳に当てはめてみる。ただし、両古墳ともに二段築成の上円下方墳なので、ここでは上円部と下方部だけを比較してみよう。石のカラト古墳は、上円部半径（四・八五メートル）を一とし、下方部一辺（一三・八メートル）の二分の一（六・九メートル）は√2に近似する。同様に清水柳北一号墳も、上円部半径（四・五メートル）を一とし、下方部一辺（一二・四メートル）の二分の一（六・二メートル）は√2に近似することがわかる。したがって、これら三基の上円下方墳は、上円部半径を一とした1：√2：2という共通した墳丘築造企画が設定されていたと復元できる。

さらに、この比率1：√2：2が四五尺：六五尺：九〇尺に近似することから、割り切れる尺度をみると、おおむね一尺＝三五・三〜三五・六センチメートルまでの範囲に収まる。つまり、熊野神社古墳の墳丘設計企画は、石のカラト古墳で指摘された「大尺＝三四・五センチメートル」に近い、一尺＝三五・六センチメートルが基準尺になっていたと考えておきたい。

なお、墳丘の高さについても、一段目の縁石が二石積まれて〇・三六メートル（一尺）、二段目の葺石が一・七八メートル（五尺）、二段目と三段目の間の平場が〇・七一メートル（二尺）、地上面から三段目上円部下端までの高さが二・八五メートル（八尺）、三段目上円部の立ち上がりの葺石が一・〇七メートル（三尺）、そこから墳頂部までの高さが二・四九メートル（七尺）、三段目葺石下端から墳頂部までの高さが三・五六メートル（一〇尺）、地上面から墳頂部までの高さが六・四一メートル（一八尺）で復元できる。

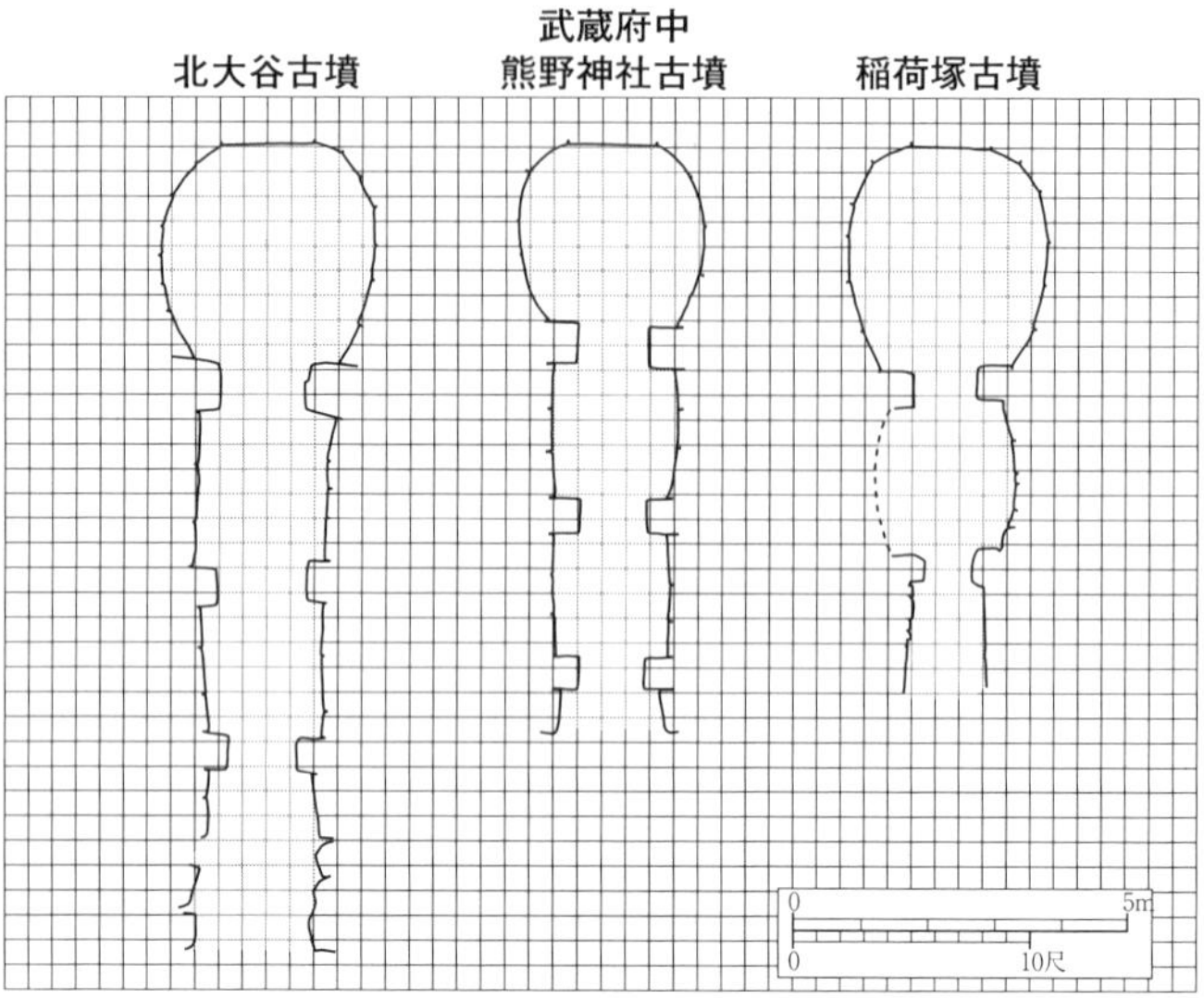

第 10 図　各古墳の横穴式石室平面形比較図

三　石室の設計企画と墳丘との関係

墳丘の企画同様に、横穴式石室にも同様な尺度が適用できるだろうか。先述したように、熊野神社古墳の石室の規模を尺度でみると、全長八・九メートル（二五尺）、玄室長二・五メートル（七尺）、玄室幅二・七メートル（七〜八尺）、玄室推定高さ三・〇メートル以上（三・二メートルとして九尺）、玄門幅一・〇メートル（三尺）、玄門高一・五メートル（五尺）、後室長一・九メートル（五〜六尺）、後室幅一・九メートル（五〜六尺）、後室高一・八メートル（五尺）、後室門間口一・〇メートル（三尺）、前室長一・七メートル（四〜五尺）、前室幅一・七メートル（四〜五尺）、前室高一・八メートル（五尺）、羨道長一・四〜一・八メートル（四〜五尺）、羨道幅一・二〜一・五メートル（三〜四尺）、羨道高一・一五メートル（三〜四尺）となる。石室の全長はどの部分まで測るか難しいところだが、二五尺にほぼ等しく、玄室の長さと高さ、後室・前室の高さなどに基準尺が用いられていることがわかる。

なお、複室構造で胴張り形の横穴式石室からなる八王子市北大谷古墳と多摩市百草稲荷塚古墳ともに、横穴式石室の設計企画は同じ基準尺が用いられていると考えられる（第10図）。しかし、熊野神社古墳は他の古墳と比べて、より精巧な切石切組積の技術を用いた完成された横穴式石室であることから、石室構築技術者集団が他の古墳とは異なっていた可能性を指摘しておきたい。

また、墳丘南北基準線と横穴式石室の中軸線がほぼ合致（最大でも誤差二〇センチメートル以内）し、墳丘南北・東西基準線の交点が玄室中央付近を通ることからも、墳丘と横穴式石室が一体で設計されていたことがわかる（第8図）。なお、玄室床面直下から検出された木杭を埋めた痕跡と考えられる小ピットは、墳丘南北東西の中心点から北へ七〇センチメートルほどずれ、横穴式石室中軸線に近い位置にあることから、今のところ、この小ピットは、墳丘の基準点ではなく、横穴式石室構築の際の何らかの基準点と考えている。

四　南武蔵地域のなかの熊野神社古墳

多摩川流域を中心とした南武蔵地域では、有力首長墳が古墳時代前期から一貫して、多摩川下流域の大田区・世田谷区域と対岸の川崎市域に集中する傾向にあった。しかし、古墳時代後期〜終末期における高塚古墳や横穴墓群は、後の古代律令体制下の豊島郡（荒川流域）、荏原郡（多摩川下流域）、橘樹郡（鶴見川流域）の各郡域に相当する範囲に分布する。(21)

さらに、前方後円墳終末以後の有力墳とされる切石積複室構造の高塚古墳の主体は、これまで前方後円墳の築造がみられなかった多摩川中流域へと展開していく。シルト岩の切石積複室構造の横穴式石室を主体部とする有力墳の分布をみると、多摩川下流域から順に世田谷区大蔵一号墳、三鷹市東京天文台構内古墳、多摩市稲荷塚古墳、多摩市臼井塚古墳、府中市武蔵府中熊野神社古墳、八王子市北大谷古墳が知られ、その範囲は、後の古代律令体制下の多磨郡域と捉えることができる。さらに、これらの古墳の分布と、古代の多磨郡の郷の推定域を重ねてみると、有力墳が後の郷の領域の中心付近に立地していることがわかる（第11図）。

南武蔵地域の横穴墓と横穴式石室墳の分布と、副葬遺物の分布を分析した松崎元樹は、切石を用いた横穴墓と切石を用いた横穴式石室墳、河原石を閉塞に用いた横穴墓と河原石積の横穴式石室墳（第11図10～31付近まで）の分布がそれぞれ重複し、河原石積の石室しか造らない地域に突如として切石を用いた横穴式石室墳が出現するとした。さらに装飾付大刀、金銅装大刀、象嵌を持つ鉄刀や銅鋺などがこれらの有力墳が築造される地域で出土し（第12図）、徐々に荏原郡から多磨郡に集約される、つまり地域が統合される過程で畿内系文物が多磨郡の領域に集約さ

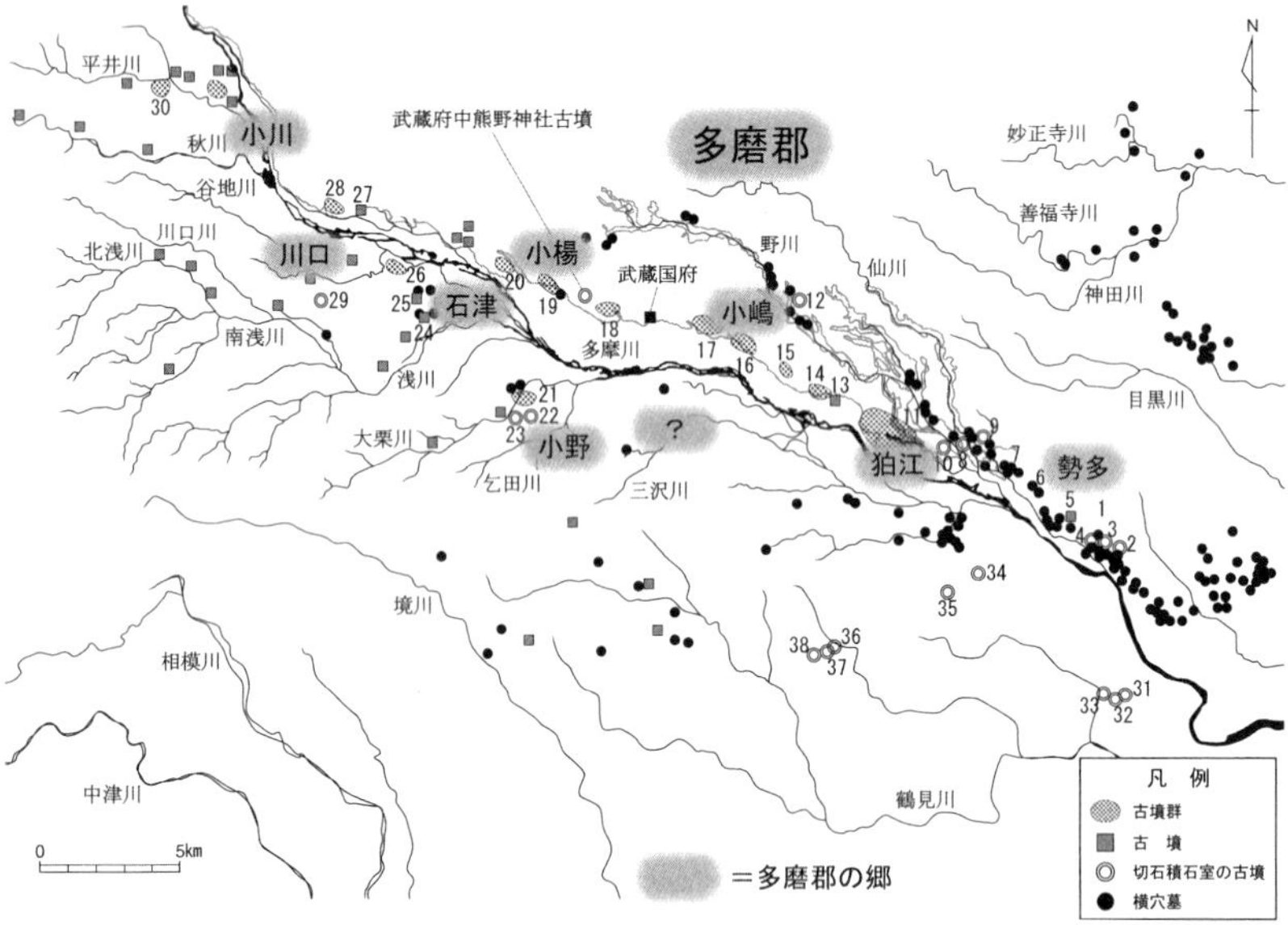

1 大田区多摩川台古墳群
2 大田区多摩川台1号墳
3 大田区観音塚古墳
4 大田区浅間様古墳
5 大田区庵谷古墳
6 世田谷区野毛古墳群
7 世田谷区砧古墳群
8 世田谷区殿山1号古墳
9 世田谷区大蔵1号古墳
10 世田谷区喜多見稲荷塚古墳
11 狛江市狛江古墳群
12 三鷹市天文台構内古墳
13 調布市狐塚古墳
14 調布市下布田古墳群
15 調布市下石原古墳群
16 調布市飛田給古墳群
17 府中市白糸台古墳群
18 府中市高倉古墳群
19 国立市下谷保古墳群
20 国立市青柳古墳群
21 多摩市塚原古墳群
22 多摩市稲荷塚古墳
23 多摩市臼井塚古墳
24 日野市梵天山横穴墓群
25 日野市坂西横穴墓群
26 日野市七ツ塚古墳群
27 昭島市経塚下古墳
28 昭島市浄土古墳群
29 八王子市北大谷古墳
30 あきる野市瀬戸岡古墳群
31 川崎市加瀬台9号墳
32 川崎市加瀬台3号墳
33 川崎市第六天古墳
34 梶ヶ谷古墳
35 川崎市馬絹古墳
36 横浜市赤田1号墳
37 横浜市赤田2号墳
38 横浜市赤田3号墳

第11図　南武蔵地域の後・終末期主要古墳と横穴墓（郷の位置は小野1997をもとに作成）

れ、これが武蔵国府の成立と関わるのではないかと指摘した。これらの有力墳がいずれも七世紀前半～中頃に築造されていることからも、後の律令体制下における郡司層クラスといった在地の有力者につながっていく基盤がこの段階でできあがってきたと考えられる。

熊野神社古墳も、武蔵特有の胴張り形複室構造の横穴式石室からすれば、他の有力墳同様に在地色が強い古墳といえる。武蔵地域全体に目を向ければ、終末期古墳では列島最大級の巨大円墳（推定直径八〇メートル）である若小玉八幡山古墳（埼玉県行田市）は、「三室構造」の石室規模が熊野神社古墳の二倍近い武蔵最有力の首長墳である。しかし、その築造時期は七世紀第二四半期と推定されており、[22] 熊野神社古墳直前の武蔵最有力首長墳と考えられる。

七世紀中葉という築造年代を考えれば、他の古墳にみられない上円下方墳という特殊な墳丘形態、「版築工法」による強固な墳丘と掘り込み

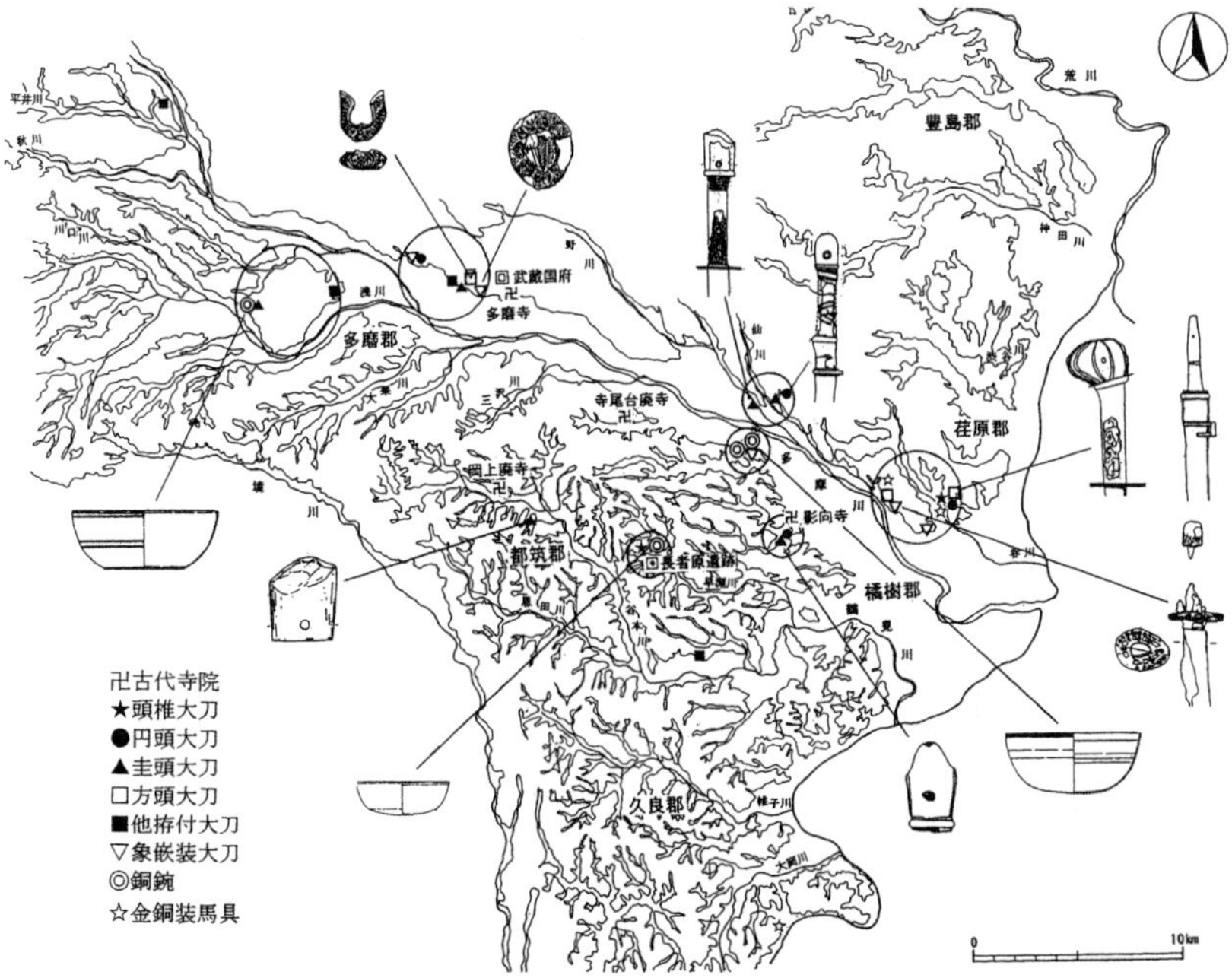

第12図　副葬遺物の種別分布と核地域（松崎 2006 より転載）

地業、完成された切石切組積みの横穴式石室、国内外に類例のない「七曜文」を配した鉄地銀象嵌鞘尻金具の付く方頭大刀などからすれば、熊野神社古墳の被葬者は、古代の南武蔵地域で傑出した存在であることは間違いなく、武蔵地域全体でみても、最有力の首長墳だったのではないだろうか。

熊野神社古墳築造後五〇年が経過しないうちに、東山道武蔵路が開道し、武蔵国府が形成されはじめることとあわせて、国府を含めた後の律令体制整備に向けた基盤の形成に本古墳が果たした役割はきわめて大きいものがあった。熊野神社古墳が武蔵府中の地に造られたことの最大の意義をここに見出すことができる。

五　まとめ

最後に、本節で明らかにした点をまとめておきたい。

第一に、熊野神社古墳が、南方の群集墳から五〇〇メートルほど離れた台地の平坦面に単独で立地していることを確認し、周辺地域の有力墳との立地上の差異を指摘した。

第二に、石室直下の掘り込み地業は、広く古墳時代終末期にみられる特徴的な技法だが、関東ローム層を一時除去して再び埋め戻し搗き固める行為は、その地域の安定した地盤を改良してまで、より強固にしようとする技術が広く伝播されていた証左であると考えた。

第三に、墳丘の構築に、他の古墳と比べて強固な版築工法が行われていることと、墳丘表面（全面）に葺石が施されていることが、本古墳の上円下方墳としての特質だったことを指摘した。

第四に、熊野神社古墳の墳丘築造企画が墳丘三段目の上円部の半径を一として、1：$\sqrt{2}$：2という基準で設計されていたこと、他の二例の上円下方墳も同様な築造企画があったことおよびその造営尺が一尺＝三五・六センチメートルという基準尺だったことを指摘した。

第五に、南武蔵地域の有力墳の分布が後の古代律令体制下における多磨郡域の郷の領域の中心付近に立地していることを確認した。しかし、その有力墳の一つである熊野神社古墳は、上円下方墳という特殊な墳丘形態の採用、「版築工法」による強固な墳丘と掘り込み地業、完成された切石切組積みの横穴式石室、「七曜文」の鉄地銀象嵌鞘尻金具の出土から、古代の南武蔵域で傑出した存在であり、七世紀中葉段階では、武蔵地域全体でみても最有力の首長墳と解釈した。

第二節　七世紀における多摩川中流域左岸の古墳と集落

七世紀の多摩地域は、これまで続いてきた古墳時代の伝統的な在地社会から、律令国家体制に向けて、劇的に変わろうとしていた時代だった。七世紀中頃の上円下方墳の築造に始まり、七世紀後半には、多摩評衙の設置、東山道武蔵路（駅路）の整備、そして七世紀末から八世紀初頭には、武蔵国府が設置されていく。

本節では、国内最大・最古の上円下方墳が造られ、後に国府が設置される多摩川中流域左岸（現在の府中市域とその東西に隣接する調布市・国立市）の古墳と集落の分布と変遷をとおして、古墳の造られた時代から国府の時代への転換期の状況を検討する。

一　群集墳の分布とその特徴

周知のごとく、多摩川流域の古墳は、下流域に古墳時代前期から中期にかけての有力首長墳が集中する。中流域に古墳群が展開するのは、五世紀末を初現とし、六世紀代の古墳時代後期になってからのことである。古墳群の分布は、多摩川の沖積低地を見下ろす段丘崖（府中崖線）の縁辺に立地する（第13図）が、すべての古墳群が均一な分布

を示しているわけではなく、段丘崖の縁辺東西に、帯状に広く分布する古墳群（調布市飛田給古墳群から府中市白糸台古墳群、府中市御嶽塚古墳群から国立市下谷保古墳群）と段丘崖の奥へ向かって東西に狭い範囲にまとまって分布する古墳群（調布市下布田・上布田古墳群、府中市高倉古墳群）にわかれることが指摘できる。

調布市飛田給古墳群から府中市白糸台古墳群は、東西約一・七キロメートル、南北約〇・二キロメートルに分布する。調布市と府中市にまたがっているため、別の古墳群名が付されているが、墳丘規模、石室構造が胴張りで、玄室・羨道が長胴形態などの共通点から、本来、同一の古墳群と捉えるべきである。これらの古墳群全体では、三〇基以上の古墳が確認され、すべて主体部は河原石積横穴式石室で、築造時期は、五世紀末～七世紀前半代と考えられて

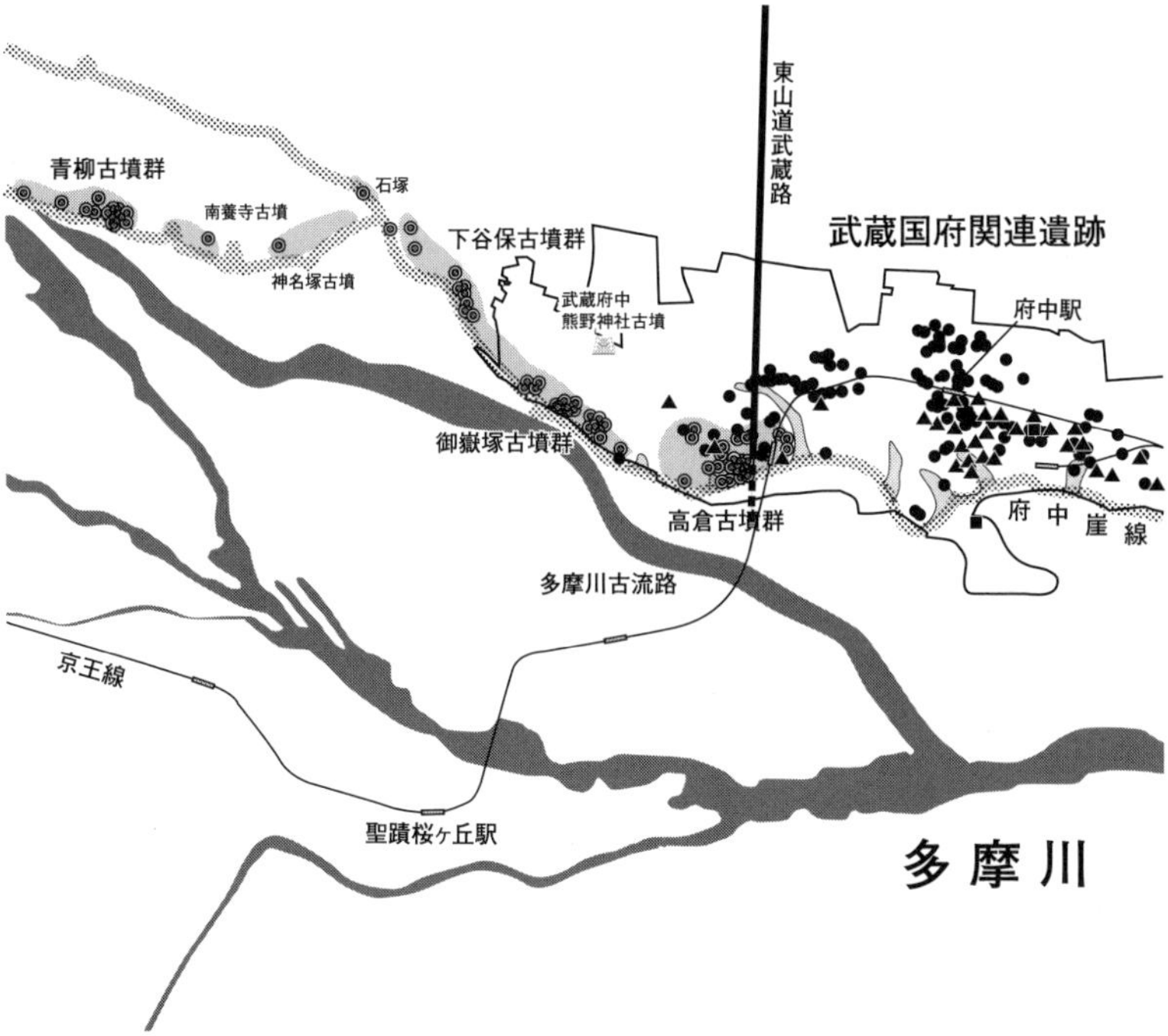

第13図　多摩川中流域左岸の古墳（群）と集落の分布図

いる。[23]

府中市御嶽塚古墳群と国立市下谷保古墳群も、横穴式石室の形態などから、同一の古墳群と捉えられ、両古墳群全体で三〇基以上の古墳が確認され、時期的には、六世紀前半から七世紀前半代と考えられている。[24]

これに対して、調布市下布田・上布田古墳群と府中市高倉古墳群は、調布市下布田・上布田両古墳群を単体の古墳群と捉えると、両者ともに東西一キロメートル、南北〇・五キロメートルほどのまとまった範囲に分布していることがわかる。調布市下布田・上布田古墳群は二〇基ほど、府中市高倉古墳群は三〇基ほどの古墳が確認され、築造時期は、いずれも六世紀前葉から七世紀前半代と考えられている。[25]

また、これらの地域では、国立市谷保東方横穴墓以外、七世紀代に多摩地域で盛行する横穴墓がみられないことも特徴となっており、横穴墓が極端に少ない要因は、多摩川流域の他地域と比較して、比高差の低い段丘崖に起因すると考えられる。

なお、第13図をみると、府中市白糸台古墳群と高倉古墳群の間、約二・五キロメートルに古墳の築造されない空間があるため、両古墳群が築造された六世紀～七世紀前半の段階で、後の国府域に相当する範囲に古墳が築造されない規制、すなわち国府の設置を目的とする領域規制が働いていたとする意見があった。しかし、古墳が築造されない範囲の中心地域である東京競馬場から大國魂神社周辺地域は、いくつかの開析谷が入り込み、近年、六世紀代の竪穴建物跡が確認されるようになってきたので、[26]段丘崖周辺を中心に、広く古墳時代後期の集落が形成されていたと考えられること、さらに、国府が府中の地に設置された理由は、古墳時代の在地勢力との関係ではなく、後述するような別な理由があると考えていることから、五〇年以上の隔たりがあるにもかかわらず、国府設置の規制が働いていたとする見解は首肯できるものではない。

二　首長墓の分布と状況

本地域には、六世紀末葉以降突出した存在である首長墓が出現する。

調布市下布田古墳群の下布田六号墳（狐塚古墳）は、幅六～九メートルの周溝外径六〇メートル近い円墳で、奥壁が三段の切り石を積み上げ、両側壁が河原石を小口積みする横穴式石室である。築造年代は六世紀末～七世紀前半とされ、[27]当地域の有力首長墳であるとともに、この段階では多摩川流域全体でも、この古墳を上回る規模の古墳は築造されていないことから、本古墳は在地の有力者ではなく、全く出自の異なる被葬者の可能性も指摘されている。[28]

七世紀前半～中葉になると、軟質の切石を使用した胴張り複室横穴式石室を構築した古墳が多摩川中流域の首長墓として築造される。七世紀前半代の多摩市稲荷塚古墳[29]（墳丘三八メートル）、多摩市臼井塚古墳[30]（墳丘不明）は二室構造なのに対し、七世紀前半代の八王子市北大谷古墳(31)（墳丘三二メートル）と七世紀中頃の府中市武蔵府中熊野神社古墳（墳丘一辺三二メートルの上円下方墳）、三鷹市東京天文台構内古墳(32)（墳丘二八メートルの上円下方墳）は、三室構造の横穴式石室墳であることが特徴といえる。

これらの首長墓のなかでも、武蔵府中熊野神社古墳は、軟質の切石を使用した胴張り複室横穴式石室という共通性がありながらも、他の古墳にはない左記の特質が認められる。

①三段築成の上円下方墳という稀有な墳丘形態
②「版築工法」による強固な墳丘の構築方法と葺き石の存在
③横穴式石室直下の掘り込み地業
④国内外に類例のない七曜文が施された鉄地銀象嵌鞘尻金具の出土

つまり、熊野神社古墳の被葬者は、在地の有力者でありながら、新しい思想や技術をいち早く取り入れることのできた人物であり、後の多摩郡の郡を監督した郡司層につながっていく有力者であったと考えられる。

このように、多摩川中流域の当該地域では、六世紀末～七世紀中葉の段階で、多摩川流域全体でも最も有力な首長墳が築造されていたことが指摘できる。

三　集落の分布と時期的変遷

次に、古墳群と表裏一体の関係にある集落の分布と時期的変遷を検討する。

多摩川中流域左岸の段丘崖縁辺部に立地する古墳群と集落の位置関係の特徴は、古墳群と集落の形成される範囲が明確に異なっていることである。下布田古墳群と下布田遺跡のように、古墳群と集落が一定の範囲内に重複する例もあるが、それ以外の地域では、古墳群と集落の重複は少ない。その状況が顕著なのが、調布市下石原古墳群から飛田給古墳群の間（上石原・下石原遺跡の集落跡）、府中市白糸台古墳群から高倉古墳群の間、府中市御嶽塚古墳群から国立市青柳古墳群の間である。特に、府中市御嶽塚古墳群から国立市青柳古墳群の間の段丘崖縁辺部は、六世紀末〜八世紀初頭までの集落跡が今のところほとんど確認されていない地域で、八世紀中葉以降にならないと集落が出現しないことから、古墳群の所在する段丘崖下の沖積微高地に集落が存在する可能性も指摘されている(33)。

古墳時代後期から飛鳥時代では、ある一定の地域で継続的に集落を営む場合、第一に、その基盤となる土地の選択が行われたはずである。私たち現代人の感覚からすれば、集落を営む場合、多摩川の洪水を避けた段丘崖の台地縁辺部に選ぶと思いがちであるが、集落を呑み込むような大きな洪水がこなければ、集落の生産基盤である水田耕作に適した沖積地に近い土地を選択したほうが、集落を形成・維持していくためには好条件だった。広い沖積地をかかえる多摩川中流域左岸では、段丘崖の縁辺部に古墳群と集落が形成されるとともに、段丘下の沖積低地に集落が進出していたと考えるべきであろう。

さらに、六世紀末から七世紀前半代、七世紀後半代、そして七世紀末〜八世紀初頭の三段階に分けて、集落の分布と変遷を検討する。

集落の分布と変遷をみると、府中市域を挟んで東西の状況が全く異なっていることがわかる。東の調布市域では、段丘崖の台地縁辺部に連綿と集落が営まれ、一部は沖積低地にも集落が進出しているのに対し、西の国立市域では、ほとんど集落が確認されていない。国立市西方については、立川市域も同様で、さらに上流の昭島市域（多摩川上流域＝広い沖積地が形成されない地域）からようやく確認されるようになる。やはり六世紀から七世紀代の集落は、沖積微高地に形成されている可能性が高い。

時期的な集落の変遷をみると、六世紀末から七世紀前半代は、時期の特定できる竪穴建物跡が少ないこともあり、集落の分布も限られているが、七世紀後半代になると、調布市染地遺跡から断続的に集落が営まれ、その数も激増し

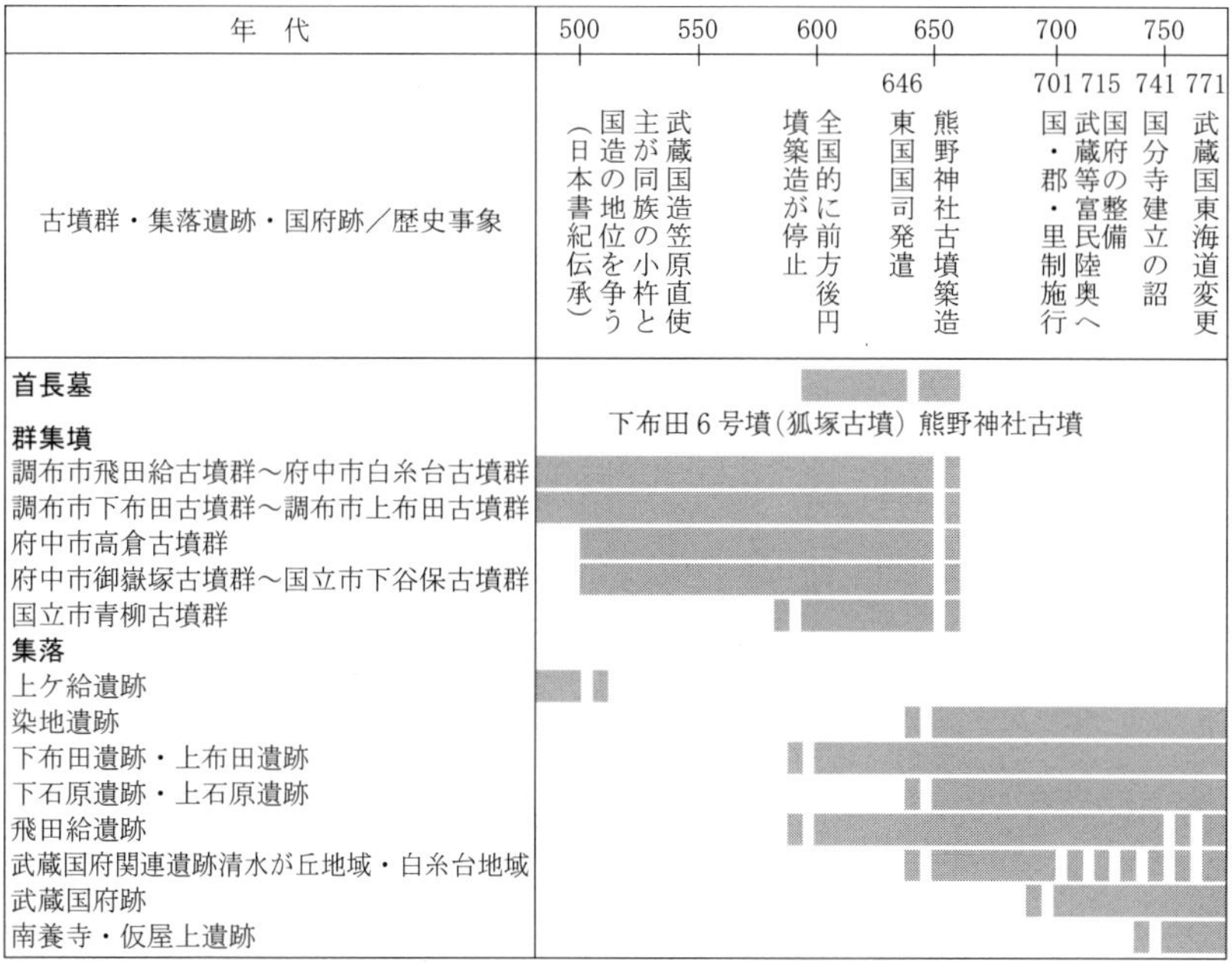

第14図　多摩川中流域左岸の古墳群と集落・国府域消長図

ていることがわかる。

七世紀後半は、全国的に律令体制の整備が行われていく時期にあたるので、多摩評衙（郡衙）や東山道武蔵路が整備されていくなかで、七世紀前半代とは比較にならないほど、集落が激増していったことは想像に難くない。ただし、この時期の集落は、まだ段丘崖の縁辺部を中心に分布している。七世紀末から八世紀初頭になると、国府の形成とともに、調布市域でも継続して集落が営まれるようになっていく。国府域の西方地域では、古墳の墳丘に隣接する場所でも竪穴建物が造られるようになり、古墳群と重複して国府が整備されていったことがわかる。

さらに、集落の変遷を細かく分析してみると、古墳群はその発生から終焉まで一定期間その場所で古墳が築造され続けるのに対し、集落は、多種多様な分布のあり方が指摘できる。それを左記のようにA～Dまで、類型化してみた（第14図）。

〔A類型〕飛田給遺跡のように、七世紀前半

（六世紀末）から八世紀代まで集落が継続する遺跡。

〔B類型〕上石原遺跡のように、七世紀後半から出現し、八世紀代以降も集落が継続する遺跡。

〔C類型〕武蔵国府関連遺跡清水が丘地域から白糸台地域のように、七世紀後半をピークとして、その後集落が衰退する遺跡。

〔D類型〕国立市南養寺遺跡・仮屋上遺跡のように、八世紀中葉以降に集落が出現する遺跡。

多摩川中流域左岸の集落の変遷だけでも、このような類型化が可能だが、さらに地域を広げてみると、狛江市域の集落のように、七世紀前半から八世紀初頭にピークがある遺跡なども認められる。つまり、こうした集落遺跡の時期的変遷は、古墳時代まで継続的に集落が営まれ、その後七世紀代になって衰退する集落があるのに対して、七世紀後半に出現し、八世紀以降も継続する集落があることを意味する。

六世紀代から七世紀前半代までの集落分布と時期的変遷の差は、古墳時代後期の集落が沖積地に面した段丘崖縁辺部に継続的に営まれていたのに対し、七世紀後半になって、これまでの集落の分布状況が一変するくらいの律令体制の整備に伴う集落の再編が行われたことを表している。その再編の結果が後に、多摩郡の下に置かれる郷の領域に深く関わってくると考えているが、その点は八世紀の当該地域の動向に及ぶので、第三章第三節を参照されたい。

四　国府の時代へ

次に、国府が府中に置かれた理由を考えてみたい。古墳時代後期（六世紀代）、後に武蔵国府が置かれる府中市中心部は、全く開発が行われなかった空白地域ではなく、水田耕作が可能な広い沖積低地を生産基盤として、沖積微高地から段丘上にかけて集落が営まれていた。その後、七世紀後半には、段丘崖の台地縁辺部に集落が広がっていくが、その開発の契機は、先述したように、律令体制の整備に伴う多摩評衙や東山道武蔵路の整備にあったと考えられる。その段階までは、武蔵府中熊野神社古墳の被葬者のような、後の多摩郡司層になるような在地の最有力首長層が集落の再編にも直接関わっていたはずである。

そして、七世紀末～八世紀初頭に突如として、武蔵国の国府が府中の地に設定され、国府が成立する。その間、律令体制の整備に伴う集落の再編は行われていたが、国府の設置計画自体は在地社会との関わりとは無関係に、国内の統一的なマスタープランに基づき進められていったと考えられる。

国府とは、七世紀後半から始まる古代国家の中央集権体制を目指した五畿七道の整備などの集大成として、全国六八余りの国に置かれた役所で、各国の政治・経済・文化の中心だった。そのため、東国の国府のほとんどが地域勢力とは関係のない、水陸交通の要衝で、中央政府に近い各国の南（西）側に置かれたのである。武蔵国府も、河川交通としての重要な機能を持っていた多摩川に臨み、同時に主要な陸上交通だった東山道武蔵路と東海東山連絡路（相模国府と武蔵国府を結ぶ道）をおさえることができる水陸交通の要衝に置くことが国家政策として重視されたはずである。そして、宮都からみた場合、南（相模国府）から多摩丘陵を越えた最初の渡河点であり、国府を整備し、管理・運営していくだけの生産基盤もある立地条件にあたる府中の地に国府が置かれたのである。

五　まとめ

多摩地域の七世紀の歴史を論じるにあたっては、古墳群という墓域だけでなく、集落とその生産基盤との関係を究明することが必要不可欠である。本節では、この視点のもと、生産基盤も視野に入れた古墳群と集落との関係を、後に国府が置かれる多摩川中流域左岸を題材に検討した。

多摩川中流域に群集墳が盛行する六世紀から七世紀前半代の集落は、段丘崖の縁辺部に散在する程度だった。それが七世紀後半、段丘上に急激に増加することは、本地域へ多くの人が集住したことを裏付けるものである。七世紀中葉（六四六年の東国国司発遣頃）を境に、それまでの集落の分布状況が一変するくらいの大きな集落の再編が起こったことは間違いない。七世紀中葉といえば、突如として出現する熊野神社古墳に象徴されるように、それまで地域の中心となる首長墓がなかった多摩川中流域に、有力首長墓が造られる頃である。その後の東山道武蔵路や多摩評衙（後に郡衙）などの律令体制の導入に関わる国家的事業に、後の郡司層にあたる在地有力勢力が深く関与したことは間違いない。その後の七世紀末から八世紀初頭から始まる武蔵国府の設置は、大化前代以来の政治勢力とは無関係である律令国家の政策のもとに決められた。しかし、反面、実際の国府の整備は、国家の政策だけでは不可能だったはずで、郡司層を核としたさまざまな人々が担っていたのである。

第三節　終末期古墳と国府の成立

東国（以下、現在の関東地方をさす）における前方後円墳の築造は、全国的な趨勢と同じく七世紀前後に停止されるが、その後も古墳の築造は継続する。特に、飛鳥時代の南武蔵では、大型の方墳や円墳が築造される東国諸地域と異なり、上円下方墳の武蔵府中熊野神社古墳・東京天文台構内古墳[34]や八角墳[35]の稲荷塚古墳など、特異な墳形の古墳が築造されることが大きな特徴となっている[36]。また、この時期は、古代国家の成立に向けて古代の地方行政制度が整備されていく時代であり、徐々に古墳が小規模化されていくなど、古墳築造の歴史的意義は少しずつ変化していった。そして、七世紀末～八世紀初頭頃には、現在の府中市に古代地方都市である国府が置かれた。

国府の成立に関しては、さまざまな場面で在地勢力との関係が問題とされてきた。一九九八年七月、和洋女子大学主催の「東国の国府 in WAYO」におけるシンポジウム討論のなかで、山中敏史は、郡司が国家権力と結びつくことによって在地を支配していくために、国府の成立にも深く関わっていくとし、国府の設置場所が郡司の伝統的な本拠地の場合と新興勢力と結びついた場合があることを想定した[37]。土生田純之も、列島の古墳時代社会を代表する勢力であった上毛野を象徴する総社古墳群のように、在地豪族の本拠地に国府が置かれた上野と、无邪志国造の奥津城とされる埼玉古墳群から遠く離れた南武蔵に国府が置かれた武蔵という対照的なあり方を指摘している[38]。

本節では、東国各地がどのように古墳時代から国府の時代へ転換していったのか、その変化の過程に地域性が認められるのか、あるいは共通する動向が捉えられるかという問題について、東国の七世紀代における終末期古墳の動向と国府の成立に至る状況を検討する。

一　東国における終末期古墳の動向と国府の状況

（1）武蔵地域の状況

終末期古墳の動向（第15図）　古墳時代後期の武蔵地域では、五世紀後半の稲荷山古墳（前方後円墳・全長一二〇メートル）から六世紀末～七世紀初頭頃の中の山古墳（前方後円墳・全長七九メートル）まで八基の前方後円墳が連綿と築造された埼玉古墳群（埼玉県行田市）が北武蔵地域の盟主的地位を踏襲していた。

その後は、埼玉古墳群の北方二キロメートルにある若小玉古墳群で、最後の前方後円墳である小見真観寺古墳（全長一一二メートル）に続き、巨大な円墳である八幡山古墳（直径七四メートル）が築造された。八幡山古墳は、当該期における武蔵最大の石室墳で、七世紀前半の築造とされる。胴張り複室構造の横穴式石室は、全長一六・七メートルで、武蔵府中熊野神社古墳（石室室全長七・八メートル）の二倍以上、他を圧倒する規模を誇る。また、残片だが、東国では唯一の漆塗り木棺も確認されており、武蔵の中心勢力が北武蔵にあったことを物語る[39]。以降、北武蔵では、七世紀中頃の地蔵塚古墳（方墳・一辺二八メートル）、七世紀前半～中頃の戸場口山古墳（方墳・一辺三八・五メートル）、七世紀後半の穴八幡古墳（方墳・一辺二九メートル、小川町）へと墳形が変化する。

第 15 図　武蔵地域の古墳時代後期〜終末期の主要古墳

これに対し、南武蔵地域では、巨大な円墳や方墳が存在せず、稲荷塚古墳（八角墳・対角長三四メートル、東京都多摩市）、武蔵府中熊野神社古墳（上円下方墳・一段目三二メートル、同府中市）・東京天文台構内古墳（上円下方墳・一段目二五〜三一メートル、同三鷹市）のように、特異な墳形を持つ古墳が築造される(40)。

七世紀前半の稲荷塚古墳、臼井塚古墳（墳形・規模不明、東京都多摩市）、北大谷古墳（円墳・直径三九メートル、東京都八王子市）、七世紀中葉〜後半の武蔵府中熊野神社古墳、七世紀後半の東京天文台構内古墳、馬絹古墳（円墳・直径三三メートル、神奈川県川崎市）など、切石積複室構造の横穴式石室を採用する首長墓は、後の郷の領域に相当する範囲に一基ないしは二基ずつ築造されていることから、後の郡司層クラスの在地豪族の古墳と位置づけられる。

このように、武蔵地域は南北で相違点が認められるが、両地域ともに（北武蔵は埼玉古墳群から比企地域周辺）、胴張り構造の横穴式石室を採用していることから、南北両武蔵の豪族が何らかのネットワークで結ばれていたことが指摘できる。(41)

国府の状況　武蔵国府は、八幡山古墳に集約された北武蔵の地域勢力の拠点地域ではなく、南武蔵の地に置かれた。国府の成立については、一九八五年の段階で山口辰一が七世紀末～八世紀初頭に国府の街並みが国衙に先行して形成されはじめたことを指摘した。(42)

深澤靖幸は、国府のマチが七世紀末～八世紀初頭に地方行政組織として成立し、郡名寺院多磨寺の検討から、国府中枢官衙の成立に先立って評・郡司層建立寺院のみならず、評家が設定されていた可能性に言及した上で、七世紀中葉頃の上円下方墳である武蔵府中熊野神社古墳の存在によって、府中の地が多磨郡領の本拠地であると指摘した。(43)

その後、国史跡武蔵国府跡御殿地地区で主屋・副屋等が整然と配置された建物群が発見された。それらの建物群は、「□館」墨書土器の存在などから、武蔵国府の初期国司館跡で、その時期は八世紀前半を主体としながら、七世紀代に遡る可能性が考えられている(44)（この点については第二章第一節を参照）。

（２）上野地域の状況

終末期古墳の動向　上野地域では、七世紀前後の前方後円墳停止以降、前橋市総社町周辺の有力首長墓のみが大規模な方墳に変化し、(45)七世紀中頃の総社愛宕山古墳（方墳・一辺五六メートル）、七世紀後半の宝塔山古墳（方墳・一辺六〇メートル）、七世紀末葉の蛇穴山古墳（方墳・一辺三九メートル）へと一連の流れをもって、終焉を迎える。(46)

土生田純之は、右島和夫の研究を受けて、七世紀前半の方墳と畿内の石棺と同巧の家形石棺の採用、七世紀中葉以降の石室壁面への漆喰の塗布、截石切組積石室の高度な技術の習得など、おおむね畿内の終末期古墳の動向に併行し、総社古墳群の被葬者が上毛野国造に成長する過程を反映したと論じた(47)。国府は、この上毛野の勢力の本拠地である群馬県前橋市に置かれた。

国府の状況　上野国府は、榛名山東麓の牛池川と染谷川に挟まれた平坦な地形上に立地する。いまだ国府の成立に関する発掘調査データは少ないが、近年、前橋市元総社町一帯で区画整理事業に伴う地道な国府域の調査が進展し、それ以前の調査とあわせて国府域全体で数多くの竪穴建物跡が検出されている。筆者は、こうした発掘調査の成果から、上野国府域も、竪穴建物の分布などから、下総国府同様、国分僧・尼寺も含めて国府域に設定すべきと考えている（第三章第四節）。

また、上野の東山道駅路については、七世紀後半（七世紀第Ⅲ四半期）に「牛堀・矢ノ原ルート」が国府域の五キロメートル以上南に敷設され、その後、九世紀代に「国府ルート」が敷設されたと考えられている(48)。このように国府成立期の東山道駅路は、国府の至近を通過していない。国府成立より早く開設されたと考えられている東山道駅路が上毛野の勢力の本拠地を通過していないことは、古代国家が在地勢力とは関係ではなく、国家としての目的をもって道路網を構築したことを示唆する。

（3）下野地域の状況

終末期古墳の動向　下野地域では、後に国府が置かれる都賀郡域で、六世紀末〜七世紀初頭頃の前方後円墳である山王塚古墳（全長九〇メートル、下野市）の築造後、七世紀前半の丸塚古墳（直径七四メートル、下野市）・壬生車塚古墳（直径八二メートル、壬生町）・桃花原古墳（直径六三メートル、壬生町）、後の河内郡域に下石橋愛宕塚古墳

（直径八二メートル、下野市）と、方墳ではなく大型円墳が築造されることに特徴がある。

しかし、これらの大型円墳に後続する七世紀中頃の首長墓が多功大塚山古墳（方墳・一辺五四メートル、上三川町）で、この段階で円墳がほとんど姿を消し、方墳へ転換している。橋本澄郎は、この時期に、玄室が羨道より幅の狭い独特の構造の横穴式石室に変化し、石室下に施工される掘り込み地業の存在が下毛野で形成された伝統的な古墳築造技術を刷新し、新時代の到来を示す画期と認識した[49][50]。なお、下野地域の首長墓は、七世紀後半の多功南原一号墳（方墳・一辺二五メートル）を最後とするが、後に国府が置かれる地域では、大塚岩屋古墳・天王塚古墳という二基の大型円墳が築造され、国府地域だけが方墳に変化していないことが注視される[51]。

国府の状況　下野国府跡は、栃木県栃木市の思川の右岸、沖積微高地上に立地する。国府の東方、思川左岸には、古墳時代後期から終末期にかけての大型古墳が集中することから、下毛野の本拠地周辺に国府が設置された。国庁跡は、正殿こそ未確認であるが、Ⅰ期（八世紀前半）、Ⅱ期（八世紀後半）、Ⅲ期（九世紀代）、Ⅳ期（十世紀前葉）という四期の変遷が認められていた[52]。大橋泰夫は、下野国府跡出土の土器・瓦・塼の再検討を行い、七世紀末〜八世紀初頭に、塼敷の瓦葺建物の正殿を中心とした左右対称のコの字型配置となる国庁が成立した可能性が高いと指摘した[53]。

（4）上総地域の状況

終末期古墳の動向　上総地域は、次の下総含め、全国的にも方墳が数多く造られた地域として知られ、これまでの三地域と異なり、独立性を保持した多くの小地域勢力がみられることが特徴とされてきた[54]。富津市周辺では、前方後円墳である三条塚古墳（全長一二二メートル）築造後、七世紀前半の割見塚古墳（一辺四〇メートル）、七世紀中頃の亀塚古墳（一辺三二メートル）・森山塚古墳（一辺二七メートル）、七世紀後半の野々間古墳（一辺二一メートル）

まで方墳が築造される。成東町の板附古墳群でもその傾向は同様で、最後の前方後円墳である六世紀終わり頃の不動塚古墳（全長六〇メートル）築造後は、七世紀初め頃の駄ノ塚古墳（一辺六〇メートル）、七世紀中頃の駄ノ塚西古墳（一辺三〇メートル）が築造される。木更津市周辺でも、やはり最後の前方後円墳である金鈴塚古墳（全長九五メートル）築造後は、松面古墳（一辺四四メートル）のように方墳に変化する。国府は、在地勢力の本拠地ではない千葉県市原市市原から村上の養老川下流域東岸の地域に所在する可能性が高まっている。

国府の状況　上総国府は、国庁・国衙という中枢部を含め、いまだその実態が明らかになっていない。国府の成立に関する具体的な遺構も未確認だが、養老川南側の上海上国造の奥津城とされる姉崎古墳群（古墳時代中期までの一大勢力）を避ける意味で、後の市原郡域に国府が置かれたとする田所真の見解がある。(55)

（5）下総地域の状況

終末期古墳の動向　下総地域では、栄町にある竜角寺古墳群が傑出した存在である。最後の前方後円墳である浅間山古墳（全長七八メートル）築造後、七世紀前半代の岩屋古墳（一辺七九メートル）、みそ岩屋古墳（一辺三五メートル）などの方墳が築造される。特に、約一五〇基からなる前方後円墳や円墳で構成される竜角寺古墳群のなかでも独立する岩屋古墳は、同時期の畿内の大王墓を凌駕するほどの規模を有する大方墳である。みそ岩屋古墳の後には、上福田岩屋古墳（方墳・一辺三二メートル、七世紀中頃）が最後の首長墓として築造される。国府は在地勢力の本拠地ではない千葉県市川市に置かれた。

国府の状況　下総国府は、江戸川（太日川）を西に臨む「国府台」の台地南端に立地する。近傍には、国府台古墳群があるが、古墳時代終末期の有力首長墓は認められない。市川市教育委員会による発掘調査成果で、東西二キロメートル、南北二・五キロメートルの範囲に国分寺も含めた国府域が想定されている。(56)国府の成立については、松本太郎・松田礼子が土器からみた下総国府の成立を検討し、八世紀第二四半期以前に地方行政組織としての官衙が成立し、国庁造営の着手が行われたと想定している。[57]

（6）常陸地域の状況

終末期古墳の動向　常陸地域における前方後円墳終焉後の終末期古墳については、清野陽一が後の律令制下における郡領域の成立過程を考察するために、有力古墳の分布をまとめている。[58]調査があまり進んでいない地域も多いが、虎塚四号墳（方墳・一辺二〇メートル、ひたちなか市）や平沢一号墳（方墳・一辺二〇メートル、つくば市）などの有力古墳が築造されるものの、上野や下野のように、突出した規模の首長墓がほとんどないことが特徴的である。

常陸国府が置かれる石岡市周辺でも、霞ヶ浦（高浜入り）周辺で最後の前方後円墳である風返稲荷山古墳（全長七八メートル・七世紀初頭頃、かすみがうら市）が築造されるが、その後は、中小規模の円墳・方墳が認められるものの、有力首長墓は築造されなかった。[59]

国府の状況　常陸国府は、霞ヶ浦へ注ぐ恋瀬川の石岡台地上に立地している。石岡小学校の敷地で国庁・国衙の遺構が発掘され、国衙の変遷が明らかになった。[60]調査の結果、国庁は、第Ⅰa期（八世紀前葉）、第Ⅰb期（八世紀前半）、第Ⅱ期（八世紀中葉）、第Ⅲa期（九世紀前葉）、第Ⅲb期（九世紀後半）、第Ⅳ期（十世紀前半）、第Ⅴ期（〜十一世紀代）の七期にわたって変遷している。

常陸国府の成立については、大橋泰夫が国庁下層で確認された官衙施設を初期国庁と位置づけ、出土瓦からその成立時期が七世紀末〜八世紀初頭に遡る可能性を指摘し、[61]箕輪健一も前身官衙の成立時期や構造、性格について検討し、大橋同様、前身官衙を初期国庁と位置づけ、常陸国府の成立は七世紀末〜八世紀初頭に端を発するとした。[62]

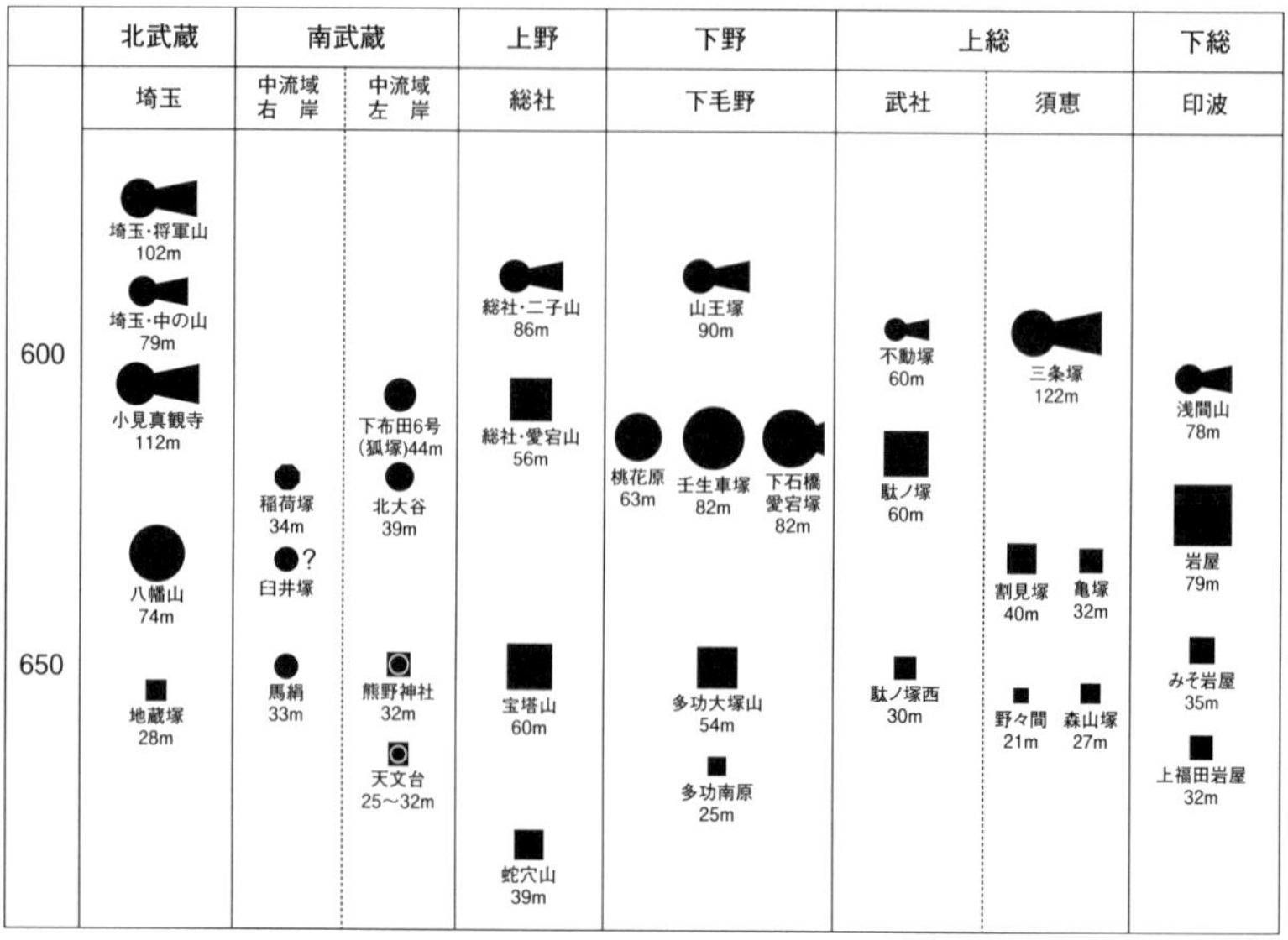

第 16 図　東国における古墳時代終末期の主要古墳の変遷（注 63 参照）

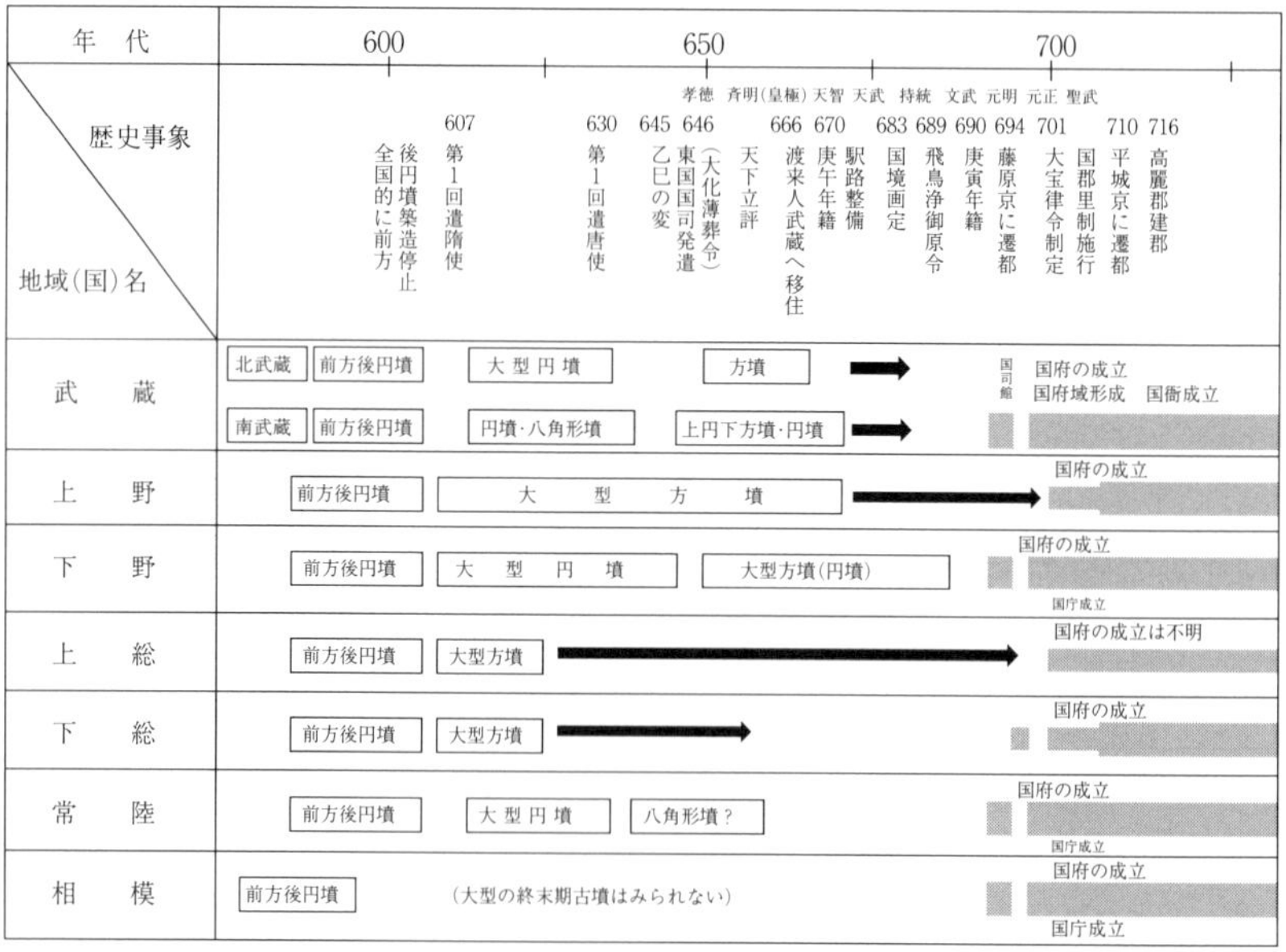

第 17 図　終末期古墳の動向と国府成立までの流れ

（7）相模地域の状況

終末期古墳の動向　相模地域の前方後円墳は、後の「足上・足下・余綾郡域」・「高座郡域」・「鎌倉・御浦郡域」では、六世紀後半～七世紀前後にかけて築造されるが、後の「大住・愛甲郡域」では築造されなかった[64]。七世紀代では、相模最大級の横穴式石室（全長六・七メートル）を持つ七世紀前半とされる三ノ宮三号墳（円墳）があるが、七世紀後半にかけては、他地域と比較して有力首長墓とされる古墳はみられない。国府は、首長墓が認められない、後の大住郡域である神奈川県平塚市に置かれた。

国府の状況　相模国府は、国分寺が高座郡（海老名市）にあることから、初期国府を高座郡とする説（三遷説Ａ＝高座→大住→余綾）、小田原の千代廃寺を初期国分寺、下曽我遺跡を国府関連遺跡と想定する足柄国府説（三遷説Ｂ＝足柄→大住→余綾）があるなかで[65]、近年では、湘南新道遺跡群で八世紀代の国庁脇殿跡とされる大型長方形建物跡が発掘され、国府が大住郡（平塚市）から余綾郡（大磯）へ変遷する二遷説が有力である。国府の成立時期は、竪穴建物跡の分析から八世紀前半とされ、東西約二キロメートル、南北〇・八キロメートルの国府域が想定されている[66]。

二　国府の造営と在地の有力首長層との関係

東国の終末期古墳の動向は、古墳の小規模化という点ではおおむね同じような流れをたどっているが、具体的な諸地域の動態は地域間に格差が認められることがわかった（第16・17図）。

この地域間格差については、首長が一〇〇メートル前後の前方後円墳を築造することで地域社会に君臨した体制から、地方が国・評・里で把握され、戸籍・計帳、役所が整備された体制へ移行するために複雑な地方事情が内在していたとする指摘[67]や、東国の首長墓たる大型の終末期古墳を律令体制下の地域編成の頂点を占めたものとして位置付けることは早計で、あくまでも東国における統治のための拠点的な地域が大和政権の直接的な支配下に組み込まれていく過程を示すものとする指摘がある[68]。

確かに、有力終末期古墳築造後すぐに国府が設置され、地方行政制度が整っていくわけではない。しかし、従来、八世紀前半に大きな画期があるとされてきた国府（国庁）の成立[69]に対し、中央集権的な地方支配を推し進めるため中央から派遣された国司が常駐する国庁（国府）が七世紀末～八世紀初頭頃までに全国で設置されたとする大橋の見解が出され[70]、東国の最後の有力首長墓の築造時期と国府の成立がそれほど大きな隔たりがなくなってきた[71]。

東国の有力首長墓である終末期古墳の立地と国府の選地については、①歴代の在地勢力の本拠地に国府が設置された地域＝上野・下野と②歴代の在地勢力の本拠地以外（新興豪族の勢力地を含む）に国府が設置された地域＝武蔵、常陸、上総、下総、相模という二地域に分かれる。従来よく言われてきたように、国府の所在地が大化前代以来の政治勢力などとの関係で決められたとする見解だと、②の説明がつかないこととなる。

古代地方官衙遺跡の研究をリードしてきた山中敏史は、郡衙遺跡を歴史的・地理的立地状況の違いによって、本拠地型郡衙遺跡A類、本拠地型郡衙遺跡B類、非本拠地型郡衙遺跡に類型化した[72]。そして、郡衙遺跡は、そのほとんどが中央政府や国衙、隣接した他の評衙・郡衙との交通の上で、地理的に便利な所に位置することなどを意図して、交通の要衝に建設されたが、在地有力氏族の本拠地は、その氏族の勢力圏における農業などの生産活動の中心で、族制的諸関係の拠点としての要所を占めていたのであって、必ずしも宮や郡域内各地との交通関係における要地を占めていたわけではなかろうとした。さらに、豪族の本拠地に評衙・郡衙が営まれた場合にも、その地を選んだ要因は、単に、評督あるいは大領の居宅に近いということにあったのではなく、その地が交通の諸条件に適っていたことによるとした。

筆者は、東国の国府の成立についても同じ状況を示しており、中央政府が令制国の拠点としてふさわしい水陸交通の要衝に国府を設置したと考えている（第18図）。最有力首長墓が築造された在地勢力の本拠地に国府が設置された上野・下野の場合は、その地が国内交通の諸条件にかなっていた最適地であるとともに、国府の造営に際し、在地勢力をうまく利用することが可能だったと考えられる(73)。

逆に、北武蔵の歴代の在地勢力の本拠地ではない南武蔵に国府が置かれた武蔵国府は、河川交通としての重要な機能を持っていた多摩川と主要な陸上交通だった東山道武蔵路と東海東山連絡路（相模国府と武蔵国府を結ぶ道）をおさえることができる水陸交通の要衝で、国府を管理・運営していくだけの生産基盤もある条件にかなった場所に置かれたと考えられる。上総・下総・常陸・相模についても、武蔵同様の選地理由があって国府がその地に置かれたが、歴代の在地勢力を利用しないでも、国府を造営し、管理・運営していくことが可能だったのではないだろうか。その背景については、小野本敦が興味深い見解を出している。小野本は、六・七世紀の流通路と古墳の分布から、七世紀の有力首長墓が武蔵地域における東山道武蔵路ルートを重視し、新たに駅路を視野に入れた立地を志向して造営されたと推定し、それらの古墳は在地的な脈略が希薄だったと指摘した。さらに、東山道武蔵路が埼玉古墳群を通過していないことから、政治的主導権が後に国府が置かれる多摩地域へシフトしていき、その背景には農耕を基盤とする集落の出現・盛行があって、それが武蔵国府設置の契機になったとした(74)。

従来、七世紀第三四半期とされてきた東山道武蔵路の敷設時期は、その根拠となっていた所沢市東の上遺跡の道路の側溝出土土器の再検討によって、七世紀第三四半期末から第四四半期前半に修正されている(75)。しかし、古代駅路と国府の成立について検討した木本雅康は、東国の古代道路の調査成果から、武蔵路を含む東山道駅路の敷設が七世紀第Ⅲ四半期まで遡る可能性が高いとしているので(76)、東国における最後の有力首長墓の築造前後に駅路が敷設されたと考えてもおかしくない(77)。国府が在地勢力の本拠地とそうでない場合のあることも、直線的計画道としての駅路が先行し、その分岐点や駅路に沿って国府が配置される場合が多かったと想定した木本の見解とも矛盾しない。

ところで、中村順昭は、文献史学の立場から国司制と国府の成立について次のように整理している(78)。

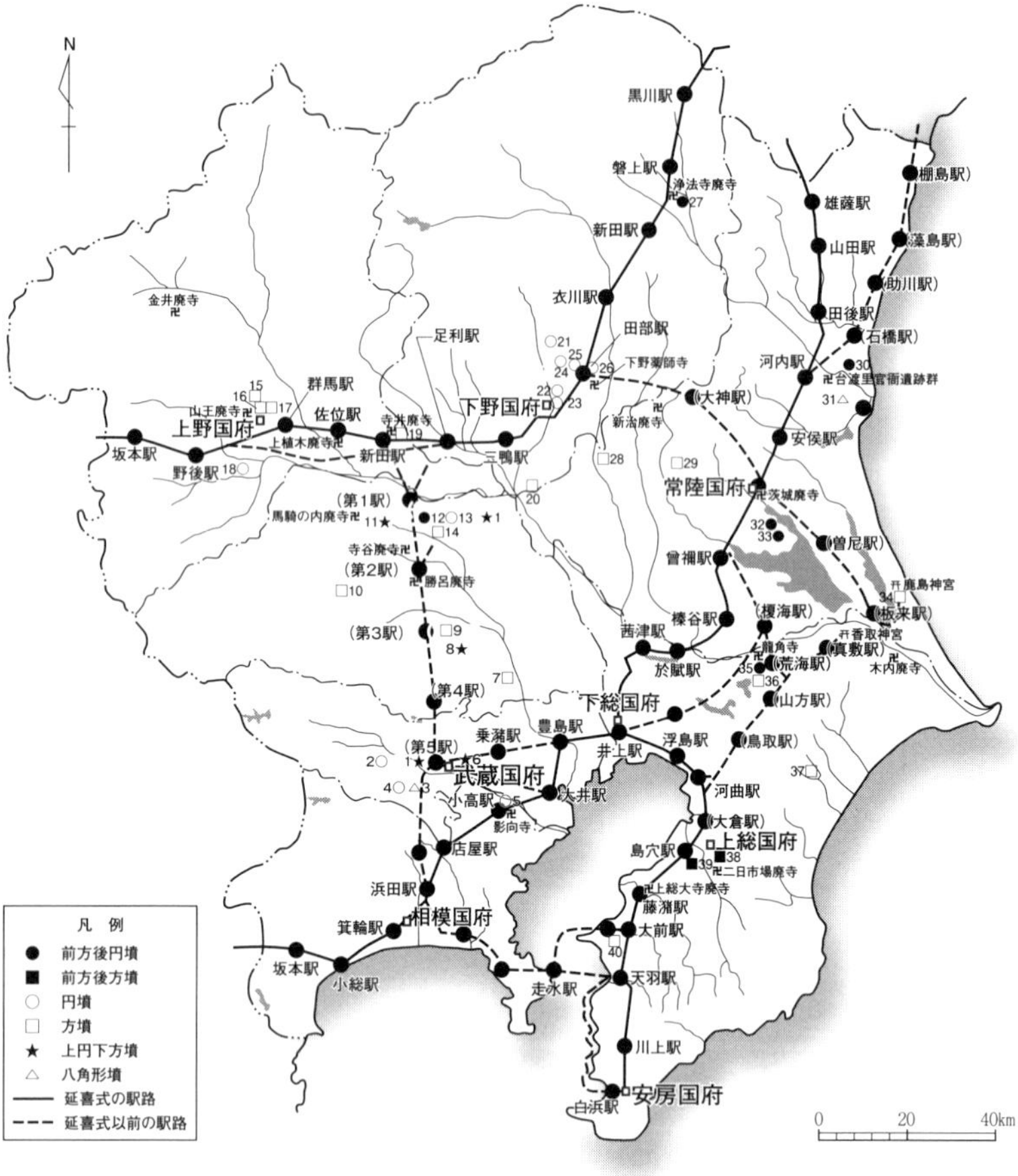

1	武蔵府中熊野神社古墳	11	宮塚古墳	21	桃花原古墳	31	吉田古墳
2	北大谷古墳	12	小見真観寺古墳	22	吾妻（岩屋）古墳	32	太子唐櫃古墳
3	多摩稲荷塚古墳	13	八幡山古墳	23	丸塚古墳	33	折越十日塚古墳
4	臼井塚古墳	14	地蔵塚古墳	24	車塚古墳	34	宮中野99号墳
5	馬絹古墳	15	愛宕山古墳	25	下石橋愛宕塚古墳	35	浅間山古墳
6	天文台構内古墳	16	宝塔山古墳	26	多功大塚山古墳	36	龍角寺岩屋古墳
7	八塚古墳	17	蛇穴山古墳	27	梅曽大塚古墳	37	駄ノ塚古墳
8	山王塚古墳	18	山ノ上古墳	28	船玉古墳	38	東間部多11号墳
9	鶴ヶ丘稲荷神社古墳	19	巌穴山古墳	29	花園３号墳	39	六孫王原古墳
10	穴八幡古墳	20	野木大塚古墳	30	虎塚古墳	40	割見塚古墳

第 18 図　東国の終末期古墳、国府と駅路（注 79 参照）

七世紀前半（皇極期）…地方へのミコトモチは存在したが、国という行政区分は成立していなかった。

七世紀中葉（大化・白雉期～斉明・天智朝）…全国的な立評が漸次行われ、複数の評をまとめた国の区分が成立する。国司が生まれるが、その性格はミコトモチである前代と変わらなかった。

六七〇年代（天武五年頃）…地方行政官としての国司が成立する。国司四等官それぞれの館や評の出先機関や曹司も形成される。

八世紀初頭の大宝令施行…館・曹司・郡の出先機関という要素は変わらない。

七三〇年頃…国庁が形成され、国府が確立する。


中村の論考は、国司館→曹司→国庁が時代を追って形成されるとしており、七三〇年頃とする国庁の形成と国府の確立については同意しがたい部分もある。しかし、ここで注目したいのは、七世紀中葉の天智朝には、国造・評造（評の官人の総称）・五十戸造が同時に併存し、中央の王権と関係を結んでいた大小さまざまな豪族らが評造や五十戸造に任じられ、その中で国司が存在したとしても、行政を統括するよりは、国造・評造・五十戸造と中央との間を仲介する中央からの命令を伝達するミコトモチとして存在したと考えられたことである。中村の整理した展開に基づけば、七世紀の大型終末期古墳の被葬者である有力首長層がこうした地域の評造に任命され、中央の王権との結びつきを強めていったと考えられる。

佐藤信は、『常陸国風土記』の記載から、中央からの使者（総領）との関係を軸としながら、階層分解が進みつつあった東国の「伴造的国造」たち地方豪族層が、各地の力関係を反映しながら評司（郡司）化したと指摘した。さらに、「東国国司詔」の記載から、有力な伝統的国造氏族がそのまま評司に任じられて、のちの譜代郡司氏族へとつながる場合以外に、複数の地方豪族たちが評司任命を競い合った地域もあった(80)とした。さらに、地方豪族たちは地域における自らの支配権を確立するために、中央の王権への従属関係を主張しあって、進んで地方官としての評司（郡司）となる道をたどったとも述べている。七世紀後半には、確実に全国でも国が成立していることから、国司の常駐に伴い、それまでの評造らは理念的に中央政府に奉仕していたものが、国司を介しての奉仕へと変化し[81]、国府の造営に積極的に参画するようになったと考えられる。

国府の成立は、国府をどこに置くかという選地面で、河川交通と陸上交通という水陸交通の要衝で、国府を管理・運営していくだけの生産基盤にかなった場所に置く前提条件があった。しかし、国府の建設に必要な物資の調達などさまざまな事業や管理・運営を支えたのは、後の郡司に任命された在地の有力豪族であった。八世紀に入ってからのことだが、武蔵国内二一郡中一九郡の郡名瓦・塼が出土していることは、国府の造営に武蔵国内の各郡が協力し、挙国一致体制で行われていたことを裏づける。国府の成立には、古代の都市計画マスタープランという理念的側面と実際の国府の造営や管理・運営に携わる実務的側面があって、特に、後者には在地の有力首長層が積極的に関わっていったのであろう。

注

（1）熊野神社古墳の発掘調査成果については、以下の文献を参照されたい。府中市教育委員会・府中市遺跡調査会『武蔵府中熊野神社古墳』二〇〇五年。府中市郷土の森博物館『あすか時代の古墳　府中市郷土の森博物館ブックレット八』二〇〇六年。府中市教育委員会『新版　武蔵国府のまち　府中市の歴史』二〇〇六年。

（2）府中市教育委員会・府中市遺跡調査会『府中市の古墳』二〇一〇年。

（3）府中市教育委員会・府中市遺跡調査会『武蔵国府関連遺跡調査報告四〇―西府・本宿町地域（御嶽塚古墳群・本宿町遺跡）の調査1―西府土地区画整理事業に伴う発掘調査』第二分冊、二〇〇九年。

（4）注（3）と同じ。

（5）深澤靖幸「熊野神社裏の塚は古墳だった」『あるむぜお』三六号、府中市郷土の森博物館、一九九六年。

（6）坂詰秀一・西野善勝「府中市・国史跡　武蔵府中熊野神社古墳」『第三八回　東京都遺跡調査・研究会発表会』発表要旨、東京都教育委員会、二〇一三年。
（7）二〇一二年には、武蔵府中熊野神社古墳展示館脇に、横穴式石室実物大模型が設置された。玄室も天井まで復元されたが、内部に入ると実に高い天井であることが体感できる。
（8）副葬品の出土が少なかったことは、後世の盗掘時に持ち出されたのではなく、もともと、本古墳埋葬時の供献儀礼などに用いられ、その後身に着けたものだけが副葬されたことが理由と考えられる。
（9）新納泉・光本順編『定東塚・西塚古墳』岡山県北房町教育委員会、二〇〇一年。
（10）築造過程の復元は、調査結果および下記の文献を参考に、熊野神社古墳の保存整備過程で検討した結果に基づいている。右島和夫・土生田純之・曺永鉉・吉井秀夫『古墳構築の復元的研究』雄山閣、二〇〇三年。奈良文化財研究所『奈良山発掘調査報告Ⅰ―石のカラト古墳　音乗谷古墳の調査―』奈良文化財研究所学報七二冊、二〇〇五年。青木敬「武蔵府中熊野神社古墳の墳丘と石室」『東京考古』二四　東京考古談話会、二〇〇六年。
（11）小久保徹ほか『埼玉県遺跡発掘調査報告書第八集　日本住宅公団（川越・鶴ヶ島地区）埋蔵文化財発掘調査報告書』埼玉県教育委員会、一九七六年。小久保徹「終末期の方墳について―鶴ヶ丘古墳群をめぐって―」『調査研究報告』第一三号、埼玉県立さきたま資料館。
（12）注（11）と同じ。
（13）芹澤範子・長内順子「穴八幡古墳（比企郡小川町）の石室」『台地研究』一九、台地研究会。小川町『小川町史』一九九九年。
（14）伊勢崎市教育委員会『牛伏第一号墳祝堂古墳大沼上遺跡　伊勢崎北部土地改良事業事に伴う発掘調査報告書昭和五六年度』一九八二年。
（15）上三川町教育委員会『上神主浅間神社古墳・多功大塚山古墳』一九九四年。
（16）三鷹市東京天文台構内古墳は上円下方墳の一類型とされているように広義の上円下方墳と捉えられるが、墳丘に葺石が認められないことは、他の上円下方墳と大きな相違点と考えている。

(17) 奈良文化財研究所『奈良文化財研究所学報第七二冊　奈良山発掘調査報告Ⅰ―石のカラト古墳・音乗谷古墳の調査―』二〇〇五年、一一八頁。
(18) 高橋は、「規格」と表記しているが、ここでは墳丘の設計意図があったことを重視し、「企画」と表記した。
(19) 注（10）奈良文化財研究所二〇〇五年、一二二頁。
(20) 熊野神社古墳の縁石がめぐる一段目を、栃木県内の古墳で広く確認されているような「基壇」（下記君島文献）とし、熊野神社古墳を二段築成の上円下方墳とみる考えもあるが、一段目の縁石が二石積で三六センチメートルほどの高さに復元できることと、栃木県内の「基壇」ほど平坦面が広くないことから、熊野神社古墳は、三段築成の上円下方墳とするべきである。君島利行「桃花原古墳と羽生田古墳群」『考古学雑誌』第九三巻第一号　日本考古学会、二〇〇九年。
(21) 多摩川流域右岸に立地する川崎市馬絹古墳も、これら多摩川流域左岸に位置する古墳との強い関連性がうかがわれる。
(22) 太田博之「南関東における前方後円墳の終焉とその後」『第五回東北・関東前方後円墳研究会大会資料』二〇〇〇年。増田一祐「北武蔵　小見真観寺古墳・八幡山古墳」『武蔵と相模の古墳』広瀬和雄・池上悟編、雄山閣、二〇〇七年。
(23) 注（2）と同じ。
(24) 府中市教育委員会・府中市遺跡調査会『武蔵国府関連遺跡調査報告四〇―西府・本宿町地域（御嶽塚古墳群・本宿町遺跡）の調査1―西府土地区画整理事業に伴う発掘調査』第二分冊、二〇〇九年。国立市教育委員会『四軒在家遺跡Ⅱ』二〇〇五年
(25) 注（2）と同じ。
(26) 日本中央競馬会東京競馬場・府中市教育委員会・府中市遺跡調査会『武蔵国府関連遺跡調査報告三五　東京競馬場スタンド改築工事に伴う事前調査』二〇〇五年。
(27) 十時俊作「Ⅲ．調布市域の古墳」『多摩地域史研究会第一二回大会　多摩川流域の古墳時代―国府以前の様相―〈発表要旨〉』多摩地域史研究会、二〇〇二年。同「第七章　まとめ　2　古墳」『東京都調布市下布田遺跡―第五四地点（布田六丁目土地区画整理事業）の調査―古代編』調布市遺跡調査会、二〇〇三年。
(28) 注（27）と同じ。

(29) 多摩市教育委員会『東京都指定史跡 稲荷塚古墳―墳丘部確認にともなう調査―』一九九六年。
(30) 多摩地区所在古墳確認調査団『多摩地区所在古墳確認調査報告書』一九九五年。
(31) 注(30)と同じ。
(32) 三鷹市遺跡調査会・三鷹市教育委員会『天文台構内古墳Ⅰ　東京都三鷹市大沢天文台構内古墳再確認調査報告書』二〇一一年。なお、東京天文台構内古墳は、墳丘に葺石が葺かれないなど、他の四例（武蔵府中熊野神社古墳・石のカラト古墳・清水柳北一号墳・野地久保古墳）と異なる点が認められるが、ここでは報告書記載のとおり、上円下方墳の一類型に位置づける。
(33) 注(24)国立市教育委員会二〇〇五年と同じ。
(34) 注(32)と同じ。
(35) 第三節の初出『文化財の保護』第四五号では、編集側の意向を鑑み、多摩市・稲荷塚古墳を「八角墳?」と記載した。しかし、筆者は、三鷹市天文台構内古墳を上円下方墳の一類型と位置づけるのであれば、それと同様に、稲荷塚古墳も多角形墳の中の一類型として、広義の八角墳と呼ぶべきと考えているので、本書では多摩市・稲荷塚古墳を八角墳と呼ぶ。ただし、近年発掘調査が行われた明日香村牽子牛塚古墳のような正八角形墳と区別すべきことは言うまでもない。
(36) 北武蔵地域でも、宮塚古墳（一段目一七×二四メートル、二段目上円部直径八・五～一〇メートル、熊谷市）、山王塚古墳（一段目一辺六二メートル、二段目上円部直径四七メートル、川越市）が上円下方墳とされている。宮塚古墳は未発掘だが、山王塚古墳は二〇一二年度から川越市教育委員会による保存目的の確認調査が実施されており、その成果が期待される。
(37) 寺村光晴・早川泉・駒見和夫編『幻の国府を掘る―東国の歩みから―』雄山閣、一九九九年、一九七～一九八頁。
(38) 土生田純之「東日本における古墳時代から律令社会へ」『福島大学考古学研究室第一回シンポジウム　本州東北部における古墳時代の終末と律令社会の成立』福島大学行政政策学類考古学研究室、二〇〇七年。
(39) 池上悟「プレ講演一　多摩川流域の古墳」『東京の古墳を考える』雄山閣、二〇〇六年。
(40) 多摩川流域左岸の北大谷古墳と武蔵府中熊野神社古墳の二古墳は、切石切組積の横穴式石室で三室構造を具備している点で他に例がなく、何らかの独自性を示唆する。

(41) 広瀬和雄は、七世紀中頃になると、北武蔵首長層の主導性に基づいて、切石胴張り複室構造横穴式石室での流域の一元化がはかられ、ここに至って、北武蔵地域と南武蔵地域との政治的一体化を読みとることが可能になるとしながら、北武蔵から南武蔵に移住した首長層が上円下方墳や八角墳という特異な墳丘形式をとって、他の首長層との差別化をはかったとの結論を提示している。広瀬和雄「多摩川流域の後・終末期古墳　七世紀における東国地域の一動態」『国立歴史民俗博物館研究報告』第一七〇集　国立歴史民俗博物館、二〇一二年。

(42) 山口辰一「武蔵国府と奈良時代の土器様相」『東京考古』三、東京考古談話会、一九八五年。

(43) 深澤靖幸「古代武蔵国府の成立」『府中市郷土の森博物館紀要』第二三号、府中市郷土の森博物館、二〇一〇年。

(44) 府中市教育委員会・府中市遺跡調査会『武蔵国府跡（御殿地地区）』二〇一二年。

(45) 上野地域では、のちの山田郡域に一辺三六・五メートルの巖穴山古墳（太田市・七世紀中頃）があるが、孤立的な様相が指摘されている（注(38) 土生田文献）ほかは、のちの片岡郡の山の上古墳（円墳・直径一五メートル）、山の上西古墳（円墳・直径一〇メートル）のように円墳が主体的となる地域がある。

(46) 右島和夫『東国古墳時代の研究』学生社、一九九四年。

(47) 注(38)と同じ。

(48) 小宮俊久「上（毛）野国の古代交通網と官衙」『埼玉考古学会シンポジウム　坂東の古代官衙と人々の交流』埼玉考古学会、二〇〇二年。

(49) 終末期古墳の石室直下の掘り込み地業は、第一章第一節で述べたように、この時期東国で広く認められる構築技法である。なお、武蔵府中熊野神社古墳では、他の古墳との土木工学視点から比較検討ができるように、墳丘盛土と掘り込み地業の土木工学的調査を行った結果、軟弱ではない関東ローム層を二メートル以上掘り込む版築工法の地業が行われているにもかかわらず、周囲の原地盤（地山）の値より小さい密度の値が得られた（下記田中二〇一〇年文献）。この結果からすれば、古墳が造営された自然地盤を考慮していないことから、終末期古墳特有の技法と言える。初期寺院造営と同様の土木技術ではあるが、東国に広くこの技法が認められることから、畿内の終末期古墳への版築工法の採用が東国の古墳築造技術にストレートに反映された結果を示すものとする秋元の見解がある（注(51) 秋元文献）。慎重に検討すべきだが、筆者は七世紀代の朝鮮半島からの渡来人たちの先進技術の東国への受容も考えるべきと考えている。田中邦熙「古墳築造技術に対する土木（地盤）工学的視点からの考察」『武蔵野』第八四巻第一号　武蔵野文化協会、二〇一〇年。

(50) 橋本澄朗「下野における古墳時代の首長墓の展開―古墳時代終末期を中心として―」『終末期古墳と官衙の成立―下野国河内郡の様相を中心として―』栃木県立しもつけ風土記の丘資料館、二〇〇八年。

(51) 秋元陽光「栃木県における前方後円墳以降と古墳の終末」『第一〇回　東北・関東前方後円墳研究会　大会《シンポジウム》前方後円墳以後と古墳の終末　発表資料』二〇〇五年。

(52) （財）栃木県文化振興事業団『下野国府跡』Ⅷ、一九八八年。田熊清彦「下野国府跡の検討」『古代を考える』四五、古代を考える会、一九八七年。木村等「ここまでわかった国府・国衙　下野国」『幻の国府を掘る―東国の歩みから―』雄山閣、一九九九年。

(53) 大橋泰夫「国府成立の一考察」『古代東国の考古学　大金宣亮氏追悼論文集』慶友社、二〇〇五年。同「国郡制と地方官衙の成立―国府成立を中心に―」『古代地方行政単位の成立と在地社会』奈良文化財研究所、二〇〇九年。

(54) 注（38）と同じ。なお、上野恵司のように、総の横穴式石室の分析から方墳出現以降は小国造制のような地区的まとまりはうかがえないとする見解もある。上野恵司「総の終末期古墳について」『立正史学』第八〇号、立正史学会、二〇〇六年。

(55) 注（37）文献、八八頁。

(56) 山路直充「京と寺」『都城　古代日本のシンボリズム』青木書店、二〇〇七年。

(57) 市川市教育委員会『市川市出土遺物の分析―古代の鉄・土器について―』一九九六年。

(58) 清野陽一「常陸国の古墳分布と郡領域」『古代地方行政単位の成立と在地社会』奈良文化財研究所、二〇〇九年。

(59) 石岡市教育委員会『常陸国衙跡―国庁・曹司の調査』二〇〇九年。

(60) 注（59）文献および箕輪健一「常陸国府の成立―国庁前身官衙の造営を中心に―」『古代文化』第六三巻第三号、（財）古代学協会、二〇一一年ほか。

(61) 注（53）と同じ。

(62) 注（60）箕輪文献。

（63）第16図は、大型の終末期古墳が築造される地域を対象としたので、常陸と相模は掲載しなかった。
（64）柏木善治「神奈川県における前方後円墳以後と古墳の終末」『第一〇回　東北・関東前方後円墳研究会　大会《シンポジウム》前方後円墳以後と古墳の終末　発表資料』二〇〇五年。
（65）荒井秀規「コメント　相模国府の所在をめぐる研究動向と今後の課題」『國史學』第一五六号、国史学会、一九九五年。
（66）平塚市博物館『検証　相模国府―古代都市復元への挑戦―』二〇一〇年。
（67）注（50）橋本文献、七〇頁。
（68）右島和夫「六　西国と東国の終末期古墳（二）東国の終末期古墳」『古代を考える　終末期古墳と古代国家』吉川弘文館、二〇〇五年、一九五頁。
（69）山中敏史『古代地方官衙遺跡の研究』塙書房、一九九四年。
（70）注（53）と同じ。
（71）これに対して、本書序章で述べたように、東海地方の国府の発掘成果を再検討した贄元洋によって、コの字形配列の国庁の出現年代が九世紀第一四半期頃とする見解も出されている。しかし、贄も、コの字形配置をとる国庁が九世紀第Ⅰ四半期に出現したとしても、国庁の成立自体が九世紀に下るということではなく、三河国府も八世紀第二四半期頃の遺構は確認されており、国府として機能していたとする。筆者は、武蔵国府跡で七世紀末から八世紀初頭の段階で国府（域）が成立すると考えてきたように、大橋の見解を支持している。特に、本文で述べたように、武蔵国府の初期国司館が八世紀前半を主体としながら七世紀後半に遡る可能性があることは、国司の前身とされる国宰が常駐する独立した官舎を持っていたこととなり、七世紀末～八世紀初頭に国府の成立が遡ることを裏付けるものと考えている。
（72）注（69）と同じ。
（73）このことはすでに山中も同様な指摘をしている。注（37）文献、一九八頁。
（74）小野本敦「流通路から見た武蔵の後・終末期古墳」『東京考古』二六　東京考古談話会、二〇〇八年。ただし、小野本の見解については、青木敬が論評しているように、国府成立以前であるにもかかわらず、（国府）造営予定地がはるか以前から決定していたかのような文言がある（下記青木文献、八三頁）など再考の余地があるが、発想的には参考とすべき点も多い。

また、古墳の立地と道路との関係は、馬具副葬古墳集中域と古代牧との関係から古代の東山道・東海道に相当するような中央と地方を結ぶ古墳時代の交通路の存在を想定する松尾昌彦の論考などが知られている。青木敬「多摩地区における七世紀の古墳―書評・小野本敦「流通路から見た武蔵の後・終末期古墳」―」『東京考古』二七、東京考古談話会、二〇〇九年。松尾昌彦「馬具―集中の意味―」『季刊考古学・別冊一七　古墳時代毛野の実像』雄山閣、二〇一一年。

（75）根本靖『東の上遺跡―飛鳥・奈良・平安時代編Ⅰ―』所沢市教育委員会・所沢市埋蔵文化財調査センター、二〇一〇年。

（76）木本雅康「古代駅路と国府の成立」『古代文化』第六三巻第四号、（財）古代学協会、二〇一二年。

（77）発掘調査で検出される「直進性の高い駅路」の成立は、七世紀第Ⅳ四半期、天武天皇の時代とみるのが妥当とし、「直進性の高い駅路」に先行する「プレ駅路」の存在を想定する近江俊秀の異なる見解もある。近江俊秀「都城と交通」『都城　古代日本のシンボリズム』青木書店、二〇〇七年。

（78）中村順昭「国司制と国府の成立」『古代文化』第六三巻第四号、（財）古代学協会、二〇一二年。

（79）第17図は、下記文献①掲載の図39を原図とし、筆者が再作成したものである。なお、駅路については、左記文献②を参考に記載した。①府中市教育委員会・府中市遺跡調査会編『武蔵府中熊野神社古墳発掘調査概報』二〇〇九年。②古代交通研究会編『日本古代道路事典』八木書店、二〇〇四年。

（80）佐藤信「武蔵国の七世紀」『武蔵野』第八四巻第一号　武蔵野文化協会、二〇一〇年。

（81）注（78）と同じ。

参考文献（注に記載のものは除く）

青木敬「宮都と国府の成立」『古代文化』第六三巻第四号、（財）古代学協会、二〇一二年。

荒井秀規「領域区画としての国・評（郡）・里（郷）の成立」『古代地方行政単位の成立と在地社会』奈良文化財研究所、二〇〇九年。

池上悟「南武蔵における古墳終末期の様相」『国立歴史民俗博物館研究報告』第四四集、一九九二年。

池上悟「南武蔵・多摩川流域における横穴式石室墳の展開」『立正史學』第九九号、立正大学史学会、二〇〇六年。

小野一之「古代「武蔵野」の展開―国府の周縁―」『府中市郷土の森紀要』第一〇号、府中市教育委員会、一九九七年。

河上邦彦『大和の終末期古墳』学生社、二〇〇五年。

草野潤平「複室構造胴張り形切石石室の動態―武蔵府中熊野神社古墳の位置付けをめぐって―」『東京の古墳を考える』雄山閣、二〇〇六年。

紺野英二「関東地方における終末期古墳の墳丘企画」『立正史學』第九九号、立正大学史学会、二〇〇六年。

坂井秀弥「国府と郡家―地方官衙からみた実像」『列島の古代史3』岩波書店、二〇〇五年。

白石太一郎編『古代を考える　終末期古墳と古代国家』吉川弘文館、二〇〇五年。

薗田香融「国衙と土豪との政治関係―とくに古代律令国家成立期における―」『古代の日本』第九巻、角川書店、一九七一年。

高橋照彦「律令期葬制の成立過程―「大化薄葬令」の再検討を中心に―」『日本史研究』五五九、日本史研究会、二〇〇九年。

田中広明「古代地方官衙の初現と終焉」『埼玉考古学会シンポジウム　坂東の古代官衙と人々の交流』埼玉考古学会、二〇〇二年。

多摩地域史研究会『多摩地域史研究会第一二回大会　多摩川流域の古墳時代　発表要旨』二〇〇二年。

多摩地域史研究会『多摩地域史研究会第一三回大会　多摩川流域の古墳　発表要旨』二〇〇三年。

多摩地区所在古墳確認調査団『多摩地区所在古墳確認調査報告書』一九九五年。

沼津市教育委員会『清水柳北遺跡発掘調査報告書　その二』一九九〇年。

土生田純之・泊美由紀「研究史・多摩川中流域における終末期横穴式石室の様相―複室胴張り石室を中心に―」『専修考古学』第一四号、専修大学考古学会、二〇一二年。

広瀬和雄・池上悟編『武蔵と相模の古墳』雄山閣、二〇〇七年。

府中市郷土の森博物館『あすか時代の古墳　府中市郷土の森博物館ブックレット八』二〇〇六年。

松崎元樹「三　東京の横穴墓」『東京の古墳を考える』雄山閣、二〇〇六年。

右島和夫・千賀久『列島の考古学　古墳時代』河出書房新社、二〇一一年。

第二章　武蔵国府の成立と展開

第一節　初期国司館と国府の成立

一　研究の動向(1)

古代の国府の成立をめぐっては、山中敏史によって、二つの画期を経て成立したとされてきた(2)。第一画期は、七世紀第Ⅳ四半期頃から八世紀初めの頃の初期国府の端緒的成立時期で、第二画期は、八世紀前半（第二四半期中心）から八世紀中頃の国庁や曹司が創設され、九世紀代から十世紀初め頃に受け継がれていく国府の基本構造が成立したとする時期である。さらに、国庁を伴う国府が全国的に成立するのは、郡家より時期が下る八世紀第二四半期で、それ以前、国司は独立した庁舎をもたず、拠点的な評家・郡家を仮の庁舎として駐在したり、諸評衙・郡衙を巡回する形で任務を遂行したと指摘した。つまり、国府よりも郡衙（郡庁）の成立年代が先行するという見解で、国庁は宮都の朝堂院をモデルと考えた。

こうした見解は、文献史学側からも、八木充が国府施設とその政治空間の造営・整備を平城京（宮）造営と時期を同じくして和銅年間が画期となり進行したとするように、(3)八世紀第二四半期に国府の成立という大きな画期を設定する説が有力視されてきた。

一方、大林達夫(4)や大橋泰夫(5)によって、新たな見解が発表された。大林は、出雲国府が「意宇郡家」に同居したとみる説に対し、国府の院が七世紀末～八世紀初頭まで遡ることを指摘し、出雲国府は、国府の官衙の「院」の踏襲性をよく保持しており、最も典型的に国府の官衙の様相を示しているとした。

大橋泰夫は、出雲・美作・三河・常陸・日向・肥後の各国府跡で発掘されている国庁下層で確認された前身官衙と下野国府・伯耆国府・美濃国府跡の調査成果の再検討から、国府（国庁）の成立が七世紀末～八世紀初頭に遡り、藤原宮の荘厳化に連動して、国府をはじめとする地方官衙の造営整備が行われたとする見解を出した。さらに、国府は、国郡制との関わりのなかで、独立した官衙施設として七世紀末から八世紀初頭頃までに全国で設置されたとした。そして、中央集権的な地方支配を推し進めるため、中央から派遣された国司が常駐するために諸国で国府が設けられたとみている。

文献史学からも、吉田晶のように、国衙の政庁が儀礼的空間であることから、大宝令以前にクニノミコトモチ（国宰）が政務をつかさどる政庁があったと推定する考えも提起されていたが、(6)おおむね壬申の乱以前が初期国宰、天武・持統朝および浄御原令施行期が国宰、大宝令制施行以降が国司とし、国司が常駐地方官として赴任する八世紀前半の段階で国府が設置される説が定着していたなかで、大橋の見解はそれより遡って国府が成立する新たな見解である。

これに対して、贄元洋は、二〇〇八年段階で三河国庁跡および美濃国庁跡出土土器を検証し、三河・美濃両国庁の成立の上限年代が九世紀第Ｉ四半期に下ることを指摘し、(7)二〇一三年には日本考古学協会総会(8)および『三河考古』(9)でこの見解をさらに進めた論を展開した。三河国庁については、豊川市教育委員会が贄の指摘を受けて、既存の発掘データの詳細な再検討を行い、コの字形配置の国庁の成立を九世紀とする修正見解を提示している。[10]

このように、現時点では、正殿、脇殿がコの字形に配列された国庁の成立をめぐっては、七世紀末～八世紀初頭に成立する説、八世紀前半（第Ⅱ四半期中心）成立説、九世紀第Ⅰ四半期成立説がある。

本節で検討する武蔵国府の成立については、山口辰一の先駆的な研究[11]や荒井健治の「国府集落」の成立に関する論考[12]など膨大な調査データに基づいた研究が行われてきた。近年では、府中市教育委員会による積極的な保存目的の確認調査などの発掘調査成果が公にされたことを受けて[13]、深澤靖幸が中枢官衙と国府のマチという二つの側面から国府の成立を再検討し、国府中枢官衙の端緒はN２期（八世紀前葉～七四〇年頃）を遡ることはないが、国府のマチはN１期（七世紀末～八世紀初頭）に成立し、その段階で地方行政組織としての国府が成立したと結論づけた[14]。この研究は、武蔵国府の成立に関する調査研究の一つの到達点といえる。

また、二〇〇九年～二〇一〇年には、国史跡武蔵国府跡の南西約五〇メートルの地点で、主屋（正殿）、副屋（前殿・脇殿）とその他付属建物が整然と配置された国司館とみられる建物群が発見された。この建物群は、八世紀前半代を中心に機能し、七世紀後半（後葉）まで遡る可能性が考えられており、国府の成立を明らかにする上で新たな資料が得られた[15]。そこで、本節では、国司館を中心として、古代武蔵国府の成立について検討を行う。

二　国衙の状況

武蔵国府の中枢官衙である国衙跡は、国府域の中央南寄りの大國魂神社境内とその東側に位置し、この一帯は湧水が豊富だったところで、古代から水と緑の自然環境に恵まれていた。国衙跡は、立川段丘の縁辺部に立地し、その中央南側には沖積低地に続く緩斜面が形成され、南方の沖積低地から国衙の壮大な建物群が望めるような立地にあった（第19図）。国衙域は、南北が約二八九メートル、東西が約二〇〇メートルもしくは約三〇八メートルの二案が想定されている。[16] 東西南北の四辺ともに、心々間九〜一二メートルの二条の大溝があるが、この溝は大型の土坑が連結したもので、土取り穴と考えられることから、二条の大溝の間には、規模の大きな築地塀の存在が想定できる。北辺の中央には、八脚門の可能性がある門跡が確認されている。

国衙域の中央北半部には、大型の東西棟建物跡が南北に並存し、その西側に総柱建物跡3棟が並び建つ約一〇〇メートル四方の区画がある。中枢部の東西棟大型建物跡は、掘立柱建物から礎石建物へ複数回建替えられており、八世紀前半から十世紀後半まで存続したことが考えられている。[17]

深澤靖幸は、国衙の調査状況から、Ⅰ期からⅣ期の変遷を設定し、Ⅰ期を中枢官衙の成立期、Ⅱ期を中枢官衙のうち中央北半部などにおいて瓦や塼が導入された整備段階と位置づけた。さらに、Ⅰ期の年代を竪穴建物との重複関係などから、N2期（八世紀前葉）を遡ることはないとした（Ⅱ期はN3期＝八世紀中葉）[18]。

国衙中枢部周辺には、多量の瓦・塼が出土しているこ

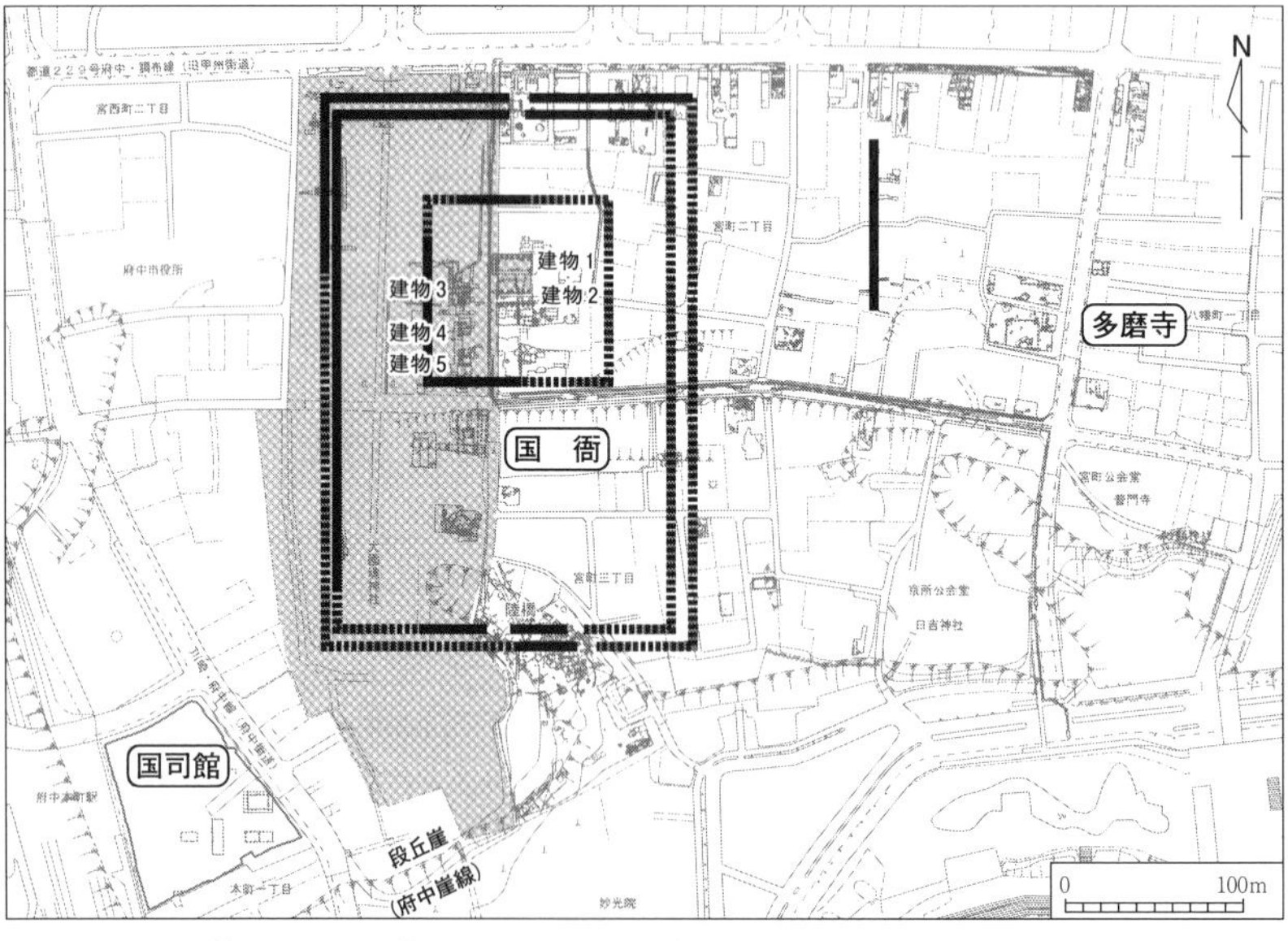

第19図　武蔵国衙跡の周辺調査状況（注15③文献より転載）

とから、瓦葺きだけでなく、基壇に塼が用いられた格式の高い建物があったことは間違いない。さらに、武蔵国二一郡中一九郡の郡名瓦塼が出土していることから、国衙が武蔵国挙国一致体制の下、造営されたことがわかる。こうした状況から、この建物群が国衙の中枢部であることは間違いないが、他国で確認されているような正殿、脇殿がコの字形配置となる国庁とすることは、慎重にならざるを得ない。今のところ、国衙中枢部の遺構は、近江国庁の東郭、西郭や伊勢国庁の西院と呼ばれる国庁の脇に併設された特別な儀式や宴会などに対応する中枢官衙と考えておきたい。

三　国司館の状況

（1）全体の立地

御殿地地区[19]は、段丘崖が多摩川に向かって舌状に張り出した河岸段丘上の縁辺に立地し、西に世界文化遺産富士山を望む眺望の地で、国衙から北東約一〇〇メートルの至近に位置する（第19・20図）。敷地の南半部は、後世の大規模な削平によって、遺構の大半が失われているが、もともとは、第20図ＳＢ2から南方へ三〇〜五〇メートルほど、平坦面が続いていたことが発掘調査結果で明らかになっている[20]。

建物群全域を取り囲む溝や柵などの囲繞施設は確認されていないが、大型建物群はおおむね東西・南北七〇メートル四方の範囲で確認されている。本建物群の性格を特定する上でも重要なポイントとなる当時の旧地形については、遺構確認面が削平されているため明確になっていないが、元来当地は、段丘崖が多摩川に向かって舌状に張り出した河岸段丘上の縁辺で、北西から南東に向かってわずかに傾斜する平坦面に立地している。調査地区東側には、現在府中街道が段丘崖を切通し状に南北に走っているが、それは元来ここにあった谷状地形を利用したものと考えられている。確かに、近世の地誌類の御殿地付近をみると、現府中街道が切通しの坂を上っていくように描かれているが、こ

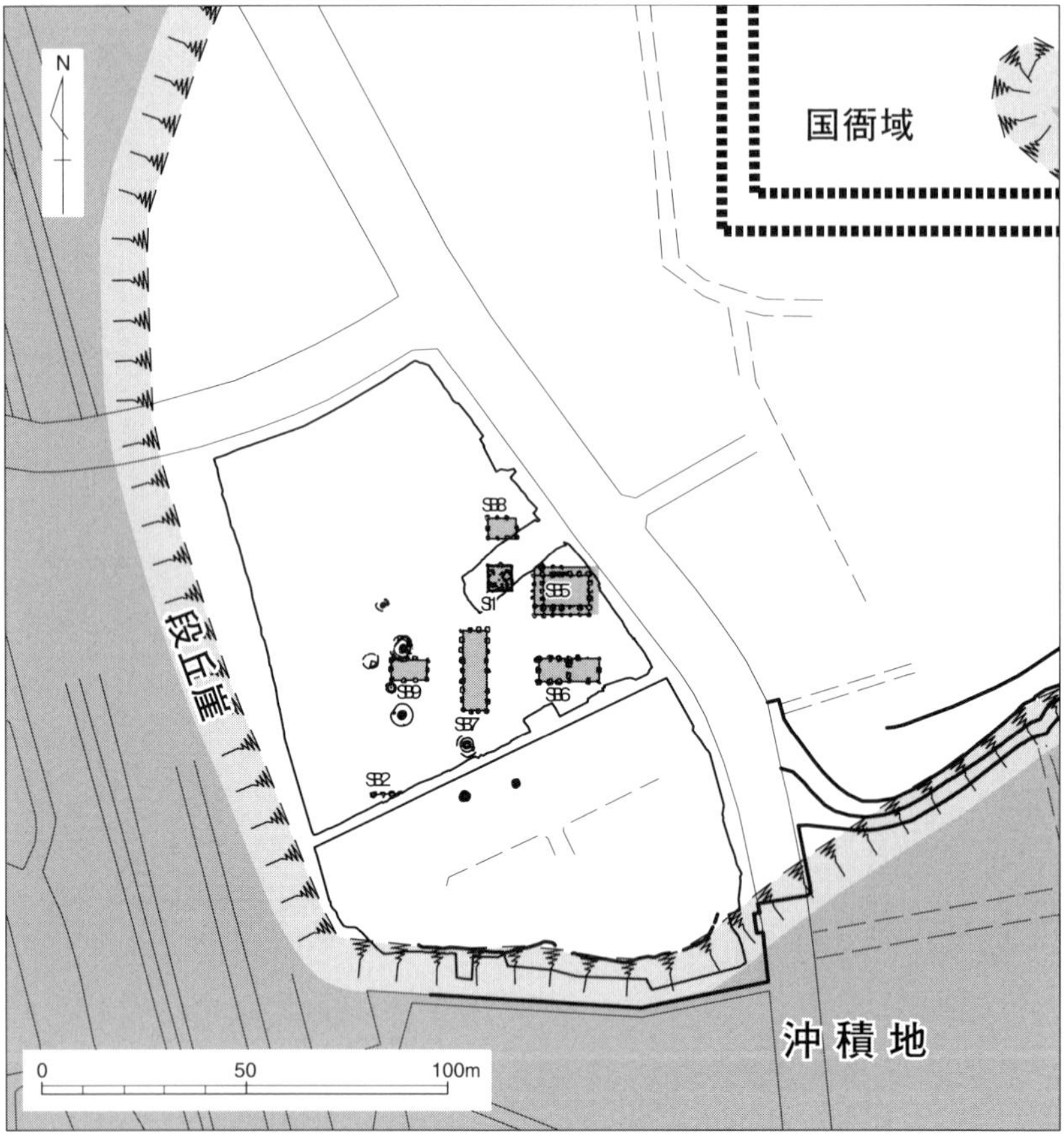

第20図 国司館とその周辺の遺構全体図（注22）

の切通し状の谷地形が古代から存在したかどうかは明確にしがたい[21]。

（2）建物群の規模・構造および特質（第21図・第3表）

主屋（M88-SB5） 本建物は、他の建物より確認面からの柱穴の深さが浅くなっており、本来ここが他所に比べて地盤が高い場所であったことから削平度合いがそれだけ大きくなったものか、あるいは、本来基壇を伴っており、その基壇高によって、柱の掘り方が浅くなったとも考えられる[23]。いずれにしても本建物を他の建物より格式を高くする意図があったものであろう。廂は、その出が桁行と梁行とで寸法が異なること、真隅とならないこと、柱穴が小型であることなどから、身舎と一体の屋根構造を伴う建物ではなく、廂の屋根をさし掛け状に設けた構造と考えられる。

本建物は、柱穴に重複関係がないことから、長期間の存続は考えにくいが、柱掘り方から造営もしくは廃絶時期を示す土器が出土しなかったことから、建物の造営時期は明確にされていない。

副屋（M88－SB7）　本建物のように、身舎桁行が八間以上で梁行三間の建物の例は、地方官衙遺跡等で類例が認められるが、いずれも桁行一〇間以上の長舎型構造となっており、本建物のような桁行八間の例はほとんどない。

本建物は、柱の抜取穴から武蔵国府編年N2期（八世紀前葉）の土器が出土していることから、廃絶時期の上限がその時期に求められる。また、本建物の東側柱列がSB5の西側柱列から西方約一二メートル（四〇尺）、北妻側柱列がSB5の南側柱列から約三メートル（一〇尺）の位置にあることから、SB5と一体の地割計画のもとに造営された可能性が高く、時期が明確にできなかったSB5も、N2期が廃絶の上限である可能性が高い。

副屋（M88－SB6）　本建物は、六間×二間の東西棟側柱建物跡で、一回の建替えと建物中央に間仕切柱があることが他の建物と異なる特徴である。

主屋北西の付属建物（M88－SB8）　本建物は、西妻側柱列がSB7の東側柱列と柱筋が揃っていることや南側柱列とSB7の北妻側柱列との距離が約二一メートル（七〇尺）であることから、SB7と一体的な計画のもとに造営された可能性が高い。

副屋西の付属建物（M88－SB9）　本建物は、SB8同様の桁行三間×梁行二間の東西棟掘立柱建物で、上面を七世紀末葉の竪穴建物跡（M88－SI23）に壊れていることから、七世紀末葉以前の造営年代が求められる。また、柱穴の覆土が他の建物とは異なる点から、SB5からSB8の建物群とは別ブロックと想定できるが、SB6と棟通りが

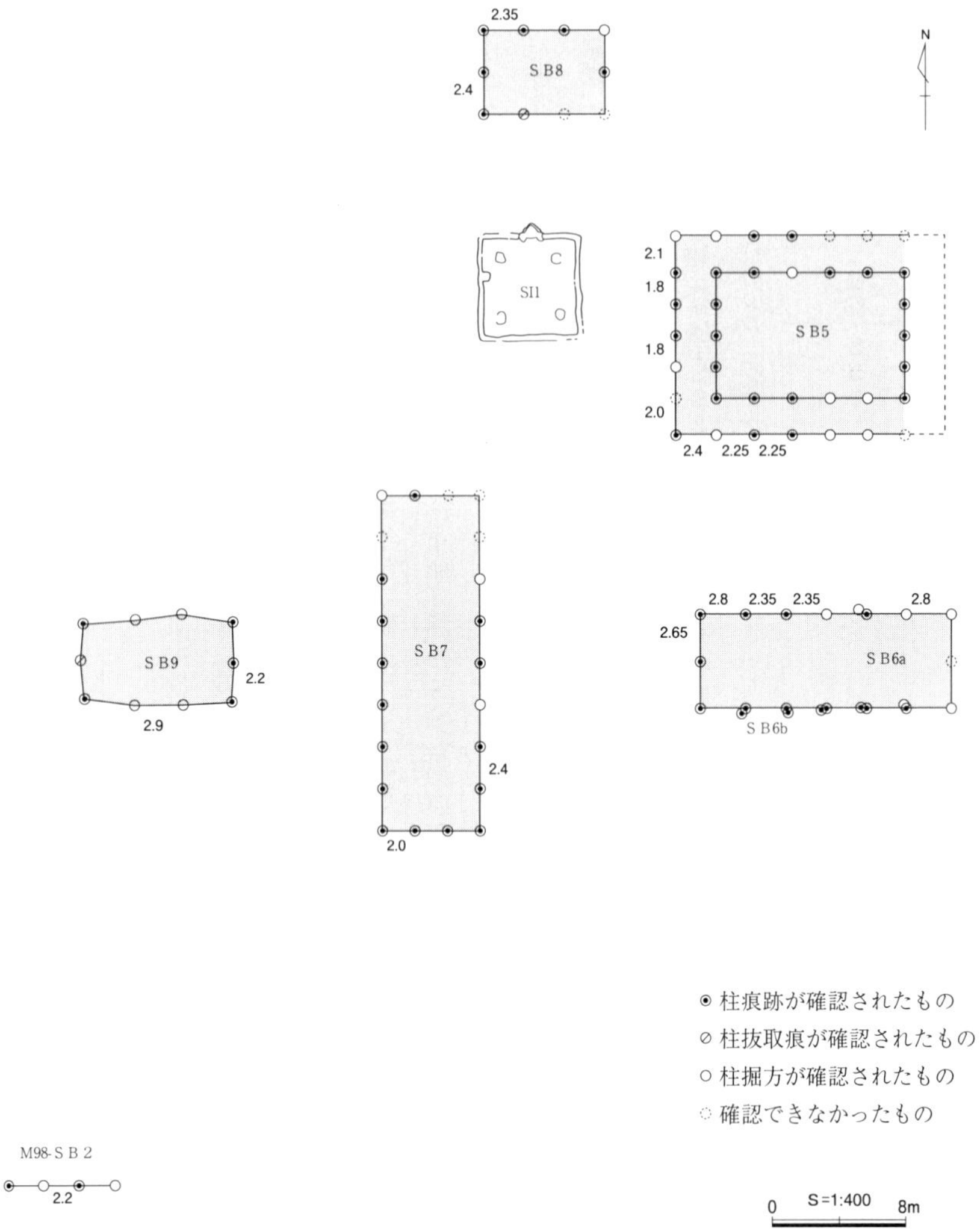

第21図　大型建物群遺構図（注16②文献より転載）

第3表　国司館跡の建物規模等一覧表（推定含む。明記のない数字の単位はm）

番号	建物	形態	桁行規模	梁行規模	面積（㎡）	柱間寸法（身舎桁行）	柱間寸法（身舎梁行）	柱穴規模（最大）長軸・短軸・深さ	備考
SB5	主屋	四面廂	7間 15.7	6間 11.3	177.41	約 2.25（7.5尺）等間	1.8（6尺）等間	1.45・1.33・0.72	廂の出（桁行）約2.3（7.5尺）廂の出（梁行）約2.1（7尺）建替えなし
SB7	副屋	側柱	8間 19.2	3間 6.0	115	約2.4（8尺）等間	約2.0（約6.5尺）等間	1.78・1.26・0.87	建替えなし
SB6	副屋	側柱	6間 15.0	2間 5.3	80	2.35・2.8 不等間（平均8.5尺）/2.45等間	2.65等間 2.8等間（平均9尺）	1.87・1.46・0.83	1回建替えあり 間仕切り柱あり
SB8	付属建物	側柱	3間 7.1	2間 4.8	34	約2.35（8尺）等間	約2.4（8尺）等間	1.19・1.04・0.37	建替えなし
SB9	付属建物	側柱	3間 8.7	2間 4.4	39	2.9等間（約9.5尺）	2.2（7.5尺）等間	1.31・1.06・0.64	建替えなし

揃う位置にあることは、SB6の古段階で、一連の計画のもとに造営された可能性も残る。

調査地区南端の建物（M98−SB2）　調査地区南端で検出されたため、建物規模・構造ともに不明である。確認された柱列は、東西に三間だが、柱穴の規模はSB6と同様に大型である。柱間寸法は二・二メートル（七尺）等間。

主屋の西側竪穴建物（M88−SI1）　真北方位で、ほぼ一辺五・七メートル四方の方形の竪穴建物跡である。出土土器から、武蔵国府編年N2期（八世紀前葉）と考えられることと、竪穴北辺がSB5の北側柱列とほぼ揃っていること、竪穴東辺がSB5西側柱列の西方約六メートル（二〇尺）、南辺はSB5の棟通りの位置にほぼあたっていることから、SB5とともに計画的に配置された可能性が高い。その性格については、床面から小鍛冶関連の炉が二基検出されていること、竈から漆付着土器や坩堝が多量に出土していることから、当初、掘立柱建物の造営に関わる何らかの作業施設である可能性も考えられる。さらに、廃棄直前は工房として使用されていたが、配置関係からすれば、当初は厨としての機能を持っていた可能性も考えられている[24]。

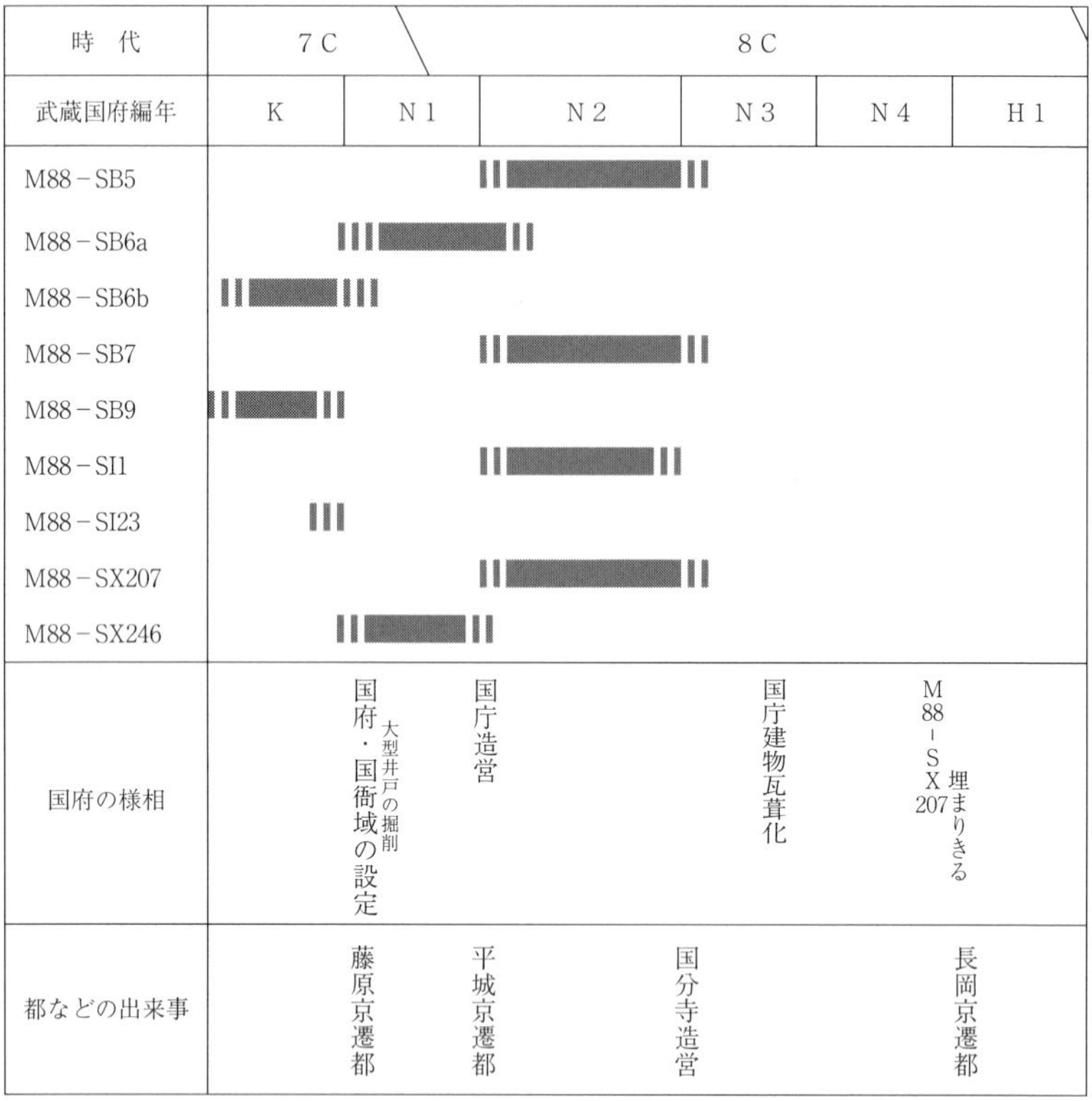

第22図　国司館主要遺構の時期変遷図（注15①文献第31図より転載）

（3）建物群の時期

これらの建物群の時期は、ＳＢ９が七世紀末葉の竪穴建物に壊され、その建物の柱穴の掘り方や覆土が他の建物群と異なること、ＳＢ７の柱抜き取り部分からＮ２期頃の須恵器が出土していること、主屋と副屋（脇殿）に建替えがなく、主屋前の副屋に建替えが認められること、建物群西側の大型土坑から、本建物群で使用されていたと思われるＮ１期～Ｎ２期にかけての須恵器盤類などの食膳具が多量に出土していることなどから、次のように考えられる（第22図）。

第一期（ＳＢ６ｂ古＋ＳＢ９）　東西に建物が併存する時期。

第二期（ＳＢ６ａ新単独（大型土坑））　ＳＢ６新段階の東西棟建物が

単独で存在する時期。

第三期（SB5＋SB7＋SＩ1（大型土坑））　SB5（主屋）とSB7（副屋＝脇殿）がL字形に配置され、竪穴建物と大型土坑が伴う時期。

各時期の年代は、第一期が七世紀後半代（後葉）、第三期が主屋と副屋がL字形に配置される八世紀第Ⅱ四半期を中心とし、第二期がその間の七世紀末～八世紀初頭頃と考えている。なお、主屋とされるSB5は、身舎の梁行四間という多柱間構造で八世紀初頭以前の古墳時代以来の多柱間構造の系譜をひく建物であった可能性が高い。この点も、本建物群の造営推定時期と符合する。

（4）建物群の配置・構成

全体の構成としては、M88‐SB5・6・7・9のブロックと南方のM89‐SB2の二つのブロックが存在する可能性が高く、その構成要素は掘立柱建物、竪穴建物に大型土坑が含まれる。その配置は三期の変遷が捉えられることから、東西に二棟の建物が併存する時期→中央に単独で一棟の建物が存在する時期→主屋＋副屋がL字形に配置され付属建物と竪穴建物が伴う時期という三期の変遷と配置構成と考えられる。主屋を正殿とし、その前の東西棟建物を前殿として同時存在する可能性もあるが、SB5とSB6の建物の中心線がずれていることから正殿・前殿という位置関係としてはやや不自然であること、SB6の柱間が不揃いで前殿の建物としては造営技術がやや劣る感があること、SB6のみ柱穴の重複関係が認められ、他の建物群とは様相を異にすることから、この建物を別の時期と判断している。

また、第三期の配置構成については、SB7に対となる副屋（東脇殿）が存在したとし、左右対称の品字型配置をとっていた可能性も考えられるが、L字形配置を左右非対称の品字型配置の省略・変形配置と考えてもよいことから、その特定は困難な状況である。

（5）建物群の性格と意義

まず、主屋（正殿）と副屋（脇殿）に東脇殿というコの字形配置をとった場合は、官衙政庁の建物配置との類似点が指摘できる。正殿に比定し得るSB5が、前述したように基壇を伴うか、あるいは元来他の建物より高い地盤に造営されていることも、政庁正殿の可能性を考える根拠となり得る。ただし、この配置をとる時期が八世紀第Ⅱ四半期であることから、すでに国衙が機能していた時期と重なること、段丘崖の縁辺部にあたる特異な立地、正殿の構造が古墳時代的な構造の系譜を引いていること、正殿より他の建物の方が柱間寸法の大きな構造になっていること、政庁の正殿脇に煮炊きを伴う施設である竪穴建物を伴う例は見られないので、国庁に比定することは困難となる。

多磨郡の郡庁説は、郡庁の場合、脇殿が長大なコの字形もしくはロの字形配置が一般的であること、七世紀末以降、建替えを伴い長期継続する例が多いこと、多柱間構造の正殿の例はみられないことなどから、その可能性も低いと考えられる。

政庁が否定的であれば、長屋王邸などの平城京の貴族邸宅にみられる建物配置[25]や、陸奥国府（多賀城跡）館前遺跡[26]の事例、伊勢国府の国庁跡北方の礎石建物群例[27]（左右対称配置も考え得る場合）との配置の類似性、眺望のよい場所に立地していること、八世紀前半と考えられる「□館」銘墨書土器の存在、竪穴建物が伴うことなどからすれば、国司館と考えることが最も妥当である。左右非対称の国司館の例として、肥前国府の国司館跡[28]も傍証になろう。

ただし、主屋近くに竪穴建物を伴うのは、東国の豪族居宅にみられる特徴であることから、この建物群が郡司クラスの居宅であった可能性も浮上する。主屋の建物構造が伝統的な構造を引いたものとみられることも、その点に適合的である。しかし、これまでの豪族居宅の例では、北側または西側に倉庫群を伴う例が多い。それに対して、本例では、中枢部分以外に、倉庫などの建物群は確認されていない。また、竪穴建物も大型の例が多いが、本例の竪穴建物は、大型ではない点からも、やはり国司館としての性格を想定することが妥当である。

また、七世紀後半に遡る場合、まだ本格的な官衙施設造営の体制が整う以前の段階で、在地の建築技法なども取り入れた工法で建物を造営したと想定することができ、段丘崖の富士山も望める眺望の地に占地している点も、赴任してきた国司の生活空間や、一定程度の政務・饗宴が行われた場としての国司館にふさわしいと考えられる。

つまり、これら建物群の性格は、初期の国司館にあたる蓋然性が最も高く、七世紀代に遡ると考えられることから、初期国庁あるいは国宰所、また迎賓館的な機能も兼ね備えていた国府の重要な施設だった可能性も考えておきたい。その意味でも、武蔵国府の成立のみならず、古代地方行政の成立を考える上でも、きわめて重要な遺構と位置づけることができる[29]。

四　まとめ

本節冒頭で述べたように、山中敏史は、初期国府の端緒的成立時期である七世紀第Ⅳ四半期頃〜八世紀初め頃と、八世紀前半以降の国府には大きな質的差異があることから、全国的な国府の成立の画期を八世紀第Ⅱ四半期に求めた[30]。この見解に基づき、国庁成立以前の国司は、独立した庁舎を持たず、拠点的な評家や郡家を仮庁舎としたか、各地の評家や郡家を巡回したと考えられてきた。これに対して、大橋泰夫は、近年の国府跡の調査成果を再検討し、国府は国庁を中心にして七世紀末から八世紀初頭にかけて全国一斉に成立したと考えているので[31]、その段階で国司も独立した官舎である国司館を持っていたことになる。

御殿地地区の国司館は、現段階で国衙地区において定型化された初期国庁が発見されていないので、国衙の成立から整備時期と重なってくることもあり、初期の国庁あるいはコの字形配置をとらない国宰所を兼ね備えていた国府の重要な施設だった可能性も残されている。これまで武蔵国府域における国司館関連の遺構・遺物は、「大目館」墨書土器（十世紀前半代）、「大館」墨書土器（九世紀初頭）などの国司館をあらわす墨書土器が出土しており、御殿地地区から西方約二〇〇メートルの段丘崖下の沖積低地上では、東西約七六メートルの区画溝に囲まれた四面廂もしくは四面廂の可能性がある掘立柱建物跡などの大型建物群が確認され、そこから「大館」墨書土器が出土していることから九世紀代の国司館跡と考えられる。その周辺では、東西方向の大溝が検出され、多摩川から物資の荷揚げに利用された運河の可能性があることから、「国府津」としての機能が考えられる。このように、これまで武蔵国府域で発掘されている国司館跡は、九世紀以降のものだった。

武蔵国府は、竪穴建物跡や掘立柱建物跡などの遺構が国府域全体に分布し、官衙ブロックが設置されるN1期（七世紀末～八世紀初頭）に成立していた。しかし、国庁の成立が八世紀前葉を遡らないことから、一部の官衙ブロックもしくは国司館が、初期の国庁的機能を兼ね備えていた可能性も考えられる。そして、八世紀前葉以降の定型的な国衙の成立に伴い、御殿地地区の国司館は、国司の官舎として機能し、八世紀中葉に廃絶（＝他所へ移転）したと考えたい。

いずれにしても、七世紀代にも遡る可能性が高い初期国司館跡の発見は、武蔵国府の成立のみならず古代地方行政制度の成立を検討する上でも、きわめて重要な発掘成果である。今後は、さらなる国衙中枢部の未調査部分（国衙中枢部の南半部もしくは国衙中枢部と郡名寺院多磨寺[32]の間の空間地）の確認調査が必要であることはいうまでもない。全国的な国府の成立に関する比較検討と集約による多角的な議論を展開するためにも、今後も地域の詳細な事例分析を比較検討していくことが必要である。

第二節　武蔵国府の機能と具体像

本節では、古代の武蔵国府の機能と具体像を検討するが、古代の地方都市武蔵国府を考える場合、古代の地方都市とは何か、を考えることが必要である。そこで、まず古代地方都市論と国府の研究史を整理しておきたい。

一　古代都市論と国府の機能

都市とは、広辞苑によれば、「一定地域の政治・経済・文化の中核をなす人口の集中地域。村落・農村が対語・反義語」とある。(33)これまで古代の都市に関する研究は長い蓄積があるが、ここでは文献史学の鬼頭清明の優れた概念規定をあげておく。鬼頭の学説は、一九九七年の段階で、都市の概念設定としてアジアの都市は広義の都市にも入らないとしたが、(34)その後、古代の都市とは、広義には、社会的分業ないし都市共同体の成立のどちらかをその都市の成立の契機に含むこととし、狭義には、農村から社会的分業の結果として分離され、そのかぎりで、生産用具の所有者としての手工業者が農村から自立して定住することを重要な要素としてもっており、このような経済的基礎の上に、すなわち市民身分が自立性をもって成立しているものを都市とした。(35)

これに対して、山中敏史は、古代の都市規定に、非農業労働部門従事者の集住があるが、これを都市認定の普遍的な基準とすることは容易ではないとし、都市の成立と国家の成立は、地域による国民の区分であり、日本古代の中央都市は、国民が国郡評という領域によって区分され統治される七世紀末〜八世紀初頭の律令国家成立期である藤原京で出現し、平城京や平安京に代表される都城として展開するとした。(36)

近年では、文献史学者である浅野充が重要な指摘をしている。(37)浅野は、前近代アジアに都市は存在しないという、マルクスのアジアの都市理論記述をもって、前近代アジア都市理論の前提とすべきではないとし、古代宮都は、地方首長・民衆を威圧するための装置なのではなく、天皇から民衆までが国家という幻想の共同体の一員であることを確認する場とした。そして、国府・郡家もそれに連動・機能しており、単なるミニ宮都として国府・郡家を矮小的に捉えるべきではないとして、古代宮都の民衆には、流動性と定住性があり、古代宮都は畿内のみではなく全国と関わって成立したとした。

国府を古代の地方都市とみるかどうかに関しては、まず歴史地理学による周防国府跡の研究に代表されるように、都城縮小版としての方八町説が提起されてきた(38)。そこでは、国府域内には、京の朱雀大路などに対応する幹線道路が設定されており、それを軸に碁盤目状に街路をめぐらした方格地割が施工されていたとし、都城の平面プランとの比較検討によって、国府を地方都市として位置づけようとしたのである。

これに対して、考古学の立場から、新たな視点で課題を整理したのが山中敏史(39)である。その課題を要約すると、左記のとおりとなる。

ア　国府は、その居住民が非農業的労働部門の従事者＝手工業や商業だけでなく、農業の指導や奨励、行政、司法、軍事等などの業務にあたる人々を含んでいて、それを主体とする構成だったたか。

イ　国府は、周辺の農村とは区別された独自の空間（国府域）を伴っていたか。

ウ　国府の景観は、周辺の農村とは区別される姿だったたか。

エ　国府には、その交易活動の拠点として「市」や「津」があったたか。

この山中の指摘を踏まえて、本著を目的となっている国府の機能と具体像を明らかにするために、佐藤信の国府の機能の整理(40)を左記に列挙した。

・国庁・国衙…政務・儀式・饗宴などの公的な場としての機能（後に国司館）
・その他雑舎群（曹司）…文書行政の場としての機能
・正倉院・税所…財政的な機能と徴税
・国分二寺・国府付属寺院・郡名寺院・仏堂・総社・印鑰社など…国家仏教の体現の場や神祇・祭祀の場としての機能
・国厨院…国府所属官人の給食機能
・各種工房…国府の維持・管理のための手工業生産機能（鍛冶・紡織・製紙など）
・駅家…陸上・水上交通の結節点としての交通機能
・国府市・国府津…「市」や「津」を中心とした国内外の経済交易圏の中核的機能
・宿所…国府を支える下級官人の官舎や労役に従事する徭丁等の宿所
・軍団…国衙を守る軍団兵士の宿所と防衛施設
・国学の学校
・百姓等の民家

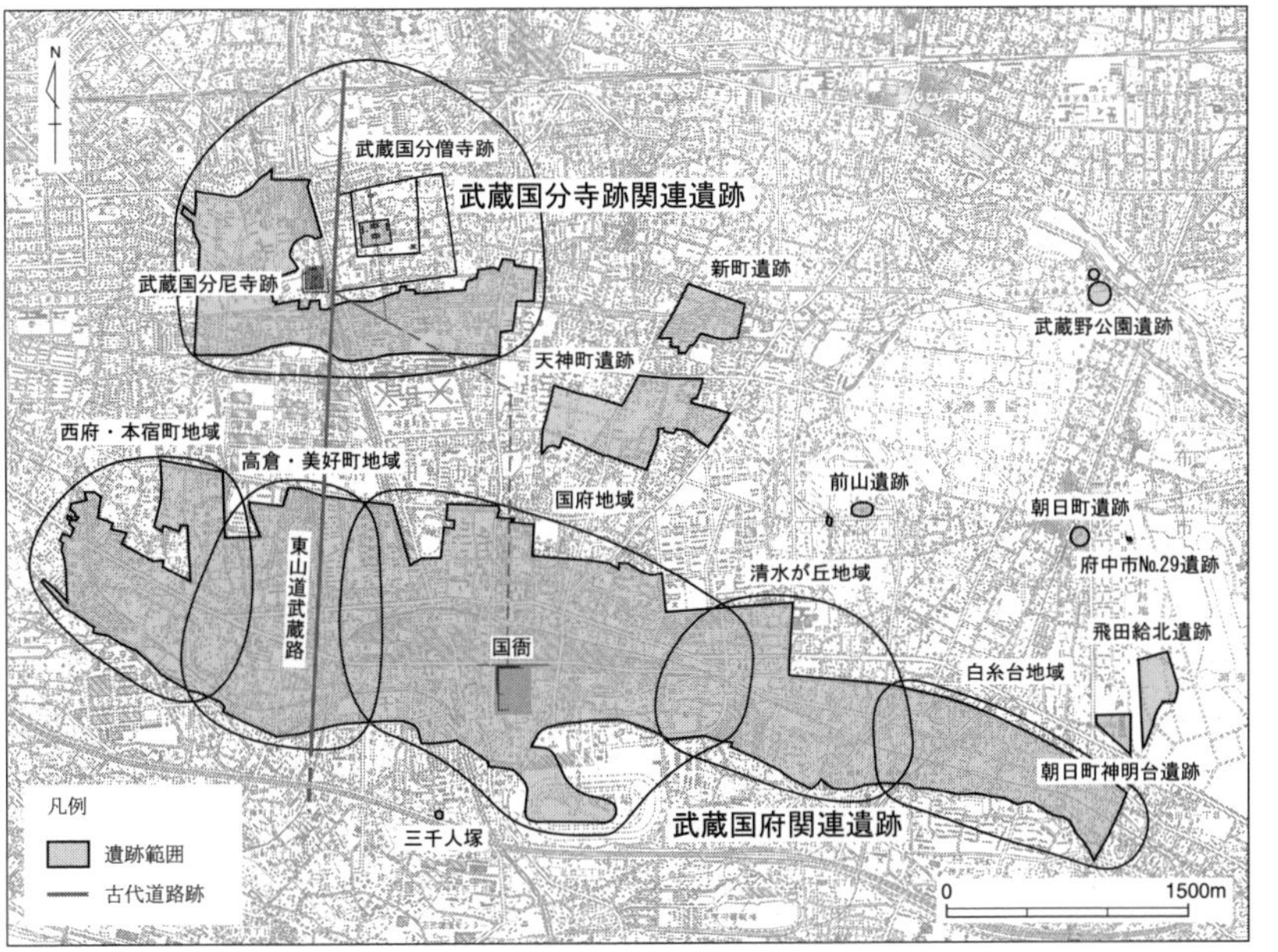

第23図　府中市の遺跡と武蔵国府関連遺跡の地域区分

二　武蔵国府の選地

武蔵国府跡は、府中市宮町二～三丁目に所在する国衙域（国史跡指定地）を中心に、東西約二・二キロメートル、南北最大一・八キロメートルの範囲に国府域が広がっている。さらに、国府域の両側には国府関連の集落遺跡が広がり、それらを含む東西約六・五キロメートル、南北最大一・八キロメートルの範囲を「武蔵国府関連遺跡」と呼んでいる（第23図）。特に国府域の東方は、「清水が丘地域」、「白糸台地域」を経て、調布市「飛田給遺跡」に至るまでほぼ切れ目なく集落が分布する。国府域の西端付近には、古代の官道である東山道武蔵路が南北に走る。また、国衙域の北北西約二・七キロメートルには、国史跡武蔵国分寺跡（僧寺・尼寺跡）が位置する。

地形的には、広大な関東平野の南を東流する多摩川の河岸段丘左岸に立地し、国府関連遺跡が沖積低地と立川段丘の境をなす段丘崖に沿って、東西に帯状に展開している。遺跡の中心は段丘崖の台地上だが、沖積低地面にも広がる。ほぼ平坦な地形だが、台地上から沖積微高地にかけての段丘崖をまたぐように立地している。

武蔵国府の中枢をなす国衙跡は、国府域の中央南寄りの大國魂神社境内とその東側一帯に所在する。この段丘崖沿いは、湧水が豊富だったところで、古代から水と緑の自然環境に恵まれていた。国府の選地理由は、こうした自然環境に加え、東山道武蔵路と相模国方面との連絡路（東海道武蔵路）の結節点と多摩川の水運という水陸交通の要衝が重視されたことに起因する。

三　国府の機能

（1）国庁・国衙

国衙域の規模と構造　国衙域は、大國魂神社境内から東側の南北二九八メートル、東西二〇八メートルの二条の大溝で囲まれた範囲と考えられている[41]（第24図）。二条の並行する大溝は、溝の心々間距離が約九メートル、遺構確認面で幅三〜四メートル、最大深度三メートルの規模を有する。特に、二条には形状に違いが見られ、内側は、大型の土坑が連結した形状で、外側は、細長い溝状の形状を呈する。断面観察では、ローム土が崩落したような堆積が認められることから、二条の大溝の間に築地塀の存在が想定できる。この溝の構築年代は不明だが、溝に掘り返しが確認できるので、長期間存続していたと考えられる。ただし、南辺大溝の一部が十世紀前半代の竪穴建物に壊されていることから、南北約三百メートルに及ぶ囲繞範囲は、国衙の創設から廃絶までの間で変容した可能性が高い。

また、国衙北辺には、推定国衙域の中央付近、中枢地区の大型建物群の中軸北延長線上で、門跡が確認されている。上面が削平されているため詳細は不明だが、八脚門の構造が想定されている。これに対応する南辺では、二条の大溝が約一四メートル途切れる場所が確認されているので、そこにも何らかの出入り口施設があったと考えられる。

国衙中枢建物の構造　国史跡指定地を中心とした武蔵国

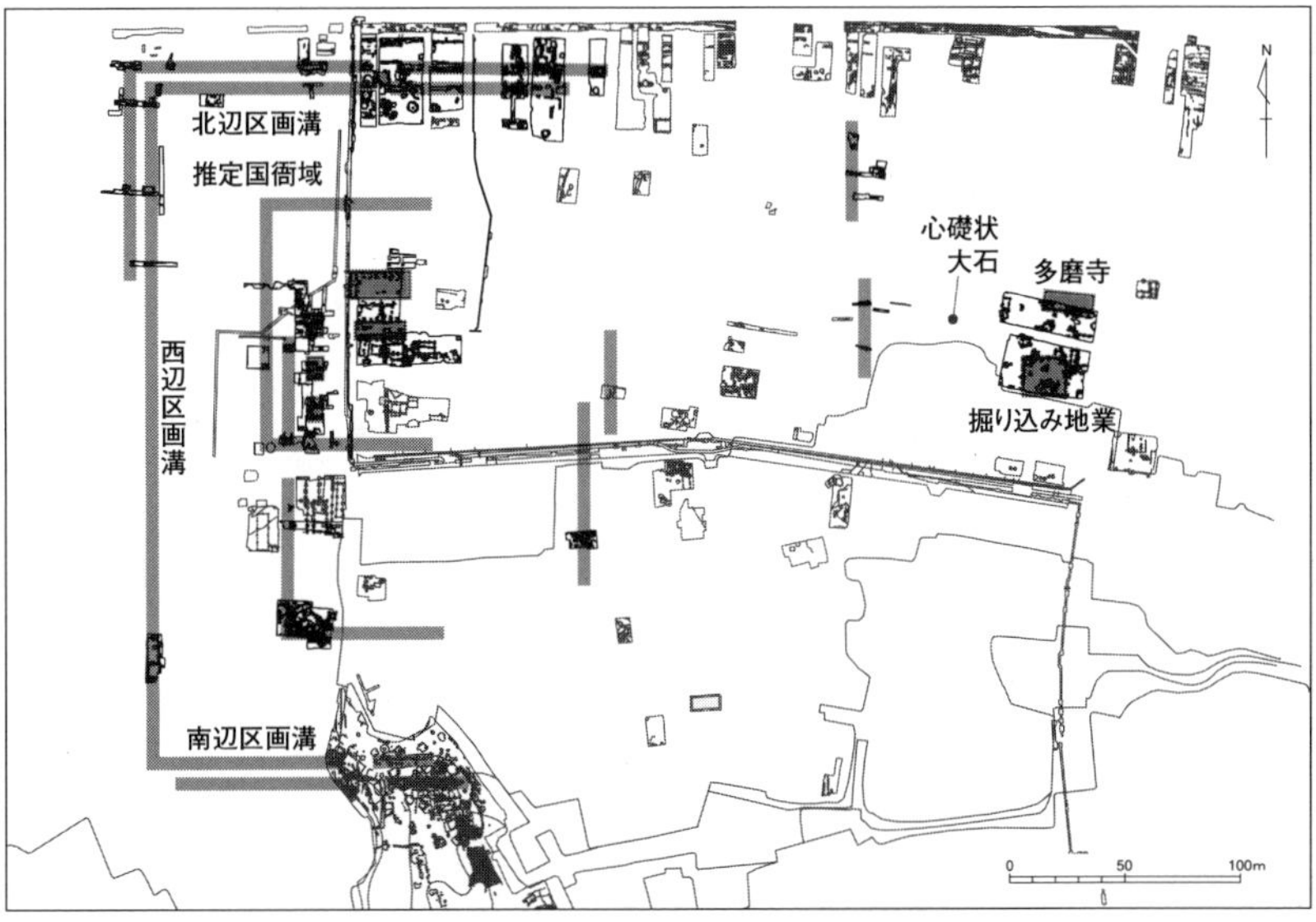

第24図　武蔵国衙跡とその周辺の発掘調査状況

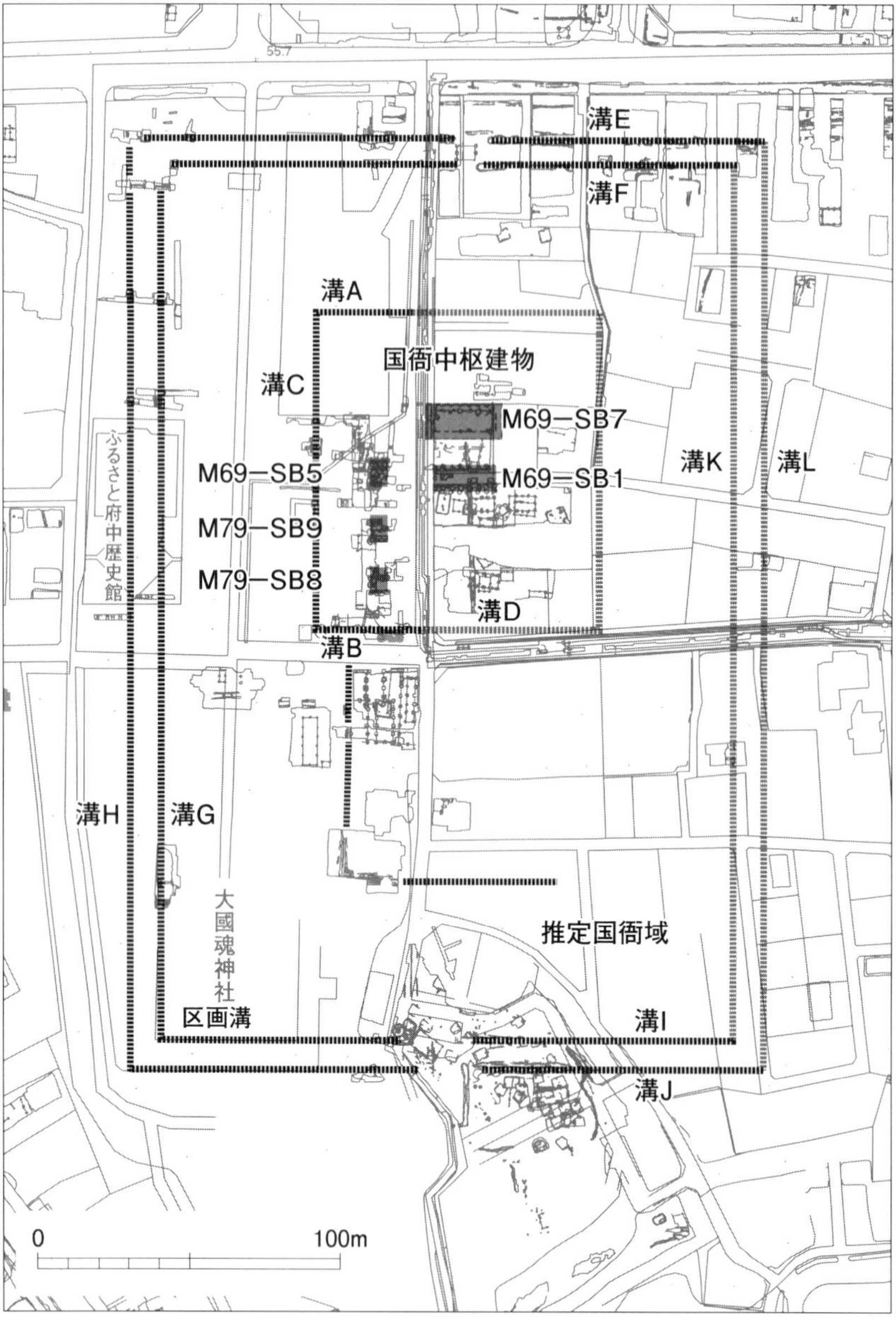

第25図　武蔵国衙域の発掘調査状況

衙中枢地区は、これまでのところ東西・南北一〇〇メートルの区画内に東西棟の大型建物跡二棟が確認されている（第25図）。北側の建物（M69区SB7）は、桁行九間×梁行四間と考えられる四面廂建物で、掘立柱建物として二回以上の建替えを経た後、礎石建物へ建替えられている。建物規模、区画内での位置関係からすれば、各地の国庁正殿に匹敵する規模・構造の建物である。その南側に位置する建物（M69区SB1）は、北側の建物に比べ規模がやや小さいが、桁行七間×梁行二間の建物で、掘立柱建物として若干位置をずらして、二回以上の建替えを経た後、礎石建物へ建替えられている。これらの東西両棟の建物の西側では、国内各地の国庁のような南北に長大な脇殿は確認されず、三間×三間の建物三棟が南北に並ぶ建物群が確認されている。これらの建物群も東西棟大型建物同様に、三時期の変遷が考えられている。

さらに、この一〇〇メートル四方区画の南隣接地には、桁行五間×梁行二間の南北棟、桁行七間×梁行二間以上の南北棟などの掘立柱建物群のブロックがあることから、国衙中枢地には二つのブロックが存在すると考えられる。

国衙の変遷　国衙の成立は、国衙中枢の建物群が七世紀末から八世紀初頭の竪穴建物を壊して造られていることや、出土瓦の年代から、八世紀前葉とされ、成立当初は礎石建物ではなく、掘立柱建物であった。その後、八世紀中頃前後には、国分寺創建期の瓦の出土や武蔵国二一郡中一九郡の郡名瓦や塼の出土から、各地の国庁同様に大規模整備が行われた。ほぼ国内全郡の郡名瓦・塼が出土していることから、武蔵国挙国一致体制で国衙の造営が行われたことがわかる。

その後、国分寺塔再建期の瓦の出土から、九世紀中頃が改修期とされ、九世紀末から十世紀初頭頃を最後に、瓦は出土しなくなる。国衙の廃絶時期は、十世紀後葉頃の竪穴建物の竈材に塼が転用されていることから、この頃国衙の建物が廃絶したと考えられる。このように、国衙中枢地区の大型建物群が八世紀前半から十世紀後半まで、同一位置で存続し続けることが武蔵国府中枢部の特質である。

国衙中枢建物群の性格　国衙中枢建物の性格は、南北に二棟並び建つ中心建物の西側から、「長舎型」脇殿が未発見ながら、国衙中枢地区の区画一〇〇メートル四方の規模が他国の国庁域に近似すること、中心建物（M69区SB7）が各地の国庁正殿とされる建物に匹敵する規模・構造の建物であること、その建物が国衙域の区画内南北中軸線上に位置していること、この付近で武蔵国二一郡中一九郡の郡名が記された郡名瓦・塼が集中して出土することによって、国衙のきわめて重要な中枢地区であったことを示すものであり、国庁の中心建物と考えてもおかしくない。近年、近江国庁の西郭・東郭、伊勢国庁の西院の事例にみられるように、コの字形配置の国庁に隣接して、別に国衙中枢区画が発見されていることから、国庁の儀式に伴う中枢施設と考えておきたい。

（2）国司館とその他雑舎群（曹司）

国司館　武蔵国府における国司館は、国府域西方で出土した「大目館」墨書土器[42]（十世紀前半代）、国府域中央沖積低地で出土した「大館」墨書土器[43]（九世紀初頭）（第26図）などによって、その場所が推定されている（以下、第27図参照）。「大館」墨書土器が出土した沖積低地に立地する地区では、四面廂などの掘立柱建物跡の大型建物群とそれらを区画する大溝が確認されており、東西約七六メートルの区画溝に囲まれた九世紀代の国司館跡が明らかになってきた[44]。この「大館」のすぐ北側には、東西方向の大溝が検出され、多摩川から物資の荷揚げに利用された運河としての「国府津」の機能が考えられる[45]。国司館は、水陸交通の至便の地で国司の経済活動の拠点としての機能を備えていた。国司の館のもつ経済活動の優位性が後に国庁から国司の館へ機能が移っていく要因である。

また、前節で述べた御殿地地区の初期国司館は、特に、富士山、万葉集に「多磨の横山」と詠われた多摩丘陵、眼下に多摩川が望める眺望の地に占地している点が都から赴任してきた国司の生活空間や、一定度の政務・饗宴が行われる場としてふさわしい場所であることを再述しておきたい。

その他官衙等　武蔵国府域では、約方二町規模の大型溝で区画された施設が二か所で確認されている。国衙北東の区画Aは、北から約九〜一五度東へ触れる方位で、約二一〇メートル四方のややいびつな平行四辺形を呈する（第28図）。その北西隅には、井戸を伴い、竪穴建物と小規模な掘立柱建物から構成される。北辺中央付近で約一五メートル溝が途切れる部分があることから北辺中央付近に出入り口があったことが判明している(46)。造営はN2期で、N4期には機能が失われたと考えられており、国府の整備に係って機能した区画施設と考えられる。

もう一つは、国衙北西側の区画Bで、東西約二三〇メートル、南北一九〇メートル以上の規模を持ち、区

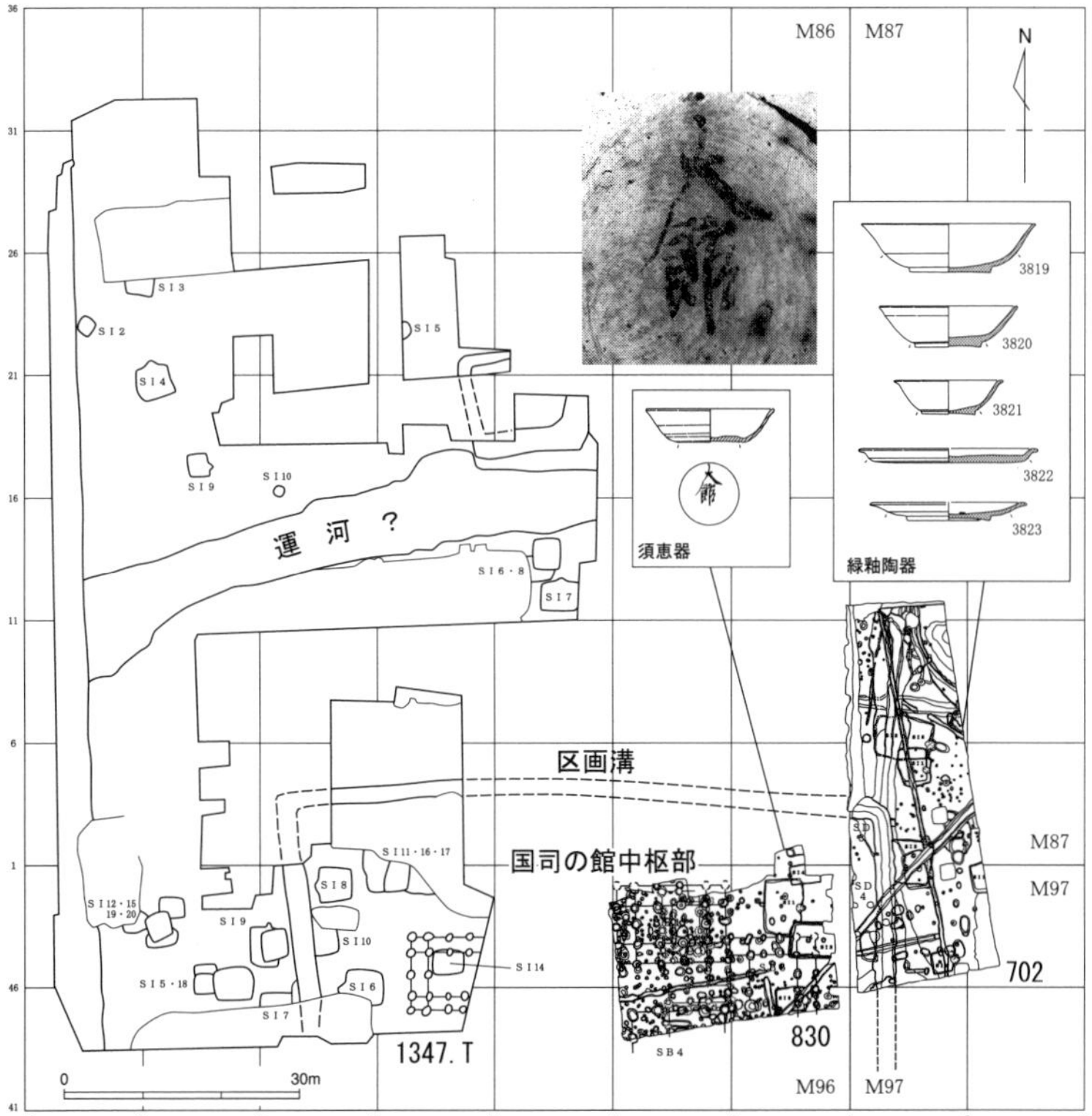

第26図　沖積低地の推定国司館跡と運河状大溝（注44荒井文献より転載）

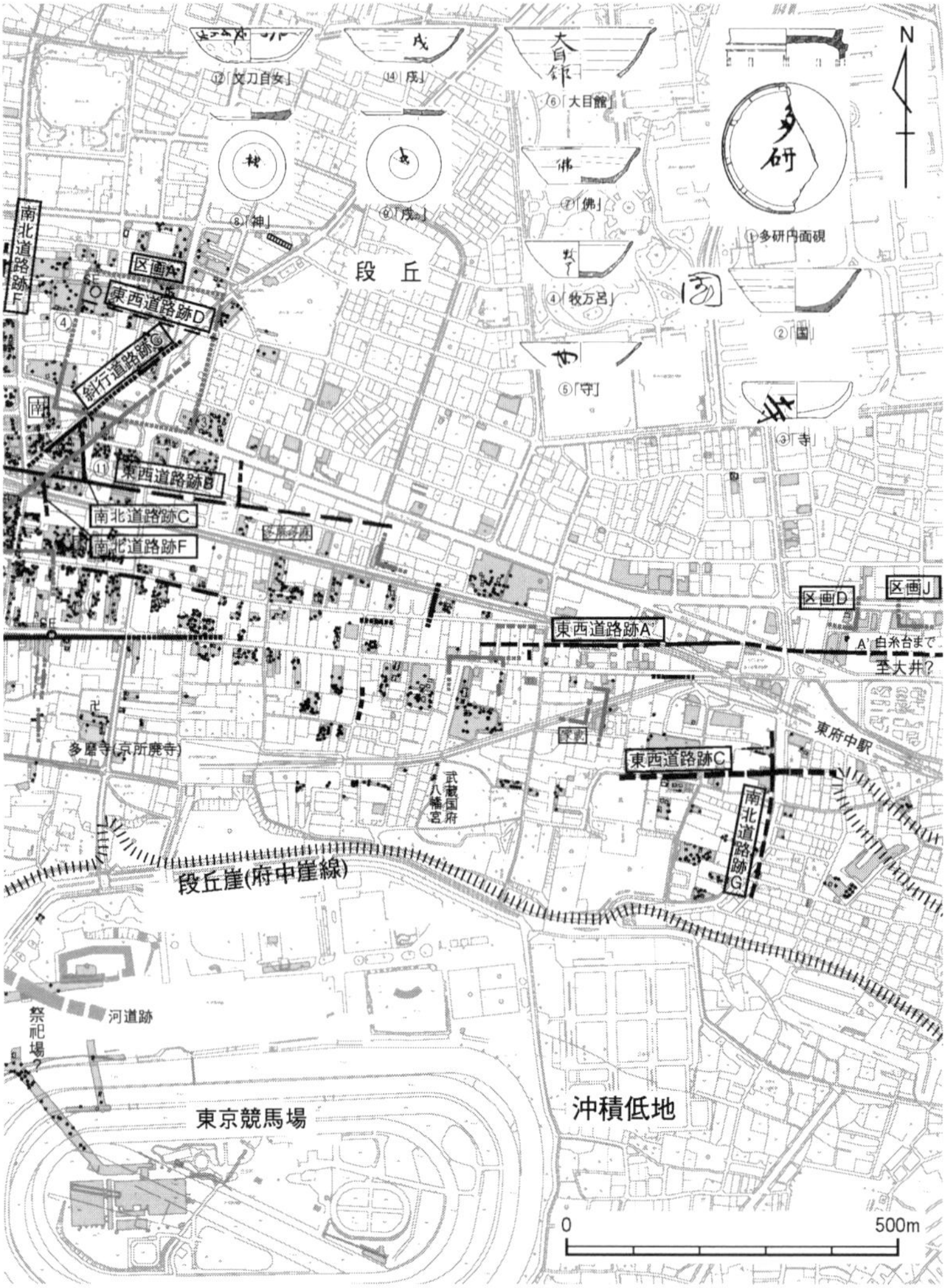

⑫「文刀自女」
⑭「戊」
⑥「大目館」
⑦「佛」
④「牧万呂」
⑤「守」
⑧「神」
⑨「戊」
①多研円面硯
②「国」
③「寺」
N
段丘
南北道路跡F
区画A
東西道路跡D
斜行道路跡G
東西道路跡B
南北道路跡C
南北道路跡F
区画D
区画J
東西道路跡A'
白糸台まで
至大井？
東府中駅
多磨寺(京所廃寺)
武蔵国府八幡宮
東西道路跡C
南北道路跡G
段丘崖(府中崖線)
河道跡
祭祀場？
東京競馬場
沖積低地
0
500m

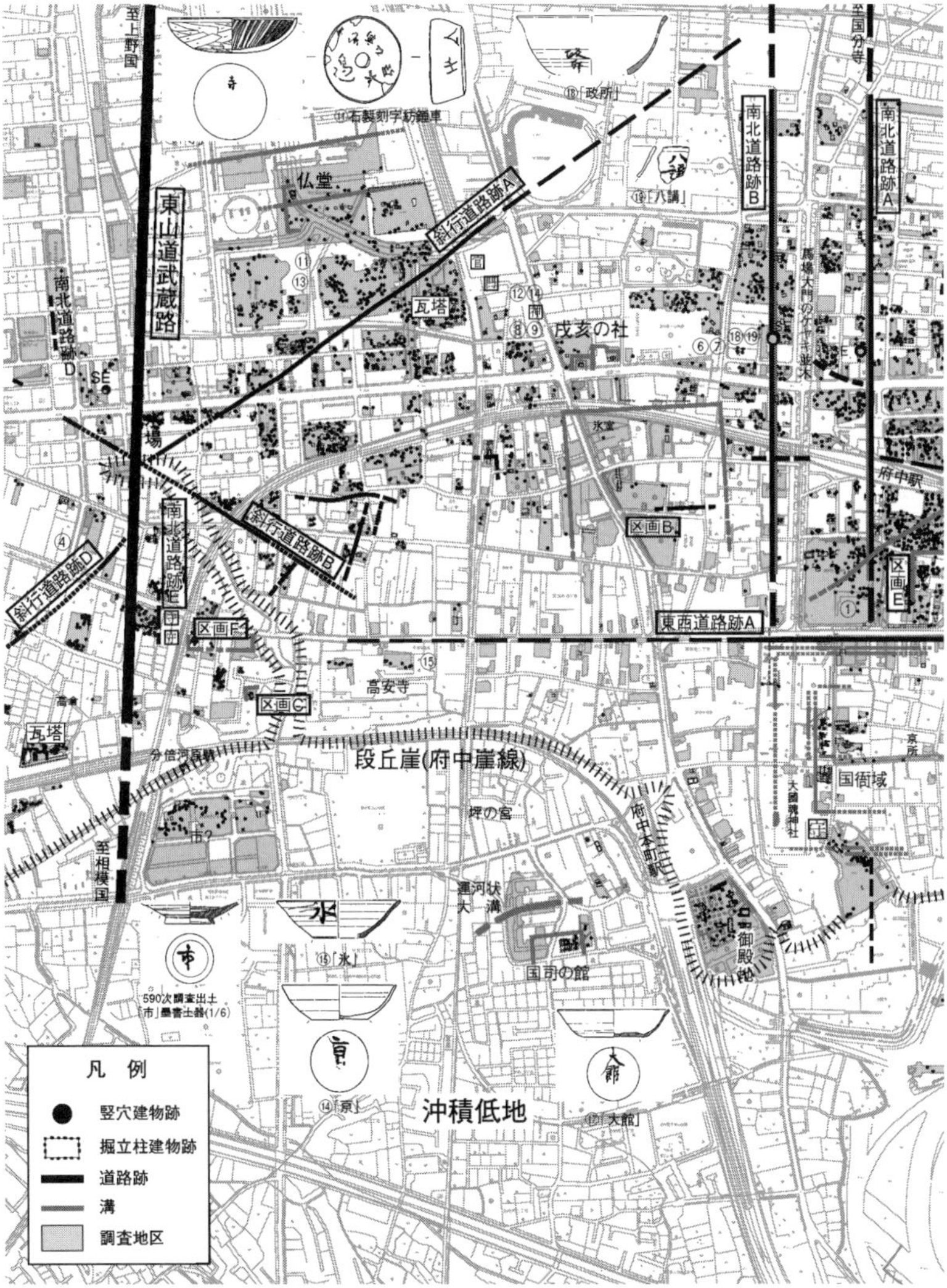

第27図　武蔵国府跡の発掘調査状況

画中央西寄りで南北棟の長大な掘立柱建物跡が二棟並んで検出され、その東側でも、大型の掘立柱建物跡が複数棟検出されている[47]（第29図）。これらの建物跡は、方位が異なるものが確認されていることから、建物配置が時期によって変わっている可能性が高い。区画内では少量ながら瓦が出土していることから、瓦葺き建物の存在が推定され、土取り穴も確認されていることから、版築等を伴う建物が存在した可能性が考えられる。この区画内では大型円形土坑（推定氷室遺構）も確認されていることから、国厨院などの機能も想定できる。

　なお、この施設の初現時期は不明だが、九世紀代まで存在していたことがわかっている。深澤靖幸は、こ

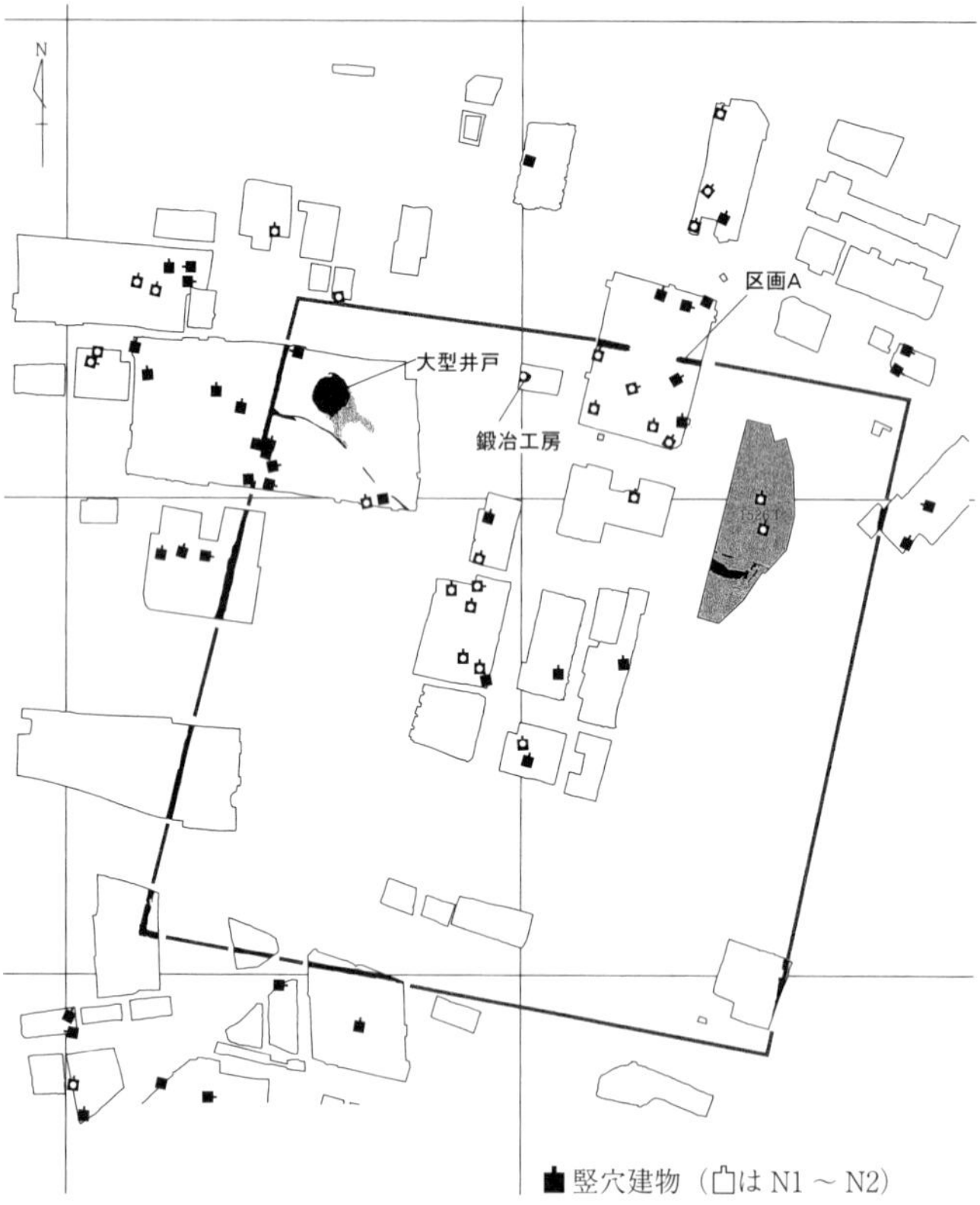

第28図　区画Aの発掘調査状況（注46文献より転載）

の区画の北辺溝でN３期の土器群が出土していることを重視して、その年代をN３期以前になる可能性を指摘している。（48）

　このほか、八世紀前半代と考えられる大型の区画溝で区画された区画C（49）や国衙から東に約一・四キロメートルも離れた国府域東端でも、大型溝で区画された区画Dが検出されている。（50）この区画Dは、掘り方規模が国府域で最大級であるが、区画の規模が東西九〇メートル弱で、八世紀前半代には区画の機能を停止したものと考えられる。この区画Dの南約三〇メートルには、東西方向の道路跡が検出され（117頁・第32図）、道路と関係する官衙や国府域でも最大規模の掘り方を持つ大溝から、軍団の施設が存在した可能性も考えられる。

　また、国衙東方の国府八幡宮付近では、桁行五間以上の巨大な柱穴掘り方を持つ大型掘立柱建物跡が確認されている。（51）いまだ具体的な遺構は特定できていないが、多磨郡衙に関連する可

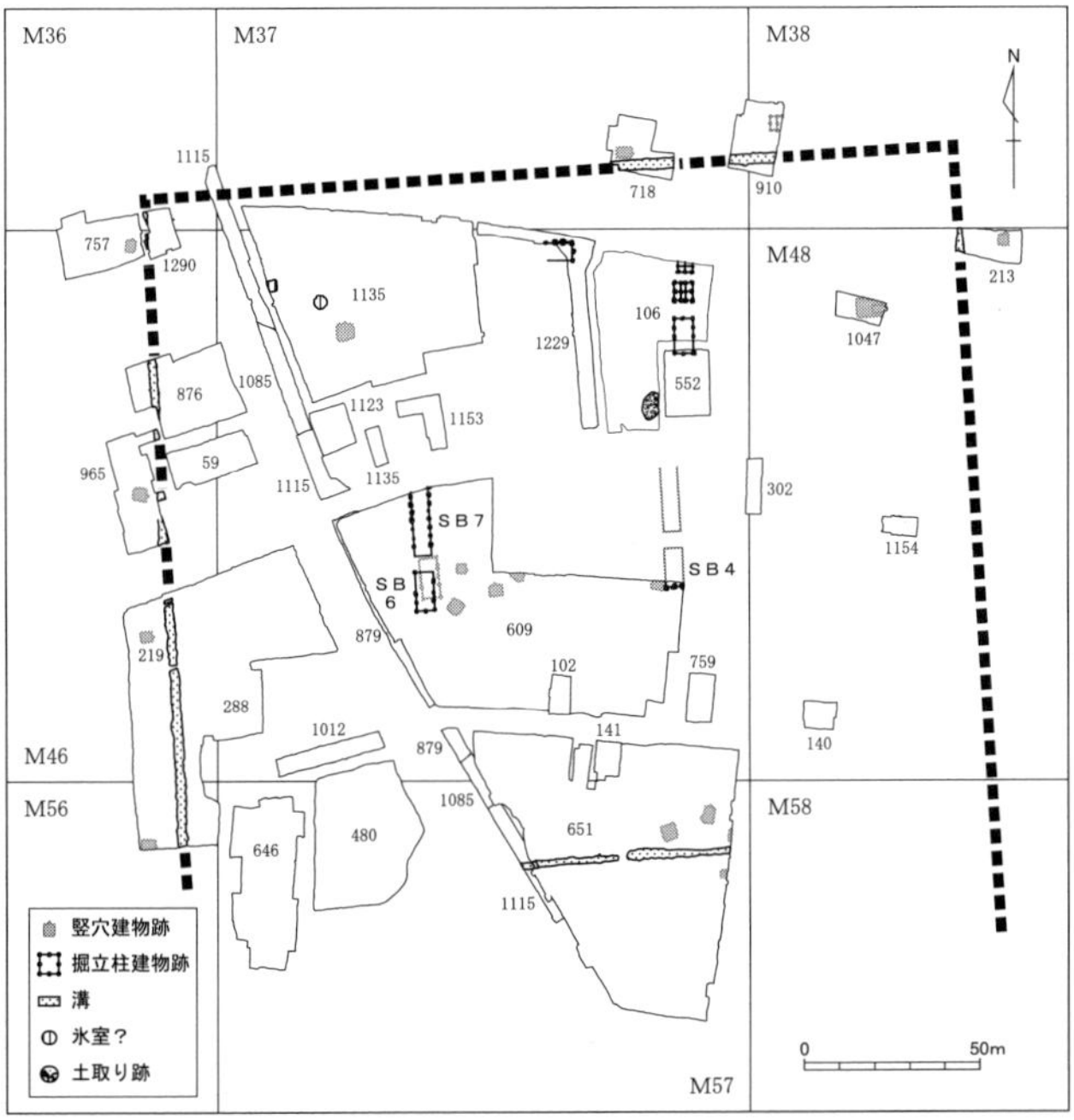

第29図　区画Bの発掘調査状況（注47文献より転載）

第4表　武蔵国府関連遺跡区画施設一覧

区画名	方位	区画規模	溝平面形・断面形/幅/深さ	区画内の建物等	建物の状況	時期	備考
国衙域	真南北	南北298・東西208m以上。北辺と南辺は2条の平行する大溝検出。南北98mの中枢区画	2条の心々間距離9m，外側溝状，内側土坑連続状・断面台形／上面幅4.7m／深さ2.1m	北辺に門跡、その南中軸線上に大型建物跡2棟、総柱3棟の建物群等	東西棟の建物一辺最大23.60m。掘立柱建物から礎石建物へ変遷	8世紀前半〜10世紀後半	溝の内側に築地塀？郡名瓦塼出土
国司館（大館）	真南北	東西76m（南北不明）	溝状・断面台形／上面幅2.5m	四面廂付掘立柱建物跡3棟、側柱建物跡1棟	東西13.5m・南北9m・柱間2.7〜3.0m	9世紀前葉〜後半代に機能	沖積微高地上。「大館」墨書土器出土
※北辺の溝から北に約30mで運河状大溝検出（8C後半代に廃絶、国府成立期に遡る可能性あり）							
区画A	N-9〜15°-E	東西・南北約210mのややいびつな平行四辺形	溝状・断面台形／幅1.4〜3m／深さ0.6〜1.4m	北西隅部に井戸跡（7C末〜8C初頭掘削	竪穴建物跡と掘立柱建物跡が混在	8C前葉に開削、8世紀代に機能失う。9Cに溝が埋没	北辺中央に土橋
区画B	N-5°-W	東西280m、南北188m程度（南辺は不確定）	溝状・断面台形／上面幅2.8m	東西に対峙する掘立柱建物跡や氷室とされる有段円形土坑があり、竪穴建物跡が極端に少ない	東西2間×南北8間以上、東西2間×南北4間の掘立柱建物跡が約65m離れて東西に対峙	8Cに掘削、9Cに埋没始まる	区画周辺では食物栽培の痕跡と考えられる畝状遺構多数検出
区画C	N-10°-W	北西隅部のみ検出	溝状・断面台形／上面幅4.4m／深さ1.6m	溝に平行して柵列。その内側に掘立柱建物跡1棟	梁行2間×桁行4間の掘立柱建物跡1棟	9C前半の竪穴建物跡に切られる	開析谷至近にあることから小規模な区画施設
区画D	N-5°-E	南東隅部のみ検出	溝状・断面台形／上面最大幅4.9m，底面幅2.2〜2.5m，深さ最大2.03m	区画内に2間×4間以上の掘立柱建物跡あり	—	8世紀前半から11世紀代？	国衙域の大溝に匹敵する規模
区画E	ほぼ真南北	東西120m、南北不明	溝状・断面U字形／上面幅1.6m／深さ0.6m	中央東寄りに掘立柱建物群、南東隅付近に井戸跡	東西棟の2間×4間の掘立柱建物跡	8C中葉の竪穴建物跡を切る	国衙至近の官衙ブロック
区画F	ほぼ真南北	東西98m、南北不明	溝状・断面台形／上面幅2.7〜3.1m	区画内の建物等は不明	—	9C末〜10C前半の竪穴建物に切られる	開析谷至近の1町程度の方形区画施設
戌亥の社？	ほぼ真南北	外郭：東西31.5m，南北16.5m以上。内郭：東西17.5m，南北12m以上	溝状・断面台形／上面幅3.2m／深さ1.2m	2間×3間の身舎に西面3間×北面4間の廂が付く	東西7.6×南北5.6m以上。N-5°-E	8C末〜9C初頭造営、10C後半に溝埋没	東方に同様な区画存在
仏堂	南北はほぼ真南北、東西がわずかに振れる	コの字形で検出	溝状・断面U字形／上面最大幅1.1m，深さ最大0.4m	区画内に建物群（仏堂）あり。3時期変遷	1期：4間×3間，2期：4間×3間＋3間×2間，3期：2間×2間の身舎に4間×3間の廂	9C後葉〜10C初頭	

能性も考えられる。なお、国衙北方地域では、「南曹」墨書土器が出土していることから[52]、「南曹」という曹司が存在したことも明らかになっている。

（3）社寺と祭祀場

国衙の東側、競馬場正門通り付近は、国衙より古い時期の瓦が採集される地域で、「□磨寺」と押印された瓦が出土し、地業遺構および幢竿支柱が検出されている[53]。その西側に位置する墓地内には、塔心礎とされる巨石があり、付近から出土した瓦には「多寺」といった押印がみられる。これらのことから、古くから寺院の可能性が指摘されてきた（京所廃寺）が、「多磨寺」銘瓦や地業遺構等から、多磨郡の郡名を冠した寺院と考えられている[54]。

また、国衙北西約五百メートルでは、小規模な掘立柱建物跡の周囲を大型溝が二重にめぐる施設が確認されている。調査地区周辺で「戌」・「神」の墨書が出土していることなどから、この施設が国衙の北西＝戌亥を守護する社（国府内神）と考えられる（第三章第一節）。

このほか、国府域の北西隅付近では、仏堂があったと考えられている[55]ほか、瓦塔、「寺」墨書土器、「佛」墨書土器、「寺」線刻土器などが出土している。

（4）各種工房

国府における手工業生産は、文献史料等から紙・筆・墨・武器、および調・庸に関わる物品（布等）などが想定できる。しかし、国府の関与する手工業生産であっても、すべてを国府内で行う必要はなく、常陸国府のように、国府からやや離れた鹿の子C遺跡のような大規模な工房群の存在からすれば、国府域およびその周辺に点在していた可能性もある。国府における高度な手工業生産や多くの人数を必要とする手工業生産には、国や郡が用意した長大な竪穴建物や掘立柱建物などの施設が用いられたと考えられる。しかし、協業を必要としない小規模な手工業生産は、個々の建物、すなわち国府人が暮らす竪穴建物内で行われていた。

国府域で行われた手工業生産は、鉄・銅（銅合金）製品の生産（滓・鞴羽口・坩堝・鋳型・かなばさみ、鍛冶炉）、糸と布の生産（紡錘車）、漆器生産（漆付着土器）、木器・木工品等の生産（木工関係と考えられる鉄製品）、筵等の生産（編み物石）、革生産（鹿・馬骨）、武器生産（金属製品・漆・革）などが行われていた可能性が想定される。ただし、これら鍛冶工房は、鹿の子C遺跡（茨城県石岡市）のように、いくつもの鍛冶炉を備えた長大な竪穴の工房が何棟も立ち並ぶものではなく、国府域に分散設置されていた。専用の鍛冶工房が集中する事例はないので、修理工房的色彩が強いものと考えられる（第三章第五節）。

（5）市と水運

武蔵国府も他国の国府同様、水陸交通の要衝に立地していることから、国府を起点とする交易の存在が推定される。この交易の拠点である市の場所は、「市」墨書土器の出土から、東山道武蔵路の南延長線上と現在鎌倉街道と呼ばれる道路の東西部分だったと考えている。

（6）一般庶民の建物＝竪穴建物

古代東国における一般庶民の居住施設は、竪穴建物である。この点は、掘立柱建物を主体とする畿内周辺と異なっており、武蔵国府に暮らした一般庶民も例外ではなく、竪穴建物を選択している。これまで武蔵国府域では、奈良・平安時代の竪穴建物跡が五〇〇〇棟ほど検出されている。このうち時期の特定できる竪穴建物数は、全体で約三八五〇棟ある。奈良時代前期とされるN2期の竪穴建物跡は四五九棟検出されているので、国府域全体約二〇〇万平方メートル÷調査対象面積約三九万一五〇〇平方メートル＝国府域全体の約二〇パーセントを想定国府域全体の竪穴建物で乗じる（四五九棟÷二〇パーセント）と二二九五棟になる。すなわち良時代前期の武蔵国府には、二二九五棟＋αの人口がいたこととなる。奈良時代前期の武蔵国府には、一里（郷里制下の一郷）を超える人口が集中していた。

国府には、守・介・掾・目とよばれる都から着任した正員国司と、員外国司・国師・国博士・国医師などのほか、雑徭（税の一種）のため一般民衆から駆り出された徭丁の一部、兵士や郡司子弟などの存在が考えられる。国司クラスは掘立柱建物で日々暮らしていたが、国府の住人の大半が竪穴建物に居住し、おそらく彼らは、徭丁や兵士だったと考えられる。こうした人々の多くは、兵士を除き、土木工事や輸送などの労働力を提供する仕事のほか、交易雑物などとして都へ送られたり、国府交易圏内で交易される各種手工業生産物の生産、高度な手工業生産への従事、文書業務に従事したと考えられる。国府の役人の多くは、郡司子弟などから選ばれていたので、それらを下支えする文書業務が多数存在し、これに携わる識字層が竪穴建物に居住していた。

なお、武蔵国府における一棟の竪穴建物が占有する面積（宅地）は、一〇〇〇平方メートルと推定されている[56]。これは、周辺の一般集落の占有面積と大差なく、国府での作業の傍ら、食料の足しとして庭畑地を耕作するなど、暮らしぶりは本貫地での生活と同じものだったと考えられる。

四　武蔵国府域の具体像

（1）国府域の範囲

武蔵国府は、都城のような碁盤目状の街路は形成されないが、国衙を起点とした道路網と竪穴建物や掘立柱建物を中心に、七世紀末～八世紀初頭段階で国府域が形成される。

国府域の範囲は、北は段丘崖から一キロメートルほど、国衙から国分寺へ向かう道路（国府国分寺連絡路）沿いでは、さらに段丘内部まで竪穴建物などが進出している。西側は、東山道武蔵路がほぼ西端となり、東側は、国衙から一キロメートルほど東の国府八幡宮付近、南の沖積低地側は、国衙南方の東京競馬場場内が南限と考えられる（第30図）。その外側は、東側が京王線東府中駅東方の清水が丘地域から白糸台地域、西側が東山道武蔵路の西方まで段丘崖際に竪穴建物が存在しているが、これらは国府関連の集落と捉えられる。

（2）国府とその周辺の道路網（第5表・第31～33図）

東山道武蔵路　武蔵国府跡で、東山道武蔵路の敷設年代を明らかにし得る考古学的資料は確認されていない。八世紀中葉に心々間距離一二メートルの側溝に竪穴建物が進出し、九世紀後葉には路面も一部壊されているものの、宝亀二年（七七六）の駅路廃絶に伴って道路そのものが廃道となったわけではなく、武蔵・上野国連絡路としての機能は維持し続けたと考えられる[57]。従来、東山道武蔵路は、七世紀後半の敷設以降、順次路面幅が縮小することから、大規模駅路の維持が困難になって、駅路廃

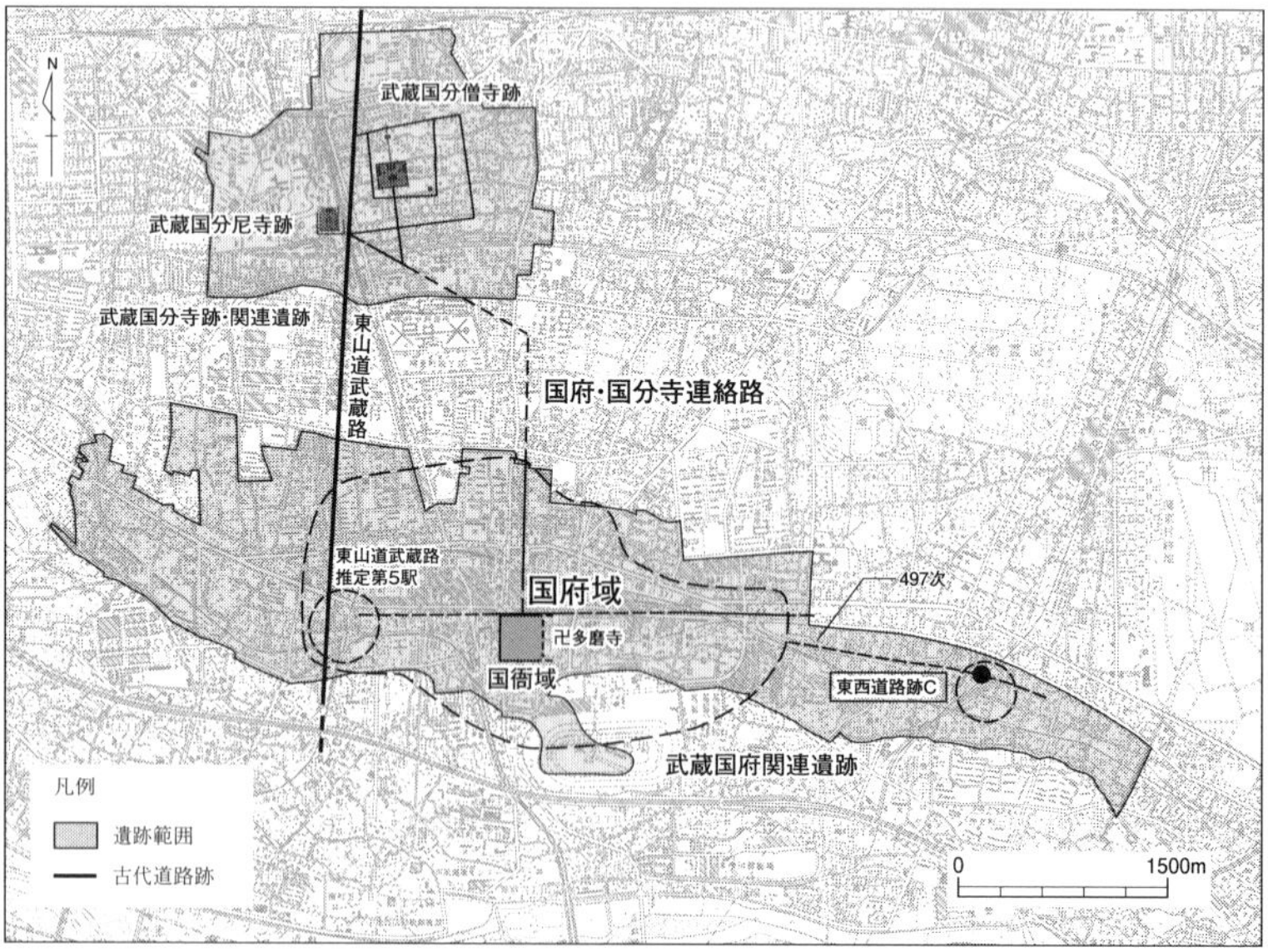

第30図　武蔵国府域の範囲

第5表　武蔵国府関連遺跡主要道路一覧（No. の丸数字は第31～33図の番号に対応）

No.	道路名	方位	側溝	心々間距離	側溝　平面形・断面形/幅/深さ	硬質面幅・状況	時期	備考
①	東山道武蔵路	N-2°　-E	第1期のみ	10.8～12.0 m	土坑連続型・逆台形/30～140 cm/10～110 cm	側溝埋没後3面の硬質面	側溝が8C中葉の竪穴建物に、路面が9C後葉の溝に切られる	3時期変遷。中・近世まで道路として使用され続ける
②	南北道路跡A（国府・国分寺連絡路）	ほぼ真南北	一部確認	—	溝状・U字形/40～70 cm/12～42 cm	遺存状態不良、幅 1.5～4.2 m・波板状凹凸面	側溝が8C後半の竪穴建物に切られる	一部で覆土から多量の河原石出土
③	南北道路跡B	ほぼ真南北	なし	—	—	6.8～13.5 m。東西に波板状凹凸面一部確認	9世紀初頭の竪穴建物に側溝が切られる	第2面から11世紀代の青磁碗出土。中世まで存続
④	東西道路跡A	ほぼ真東西	両側側溝	11.0 m	溝状・U字形/90～120 cm	3.0～5.6 m。一部波板状凹凸面	不明	遺存状態不良
⑤	東西道路跡A'	ほぼ真東西	なし	—	—	4.2～9.8 m。幅20～25 cm、深さ10 cm轍状小溝。波板状凹凸面	不明。東西道路跡Aと同じ道路跡？	幅3.5 m、深さ0.4 mの側溝？あり
⑥	東西道路跡B	E-10°-S	両側側溝	6.2 m	溝状・U字形/100～140 cm	7.2 m。幅20～30 cm、長さ60～80 cm、深さ20 cmの波板状凹凸面	竪穴建物が切り込んでこないことから長期間存続	波板状凹凸面の覆土は締まった砂質土、酸化鉄付着
⑦	東西道路跡C	ほぼ真東西	南側溝	—	幅80 cm	1.2～6.5 m、深さ1 m。一部波板状凹凸面	不明	東西道路跡A'の南方200 m
⑧	東西道路跡C'	ほぼ真東西	片側側溝？	最大 4.8 m		路面最大幅8 m	不明	東西道路跡Cの東延長？
⑨	斜行道路跡A	N-55°-E	片側、両側側溝	3.3～5.0 m	溝状・U字形/34～68 cm/2～26 cm	2.7 m。一部波板状凹凸面	N3期～H6期にかけて存続	北側に柵列が伴う部分あり
⑩	斜行道路跡B	N-60°-W	両側側溝	4.5 m	U字形	5.8 m	竪穴建物跡との重複から9世紀前半以前存続	東山道武蔵路西方で十字の重複あり
⑪	斜行道路跡C	N-50°-E	なし	—	—	最大幅3 m	不明	平行する斜行溝あり（古代末期に埋没し覆土中層から焼土層検出）
⑫	斜向道路跡D	N-50°-E	両側側溝の時期あり	2.5 m	U字形	4 m以上	不明	平行して検出された斜行溝が側溝？やや湾曲
⑬	南北道路跡C	ほぼ真南北	なし	—	—	最大幅3.8 m	不明	東西道路跡Bと直交
⑭	南北道路跡D	ほぼ真南北	なし？	—	—	13 m以上	不明	
⑮	南北道路跡E	ほぼ真南北	—	—	—	—	不明	
⑯	南北道路跡F	N-10°-E	なし	—	—	4.0 m	不明	南北道路跡A東方約1町
⑰	南北道路跡G	N-5°-E	なし？	—	—	最大幅5.7 m	10世紀以降	東西道路跡Cと直交？
⑱	東西道路跡D	N-75°-W	片側のみ		逆台形/30～80 cm/23～30 cm	最大幅7.4 m。硬化面下に浅い掘り方あり	8世紀代	大型井戸使用に伴う道路？

止＝道路機能そのものも廃止されたと考える傾向が強かった。しかし、古代律令体制下においては、その地域における道路維持の現実に即して、引き続き維持・管理を図ったとする舘野和己の見解を支持したい。[58]

なお、東山道武蔵路と東西道路Ａの交点付近に東山道武蔵路の第五駅が置かれた可能性が高い。具体的な内実は明らかになっていないが、東西道路跡Ａ沿いの区画Ｆ（東西九八メートル）がその候補地である。さらに、この周辺で「市」墨書土器・緑釉陶器・搬入土器・瓦・「守」墨書土器・三彩小壺などが出土していることもその傍証といえる。

国府・国分寺連絡路（南北道路跡Ａ）　八世紀中葉の武蔵国分寺造営以降、国府と国分寺を結ぶ最短連絡路として整備された「国府・国分寺連絡路」と考えられる南北道路である。国府から国分寺へ至る間での発掘調査の結果によれば、国分寺へ延びる道路と別方向でさらに北へ延びる道路が存在する可能性が指摘されている。[59]この南北道路跡Ａの西方約一五〇メートルの一にある南北道路跡Ｂは、九世紀以降に整備され、中世まで利用され続けていたことから、南北道路跡Ａから南北道路跡Ｂへの路線変更も想定できる。

国府・郡衙連絡路　国衙南方で道路の路盤と考えられる石敷遺構が確認されており、この遺構が道路の路盤跡だとすれば、橘樹・都築両郡の郡衙方向へ延びる「国府・郡衙連絡路」と考えられる。[60]武蔵国府から橘郡衙へ至る道路の存在は、宮田太郎が指摘しているが、[61]国府から南東方向へ延びる道路跡は発掘調査で確認されていない。

東海道武蔵路（相模・武蔵国府連絡路）　東山道武蔵路は、上野国から武蔵国府へ至る東山道の支路であることから、上野国側からみた場合、武蔵国府が終点となっている。この先、国府以南がどのように延びているのか、発掘調査で具体的なルートは明らかになっていないが、多摩市打越山遺跡[62]近辺を通って、相模国府へ至るものと考えられる。[63]これを武蔵国府と相模国府を結ぶ道路として、東海道武蔵路（相模・武蔵国府連絡路）と呼ぶ。

大井駅連絡路（東西道路跡Ａ）　東西方向の国府外に延びる主要な東西道路が東西道路跡Ａである。国府域外で、国衙から東方約二キロメートル離れた地域では、大型掘立柱建物跡、「楽家」墨書土器、馬具、管状鉄製品などが発掘されており、国府関連の官衙施設が存在したと考えられる。[64]

（3）国府の道路網の特質

国府の道路網は、これまでの調査成果の蓄積によって、第27図に示したように、その実像が明らかになってきた。ここでは、特に近年判明してきた注目すべき成果を述べた上で、武蔵国府の道路網の特質をまとめておく。

非直線の南北道路跡　南北道路跡A・Bのような真南北ではなく、非直線でやや蛇行する南北道路跡の存在が明らかになってきた（南北道路跡F・第31図⑯）。本道路跡は、N2期以降の敷設で、長期間の使用が考えられている。[65]

斜行道路A　この道路跡は、国府北西地域で、真北から東へ約五五度偏して直線的に斜行し、一部両側溝を伴い、総延長距離約九〇〇メートルに及ぶ。[66] 調査地点ごとに路面と側溝の検出状況が異なるが、確実に両側溝を伴う時期がある。本道路跡の帰属時期は、他の遺構との重複関係から、N3期（八世紀中葉）～H6期（九世紀末～十世紀後半）にかけて存続したと考えられている。[67] この道路の南西延長線上には、豊富な水量が得られた湧水が自噴していた場所があり、そこを越えた南西延長線上で検出されていないことからも、この湧水点と密接な関係が想定できる。

この道路沿いにあたる国府の北西地域では、専業的な鍛冶工房跡が検出されており、武蔵国分寺創建期にあたる八世紀中頃以降、国府北西地域に工房ブロックが営まれた。斜行道路跡Aは、真東西・真南北などの方位とは関係なく、涌水点と工房ブロックをつなぐ斜行道路と考えられる。

斜行道路跡C　現在の小金井街道にほぼ平行する斜行道路跡である。硬質面は部分的にしか確認されていないが、側溝と考えられる長さ五〇〇メートルに及ぶ溝は、十世紀代の竪穴建物跡を壊していることから古代末期のものである。かなりの距離で、溝の覆土中から焼土層が検出されているため、十世紀以降の古代末期に、国府で広範囲が焼土化する火災が起きた可能性が指摘されている。[68]

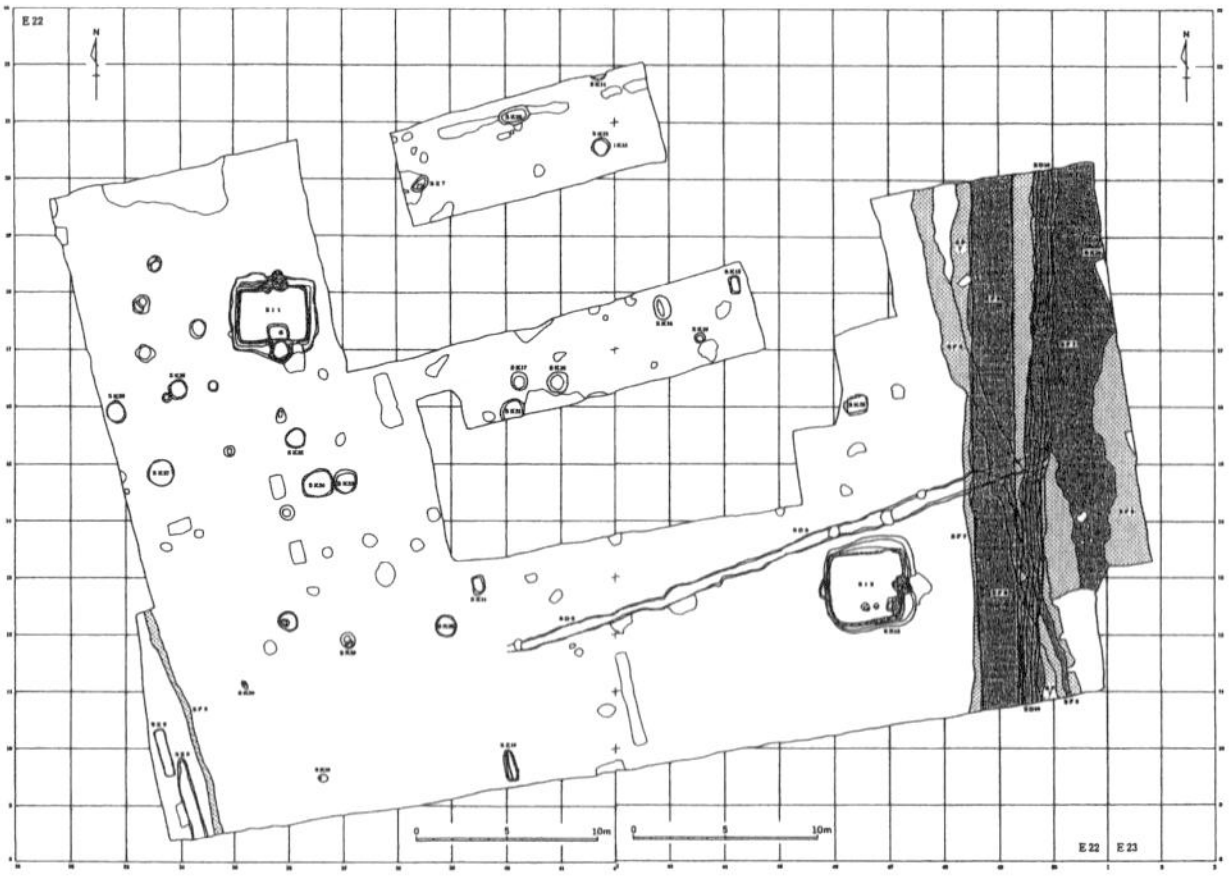

①東山道武蔵路

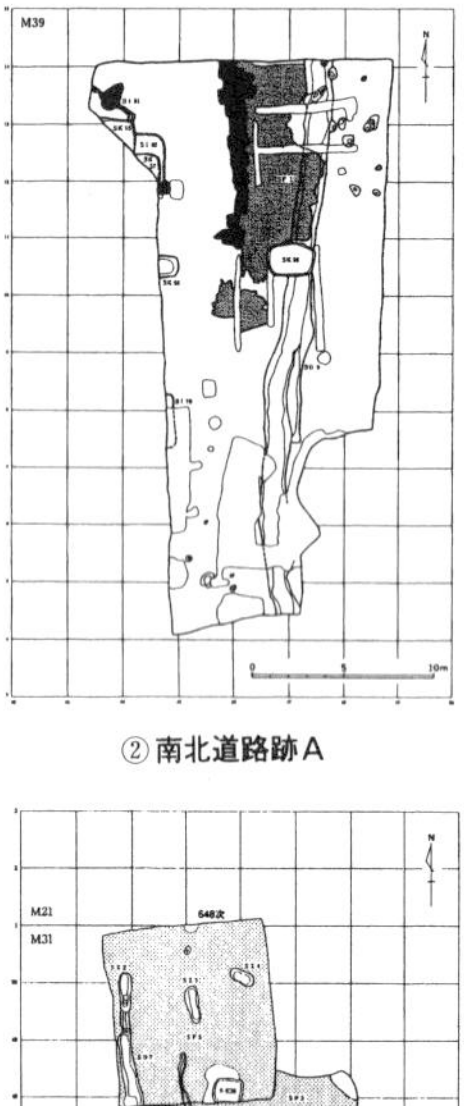

②南北道路跡A

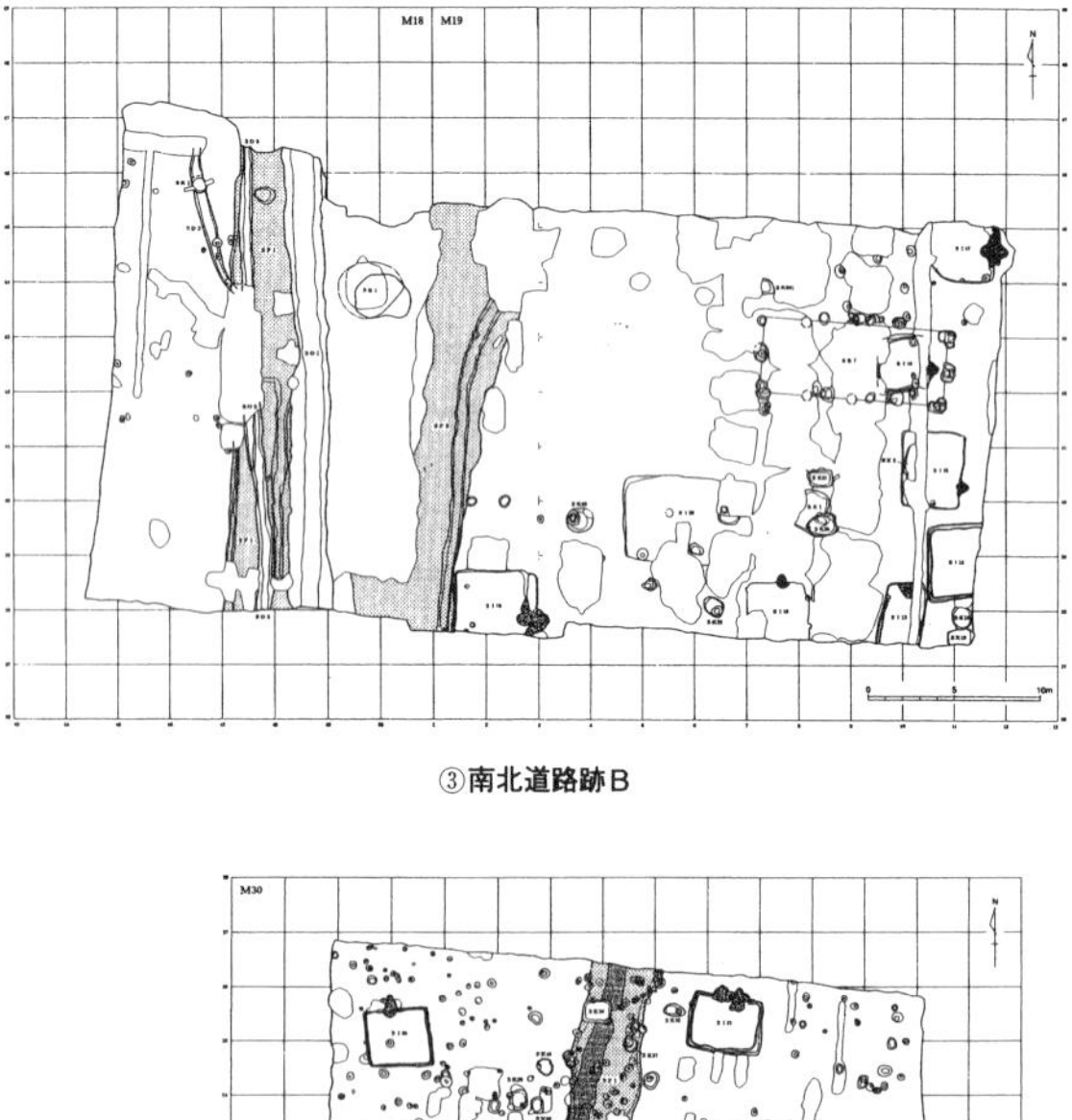

③南北道路跡B

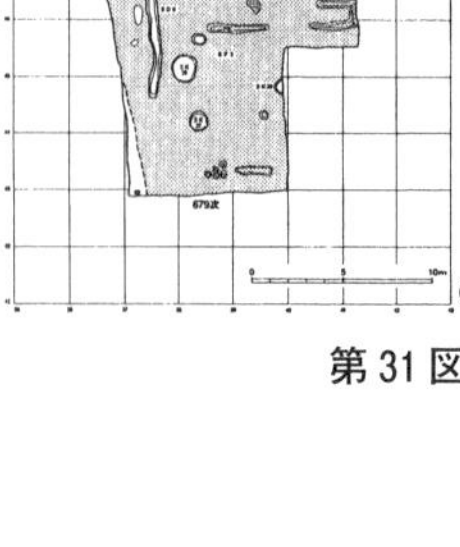

⑭南北道路跡D

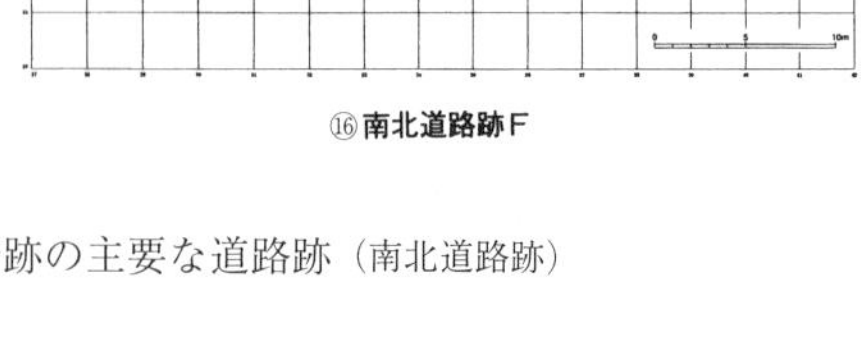

⑯南北道路跡F

第31図　武蔵国府跡の主要な道路跡（南北道路跡）

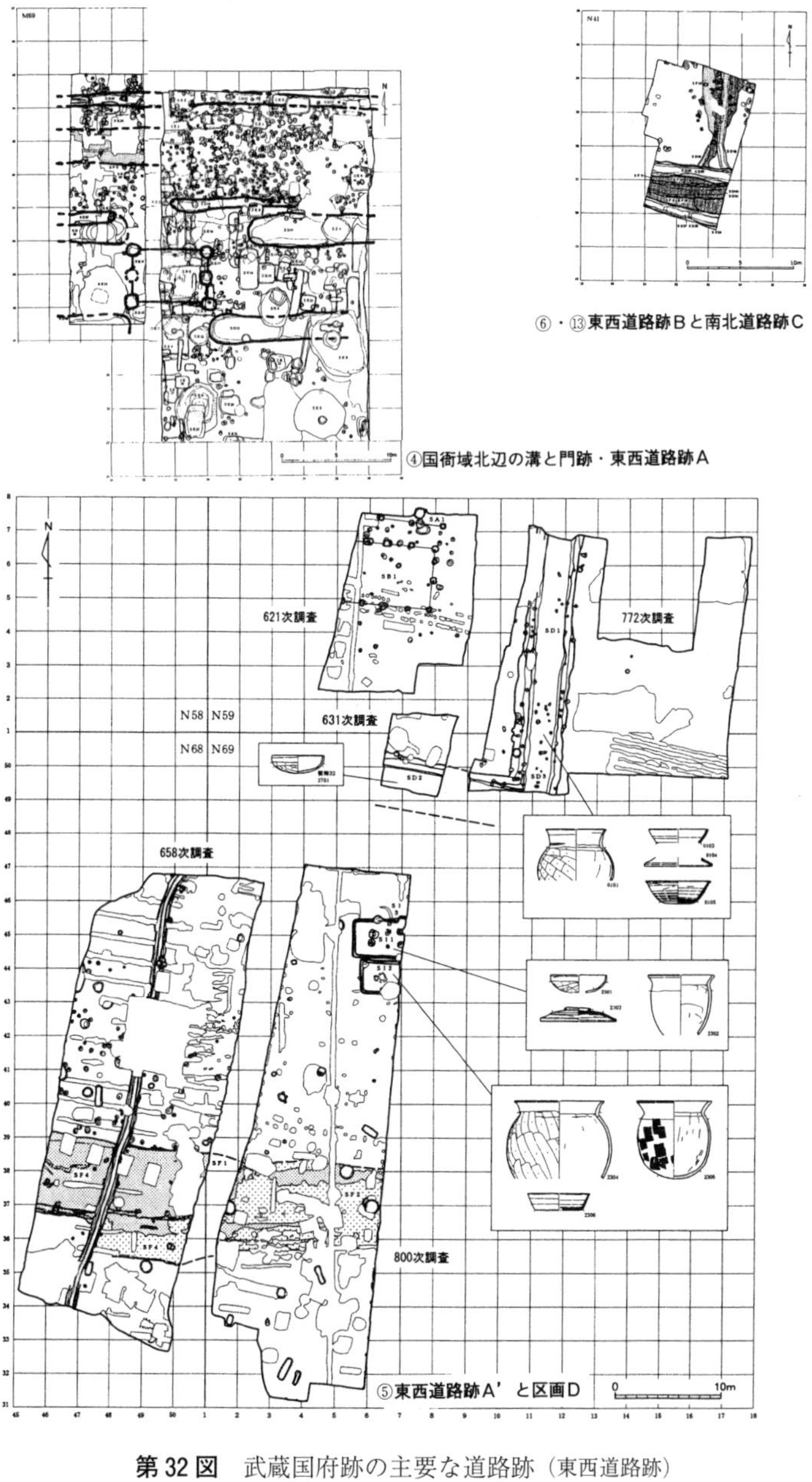

⑥・⑬東西道路跡Bと南北道路跡C
④国衙域北辺の溝と門跡・東西道路跡A

第32図　武蔵国府跡の主要な道路跡（東西道路跡）

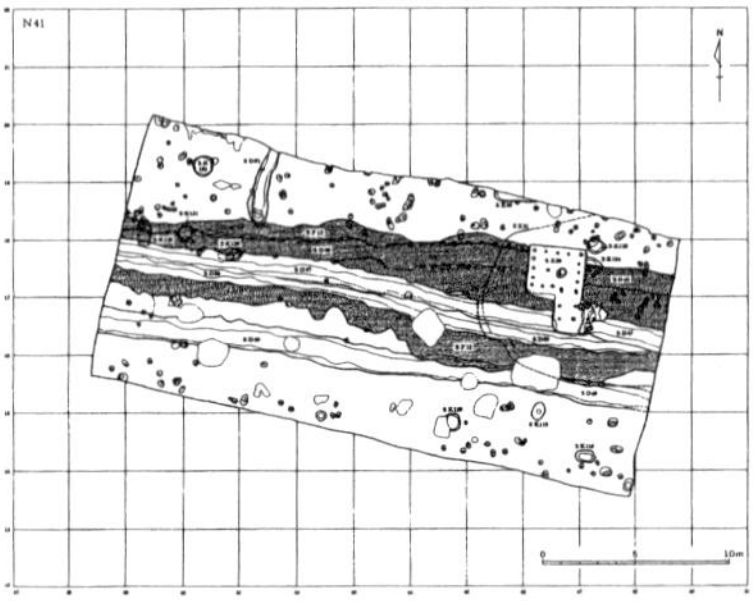

⑥東西道路跡B

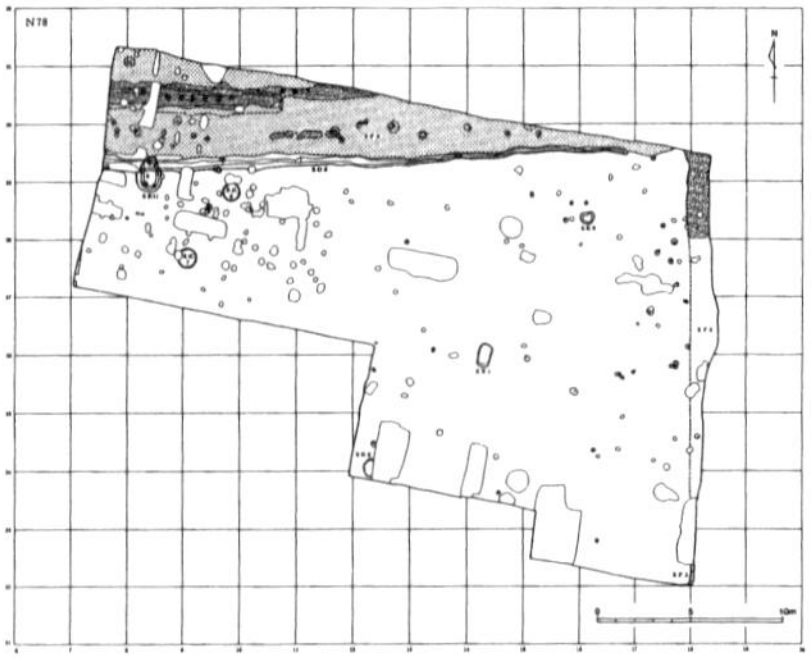

⑦・⑰東西道路跡Cと南北道路跡G

⑧東西道路跡C'

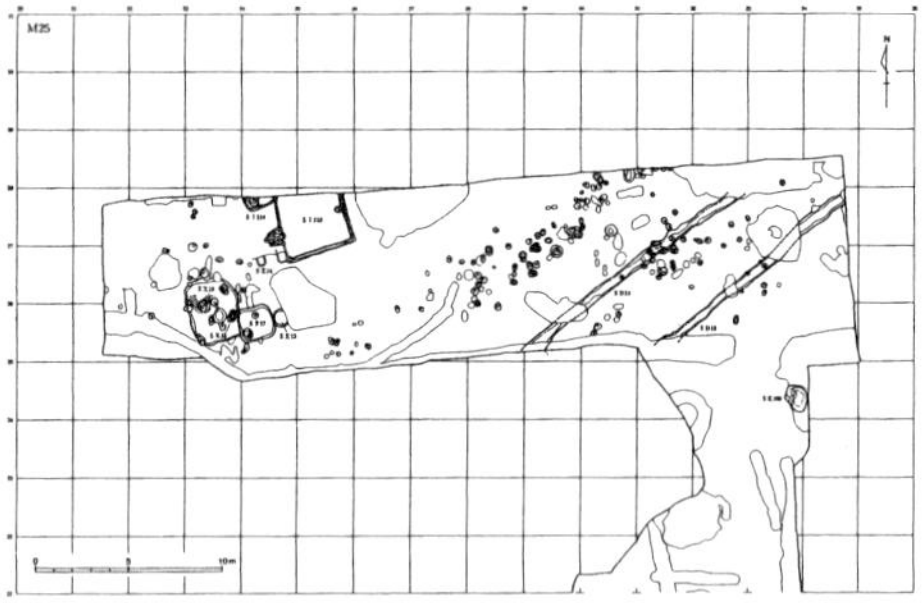

⑨斜行道路跡A

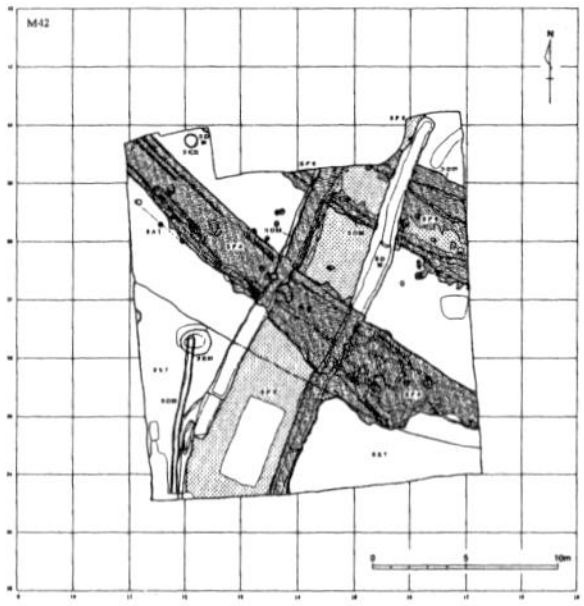

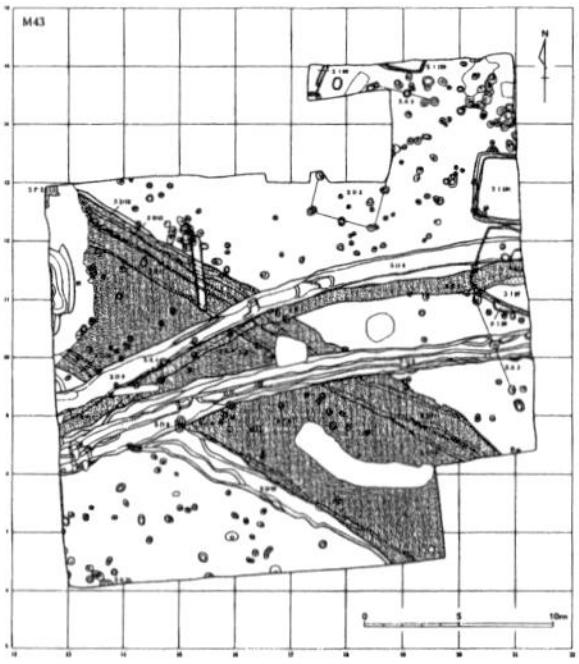

⑩斜行道路跡B

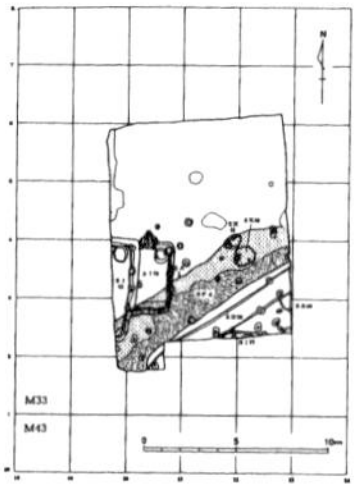

⑪斜行道路跡C

第33図　武蔵国府跡の主要な道路跡（東西道路跡と斜行道路跡）

武蔵国府における道路網の特質　①南北道路跡は、東山道武蔵路以外、側溝を持たない傾向にある。路面幅は、東山道武蔵路が側溝心々間距離で一二メートルだが、南北道路跡Bも最大一三メートルの規模がある。②東西道路跡は、両側側溝を含めて、側溝を持つものが多い。側溝心々間距離は八～九メートルで、一一メートルのものもある。③路面幅は、官道（国府域外へ延びるもの）が一二～一三メートル、国府内道路が三～六メートルと八～九メートルの二グループがある。④道路の整備は八世紀後半以降だが、敷設は八世紀前半に遡る可能性もある。

東山道武蔵路は、七世紀後半に敷設されたと考えられるが、奈良時代以降も国府と国府を結ぶ主要な道路として、現実に即した維持・管理が行われていた。国府外道路と国府内道路には差異があって、国府外道路（駅路）は幅一二～一三メートルで、国府内道路が三～六メートルと八～九メートルに分かれる。

国府域は、国庁・国衙と中心道路を基点に、東西南北の主要道路に沿って各種官衙や雑舎群などが必要に応じて拡大していく都市的空間を有し、その範囲は、流動的なものであった。国府域の中心部、すなわち国衙域とその近辺に限っては、ある程度方格地割を意識した道路網が形成されていたが、国府工房などが存在する国府域の周辺部では、真南北ではない斜行道路跡なども確認されることから、手工業生産の場など、国府域内の各種施設の機能に即した国府域が形成されていたのである。

五　武蔵国府の変遷

ここでは、これまでの武蔵国府跡の発掘調査成果を整理し、武蔵国府の変遷を述べる。なお、ここで集計したデータは、調査延べ面積＝約三九万一五〇〇平方メートル、竪穴建物跡総検出数＝約五〇〇〇棟、このうち時期の特定できた竪穴建物跡は約三八五〇棟で、掘立柱建物跡は約九〇〇棟である。(69)

プレ期（七世紀後半）Ｋ期　国府設置前夜で、府中崖線沿いの段丘上に自然集落が点在する（国衙近接地域・ｆ・ｇ

地域と国府域外に展開する清水が丘・白糸台の集落地域。以下、第34図参照)。この中でも、国衙北東周辺地域に当該期の竪穴建物跡や畿内産土師器が集中する地域があり、官衙域(多磨郡衙とその関連集落)とみられる。

Ⅰ期(七世紀末~八世紀初頭)N1期(国府成立期) この段階で、段丘崖から約一キロメートルも段丘内部に竪穴建物跡が進出(c・d地域)し、大型の共同井戸が掘削されていることおよび初期国庁は未発見ながら初期国司館(国宰所)が初期国庁の機能を兼ね備えていた可能性も考えられることから、この段階を国府成立期とする。

国府は、天武朝後半期(六八三~六八五年)頃に国境が確定し、中央集権的な地方支配を推し進めるため、中央から派遣された国司の常駐施設として、国郡制との関わりのなかで、七世紀末から八世紀初頭頃までに諸国で独立した官衙施設として設けられたとする大橋泰夫の説(70)を支持したい。

また、この段階の国府域は、まだ稠密さはないが、東西約二・二キロメートル、南北約一・五キロメートルの範囲に及ぶ。一般集落遺跡ではほとんど出土しない口径一七センチメートル以上の大型丹塗り盤状坏が広範囲で出土していることも、すでに律令体制下の国府整備に向けた確実な動きがこの段階に見られることを裏付ける(第二章第五節)。

Ⅱ期(八世紀前葉~前半)N2期~N3期(国衙整備期) 国衙が大國魂神社境内から東側一帯に整備され、国衙北方地域(a・b・c)へ竪穴建物が拡充していく。前段階で広範囲に展開していた竪穴建物がさらに稠密さを増す。国衙北方地域で最も竪穴建物が密集することは、このa・b地域が国衙造営に直接関わった集団の集住域と考えられる。a地域には、真東西・真南北の掘立柱建物跡が多くみられ、国府整備とともに展開した官衙ブロックが置かれる。

Ⅲ期(八世紀中葉~九世紀中葉)N3期~H3期(国衙と国府拡充期) 武蔵国衙が掘立柱建物から礎石建物へと整備され、国府が国府北西方向(d地域)へと拡充する時期。この段階で国府域が最も広域に展開する。この契機は、武蔵国分寺の造営にあることは間違いない。国衙北西方向への国府域の拡充に合わせるかのように、八世紀末~九世紀前半代に、国衙から戌亥の方角に「社」が造営される。その造営地点が、国府のなかでも、官衙ブロックと工房を中心とするブロックの境界を意識していると考えられることから、この段階で、国府域のなかで、官衙中心地域（a～c・g・h地域）とその西側の工房中心地域（d・e地域）、国衙東側の古来からの（郡衙）集落域（f地域）という明確な国府の機能分化が進んだと考えられる。

「社」の南方に位置するh地域は、極端に竪穴建物跡が少なく、南北棟の桁行の長い掘立柱建物跡や「氷室」遺構や近隣で畝状遺構が検出されていることから、「国厨院」のような官衙ブロック域と考えられる。

Ⅳ期（九世紀後半～十世紀後半）Ｈ４期～Ｈ６期（国衙改修と国府の第二次整備期）　武蔵国衙において、武蔵国分寺塔再建期の瓦が出土していることから、国衙の改修期と考えられる。国衙北西地域で竪穴建物が減少し、再び国衙北方隣接地域（a・b地域）で竪穴建物が増加することから、この段階を「国府第二次整備期」と意義づける。この段階は、国府が充実し、在地の主導性が高まっていくように、国府の機能と役割が変化していく段階と捉えられる。

Ⅴ期（十世紀末～十一世紀代）Ｈ７期～Ｈ９期（武蔵国衙の廃絶と国府衰退期）　武蔵国衙から塼が竪穴建物の竈に流出することから、この段階で国衙が機能を失ったと考えられる。そして、国府も大幅に規模を縮小し、国衙北方地域（a・b地域）に集約される。

六　武蔵国府の変遷と空間構成

（1）武蔵国府の変遷

これまでの検討を踏まえて武蔵国府の変遷をまとめると以下のようになる。

ア　武蔵国府は、七世紀末～八世紀初頭（N1期）段階で、東西約二・二キロメートル、南北約一・五キロメートルの範囲で国府域が形成される。

イ　八世紀前葉には国衙が成立し、国府域も整備される。国府の造営は、国衙造営と同時に短期間で形成されたものではなく、当初から国府域を意識した長期的な計画に基づき、徐々に整備・充実されていくことがわかる。

ウ　国府域は、その造営段階で主に国衙北方地域に展開するが、極端に地域が限定されることはなく、当初から国府の機能が広範囲に分散されていることがわかる。

エ　国府は、八世紀中葉以降、北西方向に拡充し、最も整備・充実した時期を迎え

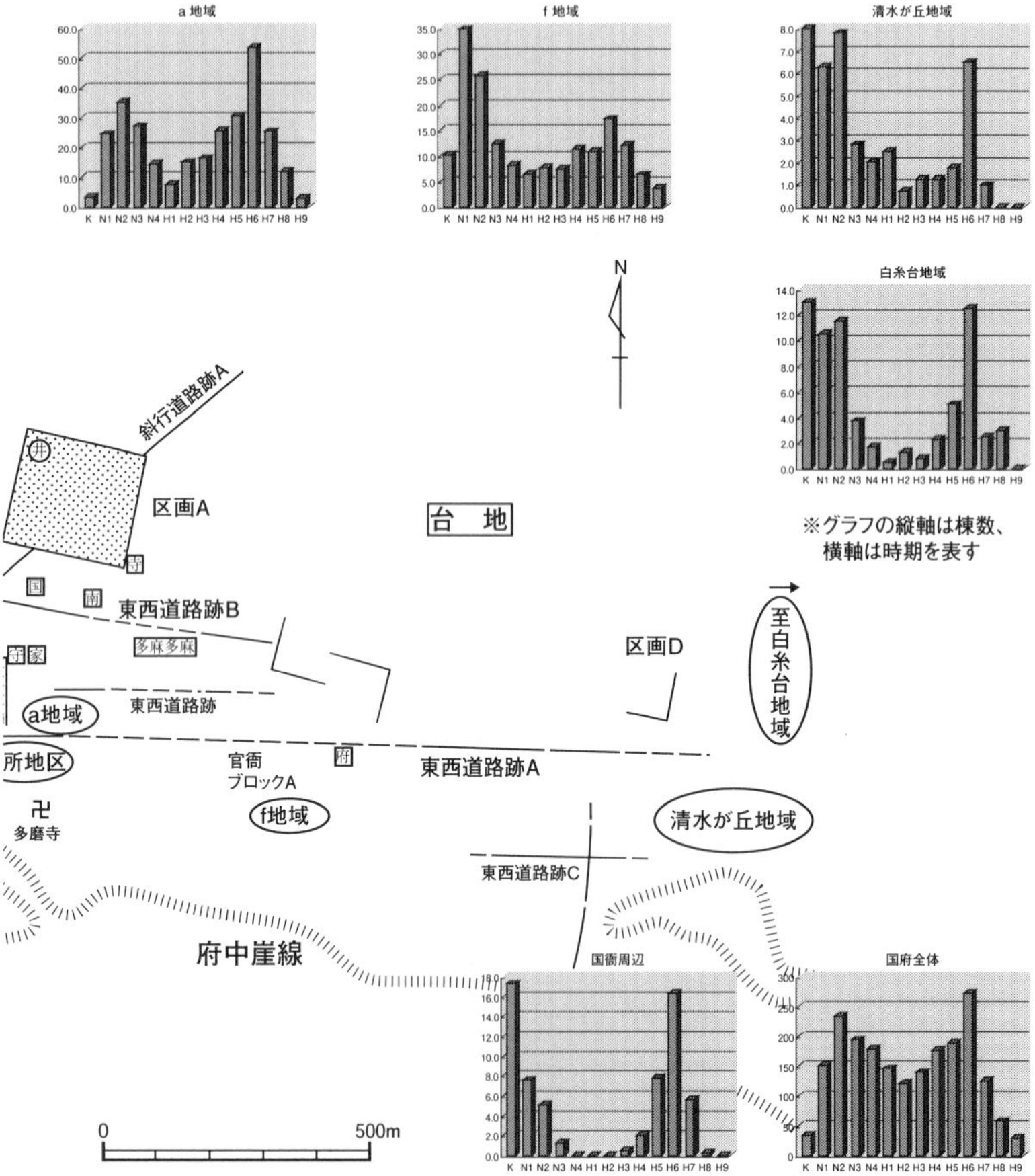

る。

オ　この段階で、東山道武蔵路は官道としての機能を失い、「国府・国分寺連絡路」が整備される。

カ　九世紀後半から再び竪穴建物が国衙北方地域で充実する第二次整備期を迎える。元慶二年（八七八）十一月の関東南部大地震が武蔵国分二寺の再整備のきっかけになったとする坂詰秀一の説(71)によれば、国府の再整備期にもこの関東南部大地震が影響を与えた

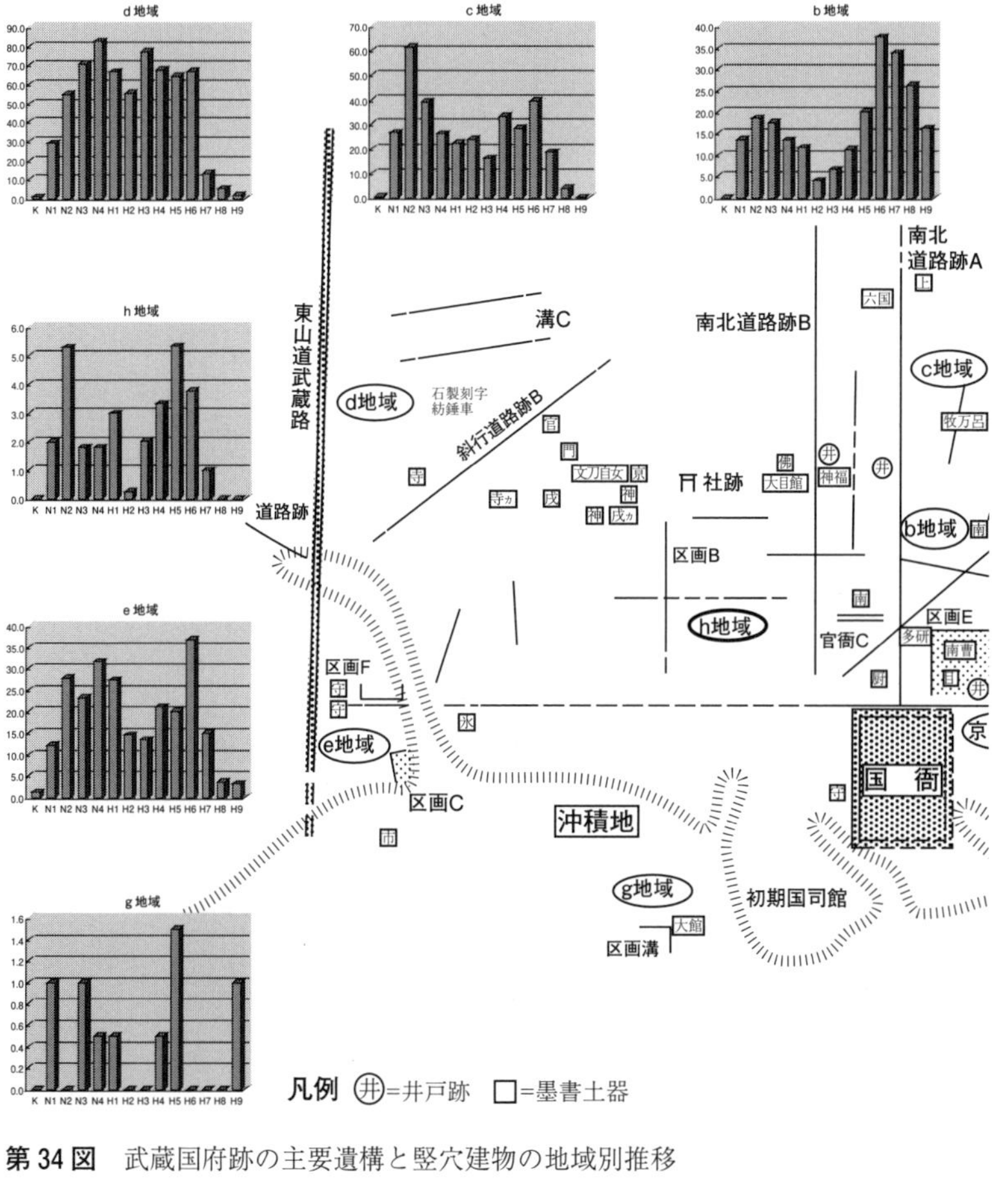

第34図　武蔵国府跡の主要遺構と竪穴建物の地域別推移

可能性が高い。

キ　十世紀末葉以降、国衙の衰退とともに、国府も国衙近辺に集約されるが、国府の機能は維持され続ける。

（2）武蔵国府の空間構成

武蔵国府は、国衙を基点として、道路と官衙が点で結ばれているわけではなく、国府域が面的に形成されていく。国府域は、東西約二・二キロメートル、南北最大一・八キロメートルと想定されるが、外郭は不定形で、必要に応じて拡大・縮小していった。さらに、国府域は、水場を基点に斜行道路が敷設され、その道路沿いに竪穴建物が展開するなど、碁盤目状ではなく、機能を重視して形成されている。ただし、その中心部に限っては、ある程度の東西南北を意識した地割が意識されていた可能性が高い。

古代国府の空間構成に関しては、金田章裕によって、「市街不連続・機能結節型」都市と規定する見解[72]が示され、山路直充も、国府域は国衙や城柵を核にその周辺に道路によって結ばれる施設が広がり、点と線の空間の集積によって面が構成される「開放型[73]」とした。しかし、筆者は、武蔵国府を、これまでの検討結果によって「市街不連続・機能結節型」都市ではなく、「面的形成・機能重視型」古代地方都市と位置づける。

第三節　官衙的土器からみた武蔵国府の空間構成

古代律令国家の地域支配の拠点であるとともに、各国の政治・行政・経済・文化の中心だった国府は、全国各地の発掘調査成果によって、その中枢施設である国庁に画一性が認められるものの、各地域の地理的、歴史的な実情に即して国府域が形成された。そして国府は、前節で「市街不連続・機能結節型」都市と規定する金田章裕の見解[74]に対して、「面的に広がる機能重視型」古代地方都市と位置づけた。

古代武蔵国府域は、これまで述べてきたように、武蔵国衙跡を中心に竪穴建物跡や掘立柱建物跡などの遺構が稠密に分布する東西約二・二キロメートル、南北最大一・八キロメートルの範囲と考えられる（第35図のA地域）。しかし、この国府域の想定の根拠は、竪穴建物跡等の遺構の分布と変遷が中心となっていたので、別な視点から国府の空間構成を捉えなおす必要があった。

こうしたなか、富田和夫が北武蔵地域の官衙的土器を集成し、官衙と官衙的遺跡との相関性を検証し(75)、小林信一も、下総地域の官衙関連遺物の分布と墨書土器などの分布から、下総地域十一郡の官衙関連遺物の集中範囲とその特質を明らかにした(76)。両氏の研究は、武蔵国府域の空間構成を検討する上でも有効で、円面硯、畿内産土師器、須恵器高盤類などの分布状況から、その空間構成の特質を浮かび上がらせることができないかと考えた。

本節では、このような問題意識から、古代武蔵国府域がどのような広がりを持ち、いかなる空間が構成されていたのかについて、これまで詳細な分析が行われてこなかった円面硯、畿内産土師器、高盤類等の官衙的土器を検討材料とし(77)、古代武蔵国府域の特質について考察する。なお、国府域の特質を明らかにする上では、国府域の東西に広がる国府関連集落の様相も必要なので、武蔵国府跡とその関連遺跡を含めた東西約六・五キロメートル、南北最大一・八キロメートルの武蔵国府関連遺跡を対象とした。

一　円面硯・畿内産土師器・須恵器盤類の検討

（1）円面硯

武蔵国府関連遺跡で出土している陶硯の器種は、円面硯（圏足円面硯・蹄脚円面硯・獣脚円面硯・無脚円面硯）、円形硯（円形硯・楕円形硯）、風字硯（円頭風字硯・平頭風字硯・二面風字硯）、形象硯（宝珠硯・猿面硯）、転用硯

がある。[78] 以下、定形硯九六点のうち、円面硯を主に取りあげる（第36図）。

出土傾向　武蔵国府関連遺跡出土の円面硯は、六四点確認できた。出土量の多寡は、調査面積に左右されるが、千点以上の陶硯（大半が円面硯）が出土している平城京跡には遠く及ばないものの、近隣諸国では下野国府域の三六点、[79] 上野国府域[80]の三五点に対して、倍近い点数が出土している。全体的な出土傾向としては、次の点が指摘できる。

ア　武蔵国府域以外では、国府域東方のC地域で円面硯が出土しているが、それ以外（B地域も含めて）では、円面硯は確認されていない（転用硯は未確認）。

イ　武蔵国府域のなかで、円面硯が出土する範囲が東西・南北それぞれ一・五キロメートルほどの範囲に絞られる。

ウ　この範囲のなかでも、五万平方メートルもの広範囲で調査が行われながら、ほとんど円面硯が出土しない国府域北西地域（第38図⑥地域）と狭い範囲に円面硯が集中する国衙南西地域（第38図④地域）の二地域に

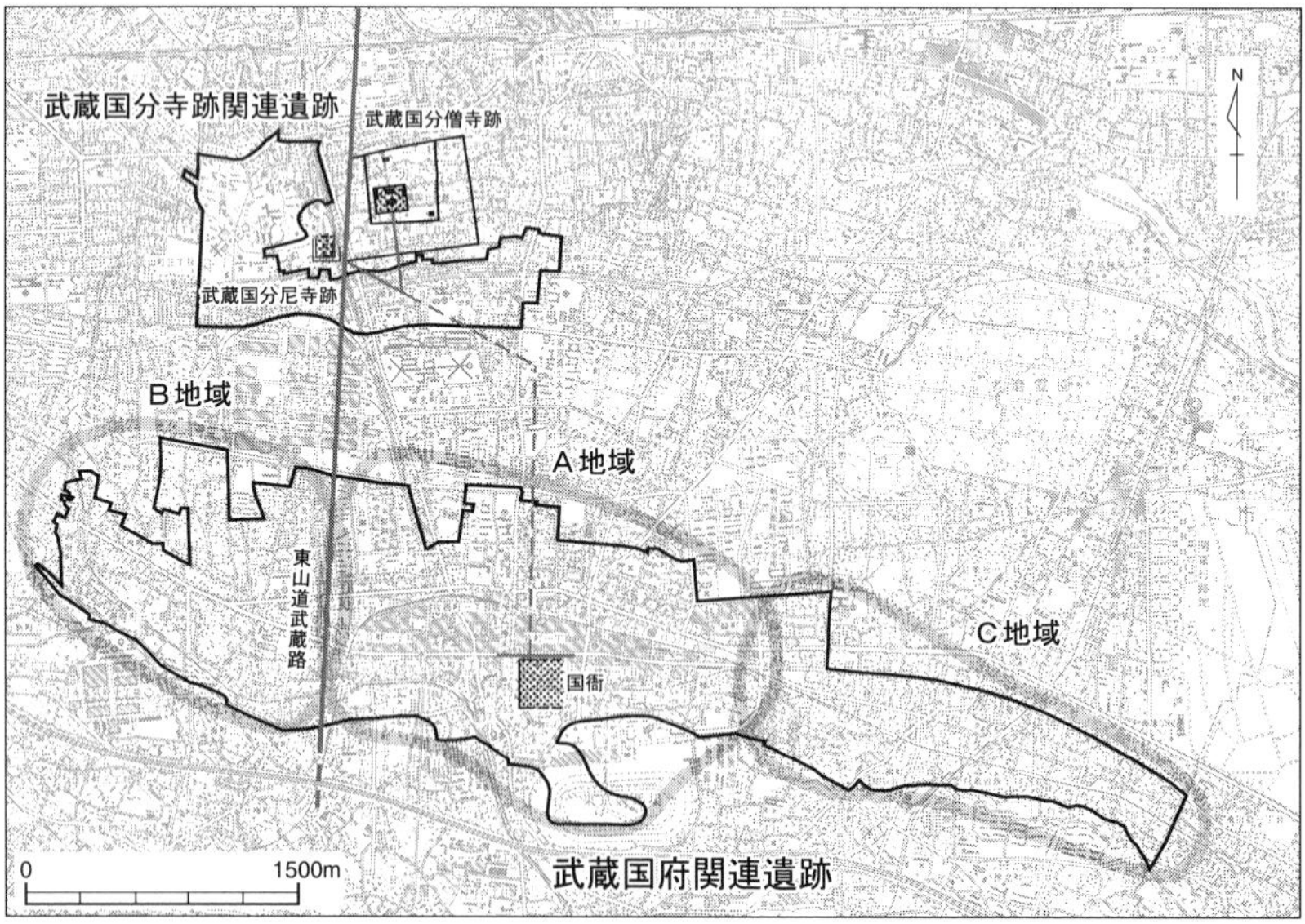

第35図　武蔵国府関連遺跡とA～C地域の範囲

分かれるように、円面硯の出土傾向には偏りがみられることがわかる。特に、国衙域内、国衙南方地域、国衙北東地域、国衙南西段丘崖下の推定国司館周辺、国府西方地域、国府西方段丘崖下周辺地域の六地域が集中地域である。

出土遺構と出土状況　円面硯六四点のうち、約半数の三〇点が竪穴建物跡の覆土出土で、約四分の一の一六点が包含層からの出土、残りは溝などの遺構である。竪穴建物跡は、その大半が覆土出土で、床面直上に遺棄されたと考えられるものは、わずかであった。竪穴建物で使用されていた円面硯がそのまま遺棄されたものは、大型の円面硯などごく少数で、大半が竪穴建物の覆土中に使用後廃棄されたものといえる(81)。

時期的傾向　竪穴建物の帰属時期(82)は、九八一次（国衙東方地域）のN1期（一点）を最古として、七四〇次（国衙南方隣接地区）N1期〜N2期（一点）、六八四次の武蔵国府最大の円面硯N3期、（N3期は二点出土）、N4期三点、H1期三点、H2期三点、H3期二点、H4期一点、H5期一点、H6期四点、H7期二点であった。参考までに、風字硯の出土遺構の時期は、H4期四点、H5期一点、H6期五点、H8期とH9期が各一点となっており、風字硯は平安時代になってから出現し、平安時代を通して使われたことが指摘できる。

また、武蔵国府跡出土円面硯の多くが南比企窯（埼玉県鳩山町周辺）の製品であることから、南比企窯鳩山古窯跡群における円面硯の編年が指標となる。それによれば、鳩山Ⅰ期からⅧ期に至るまでに、大型硯から小型硯へ（法量の縮小化）、透かし孔単純加飾から沈線文との複合加飾へと変遷するとされる(83)。武蔵国府跡出土円面硯も、おおむねその傾向を示している。

法量　円面硯は飛鳥時代末に出現して、奈良時代に大型化し、その後も使い続けられるが、平安時代には小型化するといわれてきた。実際はどうだろうか。

出土した円面硯の法量をみると、硯面外縁部径が一〇〜一五センチメートル以下、脚部径が一二〜一八センチメー

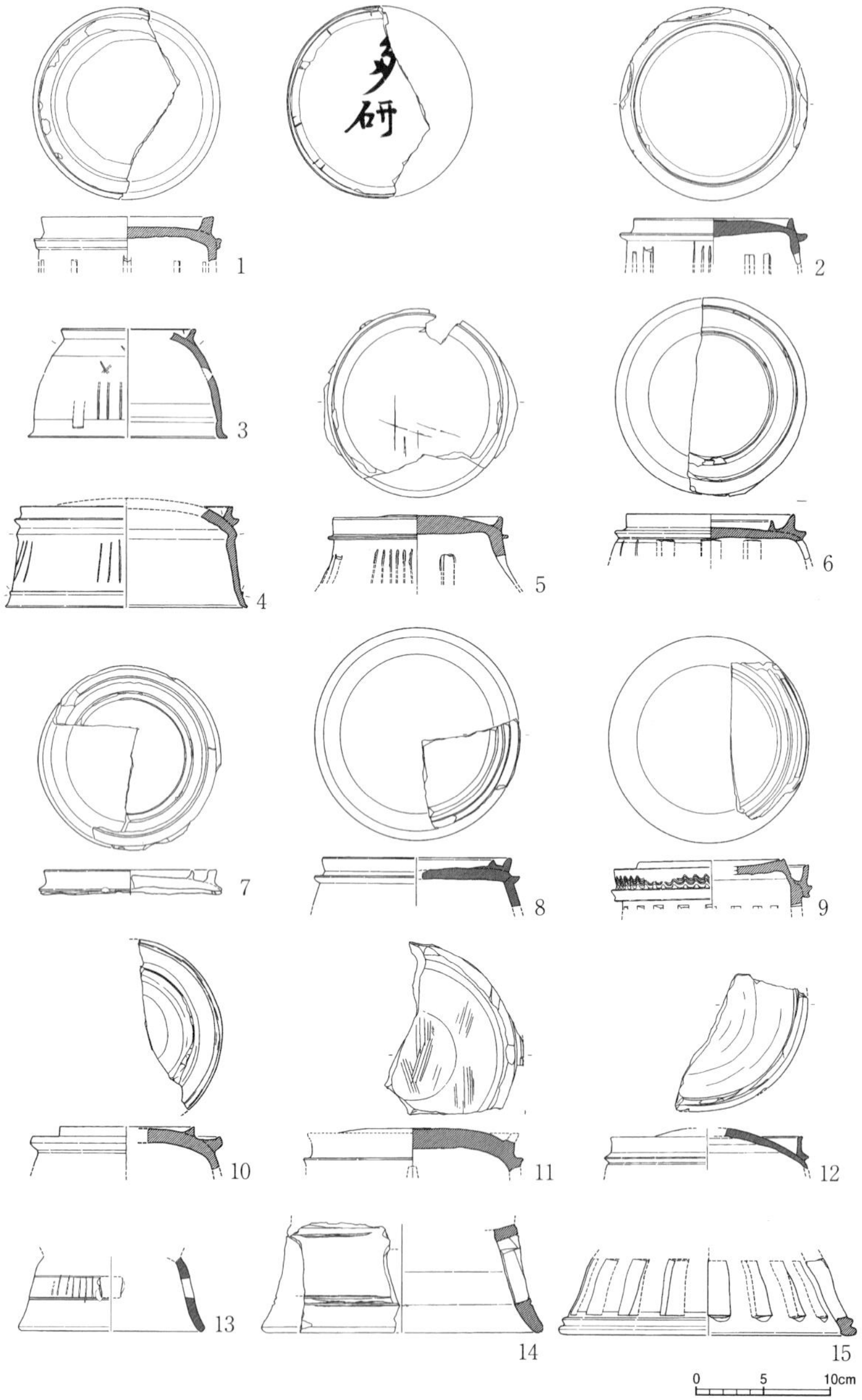

第 36 図　武蔵国府跡出土主要円面硯

トル以下のグループと、硯面外縁部径が一七センチメートル以上（最大二二センチメートル程度）、脚端部径が二四センチメートル以上（最大三三センチメートル前後）という大小の二規格が存在し、硯面外縁部径が一〇～一五センチメートルのものが最も多いことがわかった。

特に、大型硯の出土地点は、国衙至近の南方地域をはじめとして、国衙北西地域、国衙南西地域、国府西方地域に分かれるので、大型硯の使用が国衙に限定されていたことではない。おそらく、これら国衙以外の地域での出土は、国府域に分散設置された国司館をはじめとする官衙ブロックで使用されていたものが廃棄されたと考えられる。

下野国府跡出土の円面硯を分析した山口耕一は、下野国府跡出土の円面硯には大小の規格があり、規模の大きい円面硯は政庁域近辺に限定されることから、硯面径が二〇センチメートルを超えるものは国司の四等官クラスに限定されると指摘[84]している。同様な傾向は、多賀城跡や大宰府跡出土陶硯にもいえるようだが、少なくとも、武蔵国府跡出土円面硯のうち、硯面径が二〇センチメートルを超える大型品は、わずかに国衙域南方と国府域西方で出土しているのみである。国衙域南方はともかく、国衙から西方約一キロメートルで、武蔵国府最大の円面硯が出土していることは、南方にある方一町程度の官衙ブロックが国府域でも重要な機能を有することを示すものである[85]。

遺存率（完形品か破片か）　武蔵国府関連遺跡出土の円面硯のうち、完形品で出土した例は皆無で、その多くが脚部をきれいに折り取られている。この理由は、荒井健治も指摘しているように[86]、何らかの理由で脚部が欠損したものを、脚部を同じ高さにきれいに折り取ることで、再利用したものと考えられる[87]。

国庁は、儀式あるいは饗宴の場という機能が第一だが、多賀城跡で曹司よりも政庁地区で転用硯が多量に出土していることは、円面硯本来の役割がそれを共用器として使い続けるのではなく、実際ほとんど使用されない立派な円面硯を持つことがその役人の身分の表象であったとする指摘[88]も重要である。武蔵国府跡出土円面硯についても、大型品より小型品のほうが硯面部と小破片の磨耗が著しいことから、大型円面硯の非実用的使用（いわゆる「置き硯」）も考慮すべきだろう。

（2）畿内産土師器

畿内産土師器は、その名のとおり畿内で生産され、古代宮都の日用品として用いられた土器である。[89] 関東地方の畿内産土師器については、林部均の先駆的な研究[90]を受け、全国的な視点から畿内産土師器の動向をまとめた研究[91]や、畿内産土師器が東国の土器様相に与えた影響を、新型土師器坏との関係で検討した研究がある。[92] 北武蔵地域の畿内産土師器の動向をまとめた富田和夫[93]によれば、北武蔵地域出土の畿内産土師器は、八遺跡二九点が確認され、深谷市熊野遺跡一二点と川越市霞ヶ関遺跡九点以外は数点のみとされる。時期的には、飛鳥Ⅱ期新相から平城Ⅱ期頃まで連綿と出土していることがわかる。

武蔵国府関連遺跡出土の畿内産土師器は、一四点確認できた（第37図）。国府関連遺跡全体では、円面硯と異なり、国府域以外の地域からの出土はない。器種別には坏Ａ一〇点、坏Ｂ二点、皿Ａ一点、蓋一点である。時期的には、平城Ⅰ期～平城Ⅲ期のものがほとんどだが、飛鳥Ⅲ期のものが一点出土している。飛鳥Ⅲ期の畿内産土師器が出土した場所は、国衙東方三〇〇メートルほどの郡名寺院多磨寺[94]北東一〇〇メートルほどの地点である。[95] 国衙北方～東方近隣地域は、武蔵国府関連遺跡内において数少ない七世紀代の竪穴建物跡が集中する地域であり、七世紀中葉の良好な一括資料も得られている。[96]

その他の武蔵国府編年との共伴関係については、平城Ⅰ期と平城Ⅱ期が武蔵国府編年ＮⅠ～Ｎ２期の土器群と共伴し、平城Ⅲ期のものがＮ３期の土器群と共伴している。[97] 武蔵国内の豊島郡衙（北区御殿前遺跡）や榛澤郡衙（埼玉県深谷市熊野遺跡）に見られるように、飛鳥Ⅱ期新相～飛鳥Ⅲ期の段階の畿内産土師器が多く搬入されている状況とは異なるが、国衙北東近隣地域に七世紀後半の遺構が集中する状況が捉えられる。

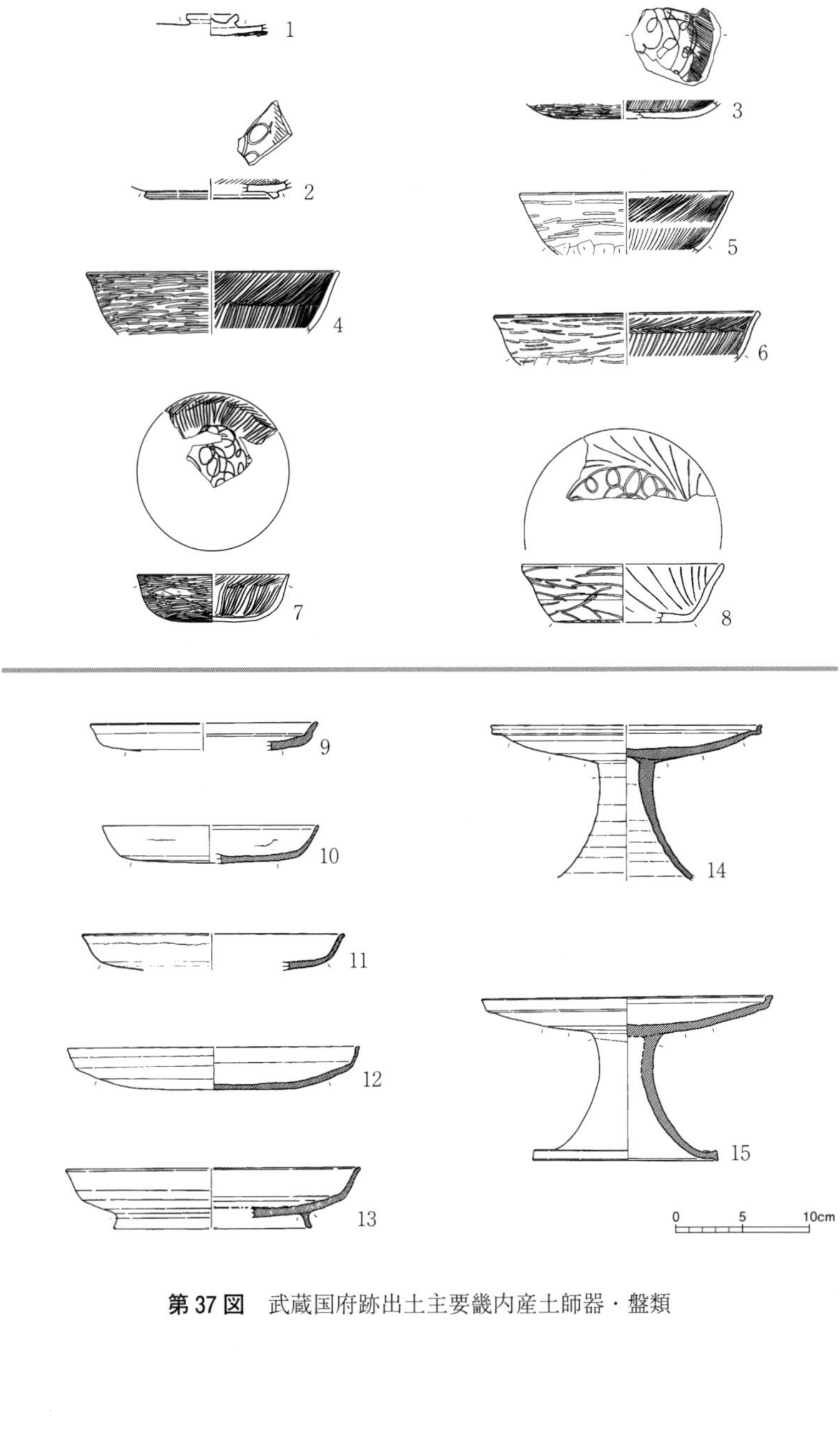

第37図　武蔵国府跡出土主要畿内産土師器・盤類

次に、畿内産土師器の出土状況をみると、唯一国衙域東方隣接地区において、二分の一ほどに復元できるものが一個体分出土しているが、それ以外はすべて小破片での出土である。特に、出土地点は国府域の外縁部付近にあたり、円面硯出土地区では出土せず、円面硯未確認地区から畿内産土師器がまとまって出土している点（国衙東方隣接地域で八点、国府西方東山道武蔵路西側で二点）が注目される。

畿内産土師器は、七世紀初頭、朝鮮半島から伝来した金属製の容器の模倣により成立し、初期段階（飛鳥Ⅰ～Ⅲ）では数も少なく、特別な用途（たとえば儀式用の器）に用いられていた。しかし、古代律令国家の成立期である飛鳥Ⅳ～平城Ⅰ期以降、畿内産土師器は大量に作られ、器種も多様化し、律令官人の日常食器に性格を変えていく。宮都を代表する食器がこの時期地方にもたらされる理由は、新しい地方への支配体制が成立する直前に地域間の交流が活発となり、それに伴って土器の移動がみられることによる[98]。

畿内産土師器は、古代律令国家の中央支配を貫徹する手段として、また国府において宮都で行われるさまざまな儀式などに即してそれを執り行うための舞台装置として、都から赴任する国司等が国府で使用するために持ち込んだものとする林部[99]の見解と筆者も同意見である。隣国の相模国府域でも、平城Ⅰ期から平城Ⅲ期のものが出土していることから[100]、国府は平城Ⅰ期段階で多くの畿内産土師器が持ち込まれたことが指摘できる。

しかし、畿内産土師器が国衙域周辺で集中して出土するわけではなく、国府域の外縁部付近でまとまって出土することと、その多くが破片となっていることに注目したい。宮都で生活する律令官人が持ち込んだ食器であれば、当然地方官衙である武蔵国府では、その役人のステイタスを表象する土器としてみられたことは間違いない。奈良三彩も武蔵国府域の外縁部で数点出土することからすれば、これらの都からもたらされた土器類は、国府人のなかで都を象徴する土器として用いられ、最終的に国府域の外縁部で廃棄されたものと考えられる。

（3）須恵器盤類

下総国府内の下総総社跡の食膳具構成を分析した松本太郎・松田礼子は、宮都（平城京Ⅶ期）の官人の宴席で二〜三人に一脚の高杯（高盤）が用いられた[101]とすることを受けて、下総国府域中枢施設周辺に国厨家が存在したことを想定した[102]。このように、須恵器盤類は、律令官人との結びつきが強い土器であり、武蔵国府域の空間構造を検討する上でも有効な分析材料である。なお、ここで検討する盤類の器種分類は、次のとおりとする。無台盤＝台の付かない、平底もしくはやや丸みを帯びた平底形態のもの。高台盤＝高台付の盤。低脚盤＝高盤の脚の低いもの。高盤＝脚の高い盤。

武蔵国府関連遺跡出土の盤類は、四六点確認できた（第37図）。畿内産土師器同様、国府域以外での出土はない。器種別には無台盤一一点、高台盤六点、低脚盤一点、高盤二一点、その他（口縁部のみで器種不明）七点である。出土遺構は、三〇点が竪穴建物跡で、それ以外が溝・その他の遺構と、包含層出土のものである。

帰属時期が明確なものは少ないが、N1期三点、N1〜N2期一点、N2期四点、N3期一一点、N4期一点、N4〜H1期一点、H1期5点、H4期が二点となっており、時期的には、N3期が最も多い。特に、特定の器種が多く出土している傾向も認められなかった。無台盤・高台盤・低脚盤が七世紀後半〜八世紀前半主体、高盤が八世紀前半にもあるものの、八世紀中葉〜後半にかけて盛行することが指摘されていることから、その傾向と符合する。

武蔵国府域における須恵器盤類の出土数は、予想以上に少なく、国衙近隣地域と国府西方地域でややまとまって出土する以外は、分散傾向にあり、円面硯の出土分布と近い状況にある。特に、国衙周辺での出土数が最も多く、下総国衙周辺と同様の傾向も指摘できるが、遺存率がきわめて低い点（小破片がほとんど）からすれば、大量に盤類を消費・廃棄した場所がまだ他にあると考えられる[103]。

二　官衙的土器と国府の空間構成

これまで武蔵国府跡出土円面硯（陶硯）と畿内産土師器、須恵器盤類分布状況などを検討してきた。これらの官衙的土器は、東西約六・五キロメートル、南北最大一・八キロメートルという広大な武蔵国府関連遺跡のなかで、国府域以外の地域（第35図B・C地域）では、ほとんど出土しないことがわかった。しかし、国府域以外の地域が官衙関連集落ではないとするのは早計で、定形硯以外の転用硯の出土状況も検討する必要がある。ここでは、少なくとも、段丘崖（府中崖線）に沿って帯状に展開する国府関連遺跡のうち、国府域外の東方地域に、円面硯や盤類が数点出土する拠点的集落が存在することを指摘しておきたい。

次に、国府域における分布状況から、これまで東西約二・二キロメートル、南北最大一・八キロメートルという漠然とした範囲を武蔵国府域と捉えてきたが、さらに東西一・五キロメートル、南北一・二キロメートルほどの範囲に官衙的土器が集中することがわかった（第38図①～⑦）。一方、その東方に広がる東西約八〇〇メートル、南北五〇〇メートルほどの範囲（第38図⑧）は、円面硯と盤類の出土が少なく、飛鳥Ⅲ期の畿内産土師器に代表されるように、七世紀中葉から八世紀初頭にかけての遺物が多く出土している。郡名寺院多磨寺の存在、多磨郡家の備品「多研」墨書円面硯、「多麻多麻」銘線刻土師器甕、八世紀前半以前の大型掘立柱建物跡の集中からすれば、国衙東方に多磨郡衙が存在する可能性が高い。

さらに、今回検討した官衙的土器に加えて、墨書土器の出土分布を重ねてみる。かつて筆者は、武蔵国府域出土の墨書土器のうち、官衙関連（国名等・施設名・官人役職名・食物食器名・人名・地名）の墨書土器の出土状況から、武蔵国府が八世紀後半以降、国庁・国衙域に官衙が集中するのではなく、官衙ブロックが国府域に分散・配置されることを指摘した（本章第四節参照）。

円面硯、畿内産土師器、須恵器盤類の出土時期と重なる官衙関連墨書土器が少ないこともあるが、今回の官衙的土

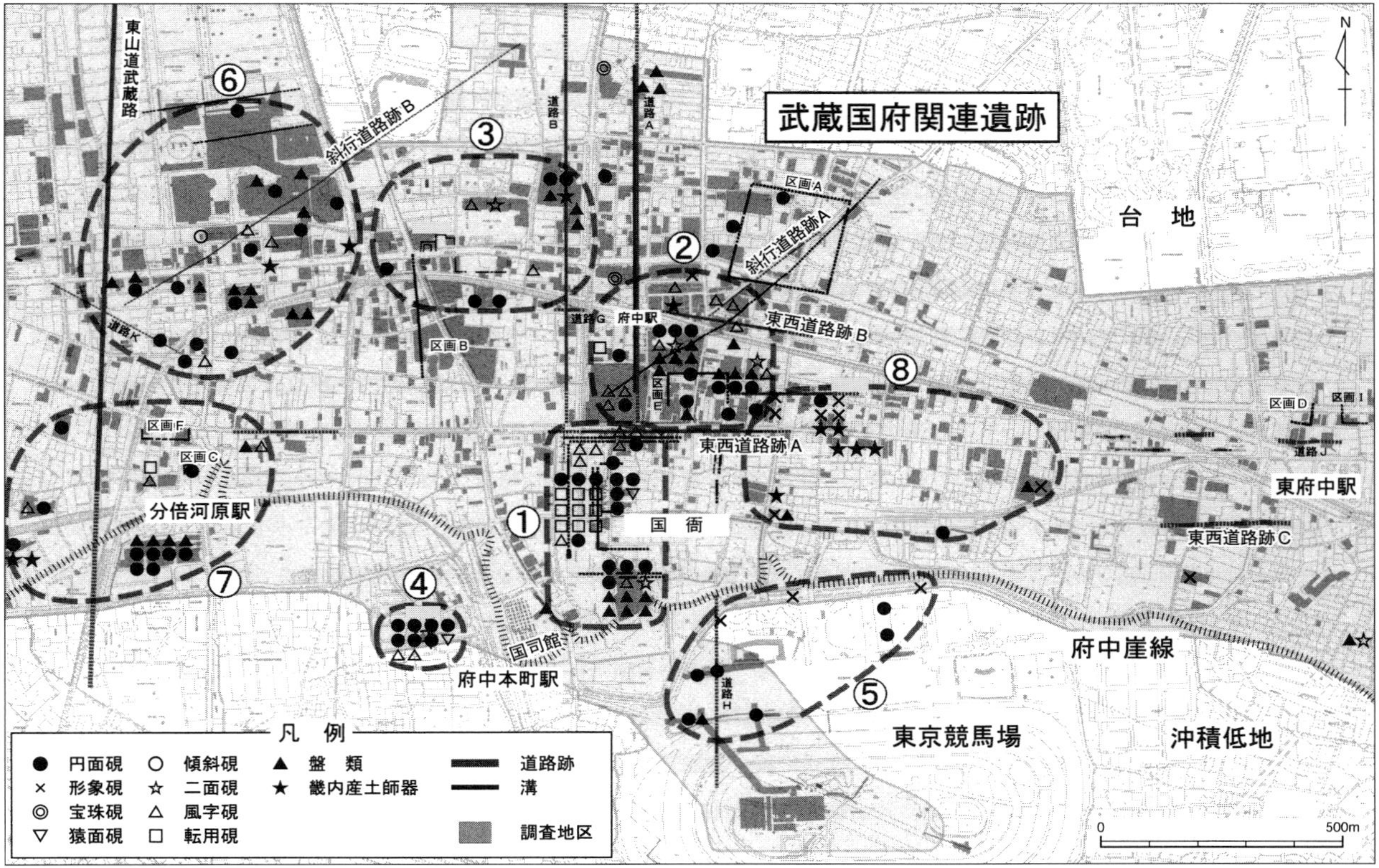

第38図　武蔵国府跡主要遺構と官衙的土器の出土状況

器の分布集中地域が、①国衙域とその近辺（墨書土器：国・守）、②国衙北方隣接地域（墨書土器：目・南曹・家）、③国衙北西地域（墨書土器＝大目館・神・官・京）、④国衙南西地域＝推定国司館周辺（墨書土器＝大館）、⑤国衙南東地域（東京競馬場構内の人面墨書土器ほか）、⑥国府域西方地域（墨書土器＝守・市）、⑦国衙北東隣接〜国府域東方地域＝多磨郡家関連地域（畿内産土師器集中地点、墨書土器＝多寺・□磨寺・寺・多研・多麻多麻）という七地域に分かれることが明らかになった。

特に、円面硯と盤類と官衙関連墨書土器からは、①と②、④、⑥、⑦の三地域が官衙ブロック、反対に③と⑤の地域では円面硯・畿内産土師器・盤類が分散化傾向にあることが指摘できる。特に⑥の国府域北西地域は、八世紀後半から竪穴建物が増加し、生産関連遺構も集中する傾向がある。大規模調査が行われているにもかかわらず、円面硯・畿内産土師器・盤類が少ないことは、やはり⑥地域が八世紀後半以前から、文書行政事務の少ない地域だったことを示すものである(104)。

武蔵国府跡は、本章第一節で述べたように、すでに七世紀末〜八世紀初頭には竪穴建物が後の八世紀前半段階とほぼ同じ範囲まで一挙に広がっていることから、国府の成立をその時期と考えている。しかし、これまでそれ以前の七世紀後半の遺構・遺物の極端な少なさが指摘されていたが、飛鳥Ⅲの畿内産土師器も報告され、徐々に七世紀中葉から後半段階の様相が明らかになりつつある。

本節では、円面硯、畿内産土師器、須恵器盤類という官衙的土器の検討から、国府の空間構成に言及してきた。特に、従来東西約二・二キロメートル、南北最大一・八キロメートルという漠然とした範囲を武蔵国府域と捉えてきたことに対し、さらに、東西約一・五キロメートル、南北約一・二キロメートルほどの範囲（円面硯・盤類集中地域）と、その東方に広がる東西約八〇〇メートル、南北五〇〇メートルほどの範囲（円面硯・盤類非集中地域＝畿内産土師器集中地域）に分離できること、さらに官衙的土器の集中地域と分散化地域にグループ化できることを指摘した。

第四節　武蔵国府関連遺跡出土墨書土器の基礎的検討

本節の目的は、武蔵国府関連遺跡出土墨書土器を集成し、基礎的検討を行うことにある。そして、他国の官衙関連遺跡や集落遺跡出土墨書土器との比較検討が可能となる材料を提供し、近年全国的に高まっている出土文字資料の資料的評価に関する研究に応えたい。

発掘調査で出土する古代の文字資料には、木簡・漆紙文書・瓦・刻字紡錘車などがある。このうち、土器に文字が記されたものは、墨書・刻書（線刻・ヘラ書き）・押印[105]などがあるが、生産段階で記入されたヘラ書き・押印と消費段階で記入された墨書・線刻土器とは、本来別々の分析視点が必要である。そこで、ここでは主に墨書土器（線刻を含む）を分析対象とし、生産段階で記入された文字資料および文字瓦・文字塼については、生産段階で記されたものであるため、検討対象外とした[106]。

一　武蔵国府関連遺跡と出土墨書土器資料整理方法

武蔵国府関連遺跡は、多摩川左岸の段丘上から沖積地に及ぶ東西約六・五キロメートル、南北最大一・八キロメートルに展開する広大な遺跡群である。一九七五年八月の府中市遺跡調査会発足以降の国府域全体に及ぶ網羅的な発掘調査の進展によって、過去五か所あった国庁推定地が、現在は、大國魂神社境内から東側一帯に所在することが明らかになるとともに、国内各地の国府跡のなかで、最も国府域全体の解明が進んできた国府跡である。

筆者は、武蔵国府関連遺跡を武蔵国府跡とその関連を有する遺跡群と捉え、国衙を中心に竪穴建物跡・掘立柱建物跡が密集する地域をA地域、その東西に広がる国府関連集落跡をB・C地域とする山口辰一の分類[107]（第39図）に基づき、竪穴建物跡の推移や掘立柱建物跡の方位・時期的変遷を検討してきた。その結果、国府域全体は一様に変化するのではなく、土地利用状況に小地域性がみられ、その時々によって景観や範囲が異なっていたと考えてきた。ここでは、これまで検討結果を踏まえた上で、武蔵国府関連遺跡全体の検討に加えて、A地域を国衙地区とa～hまでの小地域に分割し、墨書土器出土数や内容を分析し、国府の内実を検討する。

　A地域は、東西約二・二キロメートル、南北最大一・八キロメートルの範囲に、国衙を中心に竪穴建物跡や掘立柱建物跡が密集して分布する。ただし、これはあくまで四〇〇年近くの長きにわたって営まれた累積結果であり、古代武蔵国府が存続した時代の竪穴建物跡が重層的に遺された遺跡であるため、「国府集落跡」と呼ばれてきた[108]。しかし、掘立柱建物跡の規模や方位に関する分析によって、国府域に官衙ブロックが存在し、竪穴建物跡を含めた武蔵国府域の具体像が浮かびあがってきた現在、今後は一般集落跡と明確に区別する意味でも、官衙遺跡としての「武蔵国府」を位置づけていく作業が肝要といえる。

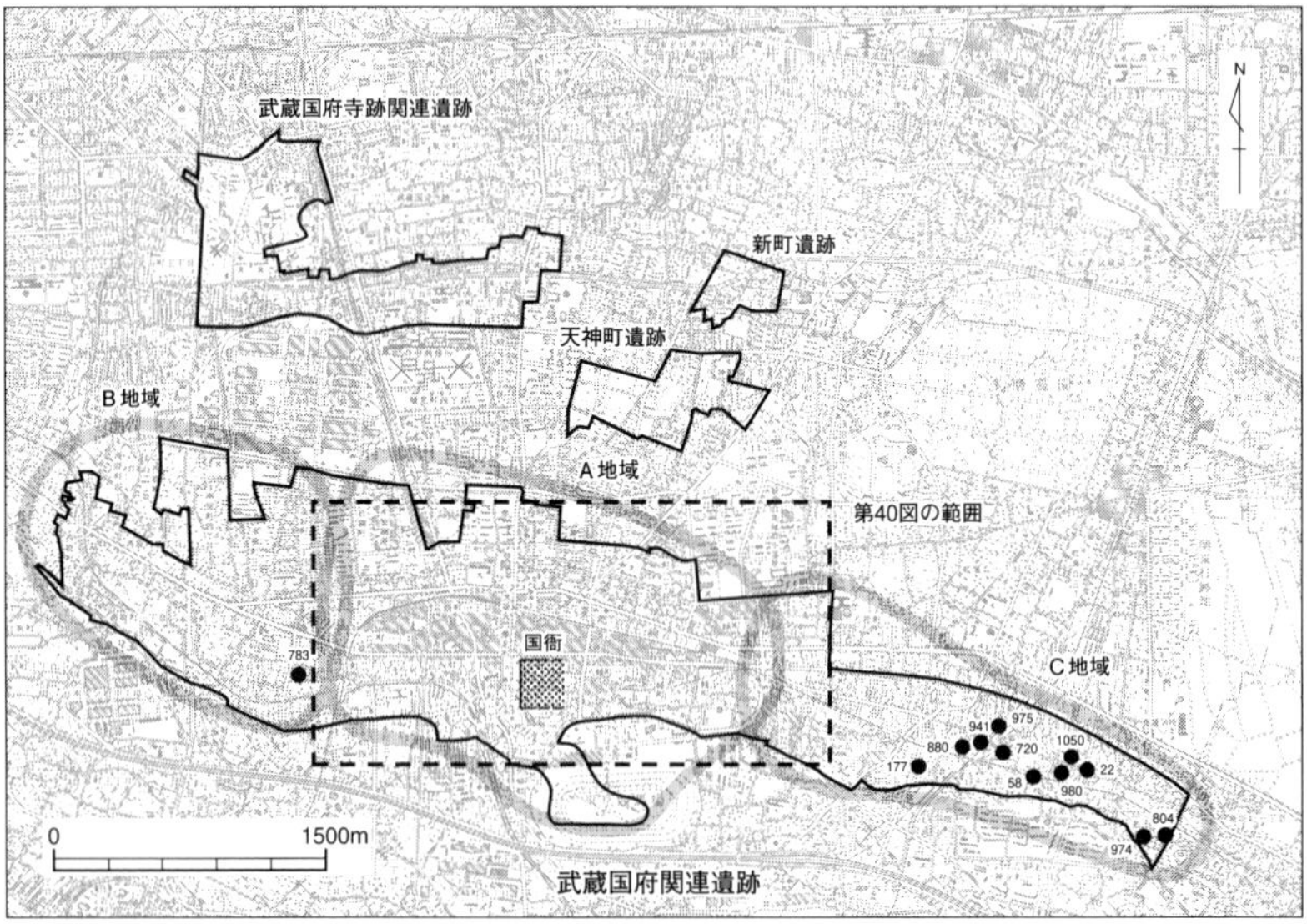

第 39 図　武蔵国府関連遺跡と調査地区位置図

なお、官衙ブロックの検討は、墨書土器などの出土遺物に加え、遺構の分析が必要不可欠であるため、ここでは便宜上設定した「A地域」という名称を使用する。なお、将来的には、A地域を「武蔵国府域」と「国府関連集落（一般集落跡を含む）」に分割できると考えている。

以下、資料分析方法について説明する。

ここで集成対象とした武蔵国府関連遺跡出土文字資料は、総点数五九五点である。この内訳は、墨書土器五二一点（うち漆書もあるもの二点・線刻もあるもの一点を含む）、墨書円面硯一点、墨書土製円盤一点、墨書石錘二点、朱墨一一点、漆書三点、線刻一五点、ヘラ書き三四点、押印四点、石製紡錘車一点、焼印一点、刻字シルト切石一点であり、墨書土器が八八パーセントを占める。

発掘調査で出土する墨書土器は全国各地で集成が行われ、在地社会の動向を知る上で欠くことのできない資料として、平川南[109]、高島英之[110]をはじめとする多くの研究成果が蓄積されている。特に近年では、墨書文字内容の検討だけでなく、土器への墨書行為そのものの考古学的研究を重視することに比重が置かれるようになってきた。これは、墨書行為そのものが時期的にどのように変化していくのか、そこから在地社会における集団の差異を明らかにすることを目的としており、遺跡ごとの出土点数、文字数、文字の大小、器種ごとの墨書部位を検討材料とするものである。すなわち、墨書文字の内容によって検討材料が取捨選択されるのではなく、墨書された土器そのものすべてを対象とする点にある。この資料整理方法は、川畑誠[111]や中森茂明らの研究[112]をはじめ、荒木志伸[113]、荒井秀規[114]、山路直充[115]も指摘しているように、まず全出土土器数のなかでの墨書土器の占める割合を明らかにした上で、墨書された土器そのものの検討（器種・残存率や墨書部位・方向など）を行うことにある。ここでは、こうした先学の研究方法、特に川畑・中森らの研究視点・方法をもとに、検討を行う[116]。

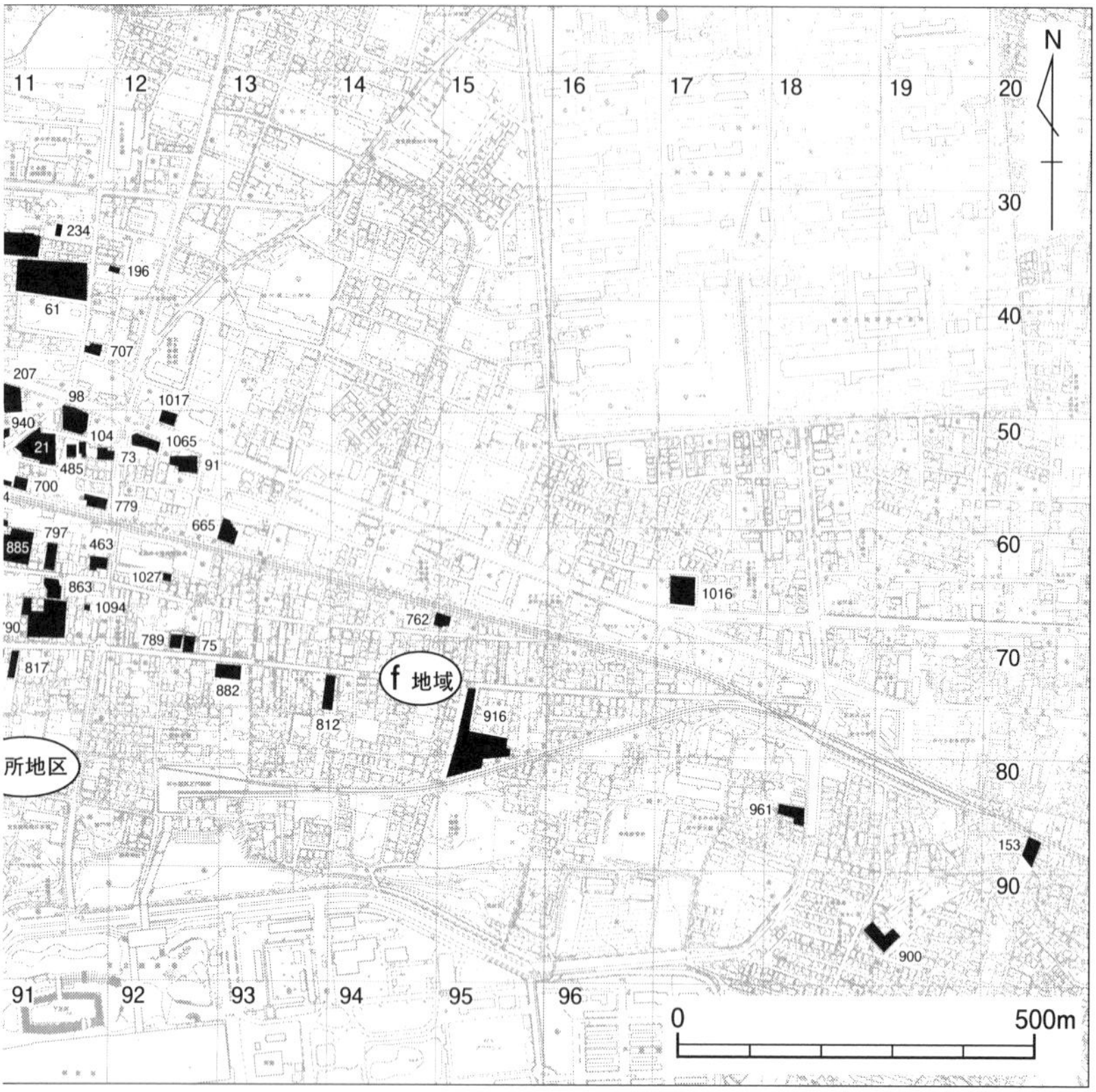

二　墨書土器の数量的検討

（1）グリッド別出土量[117]

武蔵国府関連遺跡出土墨書土器の大半は、日常使用されていた食器＝坏である。墨書される物が非日常的なものではない限り、墨書土器と非墨書土器との数量的比率を分析する視点は、墨書土器の意味を明らかにする上で重要な要素となるであろう。その検討方法に関しては、出土土器の重量計測から推定個体数を算出し、そこから墨書土器記載率を割り出す方法が有効だが[118]、ここでは対象地区が一四九地点（第40図）あるため、一地区ごとの詳細な個体数を把握するのではなく、川畑誠が用いた調査面積あたりの土器箱（コンテナ）数・墨書土器点数、土器箱数あたりの墨書土器点数を算出する方法[119]を採用したい。この客観化された情報に

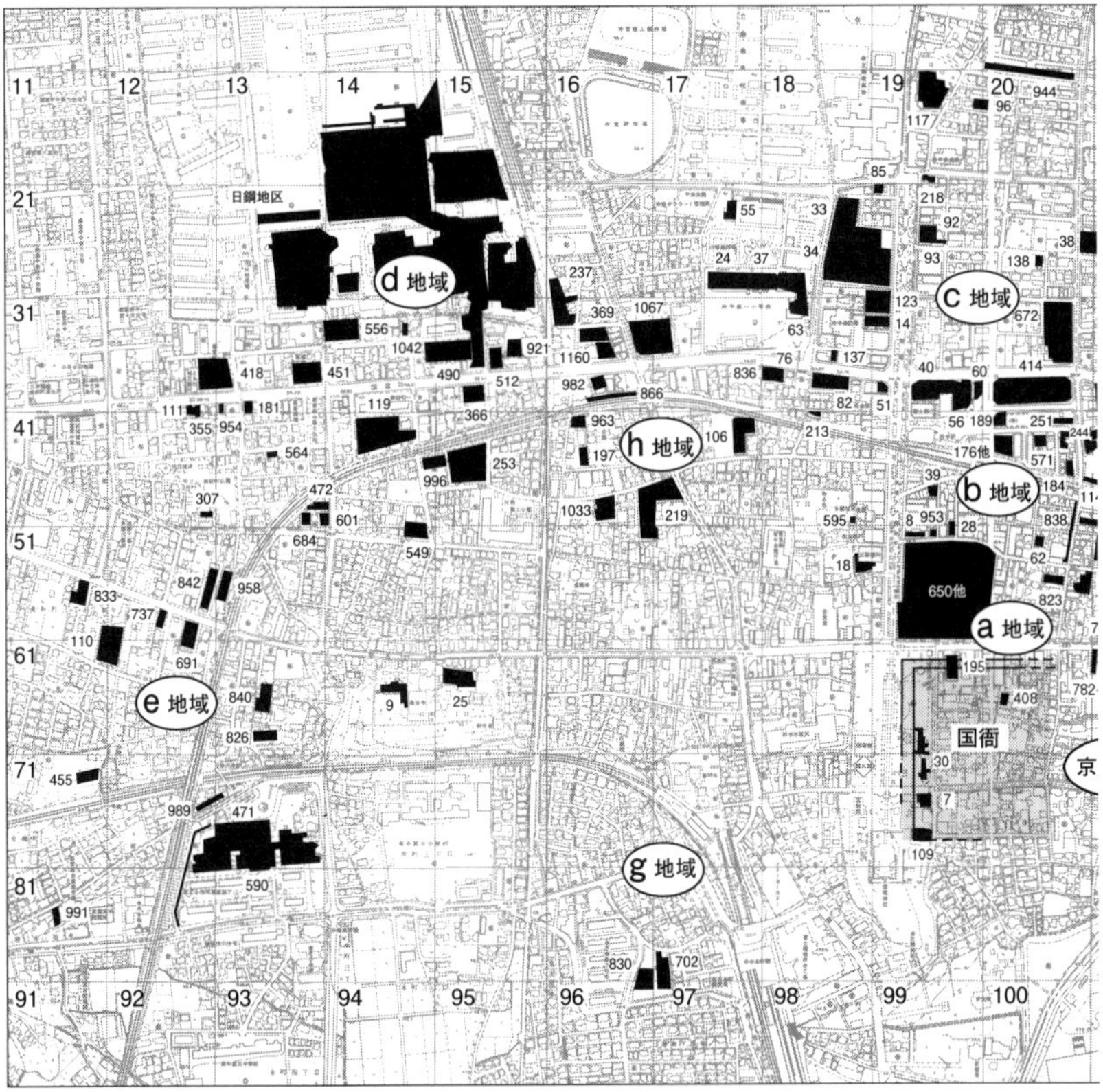

第 40 図　墨書土器出土調査地区位置図

※調査地区＝墨塗りの脇数字は調査番号、地図端の数字はＭ・Ｎ地区グリッドを表す。

【A 地域の小地域区分】

京所地区と南近傍：国衙を含む地区。郡名寺院多磨寺も存在すると考えられる。

（M69・70・79・80・89・90、N61・71・81区、以下（　）内はグリッドを示す）

a 地域：国衙北隣接。推定国衙中軸線上に位置する道路跡発掘。（M59・60、N51区）

b 地域：国衙北方。有数の竪穴建物跡密集地域。（M39・40・49・50、N31・41区）

c 地域：国府跡北方。共同井戸含む。（M7～10・17～20・26～30、N1・11・12・21・22・32・42区）

d 地域：国府跡北西方向。竪穴建物跡密集地域。（M11～15・21～25・31～35・41～45区）

e 地域：国府跡西方。沖積地を含む。（M51～55・61～65・71～75・81～85区）

f 地域：国衙東方。府中崖線沿いに展開。（N52～58・62～68・72～78区）

g 地域：国衙西近傍。沖積地中心。（M56～58・66～68・76～78・86～88区）

h 地域：国衙北西。官衙ブロック主体。（M36～38・46～48区）

第6表　墨書土器出土点数の比較

墨書土器点数	調査地区数	調査面積（㎡）	総点数	比率	土器箱数	比率	箱数/100㎡	点数/1箱	点数/100㎡	出土点数/1地区
20点以上	4	75220.4	128	24%	800	21%	0.7～	0.3	0.2	32.0
10～20未満	6	4997.4	86	16%	111	5%	2.2	0.8	1.7	14.3
5～10未満	24	25486.0	120	22%	651	28%	2.6	0.2	0.5	5.0
2～5未満	53	43018.4	143	27%	659	28%	1.5	0.2	0.3	2.7
1点のみ	62	27974.0	62	12%	438	19%	1.6	0.1	0.2	1.0
合計（平均）	149	176696.2	539	100%	2659	100%	1.6	0.3	0.6	11.0
小地域										
京所地区	5	2156.9	17	3%	56	2%	2.6	0.3	0.8	3.4
a地域	14	19070.2	60	10%	386	13%	2.0	0.2	0.3	4.3
b地域	27	13644.9	78	14%	330	11%	2.4	0.2	0.6	2.9
c地域	19	23676.5	43	7%	343	11%	1.4	0.1	0.2	2.3
d地域	22	69362.0	168	29%	1159	39%	1.7	0.1	0.2	7.6
e地域	20	14547.5	115	20%	374	12%	2.6	0.3	0.8	5.8
f地域	16	14390.1	28	5%	134	4%	0.9	0.2	0.2	1.8
g地域	3	1669.6	3	1%	46	2%	2.8	0.1	0.2	1.0
h地域	12	7319.1	39	7%	63	2%	0.9	0.6	0.5	3.3
B・C地域	11	10859.4	25	4%	108	4%	1.0	0.2	0.2	2.3
合計（平均）	149	176696.2	576	100%	2999	100%	1.8	0.2	0.4	3.4

上段：墨書土器出土点数と面積・調査地区の比較
下段：小地域（グリッド別）面積・コンテナ量・墨書土器点数の比較（第四中学校旧蔵資料は除く）

よって、個体数把握まではいかないが、墨書土器の多寡に関する評価が得られるものと思われる。

そこで、まず武蔵国府関連遺跡全体を通した出土点数を集計した（第6表上段）。その結果、出土点数は一点のみの地区が最も多く（六二か所）、最多は日鋼地区の六九点であった。総体的にいえば、墨書土器が二〇点以上出土している地区が他の地区と比較して異なる性格を有しているわけではなく、調査面積と竪穴建物跡の数に比例して墨書土器の多寡が決定することがわかる。

ただし、ここで興味深いのは、一〇～二〇未満の出土点数地区がきわめて高い墨書土器出土比率になっている点である。他の出土点数地区に比較して、調査面積が五〇〇〇平方メートル弱で土器箱数も一一一箱にもかかわらず、一箱あたりと一〇〇平方メートルあたりの出土点数が抜きん出て多い。この一〜二〇点未満地区に限っていえば、調査面積・土器箱数に関係なく墨書土器出土比率が決定されていることがわかる。さらに、この調査地区がa・b・d・eの小地域ごとに一か所ずつ存在する。

次に、小地域ごとの出土比率を集計した（第6表下段）結果、小地域ごとの土器箱数と墨書土器出土比率に差は認められないが、h地域で一箱あたりの出土点数が他地域の二倍（一箱あたり〇・六点）に及ぶこと、一〇〇平方メートルあたりの出土点数をみると、e地域が京所《きょうず》地区（国衙域とその周辺）と同じ高い比率を示していることがわかる。この結果から、墨書土器は、調査面積と遺構数・内容（竪穴建物跡数や出土状況）、土器出土量によってその多寡が決定されるが、なかには地域的特性も認められることがわかる。

（2）出土遺構・出土状況

出土遺構は、竪穴建物跡（SI）が最も多く、五四〇点中四〇三点と七五パーセントを占める（第7表）。以下、包含層四八点（九パーセント）、その他二四点（四パーセント）が続き、溝（SD）や土坑（SK）は二〇点以下と少なく、五パーセント以下となっている。層位別出土状況は、覆土中が最も多く、四三五点中三四〇点（七八・二パーセント）を数える（第8表）。竪穴建物跡に限ってみると、覆土の次に多い層位は、床直・覆土出土（接合）のもの三二点（七・四パーセント）、覆土・掘り方出土のもの一三点（三パーセント）と続く。この結果は、全層位中覆土出土土器類が最多となっていることによる。つまり、墨書土器は床面直上や竈という竪穴建物跡に直接伴う（竪穴建物廃絶時点で遺棄された）土器に多くみられるのではなく、覆土中に破棄されたものに多くみられることがわかる。

第7表　A地域とB・C地域別遺構出土墨書土器点数の比較

地域	SI	SB	SD	SE	SF	SK	SZ	SX	ピット	包含層	攪乱	小計	(%)
A地域	381	10	16	7	2	9	3	24	10	47	7	516	95.6%
B・C地域	22	1	0	0	0	0	0	0	0	1	0	24	4.4%
合計	403	11	16	7	2	9	3	24	10	48	7	540	100.0%
(%)	75%	2%	3%	1%	0%	2%	1%	4%	2%	9%	1%	100%	

第8表　A地域とB・C地域別遺構出土墨書土器点数の比較

小地域	覆土	床直	覆土・床直	竈	覆土・竈	掘方	覆土・掘方	竈・掘方	竈・竈掘・覆土	竈・床・覆・掘	底面	小計	(%)
A地域	323	10	32	14	4	9	13	2	1	1	7	416	95.6%
B・C地域	17	1	0	0	0	0	0	0	0	1	0	19	4.4%
合計	340	11	32	14	4	9	13	2	1	2	7	435	100.0%
(%)	78.2%	2.5%	7.4%	3.2%	0.9%	2.1%	3.0%	0.5%	0.2%	0.5%	1.6%	100.0%	

※覆土＝全遺構、床直〜竈・床・覆・掘まで＝竪穴建物跡、底面＝竪穴建物跡を除く遺構

（3）時期別出土点数

時期別出土点数は、第41図のとおり武蔵国府編年N1期から時代が下るに従い増加する傾向が認められる。グラフ上はH6期がピークとなっているが、これは編年時間幅が最も長いことによることから、時期的にはH5・H6期がピークといえる。このデータ作成にあたっては、国衙地区からh地域までの小地域ごとに集計したが、時期ごとの出土量に小地域差は認められなかったことから、A地域として合計した。竪穴建物跡を時期別に集計した結果では、小地域ごとにその推移が大きく異なっていることが判明しているが（本章第二節）、墨書土器の時期別出土量の多寡には、竪穴建物跡の時期別推移はあまり影響していない。

（4）器質と器種別出土点数

器質別出土点数は、須恵器が三七四点（六五・四パーセント）と圧倒的で、土師器九九点（一七・三パーセント）、土師質土器七三点（一二・八パーセント）、灰釉陶器一二点、ロクロ土師器八点、緑釉陶器一点となっている。このことは時期別推移と相関関係にあり、N1期以降年代が下るに従い、土師器が減少し、須恵器が増加することによる。特に出土量がピークに達するH5〜H

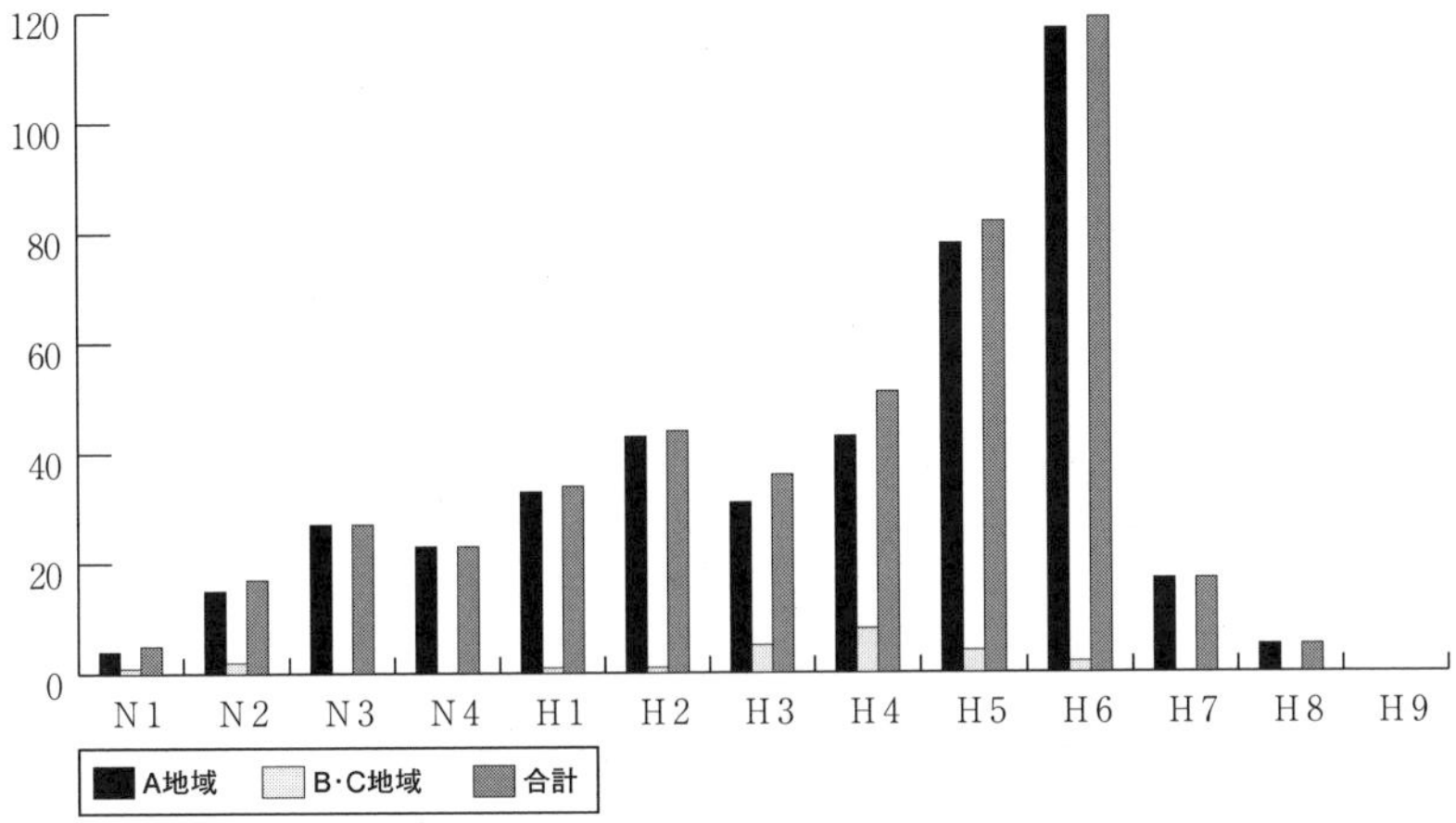

第41図　時期別出土点数（縦軸は出土数、横軸は時期）

6期では、食器・貯蔵具は大半が須恵器で、土師器は煮炊き具が中心となっている。さらに、器種別では、圧倒的に坏が多く、五五五点中四六九点（八五パーセント）、次の埦は三一点、皿は二三点に過ぎない。その他では盤・耳皿・甕四点、瓶二点で、石錺二点、円面硯一点、石製紡錘車一点となっている。なお、甕は四点とも、土師器甕の線刻文字である。

（5）記銘部位・方向・残存度

記銘部位は、全時期を通して体部外面（五八二点中二一五点・三六・九パーセント）と底部外面（同二〇三点・三四・八パーセント）がほぼ同数出土している。ついで体部・底部内面となっているが、いずれも一〇パーセント弱で、その差はかなり大きい。時期別にみると、おおよその傾向としてN1期〜H3期までは、比較的底部外面への墨書が多く、H4期を境に体部外面が多くなる傾向がうかがわれる。

記銘方向は、正位が最も多く一九八点、次いで横位六六点、逆位一一点となっている。なお、このなかに底部への墨書が入っていないが、約六〇〇点中の上記点数を除いた約二〇〇点が底部への墨書である。

第9表　文字破損別墨書土器残存度の比較

文字破損度	完形	ほぼ完形	半分以上	半分以下	底部のみ	破片	小計	(%)
完結	62	45	79	128	42	88	444	82.4%
続くもの	0	0	7	20	5	63	95	17.6%
合計	62	45	86	148	47	151	539	100.0%
(%)	11.5%	8.3%	16.0%	27.5%	8.7%	28.0%	100.0%	

残存度は、墨書がいつの時点で書かれたものかを特定する上で有効な分析視点と考える。なお、この残存度に加え、ここでは検討することができなかったが、墨書土器の摩耗度を観察することは、有効な分析視点で、摩耗している土器が多くみられた。

また、墨書記載段階を特定するためには、単純に土器の破損状況だけでなく、本来書かれた文字が完形品に書かれたものか、破片に書かれたものかを区別することが肝要である。すなわち、発掘調査で出土した破片の墨書土器が、もともと破片に書かれたものか、あるいは埋没過程で割れてしまったものかを明確に区別しなければ、墨書土器破損率を分析する意義は少ない。そこで、墨書された文字の残存状況（文字が完結しているか、文字が続くのか）を確認した上で、完形、ほぼ完形、半分以上、半分以下、底部のみ、破片の六項目に分類し[120]、集計した（第9表）。この結果、合計数字上は、破片が五三九点中一五一点（二八パーセント）と高い比率となっているが、文字の記載状況では、破片で完結するものが八八点に対し、文字が欠失したと考えられるものが六三点あり、破片の四割以上が実際は破片の土器に墨書されたものではないことがわかった。すなわち、単純に残存度を集計すると破片が多いが、その半数近くは、墨書記載時に少なくとも破片ではなかったことになる。この集計結果によって、墨書土器は決して破片が多いわけではなく、半分以上～完形品と、半分以下はほぼ同数存在することが判明した。

第10表　時期別墨書土器文字数の推移

文字数/時期	N1	N2	N3	N4	H1	H2	H3	H4	H5	H6	H7	H8	H9	小計
1文字	3	13	20	19	27	30	24	37	55	84	6	2	0	320
2文字	0	0	4	3	4	3	9	9	12	13	4	1	0	62
3文字	0	0	0	0	0	0	0	0	2	1	0	0	0	3
4文字以上	0	1	0	1	0	0	0	1	0	2	1	0	0	6
合計	3	14	24	23	31	33	33	47	69	100	11	3	0	391
（%）	1%	4%	6%	6%	8%	8%	8%	12%	18%	26%	3%	1%	0%	100%

三　墨書の文字数と内容の検討

（1）墨書文字数

出土墨書土器の文字数は、圧倒的に一文字が多い。時期別の記載文字数でも同様な傾向が見られる（第10表）。時期が下るに従い、点数が増加する傾向は出土点数によるもので、一文字から四文字以上の記載数に時期的特徴はないと思われる。なお、出土数全体ではH5～H6期がピークとなるが、この傾向が墨書土器そのものの増加によるものか、あるいは土器総量全体が増加することに伴うものかは、ここでは確認することができなかった。本来、土器全体の総量が時期的にどのように推移するのかを明らかにした上で、墨書土器出土量を検討すべきであるが、今後の検討課題としておきたい。

（2）記載内容別出土傾向

今回検討対象とした武蔵国府関連遺跡出土墨書土器は、宮都や他国の国府・集落跡出土資料に比較すると、人面土器や多文字記載文字も少ない。

①官衙関連名（役所名・施設名、官人役職名、食物・食器）

国名等　「国（國）」「府ヵ」「京《きょう》」「六カ国」「六国ヵ」がある（六国のみ朱墨）。「国」とその熟語は、推定も含めると一一点出土しており、うち旧字体の「國」は一点のみである。出土地点は、国衙から四町程度の距離（a・b・c・h地域）に限られている点が興味深い。「京」は、下総国府関連の「須和田遺跡」で「右京」墨書土器が出土しており[121]、武蔵国府にも「京」に関わる概念が存在していたことを示す資料といえる。また、その出土地点が「国府の護り社」と考えられる方形区画遺構（第五章第一節）西方至近距離であることも注目される。

施設名　「大目館《だいさかんのたち》」「大館《おおだち》」「南曹《なんそう》」「厨《くりや》ヵ」「庄ヵ」「家」「所」「市」「門」とその熟語がある。出土点数は非常に少なく、「大目館」（大目は国司四等官の一人、武蔵国は大国のため大・少各一名ずつの定員）「大館」（国司四等官の大掾・少・掾大目・少目の「大少」が省略されたもの、人名＋館など）「南曹」（南の曹司の略か）「厨ヵ」「庄ヵ」は一点のみの出土である。「家」は一文字が二点、「楽家」が一点、「右家」が一点出土している。また、「所」（一点）はさまざまな意味が考えられるが、国府内施設である「政所」や「税所」などから分化した「所」が存在したものと想定している。[122]「門」は二点出土しているが、うち一点は「門」以外の可能性もある。施設名ではないが、「多研」墨書円面硯は多磨郡の硯を意味し、多磨郡家の備品と考えられる。

官人・役職名　「守《かみ》」「目」「官」がある。「守」（守は国司四等官の最上官で、定員一名）は、「□守」が一点、「守」一文字が四点出土している。いずれも官衙ブロックで出土しており、国衙および国司館に関わるものである。「目」は、明確なもの二点、不明確なもの一点で、明確なもの二点は、上述した「南曹」と共伴している点が興味深い。また、「官」は三点出土している。

食物・食器名　食物名・食器名が記載されているものとして、食物名が「氷」「米」「酒」「酒庵」「上酒」「廿酒」「孝酒」「水」、食器がは「坏」「□坏」がある。特に、「氷」は〝氷室[123]〟との関連性が指摘できる。

②人名

人名はすべて下の名前で、氏族名と思われるものは出土していない。出土点数は非常に少なく、「牧万呂」「屎万呂」「足女」「天女ヵ」「文刀自女」「生人」「倉人」「當人」の八点のみである。

③地名

「多磨ヵ」「多麻／多麻」「都筑郡塊ヵ□」「川口」「吉田」がある。「多麻／多麻」は土師器武蔵型甕に記された線刻である。「都筑郡塊ヵ□」は、須恵器坏底部内面に陰刻されたヘラ書きである。都筑郡は、現在の神奈川県横浜市都筑区・緑区周辺であり、下が欠損しているため、次に郷名が記載されていたかどうかは不明である。「川口」は多磨郡内に存在した川口郷との関連性が指摘できる。「吉田」は地名かどうか定かでないが、ここで取りあげておく。

④祭祀関係

祭祀関係として取りあげるものは、神・仏名、則天文字、呪術記号などである。

神　「神」二点、「神福」一点（二か所）「福□」一点である。一文字の「神」出土地区は、異なる二調査地区ではあるが、「国府の護り社」と考えられる方形区画遺構の西側至近距離で、同じ字体で書かれている点が注目される。

寺　線刻一点、墨書五点出土しており、出土地点はａ・ｃ・ｄ地域である。

佛　一点のみで、「大目館」出土調査地区である。

上料　一点のみであるが、体部内外面に書かれている点からも神仏への供献用土器と考えられる。

火　同一個体に二か所記載された例が一点あり、竈掘り方から出土していることから、竈神に関わる墨書土器と考えられる。

則天文字　則天文字とは、中国・唐代の則天武后（六二四～七〇五年）が載初二年（六九〇）に制定した独特の文字群である。その数は不明確だが、現在までに一七文字確認されている。(124) このうち武蔵国府関連遺跡では、「[illegible]・[illegible]」（天の則天文字風）が出土している。

呪術記号　「井」文字は、従来井戸に関わる祭祀に伴うものと考えられてきたが、近年ではお守りマーク「卌」＝道教の符号の原型にあたる呪術記号ではないかと考えられるようになってきた。(125) ここでは、線刻三点、墨書五点、ヘラ書き一点を確認することができた。

⑤吉祥文字

一文字が多いため、墨書の意味を把握することは難しく、これまで吉祥文字句として取りあげられてきたものを集計した。「大」二〇点、「太」・「山」七点、「上」六点、「長」五点、「吉」「万」「良」「茂」二点、「豊」「平」「集」「賀」「得」「和」「正」「成」一点である。なお、「茂」は、同筆と思われる二点が約一〇〇メートル離れた異なる調査地区（d地域）で出土している点が注目される。

⑥記号

記号と思われるものは、「×」八点、「⌘」「卄」二点、「[illegible]」「[illegible]」「[illegible]」「V」「[illegible]」「[illegible]」「○」「◎」「⊗」一点である。

⑦その他

方位・十二支　方位を表すものは、「東」二点、「西（「内西」を含む）」三点、「南」九点、「北」一点がある。「南」が最も多く、国衙北方のa・b両地域に集中する傾向がある。一般集落では「南」が多数出土し、それは集団の標識を表すと考えられているが、[126]「南」墨書土器が集中する一帯で「南曹」墨書土器も出土していることから、その関連性が注視される。また、十二支を表記したものは、「子」「申」「午（由カ）」「戌」がある。これらの出土地点と国衙を起点にした方位を比較すると、唯一「戌」二点が国衙から西北西（戌の方位）にあたる（第三章第一節）。

数字　数字は、「二」三点、「七」七点、「八」一点、「八十」一点、「十（士）」一点、「十」九点（石鎊への墨書二点を含む）があり、「十」が最も多い。「七」のうち二点は、合わせ口甕棺墓と考えられる遺構からセットで出土した土師器武蔵型甕二個体に記された同一線刻文字である。

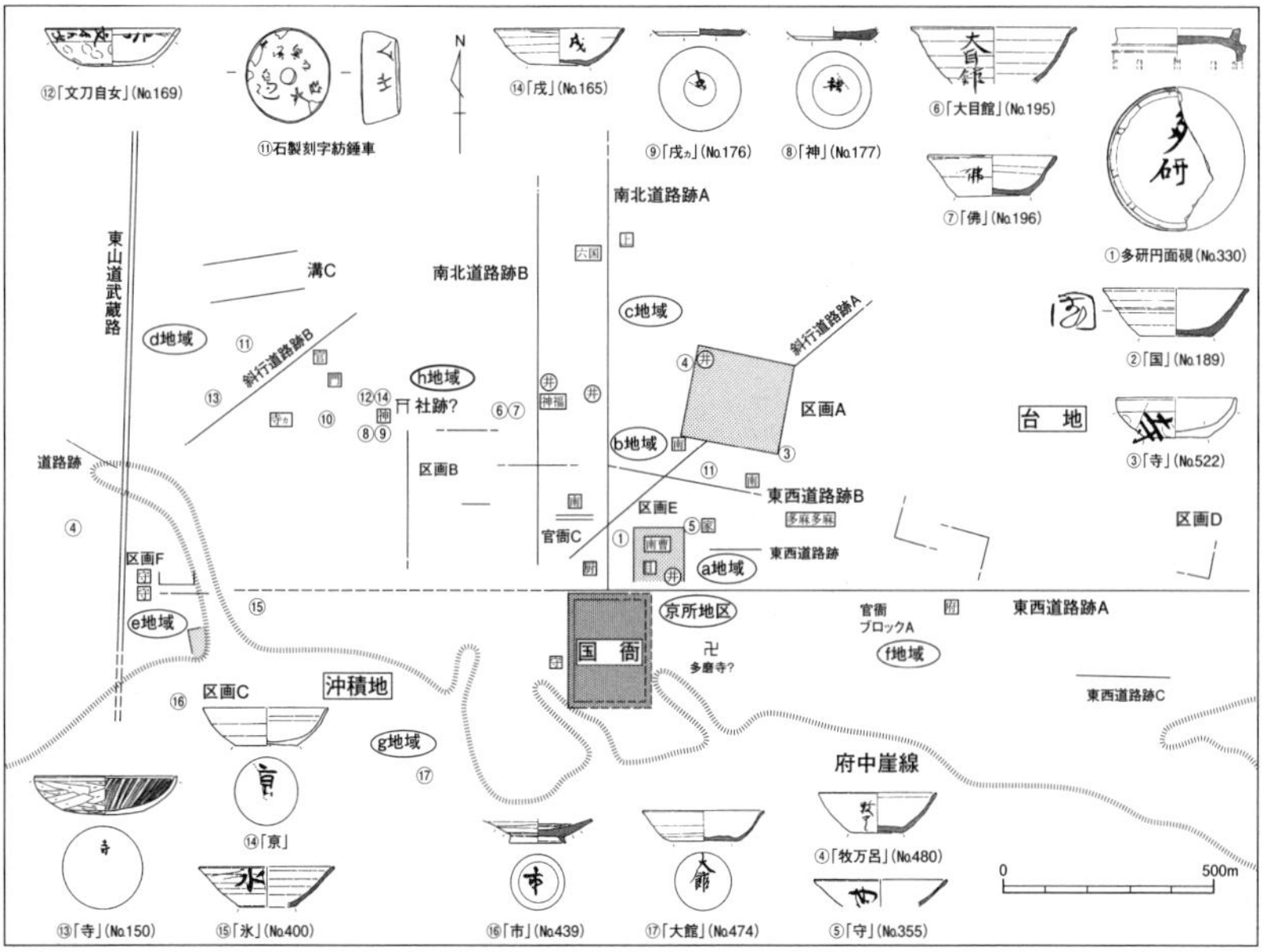

凡例　㊉=井戸跡　南曹=図示した以外の墨書土器　○数字=図示した遺物の出土地点

第42図　武蔵国府跡主要遺構と主要出土文字資料

四　武蔵国府関連遺跡出土文字資料の特質

以上の検討結果から得られた武蔵国府関連遺跡出土墨書土器の特質を列挙する。

ア　武蔵国府関連遺跡出土墨書土器は、一文字が主体的であるが、同じ文字が多量に出土する例は見られず、文字内容は多種多様なものであった。この点は、近隣の一般集落跡とは全く異なる特質といえる。例えば、多摩川を挟んだ対岸に位置する奈良・平安時代の大集落である「落川・一の宮遺跡」では、二一七個体二三〇文字中「土」が一五二文字、約七〇パーセントを占めている（旧落川遺跡[127]出土分のみ）。この傾向は他国の一般集落遺跡でも同様で、地域の集団の標識を表すものと考えられている。検討をはじめるにあたって、墨書土器が本貫地から国府へ集められた集団の標識を表しているのではないかと期待を持っていたが、文字内容に地域性は、認められなかった。唯一同筆とされる「茂カ」「仁」の二文字が異なる地点で出土している例があるが、その他で特に地域性を顕著に表す墨書土器は認められなかった。その点では、同一文字が多い一般集落跡とは異なる国府跡（官衙遺跡）特有の墨書土器傾向といえる。

イ　武蔵国府関連遺跡墨書土器は、竪穴建物跡出土が最も多く、大半は覆土からの出土であった。また、器質は食器（坏）で、日常使用されていた土器に墨書されていることが確認できた。ヘラ書きを除き、大半の墨書土器は国府という一大消費地で記されたものである。墨書がいついかなる目的で記されたのか、それを明らかにするためには墨書土器そのものの観察が必要不可欠であった。ここでは、特に土器箱数と墨書土器残存率に着目し、集計を試みた。文字の記載状況と土器残存度を検討した結果、墨書土器が破片に多いわけではなく、半分以上と半分以下がほぼ同数存在することが判明した。今後は、より詳細な出土状況と土器の観察を行うことで、墨書行為がどの段階（日常か非日常かなど）で行われたものか検討する必要がある。例えば、二文字以上記載された墨書土器の二つの文字に時間差がある場合、墨書された土器を使用していた可能性も指摘できる。

ウ　武蔵国府跡主要遺構と出土文字資料の出土地点をまとめたものが第42図である。今回の集成によって、従来知られていなかった新たな調査成果が明らかになった。それは、東山道武蔵路と国衙北隣接東西道路の西延長ラインの交差点付近の地域（e地域）で、土器出土量のなかで、墨書土器出土比率が異常に高いことと、「守」墨書土器がH４期（九世紀中頃）と考えられる一棟の竪穴建物跡から二点出土したことである。特に、「守」墨書土器は、これまで国府域全体でも三点確認されているのみであったが、二点同一地点から出土したことは初めてである。また、この地域は竪穴建物跡と掘立柱建物跡が密集する地域で、三彩小壺も出土していることから、従来から官衙ブロックの存在が考えられてきたが、その可能性がますます高くなった。本章第二節で指摘したように、武蔵国府は八世紀以降国衙域に官衙が集中するだけでなく、官衙ブロックが国府域に分散配置されていくことが裏付けられた。

第五節　盤状坏の出現とその背景

一九六八年、服部敬史らによって「平底盤状の坏型土器[128]」と命名された土師器の盤状坏は、主に南武蔵地域で七世紀末から八世紀初頭に出現し、半世紀ほどで消滅する土器である。このように、盤状坏は特異な性格を有する土器であることから、福田健司の先駆的な論文をはじめ[129]、小林信一[130]、山口辰一[131]、鶴間正昭[132]の研究や一九七〇年代後半〜一九八〇年代のシンポジウム[133]、発掘調査報告書[134]などで検討されてきた。なかでも、盤状坏の用途や性格から出自にまで言及した論考としては、福田健司の研究に代表される。

その後、青木敬が武蔵国府跡出土盤状坏を供膳具以外での用途を考慮すべきとし、工房をはじめとした生産型施設に密接な関連がある土器＝広義での工具の一種とし、国府整備に伴う諸事業に参画・従事した人々が業務用に使用した（生活用具ではない）〝「国府ブランド」の業務用土師器〟とする論考を発表した[135]。福田健司の卓見に基づいた南武蔵地域の土器研究に携わってきた筆者にとって、青木の見解は、十分に検討を要する研究課題であった。

そこで、本節では、こうした先学の研究成果をもとに、出現から消滅まで普遍的に追うことができる武蔵国府関連遺跡の盤状坏を集成し、出現とその背景について考察を行うものである。

一　武蔵国府関連遺跡出土盤状坏集成

東西約六・五キロメートル、南北最大一・八キロメートルの範囲に広がる遺跡群である武蔵国府関連遺跡は、国庁を中心とする武蔵国府跡（第43図A地域）とその関連遺跡群（第43図B・C地域）として捉えられる。A地域は、国庁とそれを取り巻く役所群（曹司）＝国衙を中心として、竪穴建物跡約四〇五〇棟、掘立柱建物跡約九〇〇棟などの遺構が稠密に分布する東西約二・二キロメートル、南北最大一・八キロメートルの範囲と捉えられる。その内実は、国衙を起点とした直線的な道路網と官衙ブロックを中心に、七世紀末から十一世紀までの間、時期ごとに変化する。

武蔵国府関連遺跡の盤状坏はN１期（七世紀末～八世紀初頭）に出現し、N２期（八世紀前葉～第Ⅱ四半期中心）に盛行、N３期（八世紀中葉）に衰退・消滅するとされてきた。(136)

（1） 分類規定

集成にあたっては、土器の観察に主眼を置き、形態と製作技法から次のとおり分類した。(137)

①形態（第44図）

A類（第44図１～４） 底部が平底気味で、口縁・体部が外反するもの（大小あり）。

B類（第44図11～19） 底部が平底で、口縁・体部が直線的に外上方へ開くもの。

C類（第44図５・10） 底部が平底ではあるが、小振りで、体部下端が丸みを持つもの。

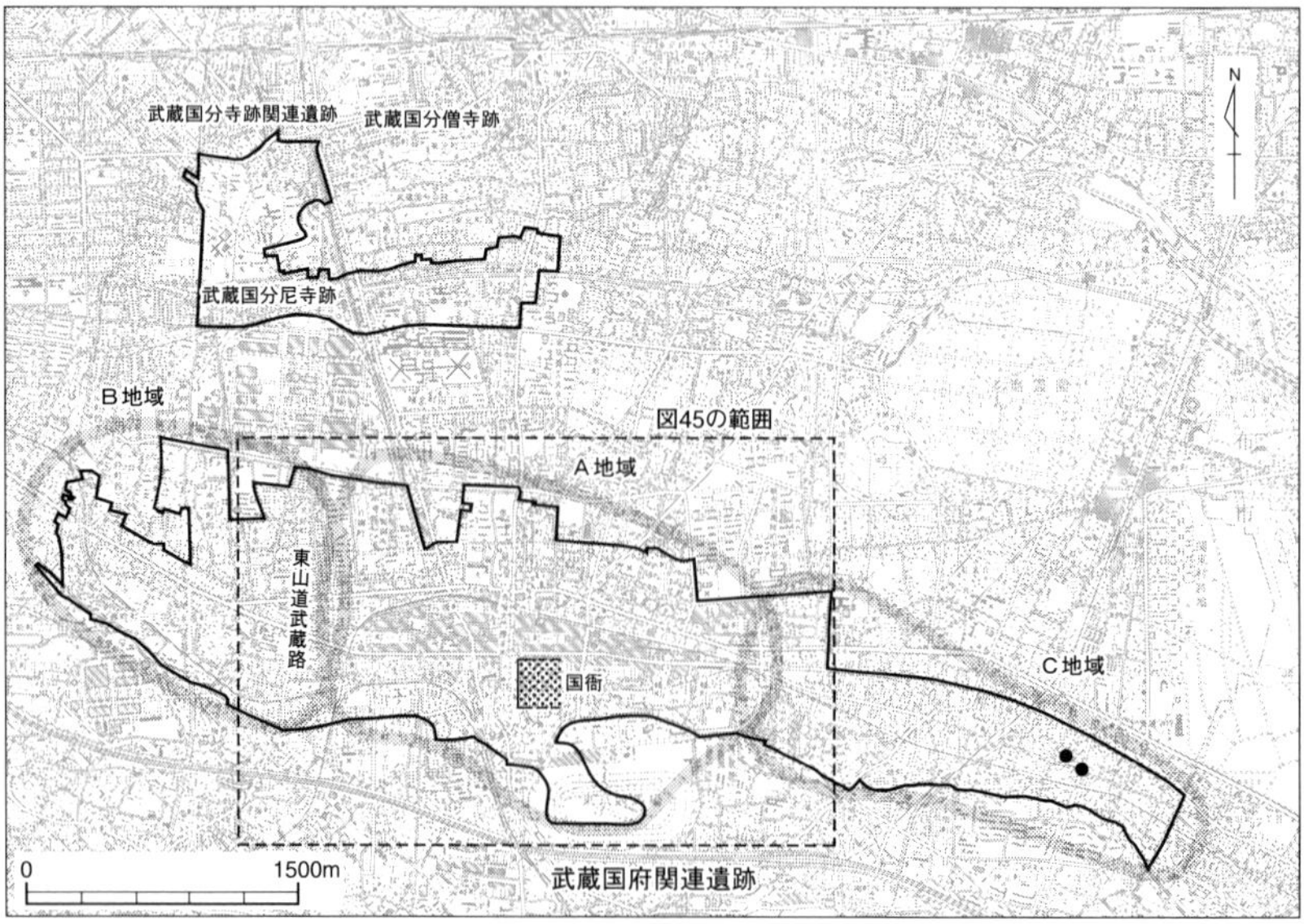

第43図　武蔵国府関連遺跡と地域区分

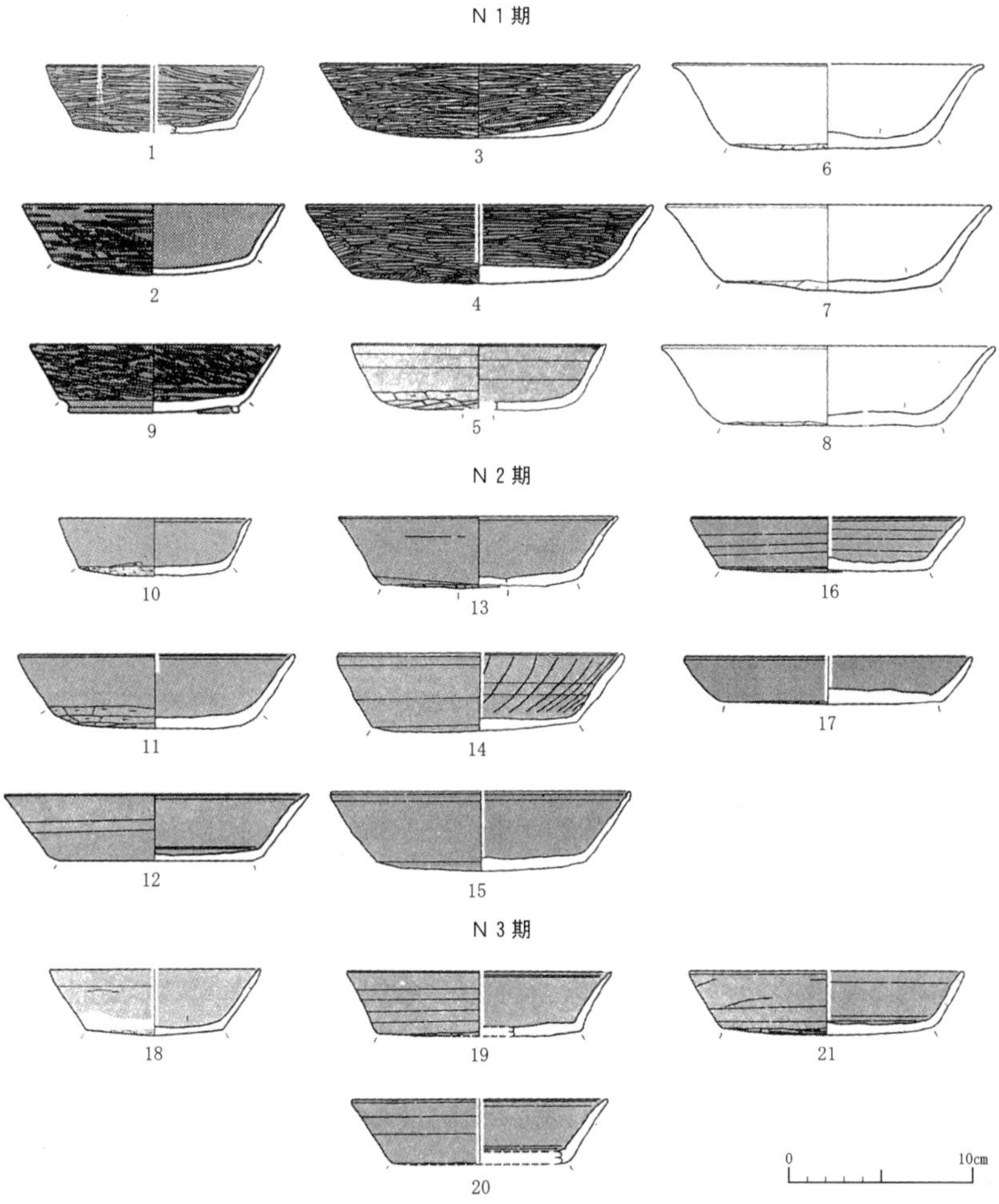

No.	遺構番号	掲載報告書	遺物番号
1	M69－ＳＩ２	報告Ⅳ	1004
2	M50－ＳＩ16	昭和57年報	1204
3	M28－ＳＩ18	報告Ⅴ	2041
4	M28－ＳＩ18	報告Ⅴ	2040
5	M79－ＳＩ１	報告Ⅱ	1001
6	M28－ＳＩ18	報告Ⅴ	2044
7	M28－ＳＩ18	報告Ⅴ	2043
8	M28－ＳＩ18	報告Ⅴ	2042
9	N60－ＳＩ22	報告Ⅺ	第６図－２
10	M38－ＳＩ45	報告Ⅺ	1035
11	M28－ＳＩ46	報告Ⅴ	2308

No.	遺構番号	掲載報告書	遺物番号
12	M28－ＳＩ36	報告Ⅴ	2235
13	N55－ＳＩ16	概報Ⅴ	161
14	N55－ＳＩ21	概報Ⅴ	211
15	N55－ＳＩ16	概報Ⅴ	162
16	M28－ＳＩ９	報告Ⅴ	1145
17	M28－ＳＩ９	報告Ⅴ	1144
18	M40－ＳＩ135	概報21	1305
19	M28－ＳＩ38	報告Ⅴ	2254
20	M28－ＳＩ38	報告Ⅴ	2255
21	M38－ＳＩ11	概報XIII	1009

（注）
掲載報告書
報告Ⅳ＝『武蔵国府関連遺跡調査報告Ⅳ』
昭和57年報＝『府中市遺跡調査会年報昭和57年度』
概報Ⅴ＝『武蔵国府の調査』

第44図　盤状杯実測図

Ｄ類（第44図９）　高台が付くもの。

②製作技法

成形…回転台により、粘土紐の巻き上げ成形と考えられる。

整形…回転台の回転力により、口縁・体部は横ナデが行われる。

底部切り離し…糸切り（静止糸切り→回転糸切り）離し。

底部整形…手持ちヘラ削りと回転ヘラ削りがあり、ヘラ削りが体下部にまで及ぶものがある。

丹塗り…大半が全面丹塗りだが、底部外面から体部下端がないものもある。

ヘラ磨き…口縁・体部外面だけに施されるものと内外面に施されるものの両者がある。

暗文…口縁・体部内面に放射状暗文、底部内面に螺旋状暗文が施されるもの多い。

口縁端部内面…一条の沈線を持つものが多い。

ここで取り扱う盤状坏は、小破片も含め二五二点（個体）で、そのうち出土状況は全点を検討対象とし、製作技法などは原則として既報告（近刊の報告も含む）分一九八点を対象とした。なお、出土地点、出土遺構と出土状況（層位）の集計結果は、本文中に記載し、それ以外の土器の観察結果は、第11表に掲載した。

（２）集計結果

①出土状況

出土遺構　竪穴建物跡二二四点、掘立柱建物跡の柱穴一〇点、井戸跡一一点、土坑一点などで、竪穴建物跡が全体の約八九パーセントを占める。掘立柱建物跡と井戸跡の場合は、単独の遺構の覆土中に廃棄されたものと考えられることから、数量的には、盤状坏出土遺構の大半が竪穴建物跡といえる。

竪穴建物跡は一二七棟にのぼるが、大半が武蔵国府関連遺跡でごく一般的にみられる竪穴建物跡である。特に、構造上異なるものを抽出しても、床面上に炉を有し、鉄滓が出土した鍛冶工房跡一棟、床面上に炉を有する竪穴建物跡一棟、棚状施設を有するもの一棟とわずか三棟に過ぎない。これらの点からすれば、特に盤状坏が出土する竪穴建物跡について、他の建物跡との相違点は認められず、考古学的に工房と捉えられる事例は少ない。

遺構内出土状況　竪穴建物跡の場合、竈一三点、竈＋覆土四点、竈＋床面直上一点、竈＋床面直上＋掘り方一点、床面直上一〇点、床面直上＋覆土四点、掘り方七点、掘り方＋覆土一点で、残りはすべて覆土の一八三点で、大半が覆土中に廃棄されていることがわかる。

残存度（摩耗度）　ほぼ完形も含め、完形品は二三点に過ぎず、半分以上残存が四五点、その他はすべて二分の一以下残存のものである（以下、第11表）。この状況からすると、完形の盤状坏が竪穴建物に遺棄された事例は少なく、大半が使用済後、他の遺物同様に廃棄されたと考えられる。なお、完形の盤状坏が竪穴建物跡の床面に遺棄されていた数少ない事例として、「五五八次明徳ビル地区」M49-SI23で、実測可能な破片で二一点を数える。(138) これらのほぼ全点で、手ずれなど使用によって生じた摩耗が著しいことが確認できた。このことから、本出土事例の盤状坏は、長期間使用されていたものと考えられる。

器種　高台付坏が一点出土しているが、その他は器高のやや低いものも含め、すべて坏である。

②製作技法

成形　粘土紐の巻き上げと考えられる積上痕跡が二三点確認された。全体の約一割に過ぎないが、盤状坏がロクロによる水挽き成形ではない証左といえる。また、図示していないが、底部外面に粘土板を作成する際の粘土紐の渦巻き状の痕跡が確認されている事例が一点認められた。

第11表　武蔵国府関連遺跡出土盤状坏集成表

項目	N1(%)		N1～N2(%)		N2(%)		N2～N3(%)		N3(%)		合計	不明／%
1　点数	44	21%	13	6%	138	65%	3	1%	15	7%	213	39
2-1　法量(口径)												
9 cm 台					1	1%					1	1%
10 cm 台					2	2%					2	1%
11 cm 台	1	3%			3	3%					4	2%
12 cm 台	1	3%			5	5%			1	10%	7	4%
13 cm 台	1	3%			8	8%			4	40%	13	8%
14 cm 台	4	12%	3	23%	36	34%	1	50%	3	30%	47	29%
15 cm 台	4	12%	7	54%	28	27%	1	50%	1	10%	41	25%
16 cm 台	8	24%	3	23%	17	16%			1	10%	29	18%
17 cm 台	11	32%			3	3%					14	9%
18 cm 台	3	9%			1	1%					4	2%
19 cm 台	1	3%			1	1%					2	1%
合計	34	100%	13		105	100%	2	100%	10	100%	164	–
2-2　法量(器高)												
1.9～2.9 cm					4	6%			3	43%	7	6%
3.0～3.4 cm					16	23%	3	100%	4	57%	23	21%
3.5～3.9 cm	9	38%	1	13%	26	38%					36	32%
4.0～4.5 cm	15	63%	6	75%	20	29%					41	37%
4.5 cm 以上			1	13%	3	4%					4	4%
合計	24	100%	8	100%	69	100%	3	100%	7	100%	111	–
2-3　法量(底径)												
6～7 cm 台					4	5%					4	3%
8 cm 台	2	7%			3	4%			1	11%	6	5%
9 cm 台	1	3%			9	12%			4	44%	14	12%
10 cm 台	3	10%	2	17%	20	27%			2	22%	27	23%
11 cm 台	9	30%	7	58%	24	32%			1	11%	41	34%
12 cm 台	10	33%	1	8%	8	11%					19	16%
13 cm 台	3	10%	2	17%	3	4%			1	11%	9	8%
14 cm 台	1	3%			1	1%						0%
15 cm 台	1	3%			2	3%						0%
合計	30	100%	12	100%	74	100%	0	–	9	100%	120	–
3　残存度												
小片	12	29%	5	36%	38	30%	1	33%	9	60%	65	33%
1/2 以下	13	31%	5	36%	44	35%	1	33%	3	20%	66	33%
1/2 以上	12	29%	2	14%	30	24%	1	33%			45	23%
完形	5	12%	2	14%	13	10%			3	20%	23	12%
合計	42	100%	14	100%	125	100%	3	100%	15	100%	199	–
4　底部調整												
手持ちヘラ	32	97%	10	100%	97	87%	3	100%	11	79%	153	89%
手持ちヘラ(体下部迄)	1	3%			7	6%			1	7%	9	5%
回転ヘラ					3	3%			2	14%	5	3%
静止糸					1	1%					1	1%

項目	N1(%)		N1～N2(%)		N2(%)		N2～N3(%)		N3(%)		合計	不明／%
回転糸					3	3%					3	2%
合計	33	100%	10	100%	111	100%	3	100%	14	100%	171	－
5　積上痕跡												
有	7	16%	2	15%	11	8%			3	20%	23	11%
6　口縁沈線												
有	12	27%			74	54%			3	20%	89	42%
7　丹塗り												
全面	32	67%	12	92%	112	87%	3	100%	12	75%	171	82%
体下・底部外面無					4	3%			1	6%	5	2%
外面のみ	8	17%			1	1%				0%	9	38%
無	8	17%	1	8%	12	9%			3	19%	24	11%
合計	48	100%	13	100%	129	100%	3	100%	16	100%	209	－
8　暗文(内面)												
放射状＋螺旋状	7	21%	3	23%	5	4%				0%	15	8%
放射状	8	24%	3	23%	4	3%	2	67%	2	15%	19	10%
螺旋状					1	1%					1	1%
無	18	55%	7	54%	110	92%	1	33%	11	85%	147	81%
合計	33	100%	13	100%	120	100%	3	100%	13	100%	182	－
9　ヘラ磨き												
全面	15	41%									15	8%
外面	10	27%	5	38%	7	6%	1	33%	1	7%	24	13%
口縁外面のみ	2	5%									2	1%
底部外面のみ	1	3%			1	1%					2	1%
無	9	24%	8	62%	110	93%	2	67%	13	93%	142	77%
合計	37	100%	13	100%	118	100%	3	100%	14	100%	185	－
10　煤付着												
有	4	9%	2	15%	15	11%	1		1	7%	23	11%

注　5・6・10の合計%は、全出土量に対する割合を示す。

整形　N1期が弱いナデ、N2期以降回転台の回転力を利用した強い横ナデ（ロクロ目が顕著）が施される。

法量　口径はN1期で一六～一七センチメートル台の大型品が全体の五割を超え、口径一九センチメートル台のものも存在する点が大きな特徴である。これがN2期になると、口径一四～一五センチメートル台のものが全体の六割となり、口径一七センチメートル以上の大型品はほとんど見られなくなる。縮小化の傾向は、その後のN3期になるとさらに顕著となり、口径一三～一四センチメートル台のものが全体の七割を占めるようになる。

器高はN1期では三・五～四・五センチメートル台、N2期では、三・〇～四・五センチメートル台、N3期では一・九～三・四センチメートル台と、徐々に深いものから、浅いものへ変化することがわかる。

底径は口径と同様な変化が認められ、徐々に底径の大きなものから、小さなものへ変化する。

底部切り離し　数は少ないが、N2期のものに、静止糸切り痕跡が一点、回転糸切り痕跡が三点認められたことから、底部切り離しは、確実にN2期以降は糸切りと考えられる。

底部整形　底部整形は、九割以上手持ちヘラ削りである。N1期は、非常に密で丁寧なヘラ削りが行われているが、N2期以降雑なものになっていき、回転ヘラ削りも行われるようになる。

口縁端部内面の沈線　N1期は三割弱の比率だが、沈線形成後のヘラ磨きで消されている可能性も考えられる。N2期では、五割を超える比率で沈線が認められる。

丹塗り　ほぼ七割が全面丹塗りである。N1期のみ、外面のみまたは丹塗りが施されないものが二割弱認められる。

暗文　N1期では、口縁・体部内面に放射状・螺旋状暗文が施されるが、N2期では、ほぼ消滅し、逆に暗文が施されないものが八〜九割を占める。

ヘラ磨き　N1期では全面施されるものが多く、N2期以降施されないものが九割以上となる。

煤の付着状況　器壁に煤の付着しているものは、全体の約一割で認められた。

二　武蔵国府関連遺跡出土盤状坏の特質

（1）時期別推移

①N1期（出現期）

大型の盤状坏が出現する（第44図）。

特徴　やや弧状の底部から、口縁部が外上方へ外反気味に広がる。回転台は使用されず（手捏ね）、底部は手持ちヘラ削り調整が施される。全面丹塗りと外面のみ・丹塗り無しの製品が共存する。全面ヘラ磨きと内面放射状＋螺旋状暗文施されるものが多い。

法量等　口径一六～一七センチメートル以上の大型品中心だが、口径一二センチメートル未満の小型品もごく少量存在する。口径一六・七～一八センチメートルの丹塗り・ヘラ磨き手法を省略した大型品もある。

②Ｎ２期（盛行期）

大型品が減少し、盤状坏が平底化する。

特徴　平底の底部で、口縁部が外上方に広がるが、外反が強いものは少ない。回転台が使用され、ロクロ目の強い横ナデが施される製品がみられるとともに、底部回転ヘラ削りもごく少量存在する。全面丹塗りが九割近く、内面放射状＋螺旋状暗文とヘラ磨きが激減し、口縁端部内面に一条の沈線が施されるものが五割以上みられる。

法量等　口径一七センチメートル以上の大型品は、ほぼ消滅し、口径一四・五～一六・五センチメートル、器高三～四・五センチメートルのものが中心となる（当該時期の須恵器坏に近い法量）。

③Ｎ３期（衰退期）

小型化し出土量が激減する。

特徴　出土量の割合が全体の七パーセントに過ぎず、本時期をもって盤状坏は消滅する。製作技法はＮ２期と同様だが、全体的に小型化、底部回転ヘラ削り調整が増える。暗文とヘラ磨きを有するものがほぼ消滅する。

法量等　口径一三～一四センチメートル前後のもの中心。口径一七センチメートル以上の大型品は存在しない。

（2）出土状況とその特質

武蔵国府跡におけるN1期～N3期までの時期別出土状況の特質を列挙する（第45図）。

ア　武蔵国府関連遺跡全体の出土地点をみると、A地域に集中し、B・C地域（第43図）は、散在する程度であるが、C地域の二二次調査地区で、竪穴建物跡から一一点盤状坏が出土している。

イ　A地域については、大きく国衙北方地域（a～c地域）と国衙北西地域（d～e地域）に集中し、段丘崖沿いで散在する傾向がある。

ウ　遺構の出土量をみると、一〇点以上出土した地区はわずか七地区に過ぎず、大半が二～三点である。廃棄時に分散化されたことは考えにくいので、盤状坏は限定された場所で使用された特別な土器ではなく、他の供膳具と共用で、数点程度ずつ使用されていたことが裏付けられる。

エ　時期別に各出土地点を大きくみると、N1期～N3期まで、その分布が大きく偏ることはないが、N1期は、国衙北方地域（a～c地域）と国府西方地

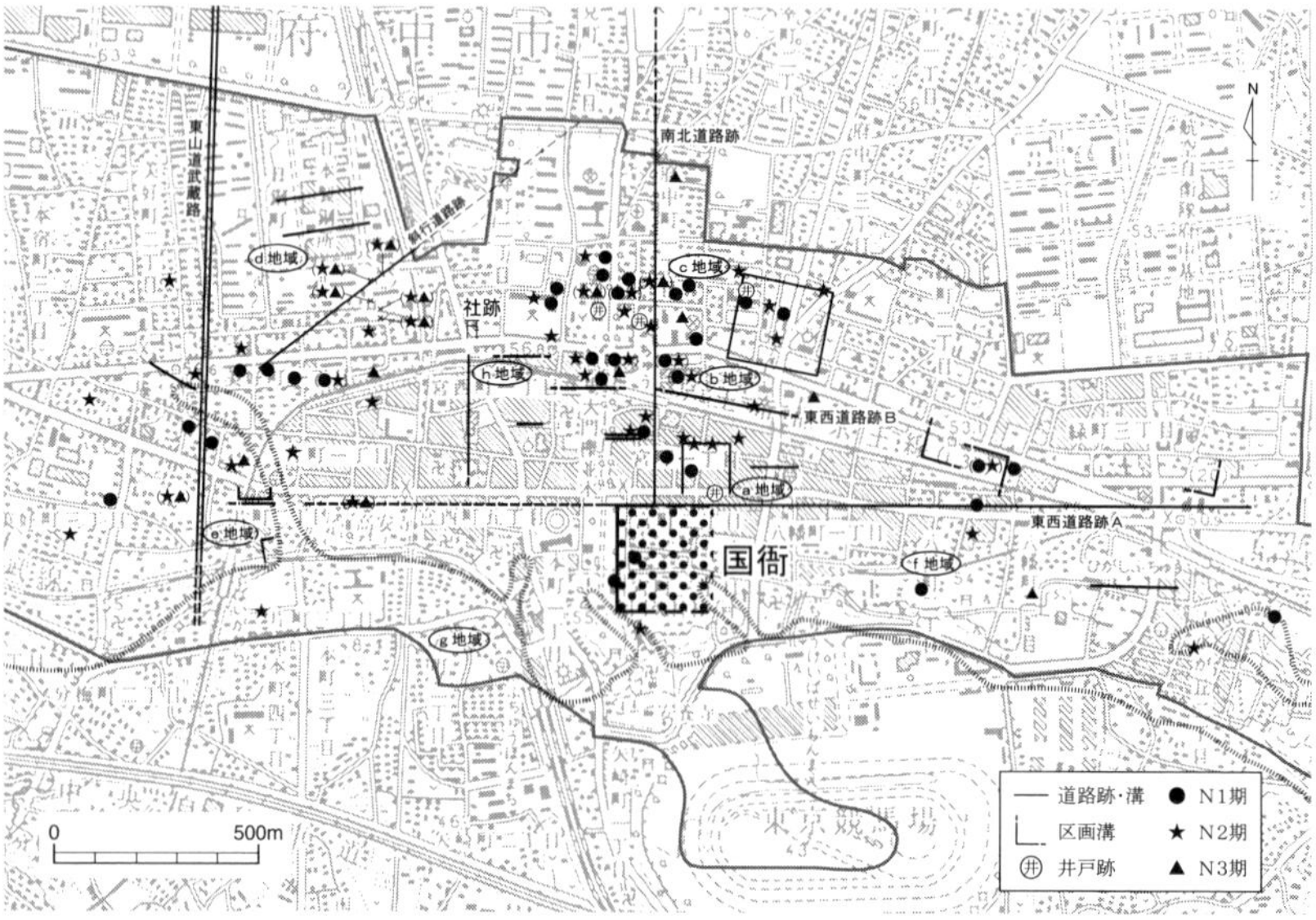

第45図　武蔵国府跡主要遺構と盤状杯出土分布の変遷

域（e地域）、国府東方地域（f地域）に限られて分布するのに対し、N2期になると、国府北西地域（d地域）に出現し、その分布が広がる様相が看取できる。N3期では、反対にその分布が再度狭まり、縮小化されるようである。

オ　時期ごとに出土数量を見ると、N2期が最も多く一三八点、次にN1期の四四点、N3期一五点となり、N3期の激減がはっきりと看取できる。

盤状坏は、大半が竪穴建物跡から出土しており、その出土地点と竪穴建物跡の分布の相関関係がうかがわれる。これらの点を踏まえ、盤状坏の成立から消滅までをまとめてみたい。

「武蔵国府タイプの盤状坏」成立期（N1期）　N1期は、竪穴建物跡がN2期ほどの稠密さは認められないものの、段丘崖（ハケ）から一キロメートル近く段丘上に入り込んだ地点まで進出し、大型井戸も掘削されていることから、国衙は未整備だが、武蔵国府成立期と捉えられる。盤状坏も竪穴建物跡と近似した状況で分布し、この段階で国府域の広範囲に及んでいることがわかった。

この段階の盤状坏は、口径一七センチメートル以上の大型品中心で、口縁端部が外反し、全面丹塗り・ヘラ磨き、内面に放射状または螺旋状の暗文が施されること、少量ながら口縁端部内面に一条の沈線がめぐること、高台付や小型の製品も認められること、国府以外の一般集落遺跡から出土しないことなどから、畿内の土器様式（土師器坏Aと坏B）の影響がきわめて強い土器と考えられる[139]。即ち、この段階の盤状坏は、武蔵国府が成立し、機能しはじめた時期に出現した土器であり、国府の成立に伴って出現した武蔵国府を代表する土師器＝「武蔵国府タイプの盤状坏」と呼ぶ。なお、従前の南武蔵地域の土師器供膳具は、在地の伝統的な鬼高系の土器として、すべて丸底指向の土器であった[140]が、出現時の盤状坏はやや弧状ではあるが、明確に平底指向の土器である。鶴間も指摘しているとおり、この時期の盤状坏の諸特徴は、従来在地の伝統では成立し得なかった土器[141]で、武蔵国府の周辺集落遺跡からは、ほとんど出土しない点からも、武蔵国府の成立に密接な関わりを持って出現した土器と位置付けられる。

また、丹塗りについても、青木が指摘するような供膳具以外での用途ではなく、鶴間が指摘したように、全国各地にこの時期出土例があることから、畿内産土師器にはない赤色塗彩の技法を、畿内の影響下で成立した新型の土師器供膳具に導入した結果[142]とする見解が妥当である。

さらに、その成立の史的背景として、土師器供膳具が在地的あり方を保持する北関東に対して、中央の影響を比較的ダイレクトに受容して土師器供膳具の成立をみる南関東の土器の状況と、国府の所在地が在地勢力の強い地域を回避する傾向にあること[143]を重視する見解や相模国鎌倉地域に出土する盤状坏の成立理由として、その場所が中央とのつながりが強い豪族の本拠地であるとする指摘[144]が出されている。

「中田タイプの盤状坏」盛行期（N２期）　N２期の盤状坏は、国府の広範囲に分布する。前段階では、その分布がａ〜ｃ地域とｅ地域にまとまる傾向が認められたが、当該時期はさらにｄ地域まで拡充し、その一部は東山道武蔵路を超えて分布している。ａ〜ｃ地域は、国庁の整備に伴って、国府の中心地域＝官庁街を形成する地域で、ｄ地域はＮ３期以降国府の整備・拡充に伴って、主に工房ブロックとして拡大する地域と考えているが、両者間には、ｈ地域とした区画溝と掘立柱建物跡を中心とする官衙ブロックが形成され、この地域を挟んで、盤状坏の出土分布が明確に分けられる。[145]官衙ブロックに限定して出土しないことから、盤状坏が一般的な土師器供膳具とすべき所以でもある。

当時期の武蔵国府跡における盤状坏は、前段階と比較して、明確な平底指向化、小型化、暗文・ヘラ磨きの省略化、口縁端部沈線の増加という四つの特徴が指摘できる。この段階で盤状坏は、広く南武蔵地域に分布するようになっていく。この段階の盤状坏を山口辰一は、「中田タイプ盤状坏」と呼んだが、[146]ここでも「武蔵国府タイプの盤状坏」と区別するために、「中田タイプの盤状坏」と呼ぶ。ただし、このタイプも、Ｎ１期からの延長線上にあり、当初畿内の影響を強く受けて成立した特殊な盤状坏が、須恵器の製作技法の影響によって、出土量が増加、定型化され、器形の斉一性が強くなっていった。そこに福田健司の指摘した須恵器の影響ないしは両者の交流があったことがうかがわれ[147]、須恵器坏と形態・法量が類似してくる理由を見出すことができる。確かに、両者の法量を比較すると、Ｎ３期の盤状坏がやや小型化しているが、ほぼ互換性を有することがわかる。

この段階でも、いまだ須恵器生産は供給に追いつかず、供膳具の主流にはなり得なかったので、須恵器の補完用土器として盤状坏が必要であったとする見解がある[148]。この点について、武蔵国府関連遺跡の土器供膳具出土割合を検討した結果[149]、Ｎ１期では、盤状坏のみ出土した竪穴が九棟中四棟、須恵器のみ出土した竪穴が九棟中五棟、Ｎ２期では、盤状坏のみ出土した竪穴が四八棟中一〇棟、須恵器のみ出土した竪穴が四八棟中一〇棟（残りは両者出土）、Ｎ３期では、盤状坏のみ出土した竪穴が二五棟中一棟のみ、須恵器のみ出土した竪穴が二五棟中二〇棟（残りは両者出土）という結果が得られた。また、全体的な土師器・須恵器出土割合をみると、Ｎ１期は土師器が六割弱、Ｎ２期は土師器が七割弱に対し、Ｎ３期は両者がほぼ同比率、Ｎ４期に至ると逆に須恵器が土師器の二倍になる結果も得られた。このことから、他の集落と比較して須恵器の保有量が多い武蔵国府でさえ、Ｎ１期からＮ２期の間は、土師器盤状坏と須恵器坏が各竪穴で主要な供膳具として用いられ、盤状坏が多い竪穴建物では須恵器が少なく、逆に須恵器が多い竪穴建物では盤状坏が少ない傾向が明らかになった。ただし、口縁端部内面に施される沈線がＮ２期からＮ３期に至っても存続することは、須恵器工人との交流があったにもかかわらず、「盤状坏は土師器」という意思表示であると考えたい。

盤状坏の衰退・消滅期（Ｎ３期）　Ｎ３期に至り、須恵器坏が無蓋化、小型化の方向へ向かうのと時期を同じくして、盤状坏も一層小型化し、当該時期をもって衰退・消滅する。このことは、Ｎ３期＝八世紀中頃に創建される武蔵国分寺跡では、盤状坏が遺構に伴って出土した事例がないことからも裏付けられる[150]。そして、盤状坏の消滅を補うかのように、須恵器坏が増大する。しかし、あくまで、盤状坏の衰退・消滅の直接の原因は、Ｎ３期に至り土師器供膳具への畿内の強い影響＝共通性が完全に失われることで、当初の盤状坏成立意義そのものがなくなり、国別土器（武蔵国では武蔵型土器）の出現へと変化していくことにある。それが南武蔵地域では、盤状坏と同じ平底指向の南武蔵型土器であり、都区部地域では落合型坏であり、武蔵国府跡ではその両者がみられるのである。

三　まとめ

以上、武蔵国府関連遺跡の盤状坏を集成し、土器の観察や出土状況などから、盤状坏の出現とその背景について検討してきた。七世紀末〜八世紀前葉にみられる大型の盤状坏は、武蔵国府の成立に伴って出現した「武蔵国府タイプの盤状坏」と意義付け、その後は、一層の平底化と小型化の傾向もあいまって、南武蔵地域に広くみられるようになる「中田タイプの盤状坏」と区別した。成立段階の大振りの盤状坏は、その用途を武蔵国府という地方官衙内で限定された供膳具と考えた。盛行期（N２期）の盤状坏は、南武蔵地域のみならず、東山道武蔵路沿いの埼玉県所沢市東の上遺跡でも出土している[151]。この段階で、盤状坏は日常使用される供膳具ではあったが、その他さまざまな用途で使用された可能性は高い[152]。

今後は、より視野を広げて検討することで、中央との密接なつながりを有しながらも、地域色を持った「武蔵国府型律令的土器様式」として捉えられないかどうか検証していきたい。

注

（1）古代国府の成立については、左記文献にて現状の研究成果がまとめられている。本章第一節も、左記第三号の「特輯『古代国府の成立をめぐる諸問題』に寄せて」をもとに、その後の研究を加えて加筆・修正したものである。（財）古代学協会『古代文化』第六三巻第三号・第四号、特輯：古代国府の成立をめぐる諸問題（上）・（下）、二〇一一・二〇一二年。

(2) 山中敏史『古代地方官衙遺跡の研究』塙書房、一九九四年、三八三～三八九頁。
(3) 八木充「国府の成立と構造―文献史料からみた―」『国立歴史民俗博物館研究報告』第一〇集、国立歴史民俗博物館、一九八六年。
(4) 大林達夫「院と所―周防国府の解明に向けて・その一―」『古文化談叢』三八、九州古文化研究会、一九九七年。
(5) 大橋泰夫「国府成立の一考察」『古代東国の考古学―大金宣亮氏追悼論文集』大金宣亮氏追悼論文集刊行会、二〇〇五年。同「国郡制と地方官衙の成立―国府成立を中心に―」『古代地方行政単位の成立と在地社会』奈良文化財研究所、二〇〇九年。同「古代国府をめぐる研究」『古代文化』第六三巻第三号、特輯：古代国府の成立をめぐる諸問題、（財）古代学協会、二〇一一年。
(6) 吉田晶「地方官衙とその周辺―国司制の成立をめぐって―」『庄内考古学』一九、庄内考古学研究会、一九八五年。
(7) 贄元洋「国府政庁の成立年代」『吾々の考古学』和田晴吾先生還暦記念論集刊行会、二〇〇八年。
(8) 贄元洋「掘立柱建物の年代決定方法について―国庁を中心として―」『日本考古学協会第七九回（二〇一三年度）総会研究発表要旨』日本考古学協会第79回総会実行委員会。
(9) 贄元洋「国庁における掘立柱建物の年代決定方法」『三河考古』二三、三河考古刊行会、二〇一三年。
(10) 豊川市教育委員会「附載　三河国府跡確認調査の再検討について」『東赤土遺跡』二〇一二年。
(11) ①山口辰一「武蔵国府と奈良時代の土器様相」『東京考古第3号』東京考古談話会、一九八五年。②山口辰一「第二節　武蔵国府集落の展開」『武蔵国府関連遺跡調査報告Ⅶ』府中市教育委員会・府中市遺跡調査会、一九八六年。
(12) ①荒井健治「武蔵国府における街並復元のための覚え書き」『武蔵国府関連遺跡調査報告Ⅶ』府中市教育委員会・府中市遺跡調査会、一九八六年。②荒井健治「国庁周辺に広がる集落遺構の性格について―武蔵国庁周辺の状況をもって―」『国立歴史民俗博物館研究報告第六三集』国立歴史民俗博物館、一九九五年。
(13) 府中市教育委員会・府中市遺跡調査会『武蔵国衙跡一』二〇〇九年など。こうした発掘調査の成果によって、武蔵国府跡は平成二十一年七月に、国内の国府で一四例目となる国史跡指定を受けている。
(14) 深澤靖幸「古代武蔵国府の成立」『府中市郷土の森博物館紀要』第二三号、府中市郷土の森博物館、二〇一〇年。

(15) ①府中市教育委員会・府中市遺跡調査会『武蔵国府跡（御殿地地区）』二〇一二年。②第一三共ビジネスアソシエ・共和開発『武蔵国府関連遺跡調査報告―（仮称）府中本町駅前開発地区（Ⅰ期）―』二〇一二年。③江口桂「武蔵国府の成立」『古代文化』第六三巻第三号（特輯　古代国府の成立をめぐる諸問題）、（財）古代学協会、二〇一一年。

(16) 注（13）と同じ。

(17) 注（13）と同じ。

(18) 注（14）と同じ。

(19) 御殿地とは、この場所が御殿という地名や『新編武蔵風土記稿』、『武蔵名勝図会』、『武蔵府中国府台勝概一覧図』など江戸時代の絵図・地誌類から、徳川家康が天正十八年（一五九〇）に造営し、正保三年（一六四六）に府中大火での類焼後再建されなかった「府中御殿」跡とされてきた場所に由来する。発掘調査でも、柵跡、掘立柱建物跡、井戸跡や徳川将軍家の三つ葉葵紋の鬼瓦が出土したことから、徳川将軍家の府中御殿であることが特定された。

(20) 注（15）②文献。

(21) SB5および6の東側に、SB7と対になる掘立柱建物があったかどうかは、遺構確認面が削平されているため明確にしがたいが、筆者は発掘調査で確認された関東ローム層下に堆積する多摩川の礫層の状況や猿渡容盛『武蔵総社誌』（慶応四年・一八六八年五月）にある「国司官舎の古跡は、六所宮の西南に地続きで、土地の人は御殿地と称えて来た。」との記載（傍点筆者）などから、古代の段階では、大型建物群のすぐ東側に谷が入り込んでいた可能性は低く、東脇殿があった（コの字形配置を呈する）可能性が高いと考えている。

(22) 注（15）①文献より転載。

(23) 本建物群の性格については、山中敏史氏にご教示いただき、以下の記載内容も氏のご教示によるところが大きい。

(24) 注（15）①文献一一〇頁。

(25) 奈良文化財研究所『古代の官衙遺跡Ⅱ遺物・遺跡編』二〇〇四年、一四四頁。

(26) 多賀城市教育委員会『館前遺跡』多賀城市文化財調査報告書第一集、一九八〇年。

(27) 鈴鹿市考古博物館『伊勢国府跡史跡指定記念シンポジウム　近畿・東海の国府　発表要旨集』二〇〇二年。

(28)　山中敏史『古代地方官衙遺跡の研究』塙書房、一九九四年、二八二頁。
(29)　これらの掘立柱建物群の周辺には、断面がロート状になる大型土坑が数基確認されており、ＳＸ2からは七世紀後半の土師器が出土している点が注目される。遺構の性格は今後の課題であるが、建物群に伴う食物貯蔵庫の可能性が高いと考えられる。
(30)　注（2）と同じ。
(31)　注（5）と同じ。
(32)　郡名寺院多磨寺については、注（14）深澤文献を参照。
(33)　新村出編『広辞苑』第五版　岩波書店、一九九九年。
(34)　鬼頭清明『律令国家と農民』塙書房、一九七九年。
(35)　鬼頭清明「郷・村・集落」『国立歴史民俗博物館研究報告』第二二集　共同研究「古代の集落」一九八九年。
(36)　山中敏史「地方都市の出現」『古代史の論点3　都市と工業と流通』小学館、一九九八年。
(37)　浅野充「日本古代における都市形成と国家」『国立歴史民俗博物館研究報告』第七八集、一九九九年。
(38)　藤岡謙二郎『国府』吉川弘文館、一九六九年。木下良『国府―その変遷を主として』教育社、一九八八年。
(39)　注（36）と同じ。
(40)　佐藤信『日本史リブレット8　古代の地方官衙と社会』山川出版社、二〇〇七年。
(41)　以下、国衙の発掘調査成果は、注（13）文献に基づいて記載している。
(42)　府中市教育委員会・府中市遺跡調査会『武蔵国府の調査Ⅺ』一九八〇年。墨書土器の釈文は『東京の遺跡』17、東京考古談話会、一九九九年に再録。
(43)　府中市教育委員会・府中市遺跡調査会『武蔵国府の調査25』二〇〇四年。
(44)　盤古堂・野村不動産『武蔵国府関連遺跡調査報告　プラウドシティ府中建設に伴う事前調査』二〇〇八年。荒井健治「古代武蔵国府を復元する」『文化財の保護』第四〇号、東京都教育委員会、二〇〇八年。
(45)　荒井健治は、この運河状大溝を運河としての機能を否定しているが、筆者は本遺構が人工的に掘削された運河ではないものの、自然流路が運河としての機能を持っていた可能性まで否定すべきではないと考えている。荒井健治「多摩川中流域の沖積地開発」『古代交通研究会第一七回大会資料集』古代交通研究会、二〇一三年。

(46) 創価学会・四門『武蔵国府関連遺跡調査報告　創価学会（新）府中文化会館地区埋蔵文化財発掘調査報告書』二〇一〇年。

(47) 六〇九次調査　府中市教育委員会・府中市遺跡調査会『武蔵国府の調査三六』二〇〇七年ほか。

(48) 注（14）と同じ。

(49) 二三〇次調査　府中市教育委員会・府中市遺跡調査会『武蔵国府の調査二〇』二〇〇二年。

(50) 七七二次調査　府中市教育委員会・府中市遺跡調査会『武蔵国府の調査三五』二〇〇七年。

(51) 六三五次調査　府中市教育委員会・府中市遺跡調査会『武蔵国府の調査三二』二〇〇六年。

(52) 府中市教育委員会・府中市遺跡調査会『武蔵国府関連遺跡調査報告三四　府中駅南口第三地区第一種市街地再可初事業建設に伴う事前調査』二〇〇五年。

(53) 八四三次調査　府中市教育委員会・府中市遺跡調査会『武蔵国府の調査二五』二〇〇四年。

(54) 深澤靖幸「国府のなかの多磨寺と多磨郡家」『国史学』一五六号、国史学会。同「武蔵国府・多磨寺・多磨郡家」『月刊歴史手帖』第二三巻第一〇号、名著出版。注（14）深澤文献。

(55) 深澤靖幸「国府のなかの寺と堂―武蔵国府跡の発掘調査事例から―」『府中市郷土の森博物館紀要』第一九号、府中市郷土の森博物館、二〇〇六年。

(56) 荒井健治「国庁周辺に広がる集落遺構の性格について―武蔵国庁周辺の状況をもって―」『国立歴史民俗博物館研究報告第六三集』国立歴史民俗博物館、一九九五年。

(57) 武蔵国分寺跡・関連遺跡に位置する第九九九次調査レクセルガーデン西国分寺地区（府中市教育委員会・府中市遺跡調査会『武蔵国府の調査』一九、二〇〇一年、第31図①）では、当初路面幅一二メートルだった道路跡の路面幅が徐々に狭まって三面に及ぶ路面が検出され、中世から近世まで使用し続けられたことが明らかになっている。

(58) 舘野和己「古代の交通と在地社会」『駅家と在地社会』奈良文化財研究所、二〇〇四年。

(59)荒井健治「古代武蔵国府を復元する」『文化財の保護』第四〇号、東京都教育委員会、二〇〇八年。
(60)この点はすでに荒井健治が指摘している。荒井は「南武蔵諸郡連絡路」と呼んだが、筆者は、武蔵国府と郡衙を結んだ道路と位置づけるべきと思っているので、「国府・郡衙連絡路」と呼ぶ。
(61)宮田太郎「南武蔵から相模へ―多摩よこやま道と多摩古道・保全と活用―」『古代交通研究会第一四回大会資料集』古代交通研究会、二〇〇八年。
(62)山崎和巳「東京都多摩市打越山遺跡の道路遺構―丘陵部の調査事例として―」『古代交通研究』二、古代交通研究会、一九九三年。
(63)中村太一『日本古代国家と計画道路』吉川弘文館、一九九六年。注(61)宮田文献。
(64)府中市教育委員会『新版　武蔵国府のまち　府中市の歴史』二〇〇六年、一三四頁。
(65)府中市教育委員会・府中市遺跡調査会『武蔵国府関連遺跡調査報告五二―府中警察署庁舎建て替えに伴う事前調査の整理報告―』二〇一二年。
(66)これまで数地区で発掘調査が実施されているが、次の文献でその成果がまとめられている。府中市教育委員会・府中市遺跡調査会『武蔵国府関連遺跡調査報告三〇―ケーズデンキ府中本店建設に伴う事前調査―』二〇〇四年。
(67)注(66)文献と同じ。
(68)二一次調査　府中市教育委員会・府中市遺跡調査会『武蔵国府の調査三三』二〇〇六年ほか。
(69)二〇一三年三月末現在公になっている発掘調査報告書・概報掲載の調査データを集計した。
(70)注(5)と同じ。
(71)坂詰秀一「元慶二年の地震と武蔵国分寺」『武蔵野』第八七巻第一号、武蔵野文化協会、二〇一二年。
(72)金田章裕「国府の形態と構造について」『国立歴史民俗博物館研究報告』六三、一九九五年(のち、『古代景観史の探求宮都・国府・地割』吉川弘文館、二〇〇二年収録)。
(73)山路直充「京と寺―東国の京、そして倭京・藤原京」『都城　古代日本のシンボリズム』青木書店、二〇〇七年。
(74)注(72)と同じ。

（75）富田和夫「飛鳥・奈良時代の官衙と土器―官衙的土器と搬入土器の様相―」『埼玉考古学会シンポジウム　坂東の古代官衙と人々の交流』埼玉考古学会、二〇〇二年。
（76）小林信一「Ⅲ　下総地域の官衙関連遺物について」『研究紀要二五』千葉県教育振興財団、二〇〇六年。
（77）第三節で分析対象とする出土資料は、二〇〇七年度時点の報告書、年報、概報で報告されているものの集成であるが、できるだけその後刊行された報告書などの成果も加えている。近年、脚部を欠き取り硯面のみで使用していたと思われる円面硯が竪穴建物跡から出土した事例（N52―SI44・一二四三次調査）が報告されているが、ここでは取りあげなかった。なお、陶硯のみの出土点数・分布・割合などを検討対象とするのであれば、定形硯以外に転用硯の検討も欠かせないが、畿内産土師器、盤類なども併せて検討対象としていることから、主たる分析対象から転用硯は除外した。
（78）陶硯の分類と平城京出土の陶硯については、下記の文献による。神野恵・川越俊一「平城京出土の陶硯」『古代陶硯をめぐる諸問題―地方における文書行政をめぐって―』奈良文化財研究所、二〇〇三年。
（79）山口耕一「栃木県内出土の陶硯―円面硯を中心に―」『古代東国の考古学』大金宣亮氏追悼論文集刊行会編、二〇〇五年。
（80）田中広明「東国の地方官衙・集落と陶硯」『古代地方官衙周辺における集落の様相―常陸国河内郡を中心として―』茨城県考古学協会シンポジウム実行委員会編、二〇〇五年。
（81）多くの円面硯が竪穴建物跡の覆土中から破片で出土していることに対し、確実に出土した竪穴建物で使用されたと判断できる事例は、M59―SI67（『報告一七』）、M60―SI101（焼失建物）（『報告三六』）しかない。風字硯にしても、N41―SI1（『報告Ⅵ』）、M63―SI25（『概報二五』）のみである。
（82）武蔵国府編年については、序章第三節を参照。
（83）鳩山窯跡群遺跡調査会・鳩山町教育委員会『埼玉県比企郡鳩山窯跡群Ⅱ』一九九〇年。
（84）注（79）と同じ。
（85）国衙北方の東西道路跡Aと東山道武蔵路の交点付近に位置する区画Fは、前節で述べたように、東山道武蔵路の第一駅で国府付属駅の可能性を考えている。
（86）荒井健治「竪穴建物と「刀筆の吏」―武蔵国府の竪穴建物居住者階層―」『坂詰秀一先生古稀記念論文集　考古学の諸相

Ⅱ』坂詰秀一先生古稀記念会、二〇〇六年。
(87) この点について、山口耕一がM59—SＩ67出土の「多研」墨書円面硯を代表例とし、硯に格式が与えられていたとするならば、脚部が欠損し形態を変えて使用するような場合、官衙クラスで使用するのではなく、さらに下部機構に支給した可能性も考えている。しかし、こうした出土例は逆に稀な例であり、国府域出土円面硯の大半が硯面部のみを再利用するようで、郡衙など下部機構への支給とは考えにくい。
(88) 奈良文化財研究所『古代の官衙遺跡Ⅱ　遺物・遺跡編』二〇〇四年。
(89) 畿内産土師器の特徴は、①暗文、②細密なヘラミガキ調整の多用化、③精選された胎土と薄い器壁、④橙色あるいは赤褐色の色調に仕上げることなどがあげられる。
(90) 林部均「東日本出土の飛鳥・奈良時代の畿内産土師器」『考古学雑誌』第七二巻第一号、日本考古学会、一九八六年。同「律令国家と畿内産土師器—飛鳥・奈良時代の東日本と西日本—」『考古学雑誌』第七七巻第四号、日本考古学会、一九九二年。
(91) 中島広顕・松本太郎「関東地方出土の畿内産土師器『古代土師器の生産と流通—畿内産土師器の各地への展開—』奈良国立文化財研究所、二〇〇〇年。
(92) 鶴間正昭「畿内産土師器の模倣をめぐって」『法政考古学』第三一集、法政考古学会、二〇〇六年。
(93) 注(75)と同じ。
(94) 深澤靖幸「国府のなかの多磨寺と多磨郡家」『国史学』一五六号、国史学会。同「武蔵国府・多磨寺・多磨郡家」『月刊歴史手帖』第二三巻一〇号、名著出版。同「国府の中の寺と堂—武蔵国府跡の発掘調査事例から—」『府中市郷土の森博物館紀要』第一九号、(財)府中文化振興財団、二〇〇六年。
(95) 第七一八次「ジュネス寿地区」M37—SD21出土（府中市教育委員会・府中市遺跡調査会『武蔵国府の調査三六』二〇〇七年）。
(96) 東京都埋蔵文化財センター『武蔵国府関連遺跡—都市計画道路3・4・18号線整備事業に伴う調査—』二〇〇六年。
(97) 畿内産土師器とその他土器群との共伴関係が確実に捉えられるものとしては、平城Ｉ期がＮ2期の土器群と共伴する事例が二例、平城Ⅱ期（七一五～七三〇年頃）とN2～N3期（八世紀前葉～中葉）の土器群が共伴する事例が一例、平城Ⅲ期（七三〇～七六〇年頃）とN3期が共伴する事例が一例となっている。飛鳥Ⅲ期の畿内産土師器も、須恵器坏類と共伴している。

(98) 注(90)林部一九八六年文献。

(99) 注(90)林部一九八六年文献。

(100) 田尾誠敏「暗文土器からみた相模における畿内の影響」『神奈川県立歴史博物館総合研究報告　総合研究―さがみの国と都の文化交流』神奈川県立歴史博物館、二〇〇二年。

(101) 安田竜太郎「食膳形態土器の構成」『平城宮発掘調査報告XI　第一次大極殿地域の調査』奈良国立文化財研究所、一九八一年。

(102) 松本太郎・松田礼子「第六章考察　七．下総総社跡出土遺物の様相」『市川市出土遺物の分析』市川市教育委員会、一九九六年。

(103) 第三節で、須恵器盤類の出土量が下総国府跡に比べて少なく、大量に盤類を消費・廃棄した場所がまだ他にあることを指摘したが、旧稿発表後の二〇〇九年～二〇一〇年にかけて発掘調査が行われた初期国司館跡の大型円形有段土坑から須恵器盤類がまとまって出土した。このように、須恵器盤類は官衙特有のもので、消費場所（国司館）の近辺で廃棄されることを示す典型的な事例である。

(104) 第38図のなかで、国衙域西方の東西四〇〇メートル、南北六〇〇メートルほどの範囲で官衙的土器が全く出土していない空間がある。この地域は調査実績が極端に少ないわけではないが、竪穴建物跡も少ない。特に、旧甲州街道沿いの地域は、近世以降の開発によって、全体が関東ローム層下部まで著しく削平されているため、古代の遺構が残っていないと考えられる。

(105) 線刻とヘラ書きとは混同される場合もあるが、第三節で用いる用語は次のとおりである。

生産段階で記入されたもの

・ヘラ書き＝土器焼成前に、文字・記号などがヘラ状工具などによって刻み記されたもの。

・押　印＝土器焼成前に、文字・記号などがスタンプされたもの。

消費段階で記入されたもの
・墨書土器＝土器焼成後に、文字・記号などが墨で書かれたもの。朱墨も含む。
・線　刻＝土器焼成後に、文字・記号などが鋭利な工具などで刻み記されたもの。
また、旧稿発表時には、出土文字資料集成一覧表を掲載したが、ここでは掲載しなかった。
(106) 武蔵国府関連遺跡出土文字瓦は、明治大学古代学研究所が集成し、インターネット上でデータベースを公開している。
(107) 山口辰一「武蔵国府集落の展開」『武蔵国府関連遺跡調査報告Ⅶ』府中市教育委員会・府中市遺跡調査会、一九八六年。
(108) 同右。
(109) 平川南『墨書土器の研究』吉川弘文館、二〇〇〇年。
(110) 高島英之『古代出土文字資料の研究』東京堂出版、二〇〇〇年。
(111) 川畑誠「素描・墨書土器の周辺」『古代北陸と出土文字資料』（社）石川県埋蔵文化財保存協会、一九九八年。
(112) 中森茂明ほか「石川県出土墨書土器の基礎的検討」同右、一九九八年。
(113) 荒木志伸「墨書土器研究の新視点―古志田東遺跡を事例として―」『国史学会　二〇〇一年五月大会（古代部会）発表要旨』国史学会、二〇〇一年。
(114) 荒井秀規「墨書土器研究の新視点―東国を中心に―」『シンポジウム〈出土文字資料研究の現在〉発表資料』二〇〇一年。
(115) 山路直充「シンポジウム出土文字資料研究の現状についてのコメント」同右、二〇〇一年。
(116) ここでの集計で、府中市郷土の森博物館蔵第四中学校旧蔵資料は、資料集成としては有効だが、大半の資料が明確な出土地点や出土状況について不明だったことから、対象からは除外した。
(117) グリッドとは、府中市遺跡調査会が発掘調査を行うにあたって、府中市域をA～Zまで（I・Qは欠番）の一・五キロメートル四方（大グリッド）に分割し、さらに一辺一五〇メートル四方に区分した中グリッドと、さらに一辺三メートル四方に区分した小グリッドに分割した測量基準である。
(118) 注（115）と同じ。
(119) 注（111）と同じ。

(120) この六分類は、注(113)荒木文献の視点を参考にした。
(121) 松本太郎「下総国(1)」『シンポジウム東国の国府 in WAYO』シンポジウム東国の国府 in WAYO 実行委員会、一九九八年。
(122) 仲山秀樹は、「門」には、単なる出入り口の門だけでなく、居宅等の建物群、さらには「家」を指すことを指摘しているが、ここでは施設名として取りあげた。仲山英樹「墨書土器研究の視点(上)・(下)」『大平臺史窓』第一三・一四号、史窓会、一九九五・一九九七年。
(123) 検出地点は異なるが、h地域で氷室と考えられる大型円形土坑が発掘されている。
(124) 平川南「墨書土器とその字形—古代村落における文字の実相—」『国立歴史民俗博物館研究報告』三五、一九九一年ほか。
(125) 注(110)高島文献や右記文献および斎宮歴史博物館『企画展　眠りから覚めた文字たち』一九九七年参照。
(126) 栃木県立博物館『第六八回企画展　掘り出された「文字」』二〇〇〇年など。
(127) 日野市落川遺跡調査会『落川遺跡Ⅱ〔遺物編—第一分冊〕』一九九七年。
(128) 八王子市遺跡調査会『八王子市中田遺跡』資料篇Ⅱ、一九六七年。岡田淳子・服部敬史「土師器の編年に関する試案」『八王子市中田遺跡』資料篇Ⅲ、八王子市遺跡調査会、一九六八年。
(129) 福田健司「南武蔵における奈良時代の土器編年とその史的背景」『考古学雑誌』第六四巻第三号、日本考古学会、一九七八年。
(130) 小林信一「第五章　まとめ　第一節　いわゆる盤状坏について」『東京都多摩市　東寺方遺跡』多摩市遺跡調査会、一九八三年。同「ロクロ手法土師器の出現」『國學院大學考古学資料館紀要』第二輯　國學院大學考古学資料館、一九八六年。
(131) 山口辰一「第六章　付論—武蔵国府関連遺跡における土器編年試論—」『武蔵国府関連遺跡調査報告Ⅴ』府中市教育委員会・府中市遺跡調査会、一九八四年。同「第八章　付載二—武蔵国府関連遺跡における坏類の基礎的分類と変遷—」『武蔵国府関連遺跡調査報告Ⅵ』府中市教育委員会・府中市遺跡調査会、一九八四年。同「武蔵国府と奈良時代の土器様相」『東京考古』三、東京考古談話会、一九八五年。
(132) 鶴間正昭「奈良時代赤色塗彩土師器の様相とその意味」『古代学研究』一二二、古代學研究會、一九九〇年。同「関東における律令体制成立期の土師器供膳具」『東京考古』一九、東京考古談話会、二〇〇一年。
(133) 東洋大学未来考古学研究会・相武古代研究会　『シンポジウム盤状坏―奈良時代の土器様相―』一九八一年。
(134) 竹中工務店仮設道路用地内遺跡調査会『すぐじ山下遺跡（歴史時代）』一九八五年。町田木曽森野地区遺跡調査会『木曽森野遺跡　歴史時代編』一九八九年。町田木曽森野地区遺跡調査会『木曽森野遺跡Ⅲ　歴史時代編二』一九九五年。
(135) 青木敬「盤状坏と古代集落―多摩地域における検討―」『土壁』第五号、考古学を楽しむ会、二〇〇一年。同「盤状坏の史的意義」『東京都多摩市和田西遺跡の研究』考古学を楽しむ会、二〇〇三年。
(136) 注（131）山口論文以降では、以下の考察がある。塚原二郎「三　小結」『武蔵国府関連遺跡調査報告一一』府中市教育委員会・府中市遺跡調査会、一九九〇年。
(137) 基本的な着眼点は、次の文献を参考にした。多摩市遺跡調査会調査団『東京都多摩市　東寺方遺跡』多摩市遺跡調査会、一九八三年。
(138) 府中市教育委員会・府中市遺跡調査会『武蔵国府の調査』三一、二〇〇五年。
(139) ただし、この点から盤状坏を「律令的土器様式」の成立として、安易に結論づけることは避けるべきである。「武蔵国府タイプの盤状坏」としたものも、畿内でみられる土師器坏Aを忠実に模倣しているわけではなく、畿内の影響を強く受けながらも、在地の伝統のもとに成立した武蔵国府特有の土師器と意義づけるべきである。
(140) 注（132）鶴間二〇〇一年文献や注（136）塚原文献。
(141) 注（132）鶴間二〇〇一年文献。
(142) 同右。
(143) 注（132）鶴間一九九〇年文献。鶴間は、「赤色塗彩が内外面を問わず施されることは、その技法によって器面を赤色に彩ることに意味があったとし、流動物に対する浸透と汚染の防止だけが目的ならば、黒色処理の如く内面に施せば事足りるわけで…（中略）奈良時代の赤色塗彩土師器は、赤色顔料を塗布することで…（中略）赤色に彩色し視覚的に訴えることに第一義的な意義がある」とした。筆者も全く同感である。
(144) 田尾誠敏『土器から見た古代の茅ヶ崎』茅ヶ崎市教育委員会、一九九九年。

(145) g地域とh地域の間の東西道路跡Aに沿った地域は、全く竪穴建物跡と盤状坏が出土していないが、関東ローム層上面が大きく削平され、古代の遺構が壊されてしまったことに起因していると考えられる。
(146) 注(131)山口一九八五年文献。
(147) 注(129)と同じ。
(148) 注(136)塚原文献。
(149) 本書には、集成表は掲載しなかったが、既報告分竪穴建物跡九三棟、対象土器点数一〇三六点について、土師器・須恵器を各器種ごとに一棟ごとの出土割合を集計したものである。
(150) この点は、国分寺市教育委員会上敷領久氏にご教示いただいた。なお、青木敬が指摘しているように、武蔵台遺跡の包含層中から一点のみ盤状坏が出土しているが、あくまで遺構に伴っている出土事例は一点もない。
(151) 根本靖「東の上遺跡の基礎研究 Ⅵ—盤状坏研究ノート—」『あらかわ』第七号、あらかわ考古談話会、二〇〇四年。
(152) 青木敬の指摘した〝「国府ブランド」の業務用土師器〟は、N1期段階ではなく、N2期以降広く南武蔵地域で出土する「中田タイプの盤状坏」のなかのさまざまな用途の一つとして考えるべきであろう。いずれにしても、青木の見解は、福田の卓見に縛られない意欲的な論考であることは評価したい。

補注

第四節は、二〇〇二年段階で集成したデータに基づく旧稿を掲載したものである。すでに一一年が経過し、二〇一二年度までに刊行された発掘調査報告書・調査概報などを改めて集計した結果、墨書土器は一六〇〇点を数え、旧稿発表時の五九五点の三倍近い出土点数となっているが、出土状況や文字数、時期的変遷等の基本的な集計結果に変更は生じないと考え、大きく改稿せず掲載した。なお、新たな出土文字資料を加えた考察は稿を改めて行いたいと考えている。

参考文献（注に記載のものは除く）

荒井健治「国府の中の「寺」」『東京考古』一八、東京考古談話会、二〇〇〇年。

岡田淳子「府中市の奈良・平安時代の遺跡」『府中市史史料集第十集』府中市史編纂委員会、一九六六年。

（財）角川文化振興財団編『東京都古代中世古文書金石文集成　第四巻　金石文編』角川書店、一九九七年。

金原正「長野県内の古代集落遺跡と墨書土器」『信濃』第四三巻第四号、信濃史学会、一九九一年。

仲山秀樹「墨書土器と集落遺跡」『歴史評論』五三八、一九九五年。

雪田孝「速報　武蔵国府跡の調査―高倉遺跡調査概略―」『考古学ジャーナル』一一四、ニューサイエンス社、一九七五年。

第三章　武蔵国府とその周辺

第一節　古代地方官衙における「社」について

近年、各地の発掘調査で古墳時代以前、特に弥生時代を中心に、特殊あるいは大型の掘立柱建物跡が発掘され、それらの機能・性格をめぐっては、考古学者と一部の建築史学者による「神殿」、「祭殿」などの祭祀儀礼の場や非日常的な空間を構成する施設とする見解[1]に対し、非日常的な空間を構成する施設などではなく、倉庫などの日常生活的な用途を考えるべきであるとする神道史学者や文献史学者、建築史学者[2]との間で、論争に発展している。しかし、この論争の最大の焦点は、古墳時代以前、特に弥生時代に「神殿」・「祭殿」があったかどうかにあり、古代における特異な方形区画遺構の機能・性格に関して論究した論考は少なかった[3]。

武蔵国府跡では、国衙域から西北に位置する二重の堀で区画された掘立柱建物跡が発掘され[4]、この方形区画遺構が「神殿」として復元されていた群馬県前橋市の鳥羽遺跡[5]と近似していることや、その立地状況などから、「武蔵国府の守護社」と考えられる重要な遺構と判断した。しかし、この方形区画遺構の評価については、「社」遺構として積極的に支持する見解に対し[6]、近年の「古代神殿論」論争とあいまって、文献史学者を中心として、「社」に対する批判的な意見も出されている[7]。

本節では、武蔵国府跡で発掘された方形区画遺構について、遺構そのものの検討のみならず、国府域のなかでの立地環境から、「武蔵国府の守護社」の妥当性を探るとともに、古代地方官衙における「社」について検討する。

一 「社」遺構をめぐる調査研究

(1) 調査研究の現状と課題

古代の「社」をめぐる調査研究の現状については、錦田剛志が「古代神殿肯定論」と「古代神殿否定論」の両者について的確に現状と課題を整理している[8]。錦田は、「社」研究の現状と問題点を大きく三点にまとめた。

①神殿、祭殿、神社等の用語の定義について——神社・神社建築とは何か、何をもって神社・神社建築の成立とするのか。

②弥生・古墳時代以前の特殊・大型掘立柱建物跡をいかに捉えるか——律令制祭祀以前に神社は全く存在しないのか。その答えは、再度関連する遺構、遺物に立ち返り、その逐一について詳細な分析と評価を経て、帰納論的に再構築すべき段階にある。

③古代神殿論への視座について——建造物としての神社＝神社建築の成立過程をどう捉えるか。常設化された社殿をもつ神社の成立過程は一様ではなかったと考える。

以上の指摘を踏まえ、今日「古代神殿肯定論」と「古代神殿否定論」とが対峙する論争の最大の関心は、古墳時代以前、古くは、弥生時代から縄文時代に、「神殿」・「祭殿」という神々を祀る常設の建造物があったかどうかという点であり、古墳時代以降の奈良〜平安時代、特に奈良時代後半期以降において、常設・仮設に限らず「社」が存在したかどうかという問題は、あまり検討されてこなかった。常設・仮設を問わず、社殿をもつ神社の成立過程は一様ではなく、遺構自体の検討だけでなく、その周辺の関連する遺構、遺物の検討に立ち返り、遺跡全体のなかでの当該遺構構の分析と評価を含め、総合的な調査研究を行うべきと考えられる。

この点については、一連の優れた論考を発表している篠原裕一も指摘しており[9]、古代神祇制下に存在した「社」を考古学的に捉えることは難しいとしながらも、島根県における具体的な事例を検討した[10]。さらに、現代神社神道祭祀をもとに、古代における神社施設機能論を考え、建物構造の検討に終始せず、総合的な判断から神社遺構の性格を考えるべきと指摘している。

（2）国府のなかの「社」

国府のなかの神社については、木下良の先駆的な業績があり[11]、国司の神拝と国府の神事、国庁内の神々、総社と一宮、印鑰社について諸国の事例を整理・検討した。特に、平安時代末期のことではあるが、国司の神拝については、『今昔物語』、『更級日記』や、平時範の日記『時範記』、『朝野群載』「国務条々事」にみられるように、総社にさまざまな殿舎があり、国司は着任にあたって、国庁に入る前に総社で重要な儀式を執り行っていることや国庁内の神々については、府中神、守公神、宮目社、六所神社等があることが注視される。

二　武蔵国府の方形区画遺構

古代の武蔵国府跡は、多摩川中流域左岸の段丘上から沖積微高地上にも広がり、国府の維持管理に関する諸施設や民家などを包括した国府域が東西約二・二キロメートル、南北最大約一・八キロメートルの範囲に広がっている。こうした国府の広がりは、国衙を中心とした直線的な道路網といくつかの区画施設によって捉えられ、段丘崖から奥（北方）へ一キロメートル入ったところに井戸が掘削されるなど、計画的に国府が造営されたことがわかる。

「社」遺構と考えている方形区画遺構は、国府域の南西、国衙から西方約四四〇メートル、北方約五五〇メートルの西北約四五度（戌亥）の方角に位置（図46図）し、一棟の掘立柱建物跡とその周囲を二重の溝（堀）が方形にめぐる。以下、発掘調査結果を概述する。(12)

（1）遺構の構造

掘立柱建物跡　全容は明らかになっていないが、建物構造は、三間×二間の身舎に北面と西面に庇が付くものと考えられ、桁行七・六メートル×梁行五・六メートル（以上）である（第47図）。柱穴の柱痕跡や掘り方の形状をみると、建替えはなかったものと考えられる。また、外側の柱穴間には、柱筋溝状遺構が存在することから、地覆据え付け痕跡もしくは直接壁板材などを据え付けた痕跡と考えられる。(13) さらに、各柱穴の内側に小さな小穴が検出されており、これらの小穴が床束とすれば、本建物は高床構造となる。

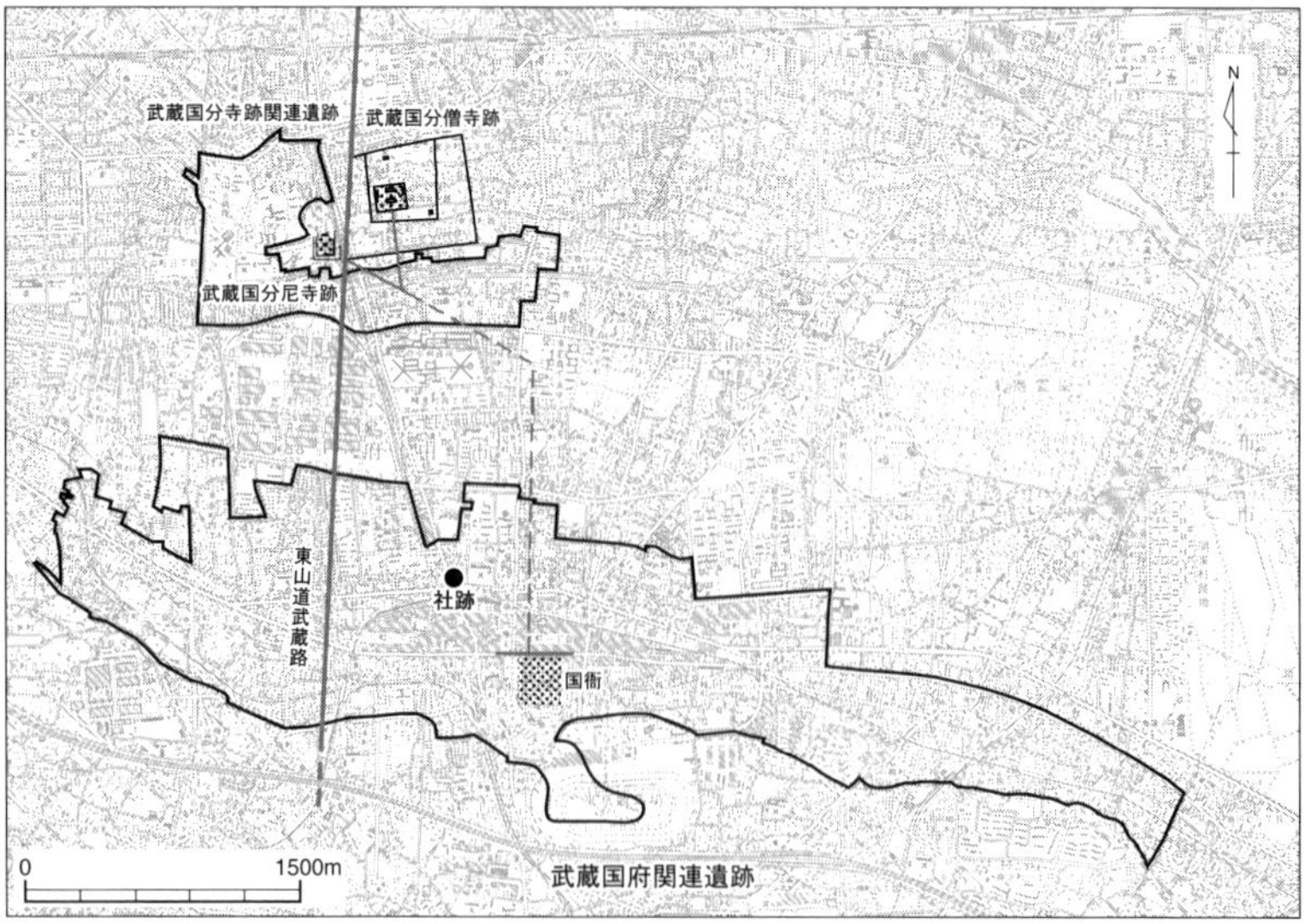

第46図　武蔵国府関連遺跡と「社」跡の位置

区画溝　掘立柱建物跡の周囲を囲う溝は、その配置から三条に分けられる。掘立柱建物跡の至近距離を囲む溝（第48図　ＳＤ27・28）は、東に六度振れる方位が掘立柱建物跡と同じで、やや隅が丸くなっている。規模は、幅一・七〜二・八メートル、深さ〇・七〜〇・八メートルで、三条の溝の中で最も幅が広い。さらに、その外側の溝（ＳＤ24・25）は、西側の溝が東に振れ、幅一・一〜二メートル、深さ〇・六〜一メートルである。そして、この溝と東方で直行する溝は、幅一・七〜二・二メートル、深さ〇・七〜〇・九メートルで、北方で東方に屈曲することから、もうひとつ東側に別区画が存在した可能性が高い。溝は、覆土下層から土器類がほとんど出土せず、覆土上層から九世紀中葉〜十世紀前半代の遺物が出土したことから、この時期に埋没していたと考えられる。

掘立柱建物跡と区画溝　掘立柱建物跡と区画溝の存在形態は、後述する群馬県鳥羽遺跡と同様だが、鳥羽遺跡のような掘立柱建物跡を囲む柵列は確認されていない。開口部（出入り口部）は、掘立柱建物跡と周囲をめぐる溝との位置関係および西側・北側・東側に土橋ないしは橋脚遺構が検出されなかったことなどから、国庁方向を望む南側とみられる。

（2）出土遺物の特徴

遺物は、覆土下層での出土が少なく、中層〜上層にかけて、溝の埋没に伴う須恵器坏類が少量出土しているのみである。このことから、本遺構とその近辺は、絶えず日常雑器類が混入しないよう注意が払われていたようで、清浄な空間が維持し続けられていた根拠となる。

（3）遺構の存続年代と周辺の遺構との関係

溝の出土遺物や建替えが行われていないことなどから、本遺構の存続時期は、八世紀末〜九世紀前半と考えられ

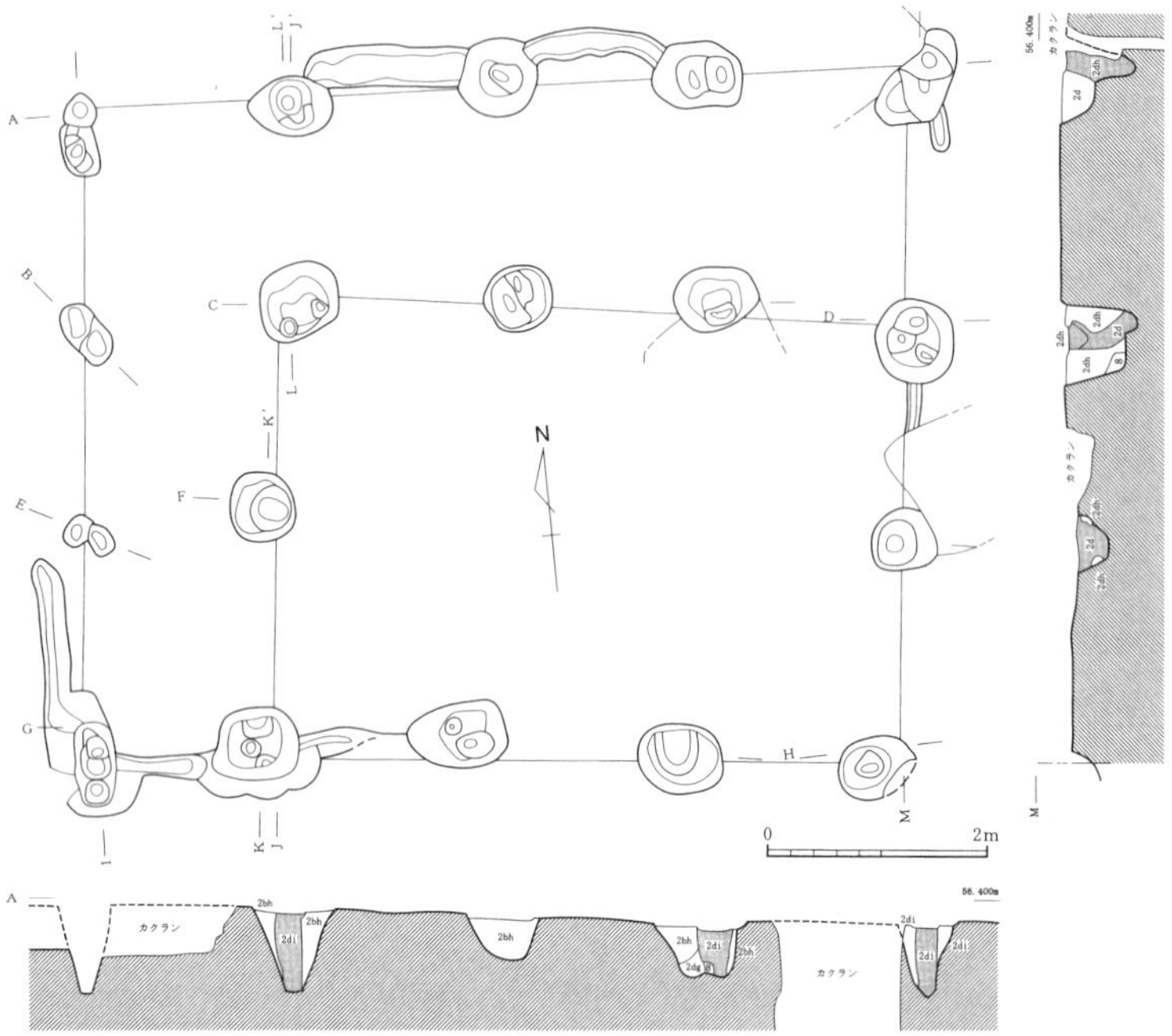

第 47 図　掘立柱建物跡（SB4）平面図・柱穴断面図（注 4 文献から転載）

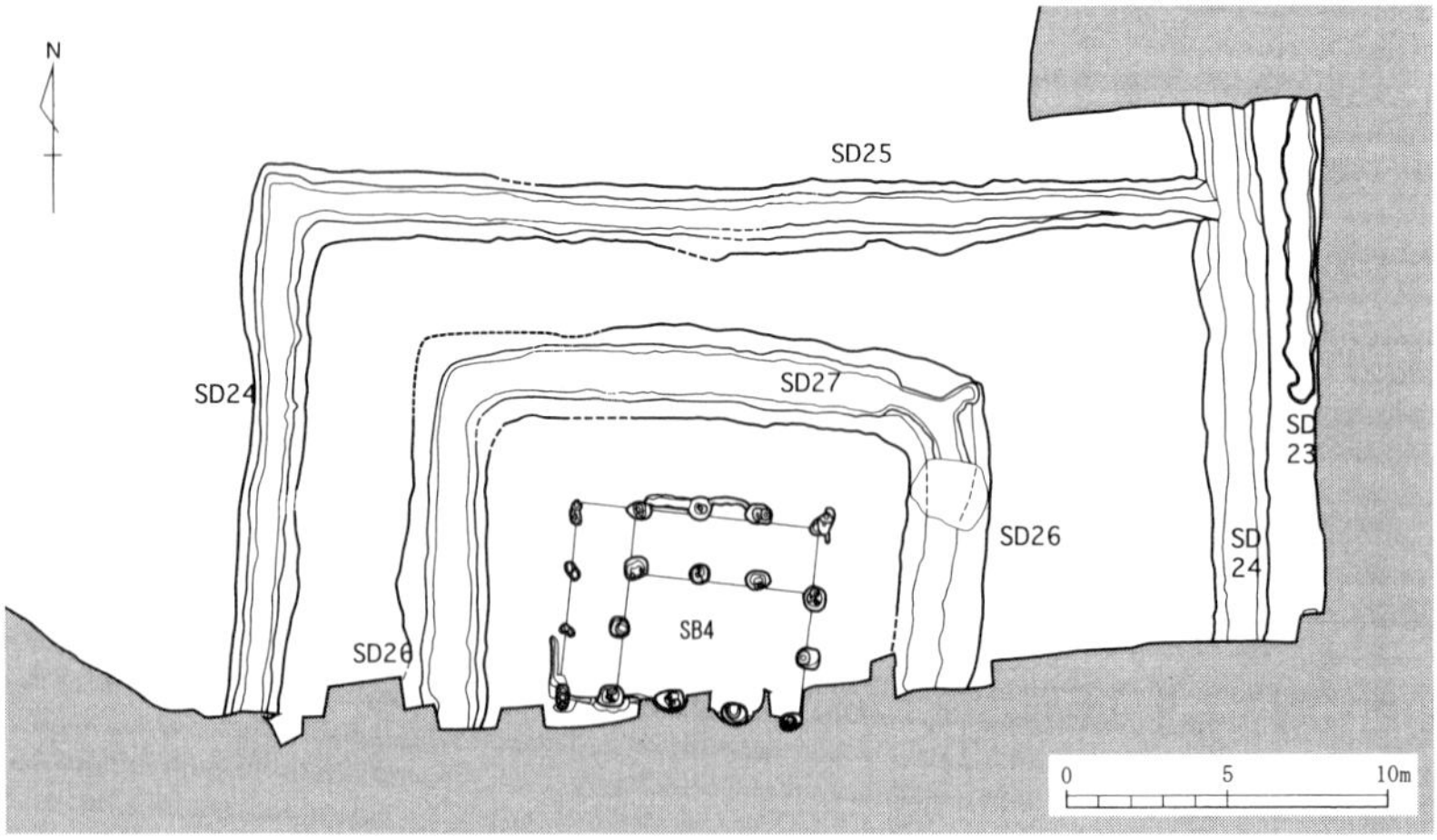

第 48 図　「社」跡平面図（注 4 文献をもとに作成）

る。ただし、八世紀代の竪穴建物跡等の遺構も切り込んでこないことから、構築時期が八世紀末以前に遡る可能性も考えられる。また、周囲で竪穴建物跡が六棟確認されているが、いずれも溝の内部にまで進出するものはなく、唯一外側の溝と一部が重複する竪穴建物跡も、十世紀後半代と考えられることから、少なくとも、当該遺構が存続した八世紀末～九世紀前半代には、竪穴建物や掘立柱建物が本遺構と重複して建てられることはなかった。国衙や周囲を溝等で囲繞された官衙ブロックと同様に、ある一定地域が他と遮断された空間として確保されていた証左である。

（4）隣接地域の特徴

東側地域　隣接する東側でも、溝Cにつながる区画溝と掘立柱建物跡が検出され、本遺構同様に真北を意識して直角に屈曲している。[14]「社」遺構と考えられる掘立柱建物に建替えが認められない事実からも、東方にもう一つ別区画があって、東から西に建て替えられている可能性を示す。

西側地域　本遺構の西方地域は、八世紀後半以降九世紀代を中心として、鉄鋏や工房跡などの工房ブロックが形成される。近隣に工房ブロックが存在することは鳥羽遺跡と同様だが、鳥羽遺跡ほど隣接・密集して工房跡が存在しているわけではない。また、西方至近距離で、「戌」銘墨書土器二点と、「神」銘墨書土器一点が出土しており、（第49図）[15]これらの時期は、「社」遺構とほぼ重なる八世紀後半～九世紀前半代のものである。

（5）国府域における立地の特質

国府域のなかでの当該遺構の立地をみると、本遺構の西方地域が竪穴建物跡の密集地域である一方、東から南方地域は、竪穴建物跡が少なく、「氷室」とされる円形有段遺構や掘立柱建物跡と溝を中心とした官衙ブロックがある。当該遺構から東・南方地域は官衙ブロック、反対に西方地域は、竪穴建物が稠密に分布する地域であり、当該遺構を境にして、竪穴建物跡の密集度に大きな差があることを意味する（第49図）。本遺構の南至近には、南北方向に走る大溝が位置し、官衙ブロックの区画施設と考えられ、本遺構東側は国府造営当初から稠密に遺構が分布する地域である。反対に、本遺構西方地域は、野田憲一郎や深澤靖幸が指摘しているように(16)、8世紀後葉以降、鍛冶工房などの生産関連施設の展開に伴って、拡充する傾向が捉えられる。竪穴建物跡や官衙ブロック、生産関連遺構の推移から、本遺構は、国府域が北西方向に拡充する段階である8世紀後葉に、元来の官衙ブロックと北西方向に拡充する地域を隔てる目的で造営されたものと考えられる。

（6）「社」遺構とする根拠

本遺構の性格については、東側に隣接する調査地区の成果も合わせ、調査当初か

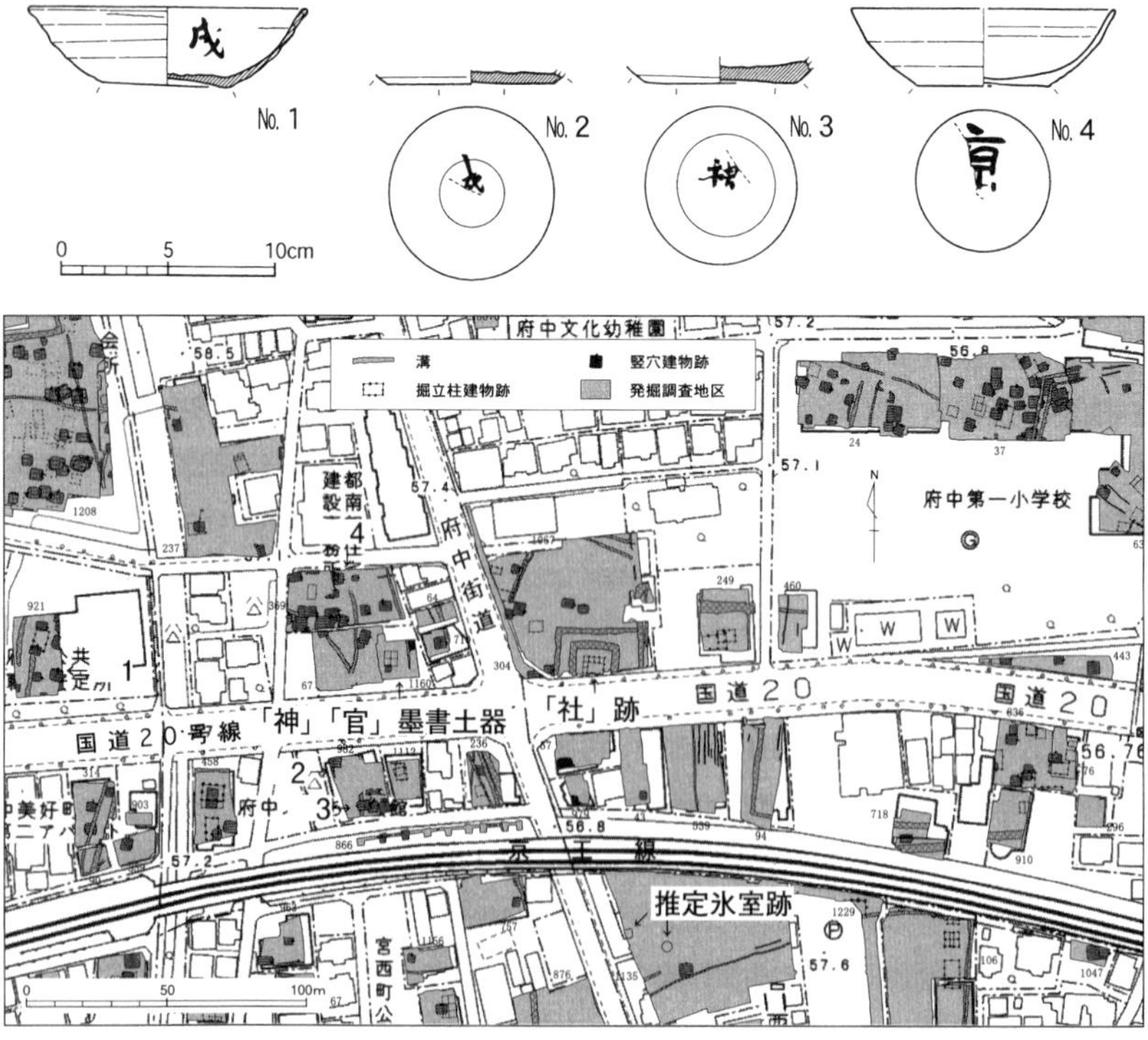

第49図　社跡とその周辺の主要遺構と墨書土器（数字は通次数）

ら、官衙、倉庫、お堂、社などの用途が考えられていたが、先述した遺構と周辺の調査状況、出土遺物の特徴等から「社」遺構と特定するに至った。ここで、その根拠を確認しておく。

①本遺構は、従来国府域内で検出されていた官衙ブロックを形成する方形の区画遺構と比較して、掘立柱建物跡の柱穴の掘り方、建物の規模が小さいこと。
②束柱と考えられる柱穴が検出されていることは、本建物が高床建物である可能性が高いこと。
③区画溝内からの覆土およびその周辺から出土した遺物の量が国府内の他の溝と比較して、極端に少なく、意図的に遺物が混入しないような空間を維持し続けていること。
④西方地域で竪穴建物跡が密集するにもかかわらず、本遺構と竪穴建物跡の重複がないこと。すなわち、ある一定のエリアが居住空間ではない意識が働いていたものと考えられる。
⑤管見の限り、これほど至近距離で区画溝がめぐる倉庫跡、お堂跡は他に例が見られないこと。
⑥先述したように、本遺構は、武蔵国府域が北西方向に拡充する段階（8世紀後葉）に、元来の官衙ブロックとその拡充地域を隔てる目的＝象徴として、造営されたと考えられること。
⑦西方至近距離から「戌亥」の「戌」と考えられる「戌」銘墨書土器や「神」銘墨書土器が出土していることから、本遺構が国衙西北（戌亥）の方角に鎮座する「社」と考えられること。

次に、根拠⑦としてあげた戌亥（西北）隅神信仰について、検討する。

三　古代官衙と「戌亥（隅神）」信仰

（1）古代官衙の「戌亥隅神」と国府「内神」

武蔵国府跡の方形区画遺構が国衙から西北（戌亥）の方向にあたり、その至近距離で「戌」「神」墨書土器が出土したことは、本遺構を「社」とする有力な根拠となった。この根拠である古代官衙における「戌亥隅神」についてはじめて論究したのは、平川南である。(17)

平川は、岩手県奥州市胆沢城跡出土「内神」木簡をもとに、広範な資料の検討を通じて、中央・地方の諸官衙の西北隅に神が祀られている事実を指摘した。平川が取りあげた胆沢城出土木簡は、「内神」に侍するところの射手（弓を射る兵士）の食料を請求した物品請求の文書木簡で、その勤務地付近に木簡が廃棄されていること（九世紀末から十世紀前半）から、胆沢城政庁の西北部に内神そのものの施設（神殿）が存在したと想定した。そして、『今昔物語集』、『日本三代実録』、『太政官符』などの文献史料から、古代の中央官司から郡家、貴族の私邸に至るまで、西北（戌亥）隅に神が祀られていたことを明らかにした。

平川によれば、古代の官衙は、その施設内に神を祀り、その位置は西北隅（戌亥隅）を占めたために、戌亥隅神とも称された。その神を祀る神殿は、一般的に小規模かつ簡素な建物で、官衙施設のうち、中心となる政庁地区の西北部に設けられている可能性が高く、建物規模や構造が小規模・簡易なものと思われるだけに、今後の発掘調査においては、こうした視点から十分に検証する必要があると述べている。そして、国府と「内神」との関連史料として、『日本三代実録』にある「石見国　国府中神」（貞観十三年・八七一年）、「伯耆国　国庁裏神」（貞観十五年・八七三年）、「石見国　府中神」（元慶三年・八七九年）をあげ、「国府内神（ウチガミ）」の存在を指摘した。

この点に関連して、深澤靖幸は、武蔵、下野、上野の三国に共通する「ミヤノメ神社」の成立を検討するにあたって、「出羽国　城輪神社」（貞観七年・八六五年、元慶四年・八八〇年）の史料も加え、これらの神祇施設が普遍的に存在したとしている。(18)こうした国庁付属の神祇施設については、村井康彦の管内諸神への巡拝の拠点であるとともに、朔幣その他の折に管内の衆神を勧請して行う神事の拠点を「国庁神社」と呼び、これを惣社の前身と見なす説を支持している。(19)本節は、いわゆる惣社制の成立について言及することを目的としていないので、これ以上論究しない。鳥取県倉吉市の西郊に位置する伯耆国庁跡では、一九七三年から数次にわたる発掘調査が行われ、国庁域とそれを取り囲む国衙域の範囲や四期の変遷[20]が明らかになっており、その国庁域の南東に現在も国庁裏神社が鎮座していることは、注視すべき存在である。

ここで再確認しておきたいのは、諸官衙の西北隅に神を祀る時期については、まず郡家が先行し、九世紀以降形式化された形で、中央官司や国府内において最も象徴的な政庁の西北隅に、規模の小さな簡素な神殿を設けたと考えられた点である。

（2）郡家における「戌亥隅神」

宝亀三年（七七二）の『太政官符』[21]は、当時武蔵国に頻発していた神火の初期のものとして著名だが、武蔵国内では、入間郡家の位置を推定し得る史料として重視されてきた。そこに記載されている「在郡家西北角神□□出雲伊波比神祟云」については、主に、吉田晶[22]、山中敏史[23]のいう入間「郡家」の敷地内に祀られていたとする説と、入間郡域の西北＝郡家から見た西北方向に出雲伊波比神（社）が存在したとする説[24]が示され、入間郡家比定論とも関連して、これまで活発な議論が行われてきた。しかし、ここでは、平川南が明示した吉田や山中のいう入間「郡家」の敷地内は誤りで、郡家の西北（戌亥）の角（隅）に神が祀られていたことを示す見解[25]を支持したい。即ち、出雲伊波比神の位置が郡家内か、郡（郷）内かという議論ではなく、「郡家の西北隅に出雲伊波比神」が祀られていたと指摘したことを重視したい。

（3）国衙天門の神祇祭祀（下野国府跡と日光男体山頂祭祀）

栃木県栃木市所在の下野国府跡は、関東地方ではじめて国庁が明らかになった遺跡で、昭和五十四年に国史跡に指定され、国庁が八世紀前半から十世紀前半に至るまでの四期で変遷することや、国庁を中心とした国衙域、国府域内の官衙ブロックの存在など多くの成果が明らかになっている[26]。

篠原祐一は、日光男体山頂遺跡出土の石帯、馬形、粗製土器から国衙との直接的関連性を想定し、下野国庁から西北（戌亥）の方角に位置することが男体山信仰を考える重要な鍵と捉えた[27]。篠原によれば、陰陽・五行説で方位を解釈する方法を理法といい、古墳時代終末期にはこの理法が君子の学として日本に伝来し、後天易では、「乾」の象徴事象を、自然＝天、性状＝剛、人間＝父、方位＝西北、五気＝金気、陰陽＝老陽とし、四門（天門・地門・人門・鬼門）の天門にあて、鬼門に対して、天門である（乾が）天神地祀の祭祀を象徴するものとした。これら陰陽・五行説や八卦の思想が奈良時代の知識層には普及していたことは筆者も同感で、平川も先の論文で、随の粛吉の撰『五行大義』によると、戌亥を天門とし、辰巳を地戸（地門）と記されているとする[28]。これらのことから、篠原は、下野国府から西北（戌亥）の方角にあたる男体山は、国衙の方位守護神で、国衙天門の神祇祭祀に始まり、方位守護の軍神信仰がさらに拍車をかけた可能性を指摘した。この見解は、平川が指摘した「戌亥隅神」が中央官司や国庁・貴族の屋敷地の西北隅に祀られていたのに対し、下野国庁から見た西北（戌亥）の方角に立地する男体山に対する「戌亥」信仰に言及した点を評価したい。

以上の点から、古代においては、中央官司から国府などの地方官衙で、戌亥隅神信仰が広く存在し、それは、九世紀以降、中央官司や国府などに広まっていった可能性が高いことがわかった。このことは、冒頭検討した武蔵国府跡で発掘された方形区画遺構が八世紀末～九世紀前半代である点とも矛盾せず、国衙の西北（戌亥）方向に鎮座する国府の守護社とするに有力な証左である。

四　他の地方官衙における「社」の事例

これまで、武蔵国府跡発掘の方形区画遺構の性格を明らかにする目的で、その遺構の形態だけではなく、その立地環境に端を発し、古代の「戌亥隅神」信仰に言及してきた。ここで、果たして各地の地方官衙においては、戌亥の方角のみに神（社）が鎮座していたのであろうかという疑問が生ずる。この点は、上述した天門（戌亥）に対する地門（辰巳）のように、平川も取りあげている『日本三代実録』元慶三年（八七九）閏十月廿三日の条に、「織部司の辰巳隅神」とあり、史料上みられる官衙における神が「戌亥隅神」だけではなく、「辰巳（東南）隅神」もあったことがわかる。ここで、戌亥方角以外の古代官衙における「社」遺構の事例を検討する。

（1）上野国府跡（鳥羽遺跡）

上野国府跡は、利根川右岸の台地上、前橋市元総社町に位置し、東山道が国府の南方を通り、北西には上野国分僧寺・尼寺が至近に立地する。国府域は、国府の外郭を示すと考えられる堀跡等から、方八町四方に一町分北へ突出する国庁を備えた平面形が推定されている[29]（第50図）。

鳥羽遺跡は、群馬県前橋市と高崎市（旧群馬町）にまたがる遺跡で、推定国府域の南西隅付近に位置している[30]。建築史学者の立場から「古代神殿論」をリードする宮本長二郎が三重の堀に囲まれた一棟の建物跡から構成される遺構を「神殿」として復元した[31]ことで著名な遺跡である。本遺跡は、上野国府の南西域を構成する地域に立地し、八世紀から九世紀にかけて操業したと考えられる大規模鍛冶工房跡やその関連遺構から出土した鉄釘や坩堝・銅碗などの銅製品が注目される。また、竪穴建物跡が八〇〇棟以上確認されていることは、本遺跡が上野国府西方地域の主要なブロックを構成していたことがわかる。

宮本が「神殿」として復元した遺構は、一棟の掘立柱建物跡を中心に、その周囲に一重の柵列と大小の堀が三重に

第50図　上野国府と鳥羽遺跡の位置（注29文献より転載）

めぐる（第51図）。形状はほぼ正方形で、周囲の一辺は約五〇メートルに及ぶ。身舎は三間×二間で、平面形はやや歪んだ正方形である（第12表）。ただし、建物には一回の建替えが認められ、その規模も変化していることが確認されている。

第一段階…建物に接近して二重の溝がめぐる。

第二段階…内側の溝が埋め戻され、その外側に柵列がめぐる。

第三段階…当初の外側の溝のさらに外に溝がめぐり、再び二重の溝とする。

以下、遺構の特徴を武蔵国府跡の方形区画遺構と比較しながら検討する。

ア　建物構造は、二間×二間の身舎に、四面廂あるいは四周に縁

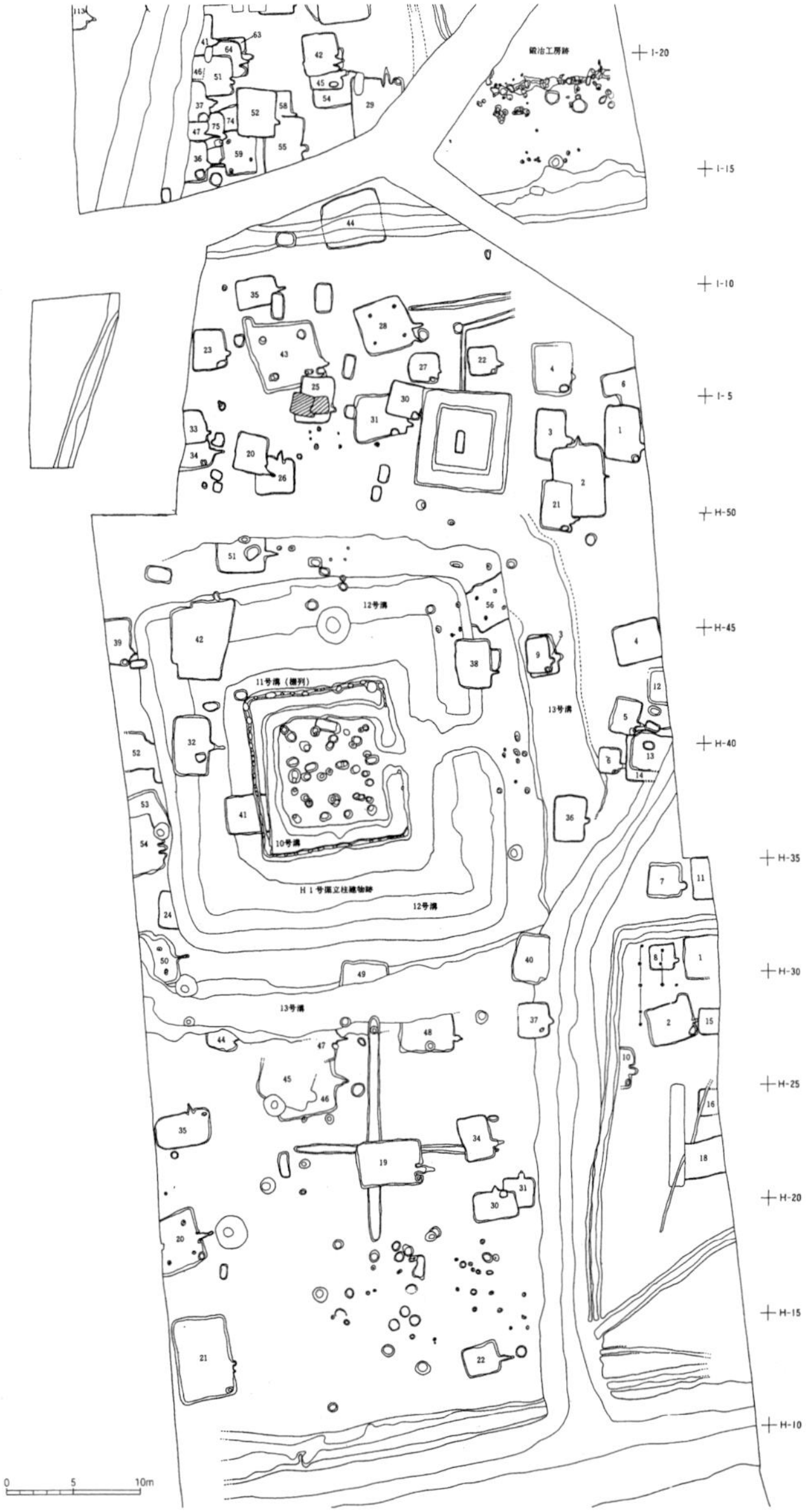

第51図　鳥羽遺跡の「社」跡全体図（注5文献より転載）

第12表　鳥羽遺跡（上野国府跡）と武蔵国府跡の「社」遺構比較表

1．鳥羽遺跡（上野国府跡）　　1棟の掘立柱建物跡の周囲に一重の柵列と大小の堀が三重に巡る遺構。東側に陸橋部をもつ。

(1)建物の構造							
①身舎							
規模	平面形	方位	各辺長さ	柱間寸法	柱穴規模・形	最大深さ	備考
二間×二間	やや歪んだ正方形	N-88°-E	4.2～4.8m	2.2m等間	径80cmの円形	60cm	身舎と縁の柱穴の柱筋が合うものはなし。
②縁							
規模	平面形	方位	各辺長さ	柱間寸法	柱穴規模・形	最大深さ	備考
三間×三間	身舎と同じ	身舎と同じ	6.9～7.2m	2.5mと2.2m等間あり	径50～80cmの円形・楕円形	30cm	
(2)溝の構造							
①もっとも内側の溝（建物を囲む堀）							
規模	断面形	方位	幅	最大深さ	備考		
一辺12m	ゆるいU字形	身舎と同じ	1.5～1.7m	70cm	掘立柱建物跡の柱筋とは1～1.2m		
②中央の溝（柵列）							
規模	断面形	方位	幅	最大深さ	備考		
一辺14m	ほぼ垂直	内側の溝と同じ	65cm	50cm	50cm前後の間隔で柵柱が配され、柱径は15～20cm。内側の溝より新しい。		
③中央の溝							
規模	断面形	方位	幅	最大深さ	備考		
一辺31～32m	箱堀	内側の溝と同じ	上幅4.5～6m 底面幅2～3m	1.8m	堀内に貯水の痕跡なし（空堀カ）		
④もっとも外側の溝							
規模	断面形	方位	幅	最大深さ	備考		
48m	ゆるいU字形	内側の溝と同じ	4.5m	50～70cm	東側に陸橋部ナシ。建物跡存続期間中に新たに付け加えられた施設カ		

2．武蔵国府跡1067次　　1棟の掘立柱建物跡の周囲に堀が二重に巡る遺構。陸橋部は南側か。

(1)建物の構造							
①身舎（推定規模）							
規模	平面形	方位	各辺長さ	柱間寸法	柱穴規模・形	最大深さ	備考
二間×三間	長方形	N-5°-E	東西7.6×南北5.6m		長軸58～88cm、短軸55～70cm	68cm	
②庇							
規模	平面形	方位	各辺長さ	柱間寸法	柱穴規模・形	最大深さ	備考
三間×四間	身舎と同じ	身舎と同じ			長軸50～83cm、短軸28～50cm	30cm	
(2)溝の構造							
①内側の溝（建物を囲む堀）							
規模	断面形	方位	幅	最大深さ	備考		
	ゆるい台形	建物と同じ	2.7～2.8m	80cm			
②外側の溝							
規模	断面形	方位	幅	最大深さ	備考		
	台形	内側の溝と同じ	1.1～2.0m	60～100cm			

をめぐらす建物と考えられるが、周囲の溝と柵列については、少なくとも三段階の変遷が明らかになっている。

イ　三段階の変遷がありながら、一貫して陸橋部が東側に存在すること。すなわち、国府側を意識したかのような出入り口部が存在すること。

ウ　本遺構の存続時期は、溝出土遺物や竪穴建物跡との重複関係などから、八世紀後半～九世紀前半代と考えられる。

エ　遺跡全体では、他の地域と比較すると、竪穴建物跡が濃密な分布を示す場所ではない。

オ　「社」遺構周辺の竪穴建物跡は、大半がその造営時期以前（奈良時代前半から中頃まで）のものと考えられ、「社」造営時期（奈良時代中頃～平安時代前期）に、重複関係にあるものは全くない。故に、本「社」が消滅する十世紀前半代まで、竪穴建物が構築されることはほとんどなかったと思われる。

カ　僧寺北方約五〇メートル付近に、八世紀代と考えられる鍛冶工房跡が位置する。

キ　出土遺物は内側と二重目の溝内に集中し、二重目の溝底面では、十数個体の短頸壺と頸部が出土し、意識的に割り取られたとされる長頸壺など祭祀的色彩の強い遺物がみられる。

以上の特徴に加え、この「社」遺構は、上野国府域の南西隅付近に位置し、開口部を国府域に向けて建てられたものと考えられ、推定国府外郭溝の振り角とこの建物跡の振り角が、いずれもN-80度～88度-Eであることからも、当遺構が国府域の南西隅付近を意識して建てられたものと考えられる。さらに、北側で隣接して確認された鍛冶工房群の存在は先述した武蔵国府跡との類似性が注目される。

（2）島根県出雲市青木遺跡

島根県出雲市で発掘された青木遺跡は、六〇〇点を超す墨書土器や五〇点ほどの木簡とともに、社跡とされる建物

第52図　青木遺跡の「社」遺構（島根県教育委員会2006より転載）

跡や石敷井戸跡などの祭祀遺構、神像、絵馬などの信仰関連の特殊遺物が出土した全国的にも貴重な遺跡である。(32)

青木遺跡は、古代の出雲国出雲郡の伊努郷《いぬごう》、美談《みだみ》郷の郷境付近に位置し、出雲郡家推定地とは、平野を挟んだ対極に位置する。特に、注目すべき発掘資料は、一辺三・三メートルと小規模な二間×二間の総柱建物跡と、完形で出土した「賣田券」木簡など文書管理に関わる木簡や多量の墨書土器などの文字資料である。前者の遺構は、大社造の神社建築様式の原理に共通するもので、方形の貼石基壇上に単独で建てられ、さらにその基壇の東側には、板塀とみられる掘立柱列が検出され、建物の囲繞施設と考えられている（第52図）。周辺から出土した「美談社」（『出雲国風土記』記載の「彌太彌社・彌陀彌社」、式内社の「美談神社」にあたるものか）を指すとみられる「美社」の墨書土器などから、八世紀後半～九世紀前半にかけて機能していた常設の「社」と考えられている。

反対に後者の遺物から、本遺跡が郡家の出先機関となる公的な機能を有する施設が置かれたとも考えられる。即ち、本遺跡は、官衙的な色彩を示す遺構は存在しないが、郡家の出先機関のような公的な機能を有する施設が置かれた領域に、常設の「社」を含む祭祀空間としての占地が認められる事例ともいえる。郡家内の社とはいえないが、古代地方官衙内に神祇施設が置かれていた可能性を示す遺跡としても貴重な資料を提供している。

このほか、発掘調査の事例ではないが、米倉二郎氏(33)が行った近江国府域推定にあたっては、現存する神社の位置関係から、近江国府域の四隅に神地が配置されたとするように、現存する神社の位置関係に注目した研究があることを付言しておきたい。

五　まとめ

考古学的に「社」遺構を詳細に分析・検討した井上尚明は、全国の発掘事例をまとめ、一棟の建物の周囲に二重を基本とする区画施設が囲繞するものを（タイプ1）に、一×一間の建物の周囲に柱穴列がめぐり、さらにその外側を区画施設が囲繞するものを（2タイプ）に分割し、さらに「神殿」墨書土器が八世紀まで遡ることなどを明らかにした。[34] 考古学的に「社」遺構を精力的に分析・検討した井上の業績は高く評価されるべきであるが、篠原も指摘しているように、考古学的に「社」遺構を個別に分類・評価するためには、いまだ考古学的な裏付けとなる資料が不足している。発掘調査事例が増加しつつある今こそ個々の遺構の分類・分析だけでなく、周辺の関連遺構、遺物の検討に立ち返り、遺跡全体のなかでの当該遺構構の分析と評価を行うべき段階にある。その意味では、先述した青木遺跡や杉沢Ⅲ遺跡[35]をはじめとした島根県での発掘事例が「社」遺構の考古学的調査研究成果を具現化しており、今後このような事例の比較検討が必要不可欠であることはいうまでもない。

本節では、官衙遺跡のなかの「社」遺構を検討対象としたため、それ以外の「社」遺構については触れることができなかった。考古学的な「社」遺構の発掘調査事例として、延喜式内社丹生川上神社の上社本殿基壇が古代に遡ることを明らかにした宮の平遺跡は、社殿建立の時期が平安時代末期の十二世紀末〜十三世紀初頭であり、それ以前の八世紀代までは社殿が存在しなかったものと考えられている。[36] 現存する最古の神社建築とされている京都府宇治市の宇治上神社も、一〇六〇年頃の十一世紀後半代に建てられたことが判明しているが、同神社の本殿の階段からは、九八四年頃伐採されたとされる檜も確認されており、より古い神社建築が存在した可能性も考えられている。これらの事例は、神道史学者や文献史学者の指摘を裏付けるものといえるが、[37] 宇治上神社の十世紀後半代に遡る可能性も考慮すれば、少なくとも平安時代末期以前に神社建築が存在した可能性は十分考えられる。文献史学者のなかでも、社殿は国家の強制による造営のため、当初の社殿が独自の形態を持つ可能性を指摘する川原秀夫の見解[38]もあることから、古代の神社建築には多種多様な形態があったと意義付けておきたい。

以上、武蔵国府跡の発掘調査成果をもとに、古代地方官衙における「社」遺構の検討を行ってきた。神道学者や文献史学者が指摘するように、遺構そのものから武蔵国府跡や上野国府跡のような方形区画遺構が「社」とする確定できる明確な根拠はない。しかし、本節で検討してきたように、遺構の立地環境やその特質からみると、本遺構が「社」である蓋然性は十分に高いと考えられる。

古墳時代以前の縄文・弥生時代に常設社殿はなかったとする見解に基づき、奈良・平安時代にも常設社殿はなかったとするのではなく、発掘調査で明らかになってきた希少性の高い遺構をより積極的に評価することは、決して意味のないことではない。古代の「社」遺構を考古学的に推察すること、換言すれば遺跡の発掘調査成果から読みとることは、単独の遺構・遺物の検討のみならず、その遺構が存在する地域史のなかで十分に研究されるべきである。今後も、多種多様な在地社会における古代「社」遺構のあり方の研究が深まることを願ってやまない。

第二節　竪穴建物からみた武蔵国府と国分寺の景観

古代武蔵国府は、武蔵国の政治・行政・経済・文化の中心として諸機能が集中した古代地方都市であった。その景観は、京に対応していくつかの主要な街路が形成されたが、旧来考えられてきた京の縮小版としての碁盤目状方格地割は確認されず、「方八町」という特定の領域をはるかに超えた広がりを持つことも明らかになってきた。なかでも、東国の国府は、国府域内に竪穴建物が稠密に分布することが大きな特質となっており、武蔵国府跡では竪穴建物跡四〇五〇棟に対し、掘立柱建物跡九〇〇棟（ほぼ四対一）、相模国府跡（平塚市域）では、竪穴建物跡約九〇〇棟に対し、掘立柱建物跡約一六〇棟（ほぼ五対一）[39]と、竪穴建物が掘立柱建物をはるかに凌駕する。

これらの竪穴建物数から見れば、当時の武蔵国府には一郷をはるかに超える人口が集中していたことは明らかで、どのような人々が竪穴で生活していたのか、さらには国府の造営から維持管理・運営に関わる人々をどのように徴発して、国府での作業に従事させていたのか、その実態を明らかにすることが大きな課題となっている。

そこで、本節では、国府と最も密接な関連を有し、同様に中枢部周辺に竪穴建物が稠密に分布する武蔵国分寺跡を取りあげ、両者の立地環境や竪穴建物群の動向を中心に、その景観と内実を検討する。武蔵国分寺跡を取りあげた理由は、国府が周辺一般集落（農村）とは異なる古代の地方都市＝非農村的領域[40]として成立していたのかを明らかにする上で、宗教的景観を形成していた国分寺が格好の比較資料になり得ると考えたからでもある[41]。

一　武蔵国府・国分寺の立地環境

武蔵国府・国分寺は、広大な関東平野の南部を東流する多摩川の河岸段丘である立川・武蔵野両段丘面に立地する。両者とも台地の平坦面にありながら、開析谷付近の段丘崖（通称「ハケ」）際に立地し、その設置に際して、湧水が重視されたことは想像に難くない。特に、国分寺の占地にあたっては、湧水量の多さと付近一帯の景観（環境省選定「日本名水百選地　お鷹の道・真姿の池湧水群」）が大きな影響を与えたものと考えられる。

一方、国衙は、崖線下の沖積地から見上げるような一段高い台地際に立地するのに対し、国分僧・尼寺は、国分寺崖線際の奥まった平坦面という立地上の差異も指摘できる。この立地の差は、国衙が多摩川とその対岸から官舎が望める位置にあったのに対し、国分寺が天平十三年（七四一）の国分寺建立詔に「必択好処、実可長久、近人則不欲薫臭所及。遠人則不欲労衆帰集。」（続日本紀巻十四、国史大系所収）とあるように、「国府から遠からず近からずの好き景観の地」[42]として、緑豊かな崖線を背にした景勝地が重視されたことによるものと考えられている。

こうした自然・地理的環境を背景に設置された武蔵の国府と国分寺は、南北に約二・五キロメートル離れ、両者の間は、約一・二キロメートルにわたって建物遺構の存在しない無居住地帯が広がっていた（第53図）。上野・下総両国では、両者の間わずか数百メートルという事例もあり、他国と異なる特徴といえる。

旧来、武蔵国府・国分寺の往来は、国府西方を南北に走る東山道武蔵路を利用していたと考えられてきたが、八世

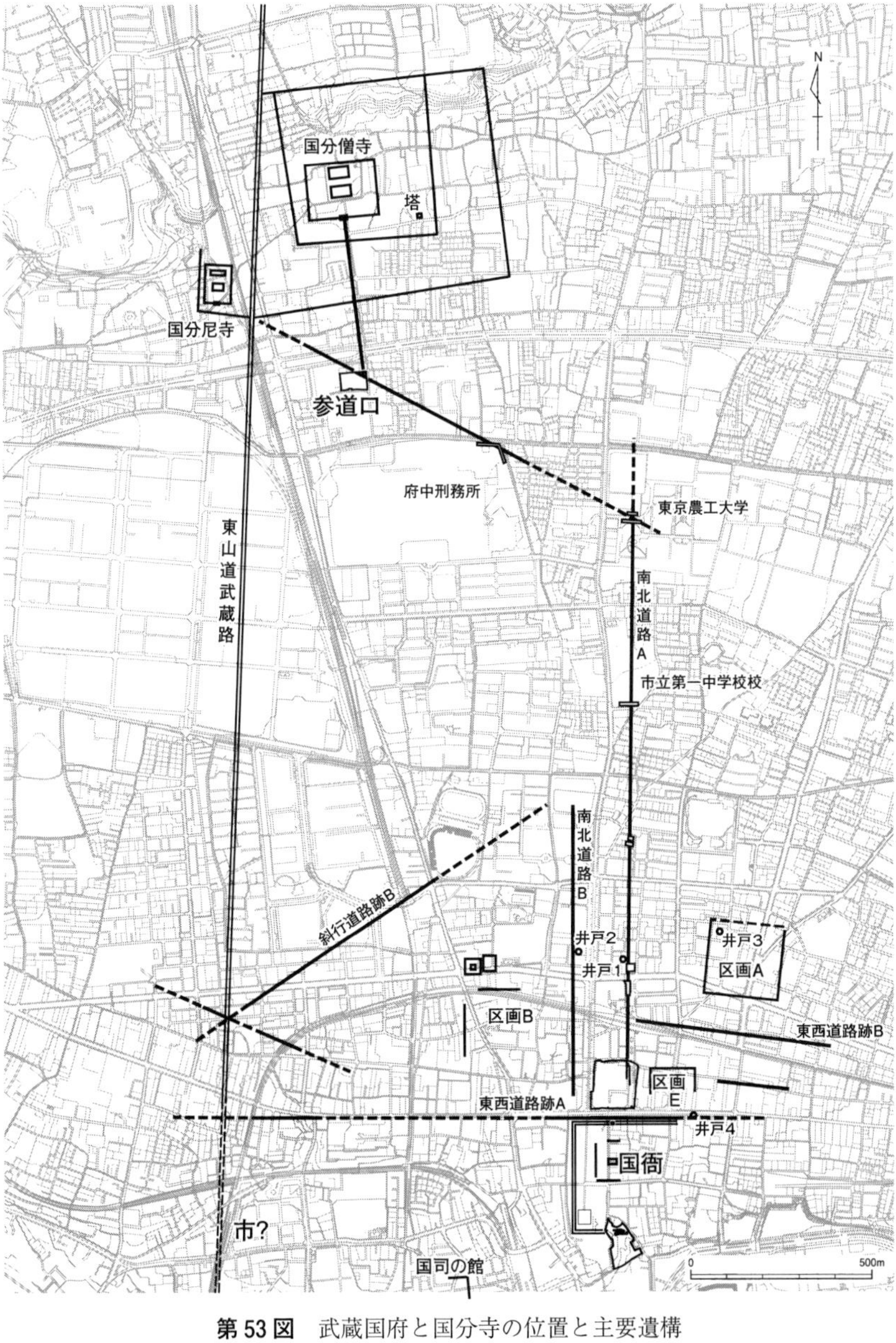

第 53 図　武蔵国府と国分寺の位置と主要遺構

紀後半〜九世紀前半代[43]には、両者を最短経路で結ぶ「国府・国分寺連絡路」が敷設されたことがわかってきた。この道路跡は、武蔵国衙から北上し、東京農工大学校内で北西に折れ、府中市栄町三丁目地内（武蔵国分寺参道口跡　国史跡）で、国分僧寺と尼寺両方向へ分岐する。[44]その分岐地点の国分僧寺方向には、国宝「額田寺伽藍並条里図[45]」に見られるような冠木門もしくは門柱が存在したとされる。

八世紀後半は、武蔵国の東山道から東海道への所属変更[46]や東山道武蔵路の側溝に竪穴建物が侵出すること[47]などから、東山道武蔵路が官道としての機能を失った時期とされる。[48]この時期に、国府・国分寺の往来が、東山道武蔵路から「国府・国分寺連絡路」へ変更され、武蔵国府の整備・拡充期と重なる点が重要である。

二　武蔵国府の変遷と特質

（1）武蔵国府の変遷と特質

武蔵国府関連遺跡は、東西約六・五キロメートル、南北最大一・八キロメートルに広がる遺跡で、国衙を中心とする武蔵国府跡とその周辺に広がる遺跡群の総称である。武蔵国府域は、国衙を中心に、竪穴建物跡や掘立柱建物跡などの遺構が稠密に分布する東西約二・二キロメートル、南北最大一・八キロメートルの範囲と考えられ、国衙を起点とした主要な街路と官衙ブロックを中心に、七世紀末から十一世紀までの約四〇〇年間にわたって存続する。その内実は、時期ごとに変化していくとともに、国府が国衙西方地域へ拡充する一方、国衙東方地域には崖線から北側奥へ展開しないことが捉えられる（第二章第二節）。

ここでは、国分寺と対比するために、竪穴建物跡の時期別推移と掘立柱建物群の検討をもとに、国府の変遷を記しておきたい。なお、国衙周辺地域とa〜h地域は、第40図を参照されたい。

プレ期（七世紀後半）Ｋ期　国府設置前夜で、府中崖線沿いの段丘上に自然集落が点在する（国衙周辺地域・f・g

第13表　武蔵国府と国分寺の編年と画期

遺跡	年代		700	750	800	850	900	950	1000	1050
武蔵国府跡	画期	プレⅠ期	Ⅰ期 Ⅱ期	Ⅲ期		Ⅳ期			Ⅴ期	
			成立期	国衙整備期	拡充期	第二次整備期			縮小期	衰退期
	編年	K	N1 N2	N3 N4	H1 H2 H3	H4	H5 H6		H7 H8	H9
武蔵国分寺跡	画期			第Ⅰ期		第Ⅱ期	第Ⅲ期			
				造営期	形成期	隆盛期	全盛期		衰退期	崩壊期

地域と国府域外に展開する清水が丘・白糸台の集落地域）。七世紀中葉には、上円下方墳である武蔵府中熊野神社古墳が築造される。

Ⅰ期（七世紀末～八世紀初頭）Ｎ１期（国府成立期）　この段階で、府中崖線（ハケ）から約一キロメートルも段丘奥に竪穴建物跡が進出（ｃ・ｄ地域）し、大型井戸も掘削されていることから、国衙は未整備ながら、この段階を「武蔵国府成立期」とする。次段階ほど稠密さはないものの、竪穴建物の広がりから捉えられる国府域は、東西約二・二平方キロメートル、南北約一・五平方キロメートルの範囲に及ぶ。

Ⅱ期（八世紀前葉～前半）（国衙の整備期）　武蔵国衙が大國魂神社境内から東側一帯に成立し、国衙北方地域（ａ・ｂ・ｃ）へ竪穴建物跡が拡充していく。前段階で広範囲に展開していた竪穴建物跡がさらに稠密さを増す。特に、国衙北方地域で最も竪穴建物跡が密集することは、このａ・ｂ地域が国衙の造営に直接関わった集団の集住域だったことによるものと考えられる。さらに、ａ地域には、真東西・真南北の掘立柱建物跡が多くみられ、国府整備とともに展開した官衙ブロックが置かれる。

Ⅲ期（八世紀中葉～九世紀中葉）（武蔵国衙と国府拡充期）　武蔵国衙の建物が瓦葺化され、その後礎石建物となり、国府域が国衙北西方向（ｄ地域）へと拡充する。この段階で国府域が最も広域に展開する。この国府域の拡充に合わせるかのように、八世紀末～九世紀前半代に、国衙から戌亥の方角に「社」が造営される。その造営地点が、国府のなかでも、官衙ブロックと工房を中心とするブロックの境界を意識していると考えられることから、この段階で、東西約二・二平方キロメートル、南北最大一・八平方キロメートルの国府域のなかで、官衙中心地域（a～c・g・h地域）、その西側の工房中心地域（d・e地域）、国衙東側の古来からの集落域（f地域＝郡衙関連集落）という明確な国府の機能分化が進んだと考えられる。

Ⅳ期（九世紀後半～十世紀後半）（武蔵国衙の改修と国府の第二次整備期）　武蔵国衙において、武蔵国分寺塔再建期の瓦が出土していることから、国衙の改修期と考えられる。国衙北西地域で竪穴建物跡が減少し、再び国衙北方隣接地域（a・b地域）で竪穴建物跡が増加することから、この段階を「国府第二次整備期」と意義づける。

Ⅴ期（十世紀末～十一世紀代）（武蔵国衙の廃絶と国府衰退期）　武蔵国衙から、基壇化粧に使用されたと考えられる塼が竪穴建物の竈に流出することから、この段階で国衙が機能を失ったものと考えられる。そして、国府も大幅に規模を縮小し、国衙北方地域（a・b地域）に集約される。

（2）武蔵国府の変遷と特質

武蔵国府の変遷と特質をまとめると次のようになる。

①武蔵国府は、七世紀末～八世紀初頭（N1期）段階で、すでに後の国府域に相当する東西約二・二平方キロメートル、南北約一・五平方キロメートルの範囲で国府域が形成される。

②八世紀前葉に国衙が成立し、国府も整備される。即ち、国府造営は、国衙造営と同時に短期間で形成されたものではなく、当初から国府域を意識した長期的な計画に基づき、徐々に整備・充実されていった(49)。

③国府は、その造営段階で主に国衙北方地域に展開するが、当初から国府の機能が広範囲に分散されている。

④国府は、八世紀中葉の国衙整備以降、北西方向に拡充し、最も整備・充実した時期を迎える。この段階で、東山道武蔵路は官道としての機能を失い、「国府・国分寺連絡路」が整備される。

⑤九世紀後半から再び竪穴建物が国衙北方地域で充実する第二次整備期を迎える。

⑥十世紀末葉以降、国衙の衰退とともに、国府も国衙近辺に集約される。

三　武蔵国分僧・尼寺と周辺集落

武蔵国分寺跡・関連遺跡は、諸国国分寺中最大規模の僧寺金堂を中心に、おおよそ東西八町・南北五町の寺院地があり、その外側に東西一・五平方キロメートル、南北一平方キロメートルの範囲に集落（寺地）が広がっている。集落全体の立地環境は、遺跡の北部を東西に横断する国分寺崖線を境に、武蔵国衙が置かれた同一台地上（立川段丘面）と北方高台の武蔵野段丘面にまたがって所在するが、その分布範囲は崖線下の湧水に規制されていたことが指摘されている。[50] 発掘調査は、一九五六年から始まり、一九七四年以降継続的に行われ、[51] 大きく三期に区分された変遷が明らかにされてきた。

（1）武蔵国分寺の変遷

第Ⅰ期（創建期）　国分寺が創建された八世紀後半代を中心に、九世紀中頃の塔再建期までの間、四期（Ⅰa～Ⅰd期）に小区分されている。当期は僧寺でⅠa期とⅠb期で寺院地に変更があり、尼寺はⅠb期に造営が開始される。国分寺造営の完了は、国内二一郡のうち、天平宝字二年（七五八）建郡の新羅郡のみ郡名瓦が出土しないこと、平城宮で天平宝字元年（七五七）～神護景雲年間（～七七〇年）に使用された瓦を祖形とする平城宮系瓦と、「天平勝宝九歳閏八月（七五七年）」の具註暦断簡の漆紙文書の出土などから、天平宝字年間（七五七～七六五年）と考えられている。[52] さらに、国内二〇郡の郡名瓦と一二〇郷中三三郷の郷名瓦の出土から、国衙同様、国内全郡体制で国分寺の造営が行われたことがわかる。

第Ⅱ期（整備・拡充期）　承和十二年（八四五）を上限とした七重塔再建を中心とする九世紀後半代。塔再建ととも

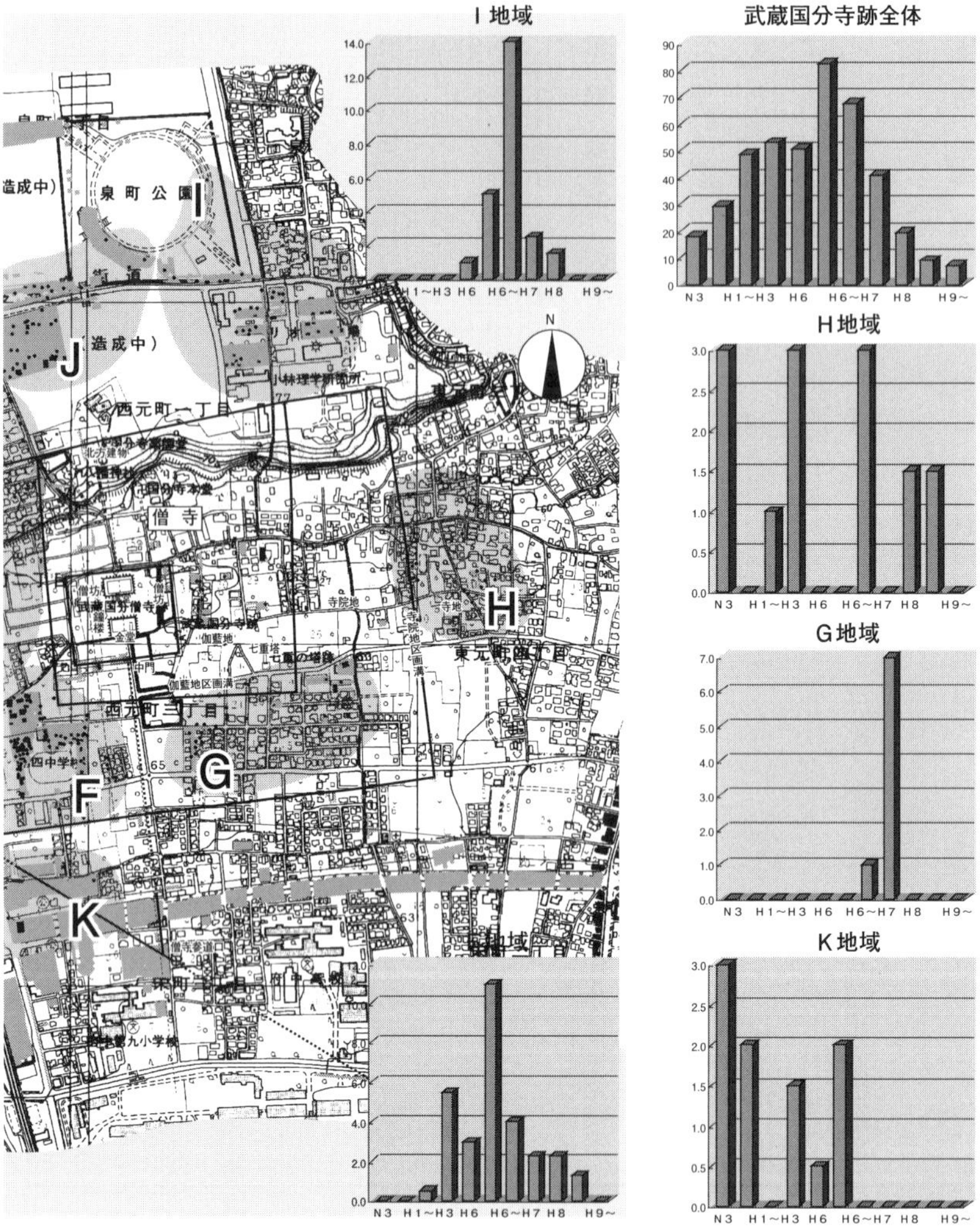
I地域
武蔵国分寺跡全体
H地域
G地域
K地域
N3
H1～H3
H6
H6～H7
H8
H9～
泉町公園
造成中)
西元町一丁目
僧寺
武蔵国分僧寺
寺院地
東元町四丁目
西元町三丁目
伽藍地区画溝
七重塔
中門
金堂
四中学
I
J
H
G
F
K

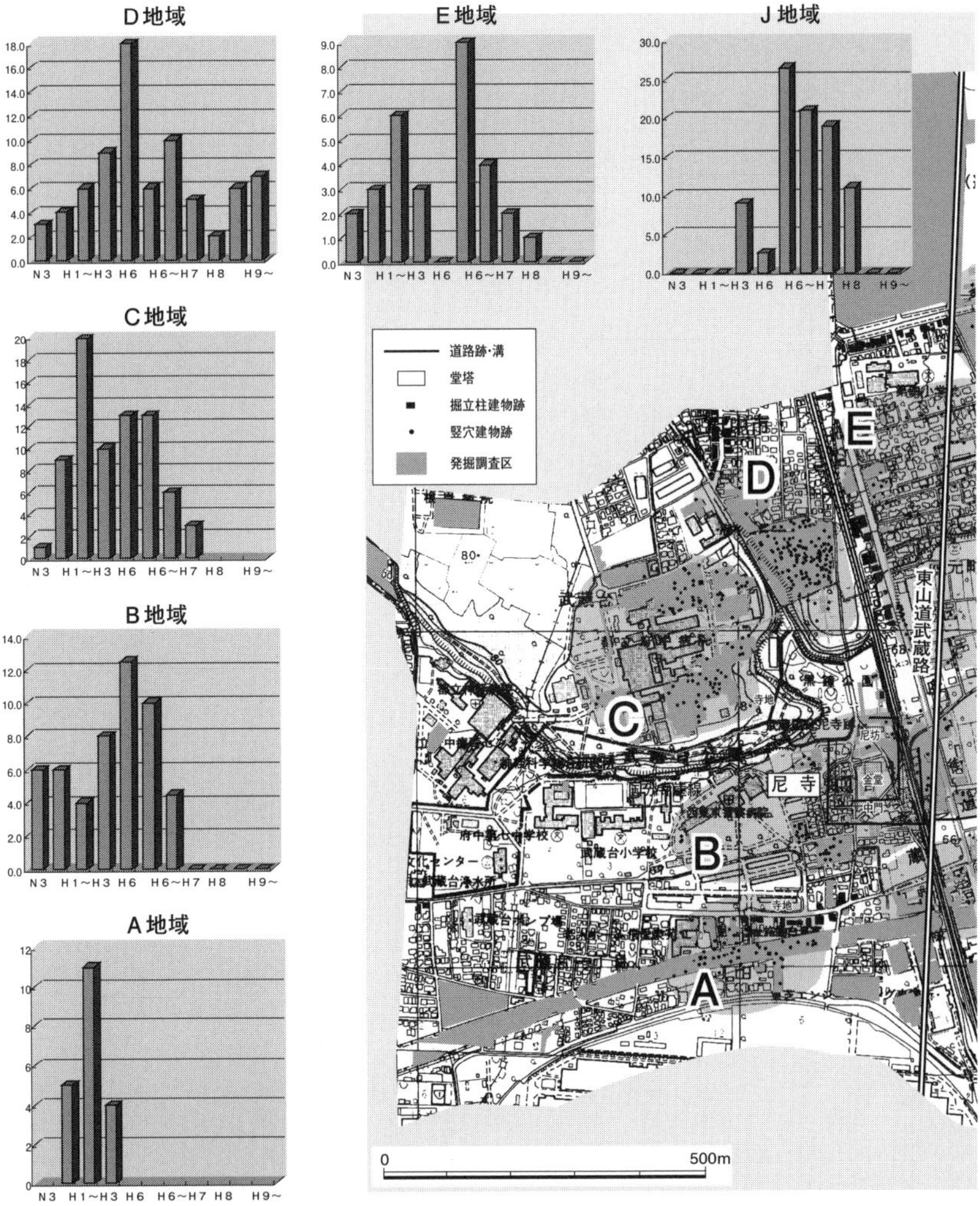

第54図　武蔵国分寺跡地域別竪穴建物の推移（グラフ縦軸＝棟数、横軸＝時期）
※本図の地図は注41をもとに作成。

に、主要堂宇の大規模な改修や付属諸院の整備・拡充が実施され、最も寺観が整った段階とされる。

第Ⅲ期（衰退期）　国分寺制度の崩壊とともに、国分寺の存在意義が消滅し、衰退に向かう十～十一世紀代。二期（Ⅲａ・Ⅲｂ期）に小区分される。寺院地・伽藍地の区画溝が埋没し、その機能が失われ、寺院地・伽藍地内にまで竪穴建物・掘立柱建物が営まれるようになる。

（２）寺地内の小地域性と時期別変遷

武蔵国分僧・尼寺周辺に広がる集落（寺地）については、早川泉の調査研究成果がある。[53] 以下、早川の研究に拠りながら、武蔵国分寺跡・関連遺跡で検出されている竪穴建物跡を時期別に集計し、その推移を検討する。なお、ここで検討対象とした竪穴建物跡は、既報告調査地区約二〇万平方キロメートルで七〇〇棟以上検出されているなかで、時期が判別できる既報告分約六〇〇棟である（以下、第54図）。

Ａ地域（尼寺南西地域）　周辺集落（寺地）全体の南西限界地域でもある。竪穴建物跡が密集する地域とそうでない地域が明確に分離でき、竪穴建物に重複が認められないことが特徴である。地域全体の分布密度は一〇〇平方メートルあたり〇・〇一を切るほど、希薄な地域である。時期は、八世紀第Ⅳ四半期～九世紀第Ⅲ四半期にピークがあり、十世紀初頭以降激減することから、国分寺整備期と塔再建期に重点が置かれた集落と考えられる。粘土採掘坑や鍛冶工房も検出されている。

Ｂ地域（尼寺周辺および西方地域）　竪穴建物跡の様相はＡ地域と類似するが、分布密度が極端に濃密になり、一〇〇平方メートルあたり二棟近くになる。この数値は、武蔵国府跡の平均的な密集度に近い。国分寺創建期を中心とする八世紀代と九世紀後半代が集中し、十世紀中葉以降激減する。鍛冶工房跡と「山田」銘墨書土器の出土が注目される。

Ｃ地域（尼寺北西地域）　東京都立多摩総合医療センター構内にあり、「武蔵台遺跡」と呼ばれている。尼寺の後背地の台地上に広がる集落全体の西北限界地域。当地域は、次のD～F地域とともに、竪穴建物跡の稠密度が際だっている。また、国分寺創建期段階の最も古い竪穴建物跡が確認されているのも当地域である。武蔵台遺跡ＳＩ23からは、天平勝寶九歳（七五七年）の具註暦断簡が出土しており、武蔵国分寺の造営時期を明らかにする上で重要な資料となっている。主要遺構の分布密度は、竪穴建物跡が一〇〇平方メートルあたり〇・五棟、掘立柱建物跡が一〇〇平方メートルあたり〇・一棟である。

当地域の竪穴建物跡は、国分寺造営期に集中することから、造営に密接な関連性を持つ地域である。この事由として、従来国分寺造営に係わる作業施設の選地にあたって、物資の移動に利便な東山道武蔵路に近く、造寺計画地内を避けた崖線下の湧水の利便性が考慮されたとされてきたが、黒鐘谷付近にある湧水という利水性が最大の理由であったと考えられる。造営以後、竪穴建物跡は減少するが、十世紀前半代に再び増加する。

D地域（尼寺北方地域）　尼寺北方約三〇〇メートル周辺に立地し、国分寺創建期から断続的に竪穴建物が営まれ、九世紀中葉から十世紀前葉にかけてピークを迎え、十一世紀代まで存続する。斜面上という立地からか、特殊な構造の竪穴建物が多い。

E地域（尼寺北東地域）　東山道武蔵路の西側至近距離で、竪穴建物は国分寺創建段階から存在するが、九世紀前葉から中葉にピークがある。

F地域（僧寺南西地域）　僧寺寺域区画溝南西隅から南西方向約五〇メートル付近で、最も竪穴建物跡が稠密に分布する地域の一つである。九世紀前葉に出現し、九世紀後葉～十世紀中葉にかけて充実すると考えられている。掘立柱建物跡も密集し、中軸線のあり方から、二時期あることが指摘され、営繕施設（修理院）と推定される。ここでも「山田」銘墨書土器が出土している。

G地域（僧寺南東地域）　七重塔跡を中心とした地域で、九世紀中葉以降に分布の中心がある。長大な掘立柱建物跡が検出されていることから、寺院経営の主要な施設が存在したものと考えられている。

H地域（僧寺東方地域）　僧寺寺地東側区画溝を挟んでその東側一帯の地域。居住遺構が少なく、畠地が推定されている地域である。

I地域（僧寺北東地域）　僧寺寺域北辺区画溝の北東付近の地域。八世紀後葉から九世紀前葉にかけて出現し、十世紀前葉以降増加傾向にある。武蔵国分寺北限の竪穴建物跡と僧寺中軸線と同方向にある掘立柱建物跡が確認され、国分寺創建から整備・拡充期に至る建物群である。

J地域（僧寺北方地域）　僧寺金堂中軸線から北へ約五七〇メートル離れた地点で、北限限界点の竪穴建物跡が確認されている。僧寺金堂北方至近とそれ以北では、大幅に竪穴建物跡の分布密度に差異がある。時期的には、国分寺創建期の竪穴建物跡は検出されず、九世紀後葉〜十一世紀代に至るものが稠密に分布し、鍛冶工房も数棟確認されている。

K地域（僧寺北西地域）　僧寺寺域区画溝北西隅の一帯で、遺構の密集度は低い。

（3）竪穴建物跡からみた時期別推移

武蔵国分寺の成立から変遷のなかでは、従来、十世紀が衰退期と位置づけられてきた。しかし、竪穴建物跡の推移からみれば、十世紀は決して衰退期ではなく、十世紀代に国分寺全域へ竪穴建物が拡充することが明らかで、十世紀を第二次整備期と捉えることが可能である。そこで従来の時期設定と異り、左記のように第Ⅰ期（創建期〜国分寺整備期）、第Ⅱ期（整備・拡充期）、第Ⅲ期（第二次整備期）、第Ⅳ期（衰退期）の四段階に変更した。

第Ⅰ期（創建期〜国分寺整備期）創建期〜九世紀中頃

八世紀中頃…竪穴建物は、尼寺南西・西方・北西・北方地域に集中する。東山道武蔵路の至近距離で、利水性の高い開析谷の斜面地から台地平坦面に立地するため、国分寺造営を担った集団の集住域と考えられる。

八世紀後半…引き続き、尼寺西方一帯を中心として分布。

九世紀前半…従前同様の分布に加え、僧寺・尼寺中間地域にも展開していく拡充時期。この時期後半には七重塔が神火に会い消失する。

第Ⅱ期（整備・拡充期）九世紀後半代…尼寺から僧寺全域に展開する隆盛期。

第Ⅲ期（第二次整備期）十世紀代…竪穴建物が国分寺全域へ拡充し、僧寺南西地域で急増する。

第Ⅳ期（衰退期）十世紀終り頃～十一世紀代

十世紀終り頃……竪穴建物が僧寺南東地域を除く、各地域で急速に減少する。

十一世紀代…僧寺周辺に散在的に分布するのみとなる。

（4）国分寺造営の特質

造営以前の先住集落が皆無の地に選地　武蔵国分寺は、国分寺造営の詔にある「国華」である「好処」を選定するため、国府から一定の距離を置いて、さらに造営以前の集落が皆無の地に選地された。この点、国府とは大きく異なる特質である。武蔵国分寺跡では、律令制下の土器様式を象徴する存在である盤状坏が皆無に近いことも(54)、この点を裏付けている。

短期間で造営集落が形成　武蔵国分寺は、天平十三年（七四一）の国分寺建立の詔から天平宝字年間という二〇年間の間に完成していると考えられている。従来、建立の詔から二〇年間もの長期間、数度にわたる督促を経てようやく造営が完成したという評価もあった。しかし、九世紀代になってもまだ完成しなかった国分寺があったことに比べれば、全くの新開地に二〇年で完成したことは、国分寺造営にあたっての武蔵国内全郡体制を裏付ける。

造営時期の竪穴建物が尼寺北西地域に集中　国分寺造営段階の竪穴建物は、尼寺周辺地域、特に北西地域に集中する傾向が認められた。国分寺造営の作業施設は、物資の移動に利便な東山道武蔵路の至近で、国府からみて南方に開けた国分寺設置計画地を避けた場所のなかで、谷筋の最も造営集落を営みやすく湧水が豊富な地域に選定された。

国分寺整備期の竪穴建物が僧・尼寺西南西地域に集中　前段階と対照的に、国分寺造営以降の整備・拡充期の竪穴建物群は、尼寺西方〜南西地域に広がるとともに、僧・尼寺中間地域にも進出している。このことは、造営期とは異なる整備・維持管理運営集団がこれまでの地域と全く異なる地域へ集住させられた結果と考えられる。この点で、竪穴建物の竈の位置は北竈が多いなかで、国分寺南方〜南西地域に西竈の割合が高いことも、当地域の特性を表すものである。竪穴建物が密集する尼寺北方・北西地域で竪穴一六〇棟のうち一棟も確認されていないことから、八世紀第Ⅳ四半期〜九世紀初頭という国分寺整備・拡充期に、竈を西壁に設置する特定の目的で集住していた集団の存在が暗示される。つまり、国分寺創建期と再建期の集団は、人的構成に差異があり、その役割に応じた集団の職能によって、居住域が明確に分かれていた可能性が高い(55)。

入間郡山田郷との関連性　「山田」銘墨書土器は、入間郡山田郷との関連が指摘されている。この墨書土器は、すべて国分僧・尼寺西方地域で、国分寺造営以降の整備期にあたることから、この段階で、入間郡山田郷から徴発された特定の集団の移住が想起される。武蔵国分寺の維持管理・運営に、武蔵国内から郷単位での徴発・編成が考えられる重要な資料である。

（5）武蔵国府と国分寺の比較検討結果

武蔵国府は、当初からその整備計画に基づき、広範に広がる国府域全体の計画的な設計を意図していたと考えられることから、小地域ごとの違いはありながらも、国府域が形成されていた。これに対し、武蔵国分寺は、造営期の集団と整備後の維持管理運営集団、塔再建期後の第二次維持管理運営集団が、特定の地域に専住していた。国府との大きな差異がここに認められる。

また、国分寺集落の竪穴建物跡の竈は、特殊な掘り方を持つ事例が多く認められ、特に、造営段階の「オンドル型」構造や煙道先に煙り出し孔を有する竈などが特徴的である。また、竈の芯材や外側に瓦で補強する事例が多数認められる。これらのことから、国府が国府域全体のなかで、特定の集団を見出しにくいことに対し、国分寺は造営と整備後の維持管理運営集団に大きな差異が認められることから、それぞれの作業ごとに特定の技能を有する集団が徴発されていたものと考えられる。確実に仏教施設を維持管理・運営することが最大の目的であったことに起因するのであろう。国分寺の造営・維持管理運営は、周辺集落とは切り離された独自の空間を形成していたのである。

国府の造営から維持管理の人的構成については、国分寺と比較して、あまり特定の領域が国府域内に見出せない結果となった。この点は、すでに国府跡出土墨書土器の傾向からも看取されており（第二章第四節）、他の集落遺跡のような一文字が多量に出土する事例は国府の場合見出せない。このことから、武蔵国府は、ある特定の集団が一定の目的で国府に徴発されたのではないものと考える。さらに、その徴発は、恒久的なものでなく、ある一定期間の臨時的な諸作業に従事していた可能性が高い。その点は第四節以降で述べる。

第三節　生業遺物からみた武蔵国府の特質

本節では、東京都（武蔵国）における生業遺物の集成からみた武蔵国府の特質を検討する[56]。

東京都における生業遺物集成作業は、七世紀前半から十二世紀後半までの約六〇〇遺跡のなかから、当該生業遺物

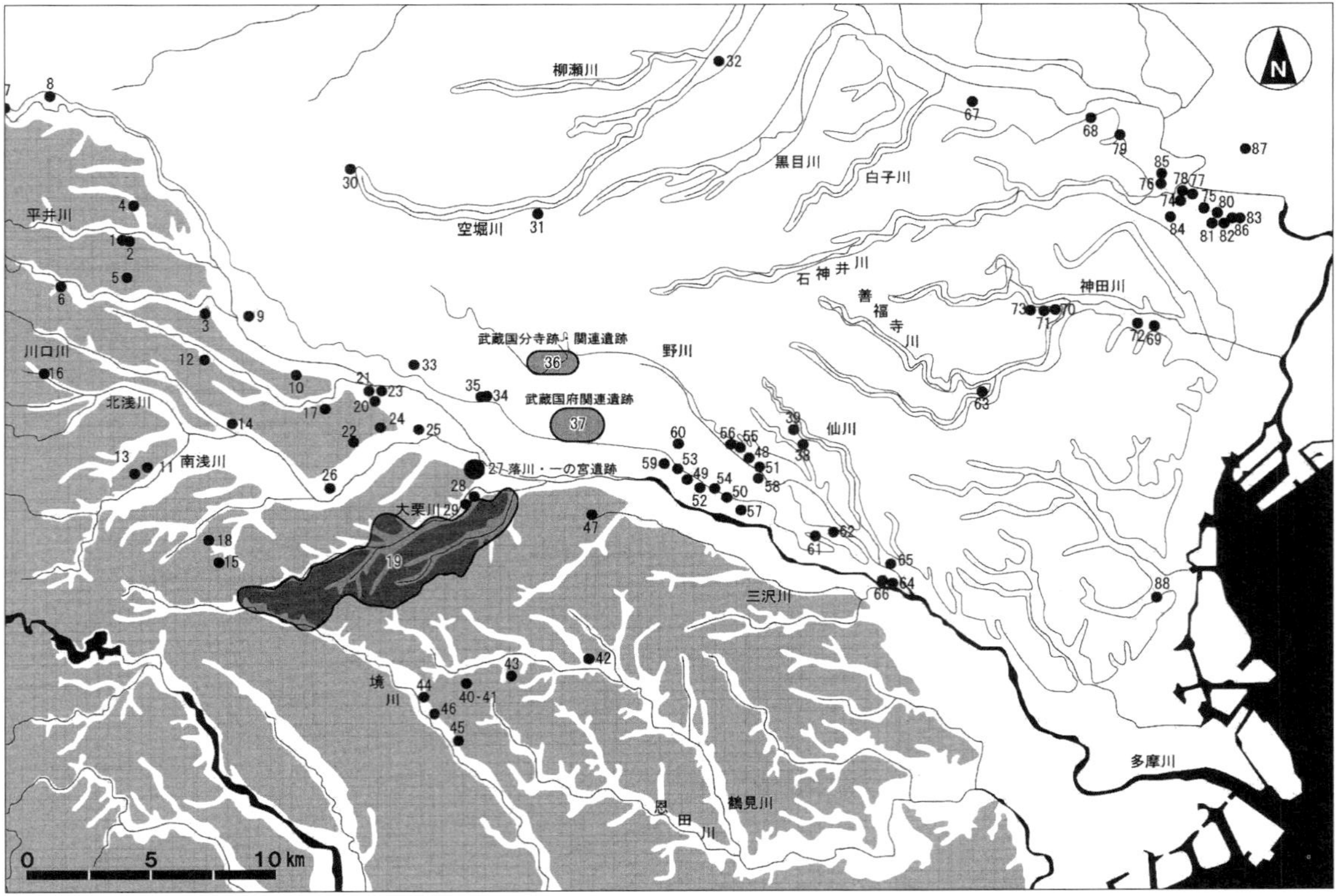

第55図　対象遺跡位置図

第14表　対象遺跡一覧表

No.	市名	遺跡名	No.	市名	遺跡名	No.	市名	遺跡名
1	日の出町	三吉野遺跡群欠上・下モ原地区	30	武蔵村山市	赤堀遺跡	59	調布市	飛田給遺跡
2	日の出町	三吉野欠上遺跡	31	東村山市	下宅部遺跡	60	調布市	飛田給北遺跡
3	あきる野市	宮ヶ谷戸遺跡	32	清瀬市	下宿内山遺跡	61	狛江市	岩戸八幡神社遺跡
4	あきる野市	菅生第三遺跡	33	立川市	下大和田遺跡	62	狛江市	弁財天池遺跡
5	あきる野市	代継・富士見台遺跡	34	国立市	仮屋上遺跡	63	杉並区	方南遺跡
6	あきる野市	坪松B	35	国立市	仮屋上西遺跡	64	世田谷区	喜多見陣屋遺跡
7	青梅市	下清水遺跡（T-25）	36	国分寺市	武蔵国分寺跡・関連遺跡	65	世田谷区	喜多見中通遺跡
8	青梅市	裏宿遺跡	37	府中市	武蔵国府関連遺跡	66	世田谷区	宮之原遺跡
9	昭島市	山ノ神遺跡	38	三鷹市	滝坂遺跡	67	板橋区	四葉地区遺跡
10	八王子市	宇津木台遺跡群	39	三鷹市	島屋敷遺跡	68	板橋区	小豆沢宮ノ前南遺跡
11	八王子市	船田遺跡	40	町田市	すぐじ山遺跡	69	新宿区	下戸塚遺跡
12	八王子市	太陽の丘遺跡	41	町田市	すぐじ山下遺跡	70	新宿区	上落合二丁目遺跡
13	八王子市	中郷遺跡	42	町田市	綾部原遺跡	71	新宿区	上落合二丁目西遺跡
14	八王子市	中田遺跡	43	町田市	川島谷遺跡群	72	新宿区	西早稲田三丁目遺跡
15	八王子市	南部地区遺跡群大原A遺跡	44	町田市	忠生遺跡群	73	新宿区	落合遺跡
16	八王子市	美山町赤根遺跡（C地区）	45	町田市	木曽森野遺跡	74	北区	下十条遺跡
17	八王子市	塚場遺跡	46	町田市	木曽中学校遺跡	75	北区	御殿前遺跡
18	八王子市	南八王子地区遺跡群	47	稲城市	竪台遺跡	76	北区	十条久保遺跡
19	八王子市ほか	多摩ニュータウン遺跡群	48	調布市	ませぐち遺跡	77	北区	赤羽台遺跡
20	日野市	姥久保遺跡	49	調布市	下石原遺跡	78	北区	袋低地遺跡
21	日野市	栄町遺跡	50	調布市	下布田遺跡	79	北区	大六天遺跡
22	日野市	山王上遺跡	51	調布市	原山遺跡	80	北区	中里遺跡
23	日野市	四ツ谷前遺跡	52	調布市	小島町遺跡	81	北区	中里峡上遺跡
24	日野市	神明上遺跡	53	調布市	上石原遺跡	82	北区	田端町遺跡
25	日野市	南広間地遺跡	54	調布市	上布田遺跡	83	北区	田端不動坂遺跡
26	日野市	平山遺跡	55	調布市	深大寺城山遺跡	84	北区	道合遺跡
27	日野市	落川・一の宮遺跡	56	調布市	仁王塚遺跡	85	北区	南橋遺跡
28	多摩市	東寺方遺跡	57	調布市	染地遺跡	86	北区	田端西台通遺跡
29	多摩市	和田西遺跡	58	調布市	中耕地遺跡	87	足立区	伊興遺跡
						88	品川区	武蔵大井鹿島遺跡

第15表　東京都全体出土生業遺物点数表

	鉄製品																土・石製品		木製品						合計
	農具			工具					武器・狩猟具			紡錘具	漁労具	建築具		その他	紡錘具	漁労具	農具				工具	紡錘具	
	鎌	手鎌	鋤	斧	錐	鉇	鑿	鋸	鏃	馬具	小札	紡錘車	鉄錘	釘	鎹		紡錘車	土錘	鍬鋤	横槌	田下駄	鎌柄	斧柄	紡錘車	
7c前	7	2							13					5		15	24	3							69
7c後	10	5	2			3	2		55			4	1	25		38	26	9							180
8c前	43	5	6	7		3			62	2	1	3		25	1	120	20	43						1	342
8c後	43	5	2	7	2	3	1		61	1		5		57	1	134	27	34							383
9c前	56	12	5	6	4	7	2		90	3	3	22	1	136	1	277	47	114	1					1	788
9c後	64	16	8	6	4	2	5	3	123	2		16	10	135	1	253	30	89	1						768
10c前	51	4	5	5	7	2	4		106	13		20	2	110		194	24	222	1	2					772
10c後	16	4	1	1	3	2			52	4	2	13	3	89	1	88	5	2	1						287
11c前	11		4	1	1				30	3	2	7	3	28		29		5							124
11c後	7	1	2	2	2				29	1		7	1	16		15	2	1							86
12c前	2								3			1		30		5	1								42
12c後	2								4					30		4	1								41
時期不明	68	6	11	13	6	5	8	2	153	8		23	9	208	4	264	91	330	1	2	1	1	1	3	1218
合計	380	60	46	48	29	27	22	5	781	37	8	121	30	894	9	1436	298	852	5	4	1	1	1	5	5100

※その他＝刀子、火打ち金、小刀、鉄釣り針、金槌、閂金具、焼印、柑、鑷子。

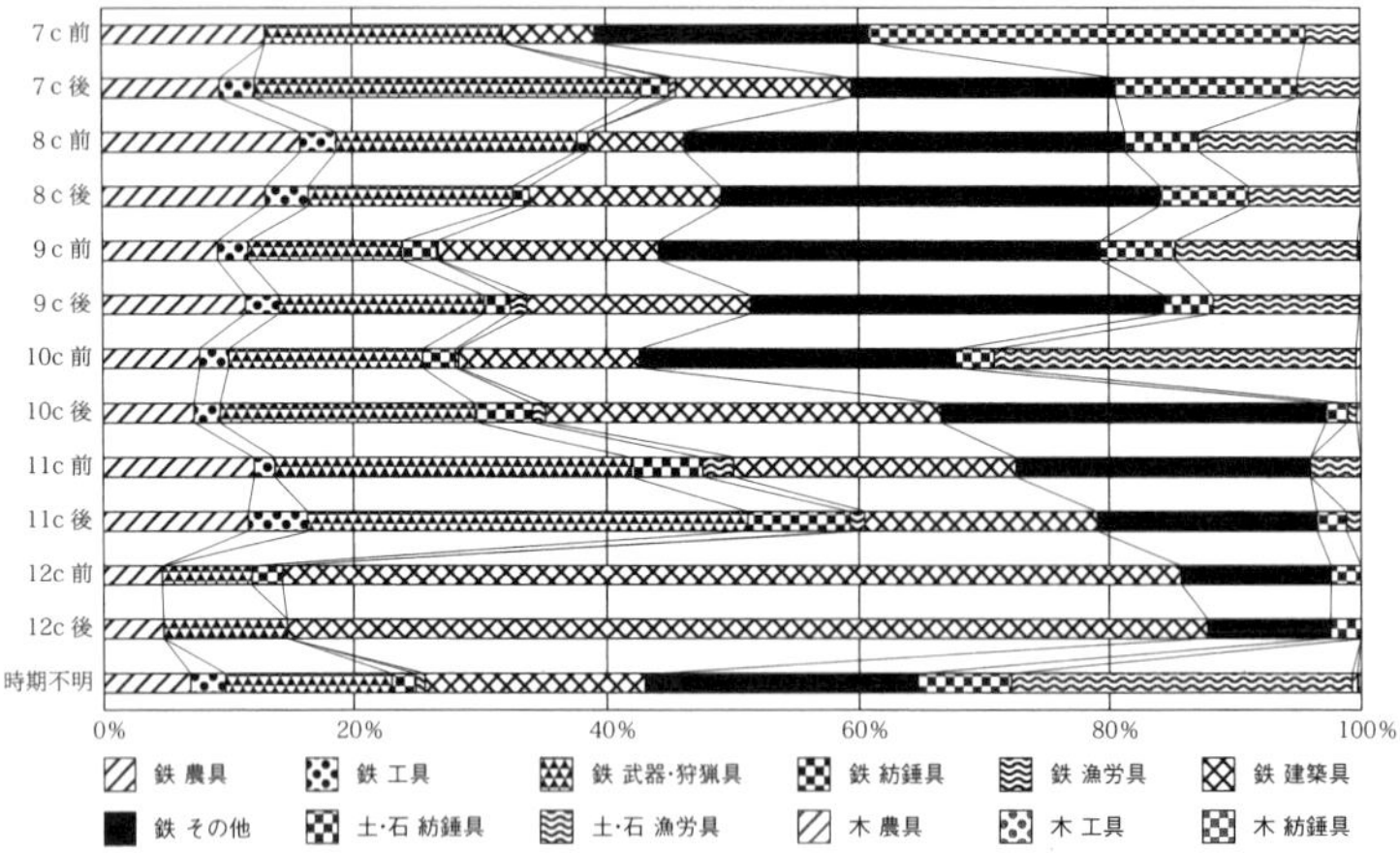

が出土している八八遺跡を対象として行った[57]（第55図・第14表）。総出土点数は、五一〇〇点である。組成表は、武蔵国府関連遺跡と他の集落遺跡を別に作成し、武蔵国分寺跡・関連遺跡と落川・一の宮遺跡も分けて作成した。なお、半世紀ごとの細分ができなかった遺物も、時期不明の欄を設けて記載した。

一　生業遺物の傾向

（1）遺跡ごとの特徴

①東京都全体（第15表）

全体数　鉄製品三九三三点、土製・石製品一一五〇点、木製品一七点と、台地上の遺跡が多いため、木製品の出土数がきわめて少ない。土製品・石製品に対して鉄

第16表　東京都集落跡（落川・一の宮遺跡を除く）出土生業遺物点数表

	鉄製品																土・石製品		木製品						
	農具			工具					武器・狩猟具			紡錘具	漁労具	建築具		その他	紡錘具	漁労具	農具				工具	紡錘具	合計
	鎌	手鎌	鋤	斧	錐	鉇	鑿	鋸	鏃	馬具	小札	紡錘車	鉄錘	釘	鎹		紡錘車	土錘	鍬鋤	横槌	田下駄	鎌柄	斧柄	紡錘車	
7c前	5	2							12					5		12	24	3							63
7c後	9	5	2			3	2		54			2		14		33	22	8							154
8c前	23	3	4	5		2			33	2	1	1		9	1	84	9	32							209
8c後	23	1	2	6	1	2	1		22			1		13		53	11								136
9c前	31	3	1	3	2	2			33			5	1	46		56	14	22	1						220
9c後	39	14	4	5	2	2	4	2	75			5	9	57	1	123	10	19	1						372
10c前	14	1	1	2	4	1	2		38	3		8		51		75	4	6	1	2					213
10c後	9	2	1	1	2	2			28	1		3	3	42	1	54	1	1	1						152
11c前	11		1	1					25	2		5	1	10		17		2							75
11c後	6		1	2	1				20	1		4	1	15		12	1								64
12c前	2								3			1		30		4									40
12c後	2								4					30		4									40
時期不明	13	2	2	6	1	1	1		33	1		8	3	22	2	68	22	79	1	2	1	1	1	3	273
合計	187	33	19	31	13	15	10	2	380	10	1	43	18	344	5	595	118	172	5	4	1	1	1	3	2011

※その他＝刀子、火打ち金、小刀、鉄釣り針、金槌、門金具、焼印、柑、鑷子。

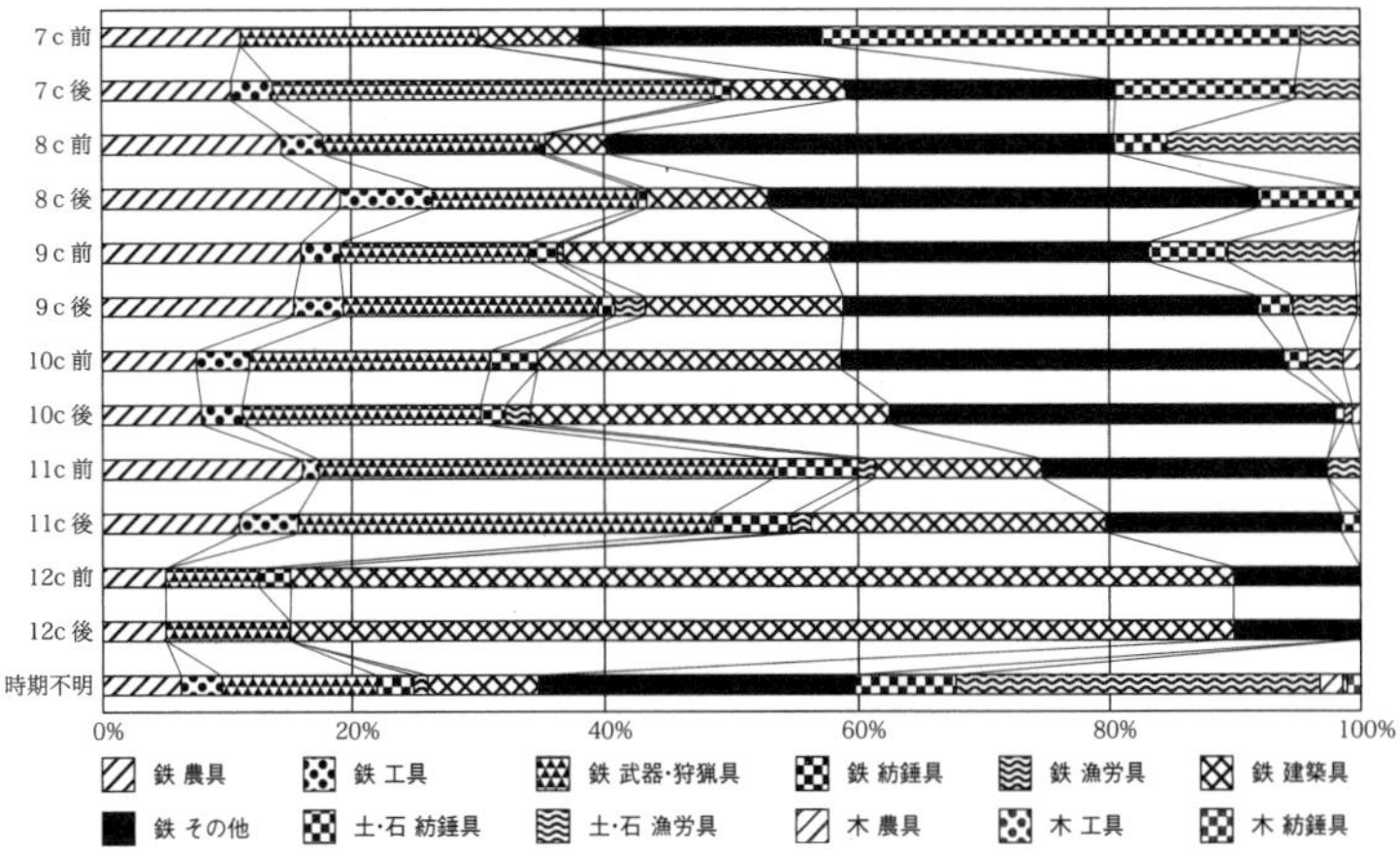

製品がほぼ四倍の量となっている。全体的に十一世紀以降の出土数が少ないのは、当該時期の検出遺跡数自体が少ないことによる。

種別ごと　木製品を除き対象の全種類が出土し、数量では、土錘、釘などの建築具、鏃などの武器・狩猟具、鎌などの農具、紡錘具の順で多い。

時期ごと　七世紀前半と十一世紀前半以降が少ないものの、七世紀後半から増加し、九世紀前半から十世紀前半にピークがある。その他は刀子の出土が多い。

全体傾向　Ⓐ土製・石製紡錘具＝七世紀代から各時期平均的に出土する。Ⓑ農具や武器・狩猟具＝徐々に増加し、九世紀後半頃をピークとする。Ⓒ建築具や土

第17表　武蔵国府関連遺跡出土生業遺物点数表

	鉄製品																土・石製品		木製品						
	農具			工具					武器・狩猟具			紡錘具	漁労具	建築具		その他	紡錘具	漁労具	農具				工具	紡錘具	合計
	鎌	手鎌	鋤	斧	錐	鉋	鑿	鋸	鏃	馬具	小札	紡錘車	鉄錘	釘	鎹		紡錘車	錘	鍬鋤	横槌	田下駄	鎌柄	斧柄	紡錘車	
7c前																2									2
7c後									1			2		3			1								7
8c前	17	2	2	2		1			24			1		11		20	10	7						1	98
8c後	19	3		1	1				33	1		3		33	1	68	14	34							211
9c前	19	1	4	3	2	2	1		44	3	3	11		41		167	27	50						1	379
9c後	13	1	4	1	2		1	1	39	1		6		31		69	16	54							239
10c前	33	1	4	3	3		2		60	9		9	1	7		72	16	204							424
10c後	3	2			1				22	3	2	6		31		14	2	1							87
11c前			2						4	1	2	2		3		4		2							20
11c後	1	1							9			3				3	1	1							19
12c前																1	1								2
12c後																	1								1
時期不明	42	2	8	7	5	3	4	2	93	6		13		101	2	131	59	178							656
合計	147	13	24	17	14	6	8	3	329	24	7	56	1	261	3	551	148	531	0	0	0	0	0	2	2145

※その他＝刀子、火打ち金、閂金具、焼印、柑、鑷子、鍵、鋏。

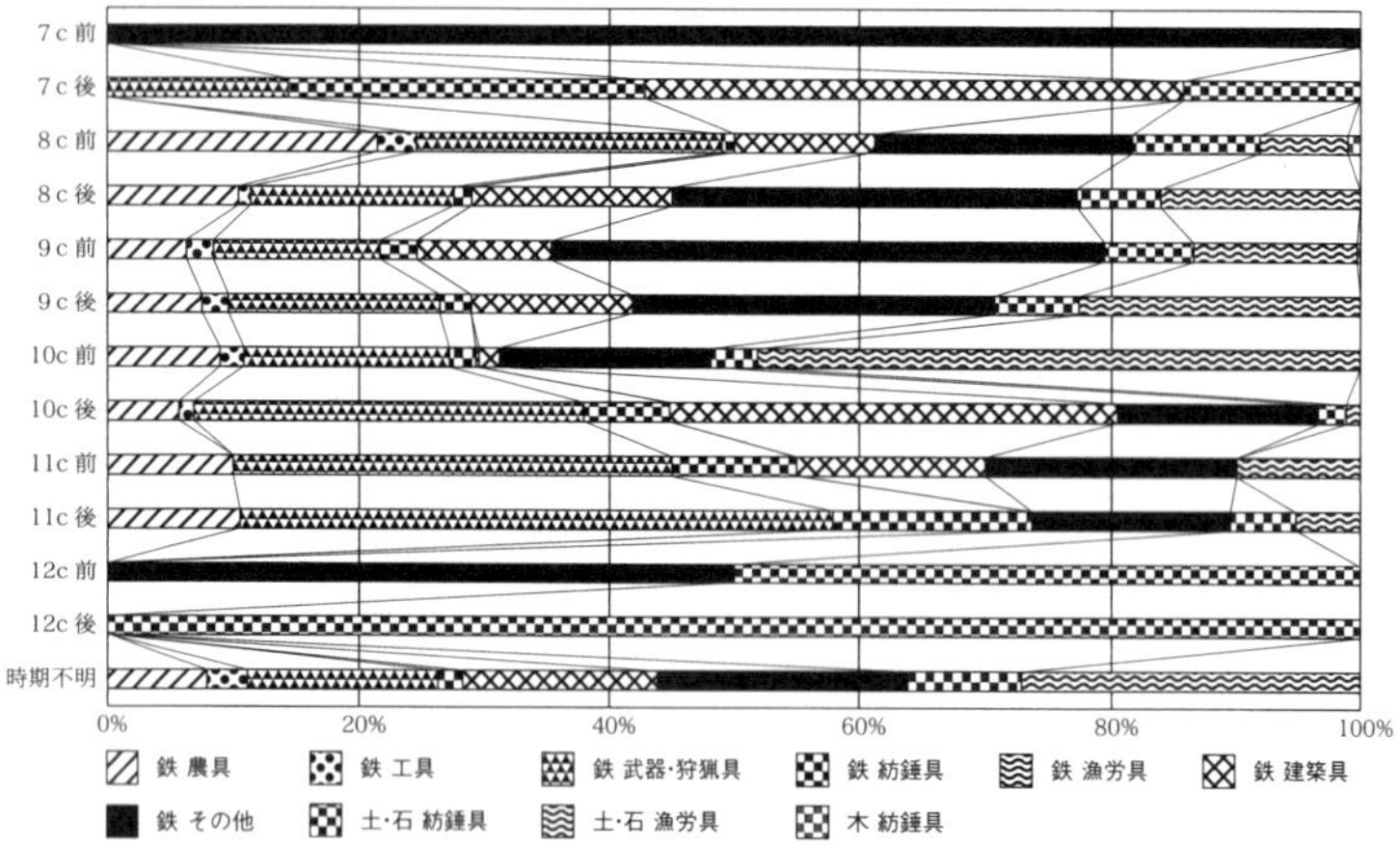

錘＝九世紀前半〜十世紀前半にかけて、突如数が増加する。

七世紀代の出土数がきわめて少ないもの（工具・建築具（鎹・鋸）・馬具・小札）や全時期を通して出土数が少ないもの（鎹・鋸）がある。

②東京都内集落全体（第16表）

全体数　鉄製品一七〇六点、土製・石製品二九〇点、木製品一五点である。また、土製品・石製品に対して鉄製品が五倍以上の量となっている。

種別ごと　木製品を除き対象の全種類が出土し、数量では、鏃などの武器・狩猟具、釘などの建築具、鎌などの農具、土錘、紡錘具の順で多い。

時期ごと　七世紀前半と十一世

第18表　武蔵国分寺跡出土生業遺物点数表

	鉄製品																土・石製品		木製品						合計
	農具			工具					武器・狩猟具			紡錘具	漁労具	建築具		その他	紡錘具	漁労具	農具				工具	紡錘具	
	鎌	手鎌	鋤	斧	錐	鉇	鑿	鋸	鏃	馬具	小札	紡錘車	鉄錘	釘	鋌		紡錘車	土錘	鍬鋤	横槌	田下駄	鎌柄	斧柄	紡錘車	
7c前																									0
7c後																									0
8c前																									0
8c後	1					1			4			1		11		10	1								29
9c前	4	8				3	1		6			5		32	1	31	5	16							112
9c後	10	1							1			2		40		35	3	2							94
10c前	4	2				1			1	1		3		37		36	4	5							94
10c後	4								2			4		16		20	2								48
11c前					1				1					15		8		1							26
11c後					1									1											2
12c前																									0
12c後																									0
時期不明	6	2	1			1	1		12	1		2		53		29	5	6							119
合計	29	13	1	0	2	6	2	0	27	2	0	17	0	205	1	169	20	30	0	0	0	0	0	0	524

※その他＝楔1、刀子146、小刀4、火打ち金3、閂金具5、錠前1、鑷、環、釣り針、鍋脚、鋲。

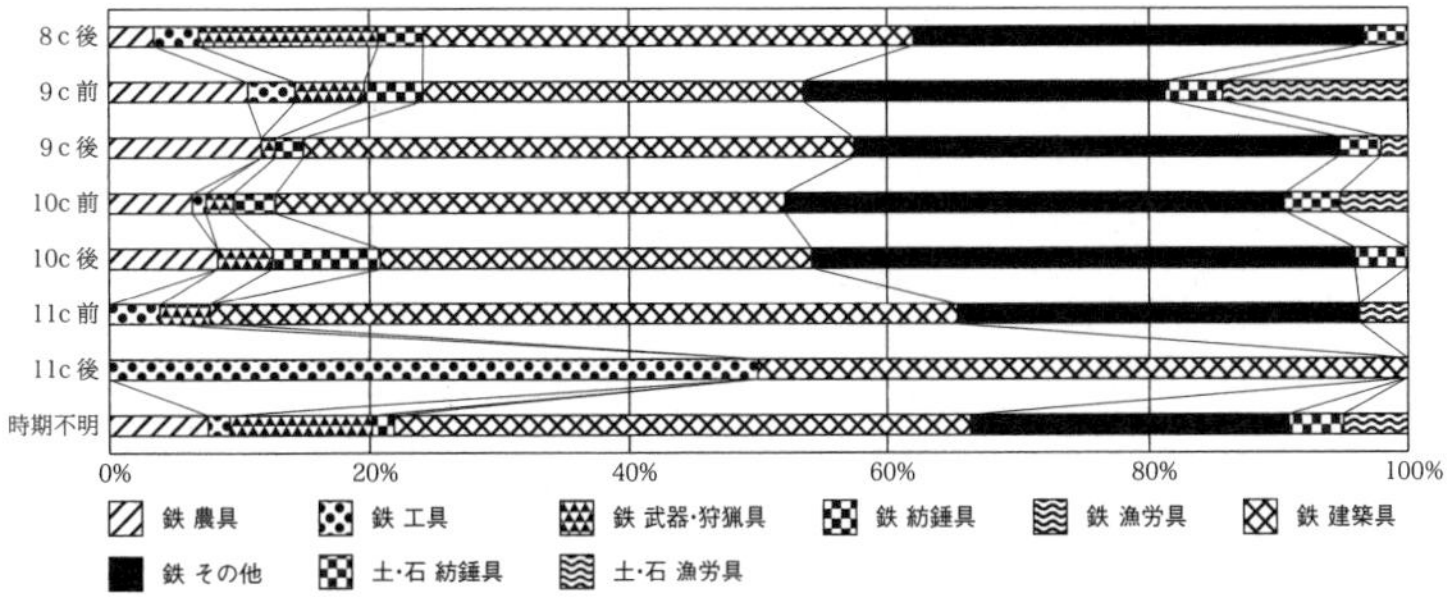

紀前半以降が少ないものの、七世紀後半から増加し、九世紀後半にピークがあることがわかる。

全体傾向　Ⓐ農具、工具（釘を除く）、武器・狩猟具＝七世紀後半から各時期平均的に出土する。Ⓑ工具（釘）＝徐々に増加し、九世紀から十世紀をピークとする。Ⓒ土錘＝八世紀前半をピークとして、徐々に出土数が少なくなる。Ⓓ土製・石製紡錘具＝七世紀前半をピークとして、徐々に出土数が少なくなる。

全体傾向として、国府・国分寺、落川・一の宮遺跡と比較して、七世紀代の出土数が多い。

③武蔵国府関連遺跡（第17表）

全体数　鉄製品一四六四点、土製・石製品六七九点、木製品二点である。土製品・石製品に対して鉄製品が三倍近い量となっている。

種別ごと　数量では、土錘、武器・狩猟具、釘などの建築具、農具、紡錘具の順で多くなっている。

第19表　落川・一の宮遺跡出土生業遺物点数表

	鉄製品																土・石製品		木製品						合計
	農具			工具					武器・狩猟具			紡錘具	漁労具	建築具		その他	紡錘具	漁労具	農具				工具	紡錘具	
	鎌	手鎌	鋤	斧	錐	鉇	鑿	鋸	鏃	馬具	小札	紡錘車	鉄錘	釘	鋲		紡錘車	土錘	鍬鋤	横槌	田下駄	鎌柄	斧柄	紡錘車	
7c前	2								1							1									4
7c後	1												1	8		5	3	1							19
8c前	3								5			1		5		16	1	4							35
8c後		1							2							3	1								7
9c前	2								7			1		17		23	1	26							77
9c後	2								8	1		3	1	7		26	1	14							63
10c前									7				1	15		11		7							41
10c後																									0
11c前			1										2												3
11c後			1																						1
12c前																									0
12c後																									0
時期不明	7						2		15				6	32		36	5	67							170
合計	17	1	2	0	0	0	2	0	45	1	0	5	11	84	0	121	12	119	0	0	0	0	0	0	420

※その他＝刀子112、小鉄刀1、門金具5、鉄製帯金具3、火打ち金1。

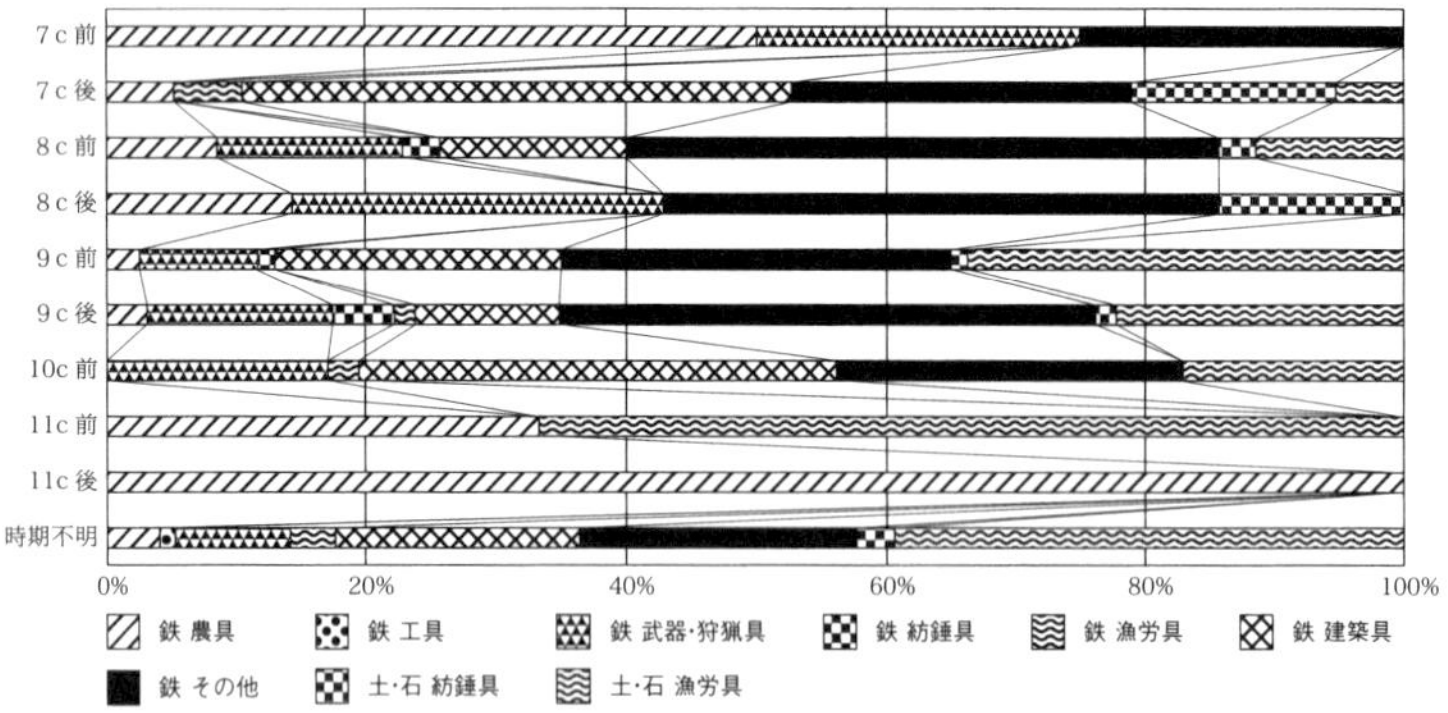

時期ごと　数量では、七世紀代と十一世紀前半以降が極端に出土数の少ないことがわかる。

全体傾向　Ⓐ農具、紡錘具＝八世紀前半から各時期平均的に出土する。Ⓑ工具、武器・狩猟具、土錘＝徐々に増加し、十世紀前半頃をピークとする。Ⓒ土錘＝十世紀前半に爆発的に出土数が増える。

④武蔵国分寺跡（第18表）

武蔵国分寺は、八世紀中頃の創建とされ、国分寺建立の詔が出される七四一年（天平十三）以前は実体がないとされている。[58]今回の集成でも、八世紀前半の当該出土遺物はない。武蔵国分寺が「国府に近く、国華にふさわしい好処」を選んで、無居住地帯に突然造営されたことを裏付ける。

全体数　鉄製品四七四点、土製・石

第20表　東京都出土生業遺物種類別点数表

	鉄器							石・土製品		木製品		合計
	農具	工具	武器・狩猟具	紡錘具	漁労具	建築具	その他	紡錘具	漁労具	農具	紡錘具	
7ｃ前	9	0	13			5	15	24	3	0		69
7ｃ後	17	5	55	4	1	25	38	26	9	0		180
8ｃ前	54	10	65	3		26	120	20	43	0	1	342
8ｃ後	50	13	62	5		58	134	27	34	0		383
9ｃ前	73	19	96	22	1	137	277	47	114	1	1	788
9ｃ後	88	20	125	16	10	136	253	30	89	1		768
10ｃ前	60	18	119	20	2	110	194	24	222	3		772
10ｃ後	21	6	58	13	3	90	88	5	2	1		287
11ｃ前	15	2	35	7	3	28	29		5	0		124
11ｃ後	10	4	30	7	1	16	15	2	1	0		86
12ｃ前	2	0	3	1		30	5	1		0		42
12ｃ後	2	0	4			30	4	1		0		41
合計	401	97	665	98	21	691	1172	207	522	6	2	3882

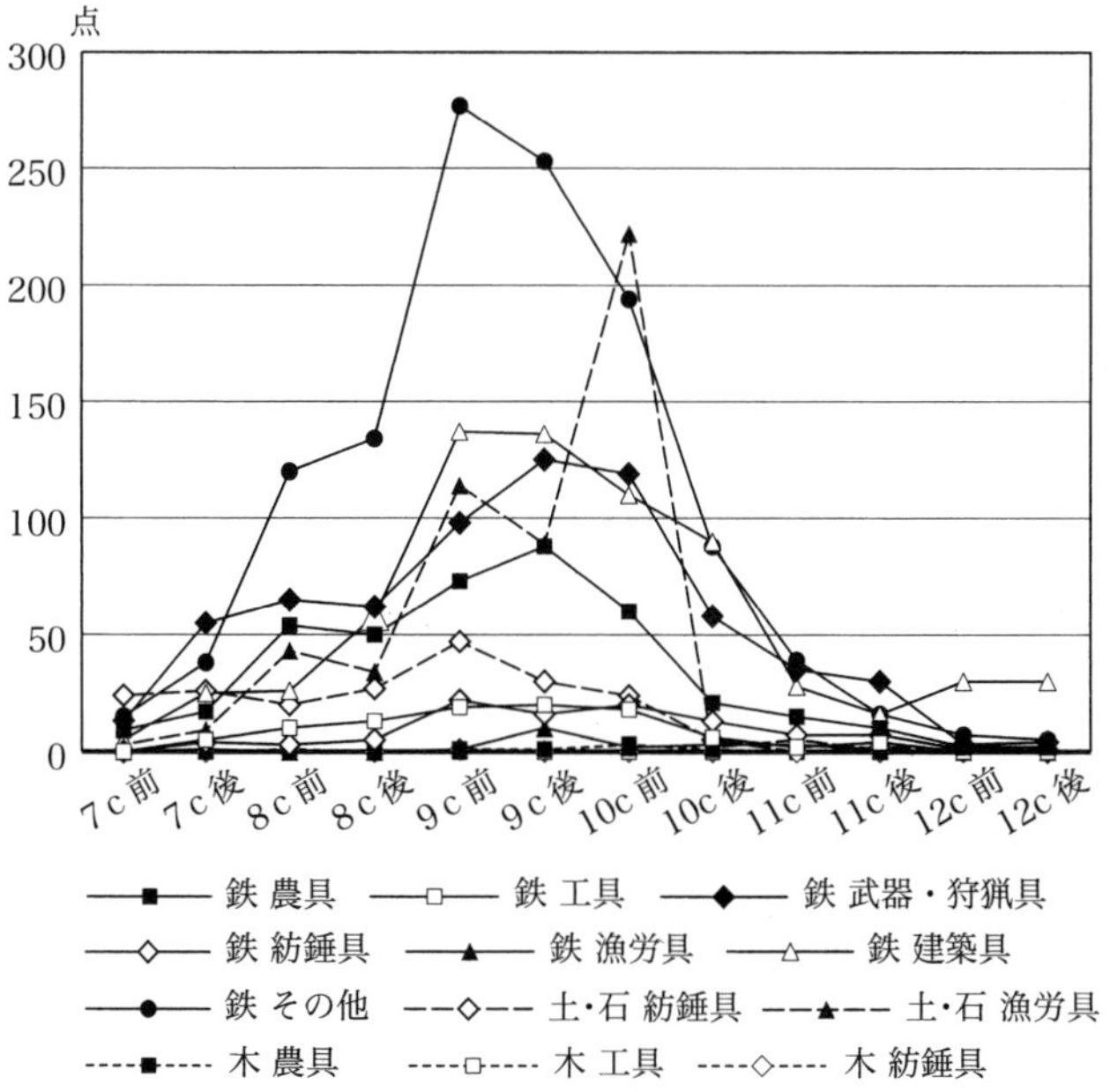

製品五〇点で、土製・石製漁具、紡錘具に対して鉄製品が一〇倍近い量となっていることが特徴である。

種別ごと 数量では、建築具（釘）の出土量が際立っており、農具、土錘、武器・狩猟具の順と多くなっている。国分寺の造営から管理（修理）などに使用する建築具（釘）の使用を裏付ける。

時期ごとおよび全体傾向 時期ごとの数量では、差異は認められない。

⑤落川・一の宮遺跡（第19表）

落川・一の宮遺跡は、多摩川の右岸で、多摩川と多摩丘陵に挟まれた沖積地上に形成された遺跡群である。集落は、古墳時代から平安時代、四世紀末から十一世紀末頃まで営まれている。竪穴建物跡や掘立柱建物跡の重複が著しく、中国製の青磁・白磁、火熨斗など各種遺物が出土している(59)。

全体数 鉄製品二八九点、土製・石製品一三一点で、国府・国分寺に比べると出土量は少ないが、一集落遺跡としては際立って出土量が多い。土製品・石製品と鉄製品の比率は、一対二となっている。

種別ごと 数量では、土錘、釘などの建築具、武器・狩猟具の順に多い。

時期ごと 数量では、八世紀後半に少なくなる傾向と一〇世紀後半以降激減する傾向がみられる。

全体傾向 Ⓐ農工具＝七世紀代から各時期平均的に出土する。Ⓑ建築具、武器・狩猟具＝九世紀前半～十世紀前半にかけて、突然数が増加する。

（2）種別ごとの特徴（第20表）

①農具

刈り具および収穫具としての鎌、手鎌（穂摘具）、耕起具としての鋤先がある。全体としては、鎌が八世紀前半から十世紀前半まで一定的に出土しているが、手鎌、鋤は数が少ない。鉄器全体のなかでの農具の出土割合は一〇パーセント程度と低い傾向にある。この割合は、武蔵国府関連遺跡、武蔵国分寺跡・関連遺跡でもほぼ同様である。また、東京都内集落では、大きな出土数のピークがないのに対して、武蔵国府関連遺跡では一〇世紀前半にピークがある。

②工具

鉄斧、鑿、錐がある。鉄製品のなかでは、最も出土数が少ないが、時期的には農具とほぼ同じである。刀子は、『和妙類聚抄』で工具関係の項目に記載されているように、工具としての機能も考えるべきである。

③建築具

釘、鉇、鎹、鋸があるが、釘の出土量が最も多く、鉄器全体のうち約二二パーセントを占める。釘は七世紀前半から増加傾向にあり、九世紀前半にピークがある。

④紡錘具

鉄製紡錘車　国府域、一般集落ともに、平安時代に入った九世紀前半に出土量が増大する傾向にある。また、十一世紀代まで出土事例がある点も特徴といえる。

土製・石製紡錘車　一定量大きな変化なく出土しており、特に一般集落での七世紀代の出土数の多さが際立っている。また、土錘も含め、武蔵国分寺跡からも少量ながら、十一世紀代まで出土していることも注視される。

⑤武器・狩猟具

主体は鉄鏃だが、馬具、小札も出土している。鉄鏃は、全鉄製品中約二〇パーセントと釘に次いで高い出土割合となっている。時期的には、七世紀後半から多く出土し、一般集落では九世紀後半に、武蔵国府関連遺跡では十世紀前半にピークがある。八王子市船田遺跡の竪穴建物跡から、計三二本の鉄鏃が一括して出土する(60)などの特異な事例もある。

⑥漁具（鉄錘・土錘）

土錘が多量に出土しているが、鉄錘も出土している。土錘は、一般集落では八世紀前半に出土ピークがみられる。武蔵国府関連遺跡では、十世紀前半にピークがあるが、これは竪穴建物跡から一括で一八八点土錘が出土したことによる[61]。また、武蔵国府関連遺跡では、鉄錘が竪穴建物跡からまとまって出土した事例もある。

⑦木製品

木製品は、低湿地の遺跡発掘調査事例が少ないこともあり、東京都内全体でも出土数が少なく、出土傾向を検討するだけの材料に恵まれていないが、鎌柄、田下駄、横槌、鋤鍬、紡績具、斧柄が出土している。

二　生業遺物からみた武蔵国府跡の特質

一般集落と武蔵国府関連遺跡との生産関係遺物の集成結果では、武蔵国府関連遺跡における農具の比率（全体の一二パーセント）は、一般集落の農具の比率（全体の一四パーセント）と大差なく、その他の工具（以下、数字は鉄器全体の出土量に対する割合、国府＝〇・〇二パーセント、集落＝〇・〇三パーセント）、建築具（国府一八パーセント、集落二一パーセント）、紡錘具（国府〇・〇四パーセント、集落〇・〇二パーセント）の出土数も同様で、一般集落との差異は見出せなかった。以下、津野仁の整理[62]を参考にしながら、考察を加える。

山中敏史[63]は、国府が都市かどうかという問題について、考古学的に諸要素を検討・整理した。

ア　国府は、個々の国府構成員が循環しつつも、非農業労働部門に従事する多数の者が集住ないし滞在する状況が常に再現されている場であり、農村と対置される地方都市とする。

イ　国府は、人形・斎串等の境界祭祀、『万葉集』所載の武蔵国府の境界認識、国府域の縁辺に墓が集中することから、周辺の農村と区別された独自の空間が国府域と意識され、古代の都市としての要件を満たしていると指摘した。

ウ　国府は多賀城跡（陸奥国府跡）前面に広がる山王遺跡等でみられる方格地割や武蔵・相模両国府で竪穴建物が稠密に分布する状況から、周辺農村と区別される国府独自の空間を有し、行政部門に関わる非農業労働部門に従事する人々の集住・滞在する地方都市空間と位置づけた。

エ　都市の指標としての市場と国府の関係については、税物貢進、国府市・国府津の存在によって農業生産から分離した物資の運送・荷役作業を伴う市・津が国府と経済的ネットワークを有したと指摘した。こうした課題の整理によって、古代の地方都市としての国府は、行政機能の集中に伴う非農業民の集住・滞在地であるとともに、中央集権的支配のために設けられた政治的都市であると結論づけた。

武蔵国府域における竪穴建物や掘立柱建物の稠密な集中は、周辺集落とは比較にならない集住化を示唆しており、地方都市の指標となることは間違いない。津野は、国府が非農業部門従事者の集約という課題に関して、生業という経済的分業関係・非農業村的な様相が国府にあるかどうか検討すべきとし、国府域では、農具の比率が農村よりも低いが、確実に農具・紡織具等が出土し[64]、農村と明確に分化していないとした。さらに、国府域では、農村と類似した生業を行わなければならないのか、その必然性の解明が要求されるとした[65]。

古代律令体制下における税負担のうち、国司の命により年間六〇日まで働かされる雑徭は、役所の造営や修繕、物品の運搬などの労働が課せられた。九世紀前半に定められた雑徭に携わる人数の国ごとの基準によれば、武蔵国では年間平均四四～四五人の人数が国府につめていたとされる[66]。これはあくまで基準上の話であって、発掘調査で確認されている国府域全体で四〇〇〇棟を越える竪穴建物跡の検出数からすれば、多くの人々が国府で暮らしていたはずで、竪穴建物の大半が本貫地から短期間、国府に集住した雑徭の徭丁らの住まいと考えられる。鉄製品に関して国府と一般集落で差異がないことは、このような国府の短期間集住という性格が要因となっていると考えられる。

また、武器・狩猟具についても、武蔵国府関連遺跡における鉄鏃の比率（鉄器全体の約二五パーセント）と一般集落（鉄器全体の約二二パーセント）で大きな差は認められなかった。ただし、時期ごとの出土数をみると、一般集落が七世紀後半から出土量が多く、十一世紀代も一定量出土しているのに対し、国府では、八世紀前半から増加し、十世紀前半代にピークがあり、十世紀後半以降激減する差異が認められた。このことは、武蔵国府の成立（七世紀末〜八世紀初頭）と衰退＝機能低下（十世紀後半以降）との関連性を示すものと考えられる。この点については、次節で詳述する。

第四節　郡・郷の領域と国府——武蔵国多磨郡の検討から——

現代に生きる私たちは、自己の居住地がどこの市町村に属し、その境がどこまでか、地図などを使って容易に把握することができるし、日常生活の行動範囲も、市町村境を越えて広がっている。しかし、古代の人々は、自己の生活空間域をどのように把握していたのだろうか。おそらく、自然地形などをもとに、例えば誰もがわかる山や川などが郡の境界として漠然と認識され、その境界は、よほど顕著な河川などがない限り、観念的な空間領域として意識されていたに違いない。当然のことながら、日常生活の行動範囲も、狭いものであったであろう。

古代武蔵国の南部に位置した多磨郡は、北西部が多摩川の上・中流域、南東部が多摩川を南の郡境とし、多摩地域二六市三町一村と東京二三区のうちの中野区・杉並区の全域、世田谷区・練馬区の一部にあたるとされてきた(67)（第56・57図）。この郡域は、武蔵国のなかでも秩父郡に次いで広大であり、五十戸一里制という律令制の規定によれば、多磨郡はきわめて人口密度が低い地域だったことになる。しかし、多磨郡には、武蔵国の政治・経済・文化の中心だった国府が置かれ、数多くの人々が集住していた。それは、発掘された集落遺跡の密集度をみれば明らかである。

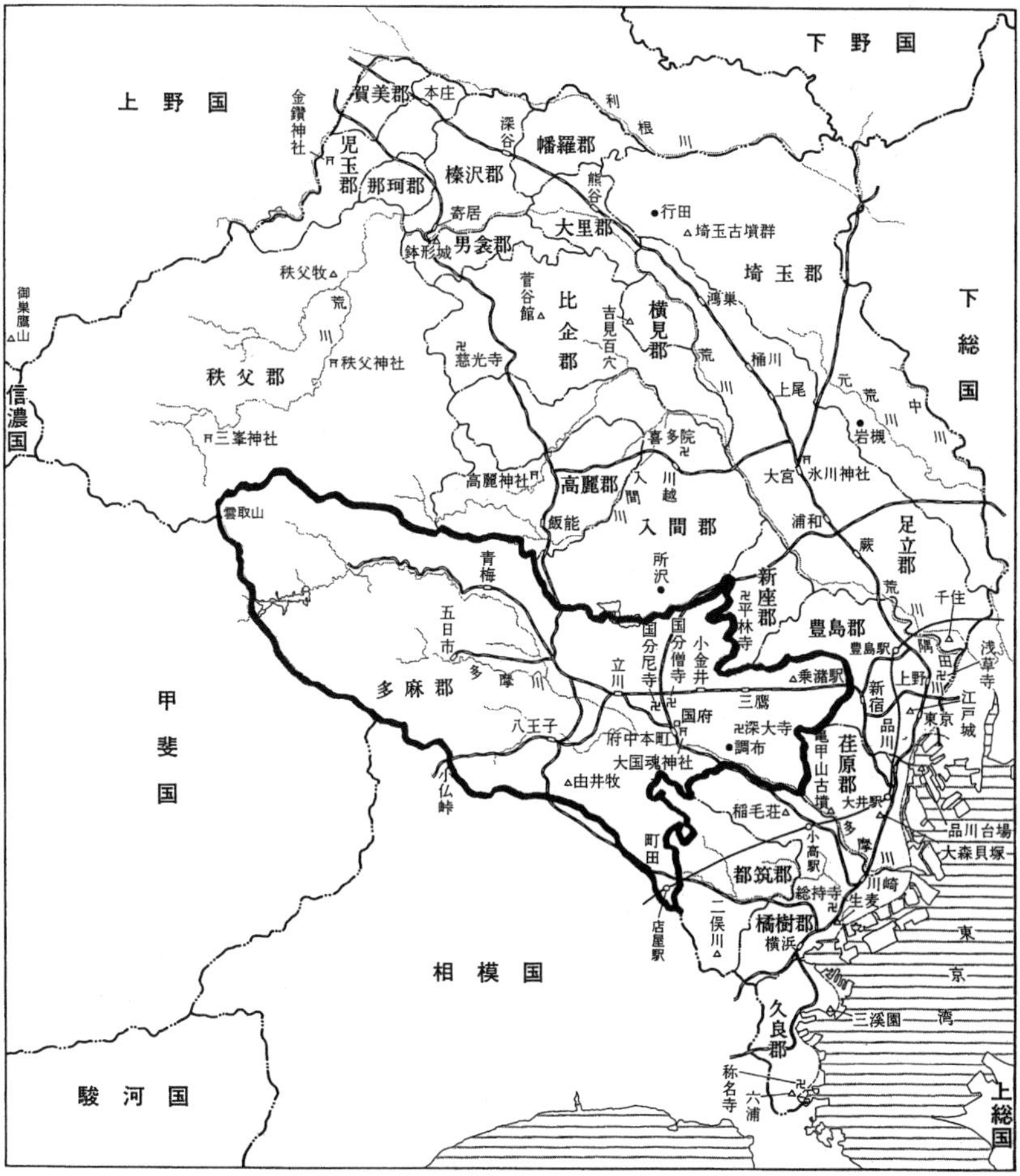

第56図　武蔵国略図と多磨郡の郡域（国史大辞典編集委員会編 1992 を一部修正）

こうした多磨郡内の集落遺跡に関する調査・研究は、甲野勇[68]に始まり、一九六〇年代以降の椚國男・和田哲・坂詰秀一[69]のような地元の考古学研究者の地道な調査の積み重ねが、今日の豊富な考古学的データの蓄積に至っている。さらに、八王子市中田遺跡[70]や日野市落川・一の宮遺跡[71]などの大規模集落遺跡の発掘調査成果によって、古代多磨郡の集落論は大きく進展した。その後の代表的な研究だけでも、服部敬史[72]、

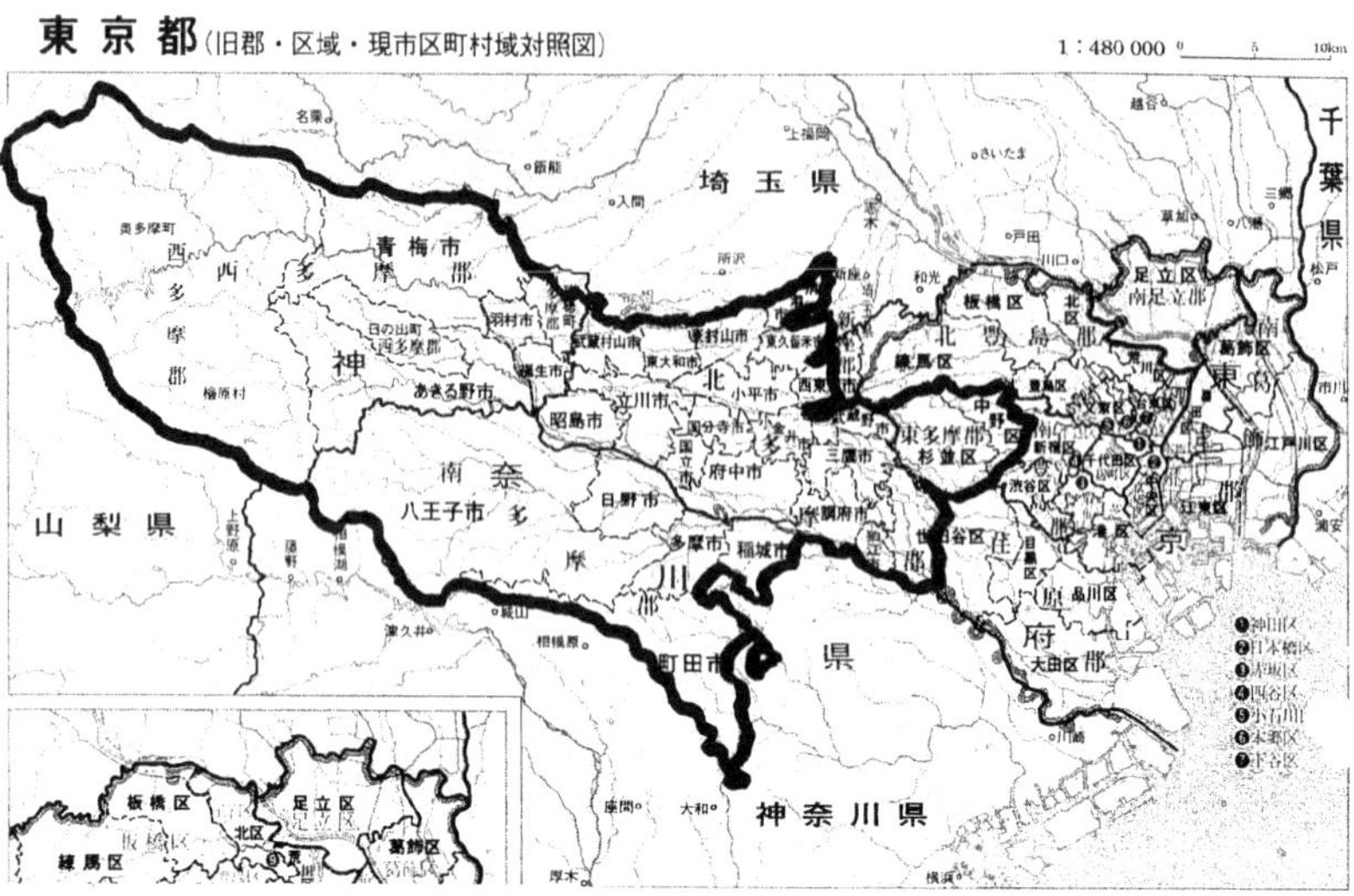

第57図　多磨郡の郡域と現市区町村対照図（平凡社2002を一部修正）

福田健司[73]、比田井克仁[74]、鶴間正昭[75]など数多くの論考がある。

しかし、国府所在郡としての多磨郡に注目し、多磨郡内の集落と国府の動向を比較検討した研究は、荒井健治[76]、比田井克人[77]以外にはなく、発掘調査結果に基づく集落遺跡の検討から、多磨郡の郡域と郷域にまで言及した論考はなかった。

かかる視点から、本節では、多磨郡内の集落遺跡の分布と推移、特に竪穴建物の分布と時期的変遷から、国府と国府所在郡としての多磨郡の郡と郷の領域および開発について検討を行う。なお、ここで対象とする時代は、国府とその周辺集落の成立とその後の展開に主眼を置いているので、六世紀末〜九世紀までの飛鳥時代から平安時代前期までとし、場合によっては、十世紀代（平安時代中期）も取り扱うこととする。

一　多磨郡と郷の領域

（1）多磨郡の従来の郷名比定地

十世紀前半に編纂された『和妙類聚抄』によれば、多磨郡には、小川、川口、小楊、小野、新田、小嶋、海田、石津、狛江、勢多という計一〇の郷があり、『日本霊異記』・『今昔

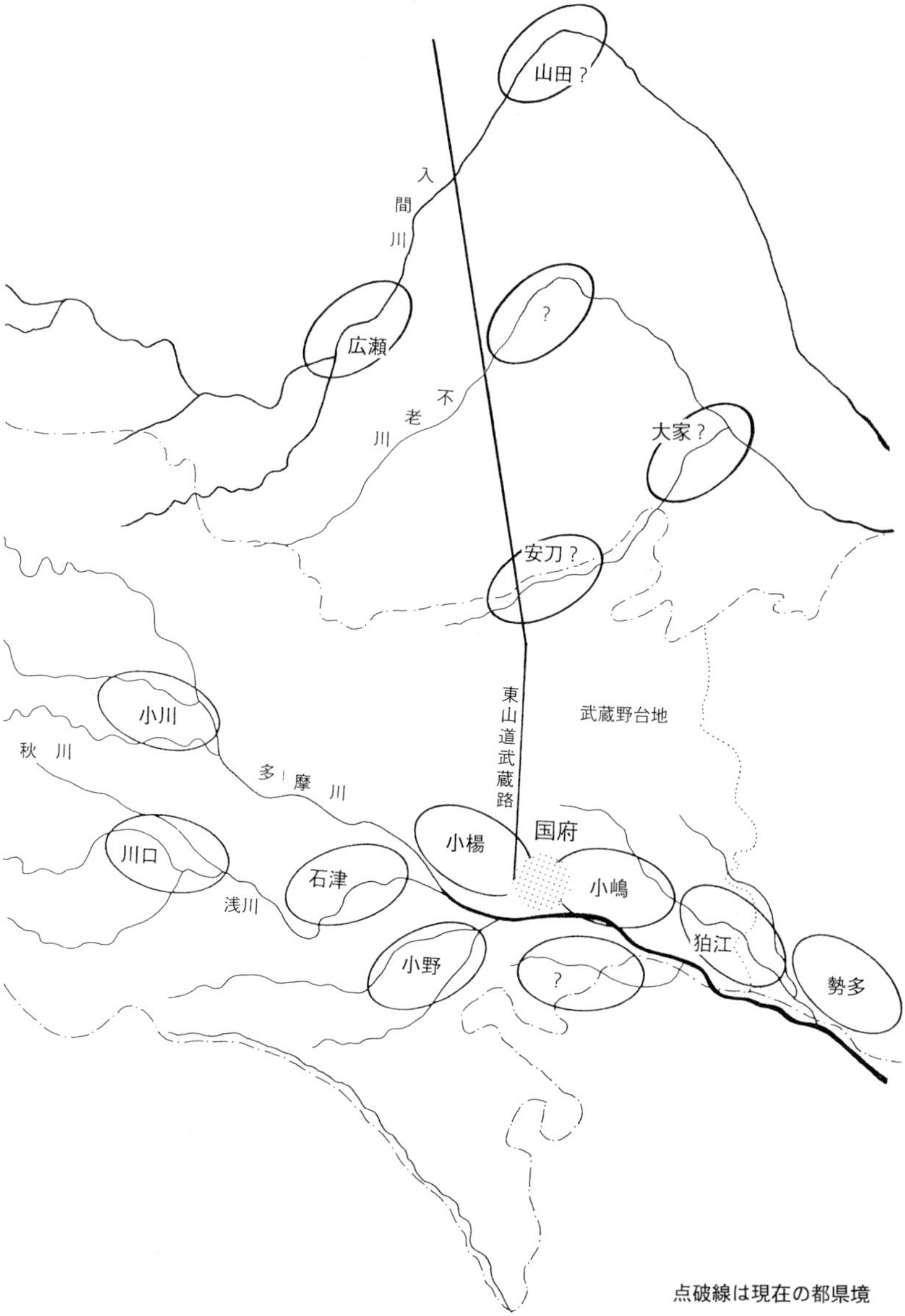

第58図　武蔵国多磨郡・入間郡の郷比定地（小野1997より転載）

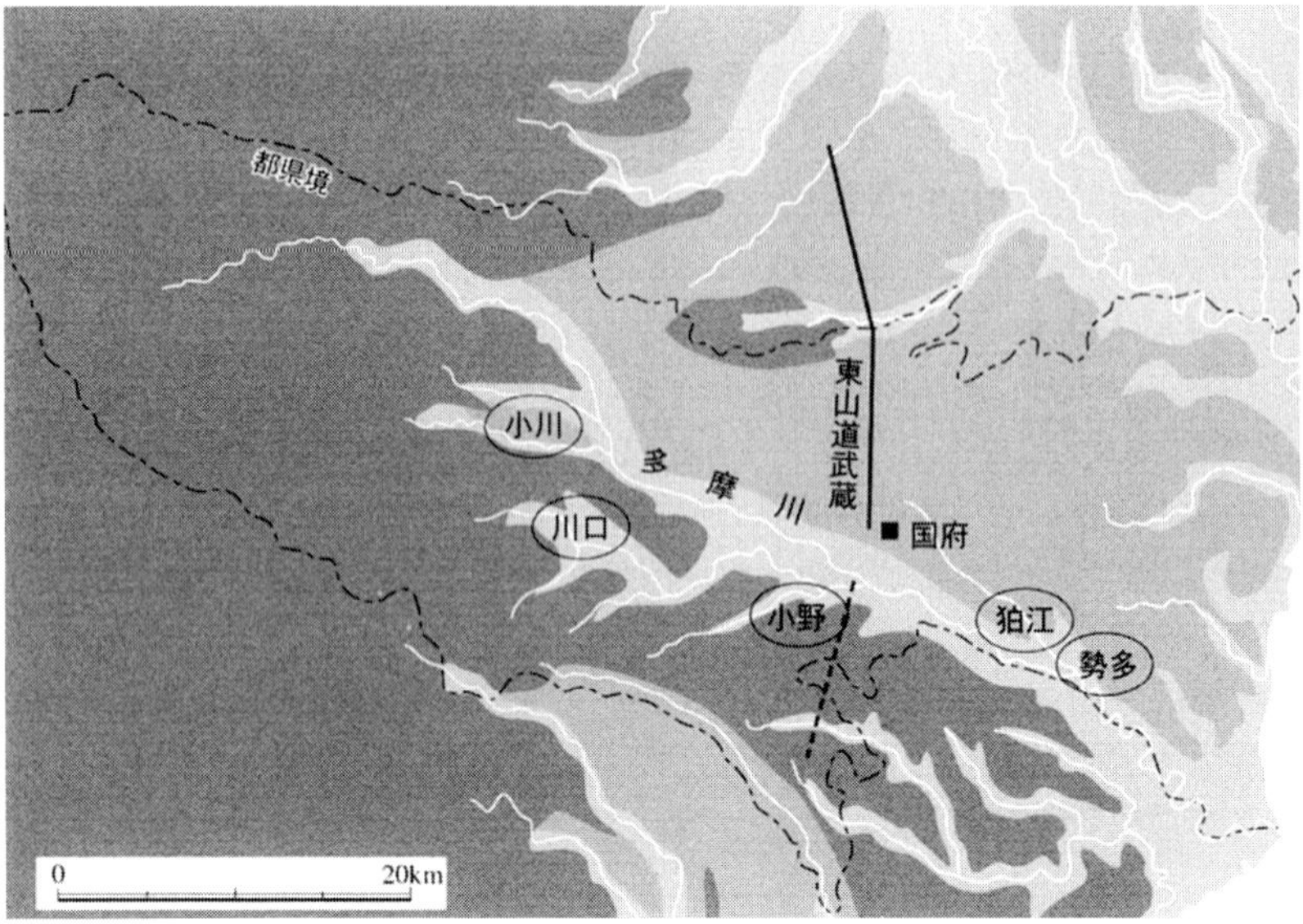

第59図　古代多摩郡の概略図（深澤2002より転載）

物語集』には、鴨里という里が登場している。これらの郷・里の分布と比定地は、次のように考えられてきた。

小川郷…あきる野市小川周辺
川口郷…八王子市川口周辺
小楊郷…国立市青柳周辺
小野郷…多摩市小野神社周辺
新田郷…調布市調布ヶ丘周辺（布多天神社）と杉並区高円寺周辺
小嶋郷…調布市域周辺
海田郷…世田谷区鎌田周辺、羽村市・青梅市・奥多摩町一帯、杉並区天沼周辺
石津郷…日野市石田周辺
狛江郷…狛江市駒井周辺
勢多郷…世田谷区瀬田周辺
鴨里…昭島市大神周辺（吉田東伍『大日本地名辞書』）で、小楊郷から分かれたもの

これらの郷のなかで、小川郷→川口郷、小野郷、狛江郷→勢多郷の位置は定説となっており、和妙抄の郷名記載は、多摩川上流から下流に向かってなされていると考

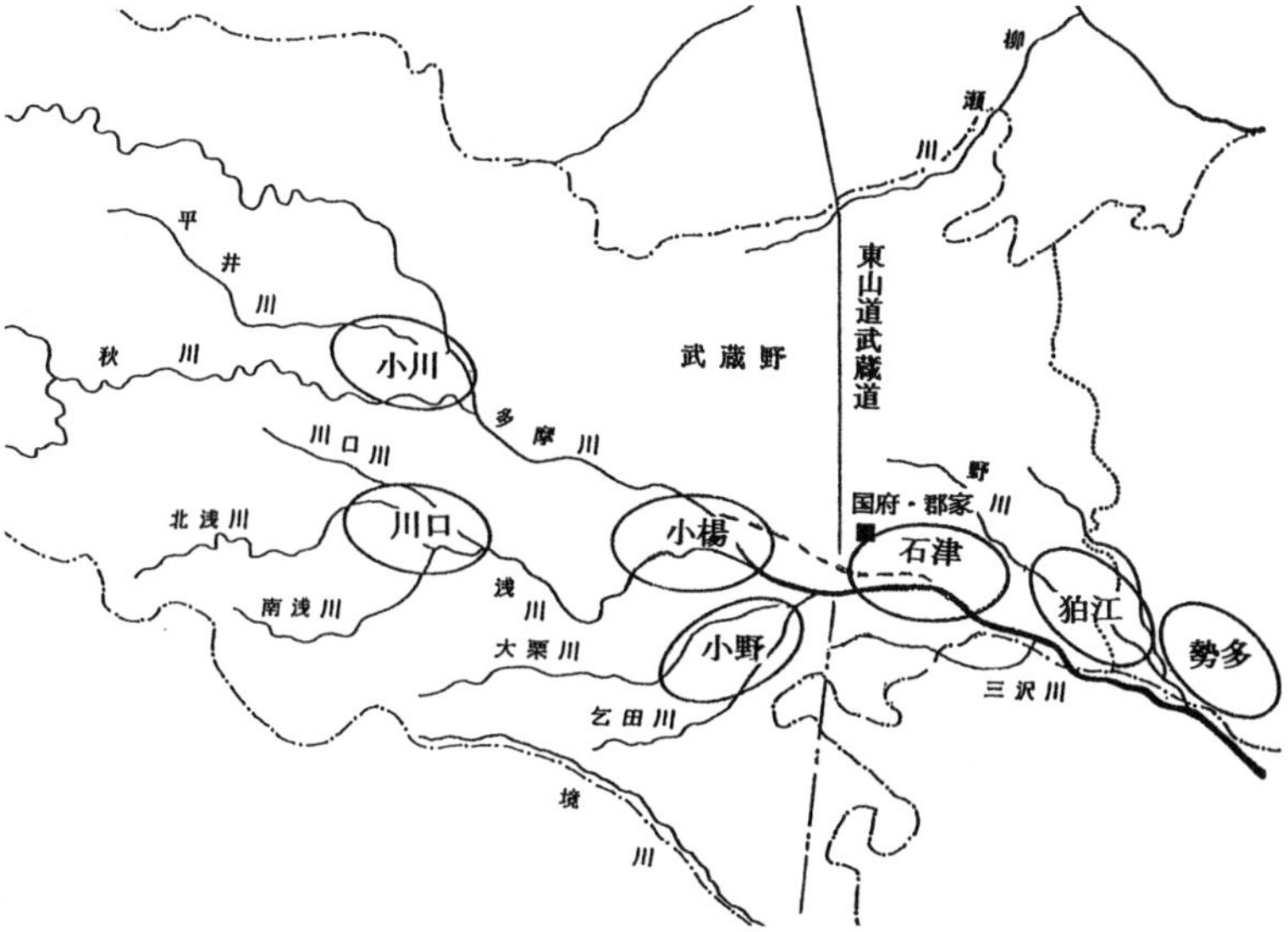

第 60 図　多磨郡の郷配置　7 世紀から 8 世紀初頭

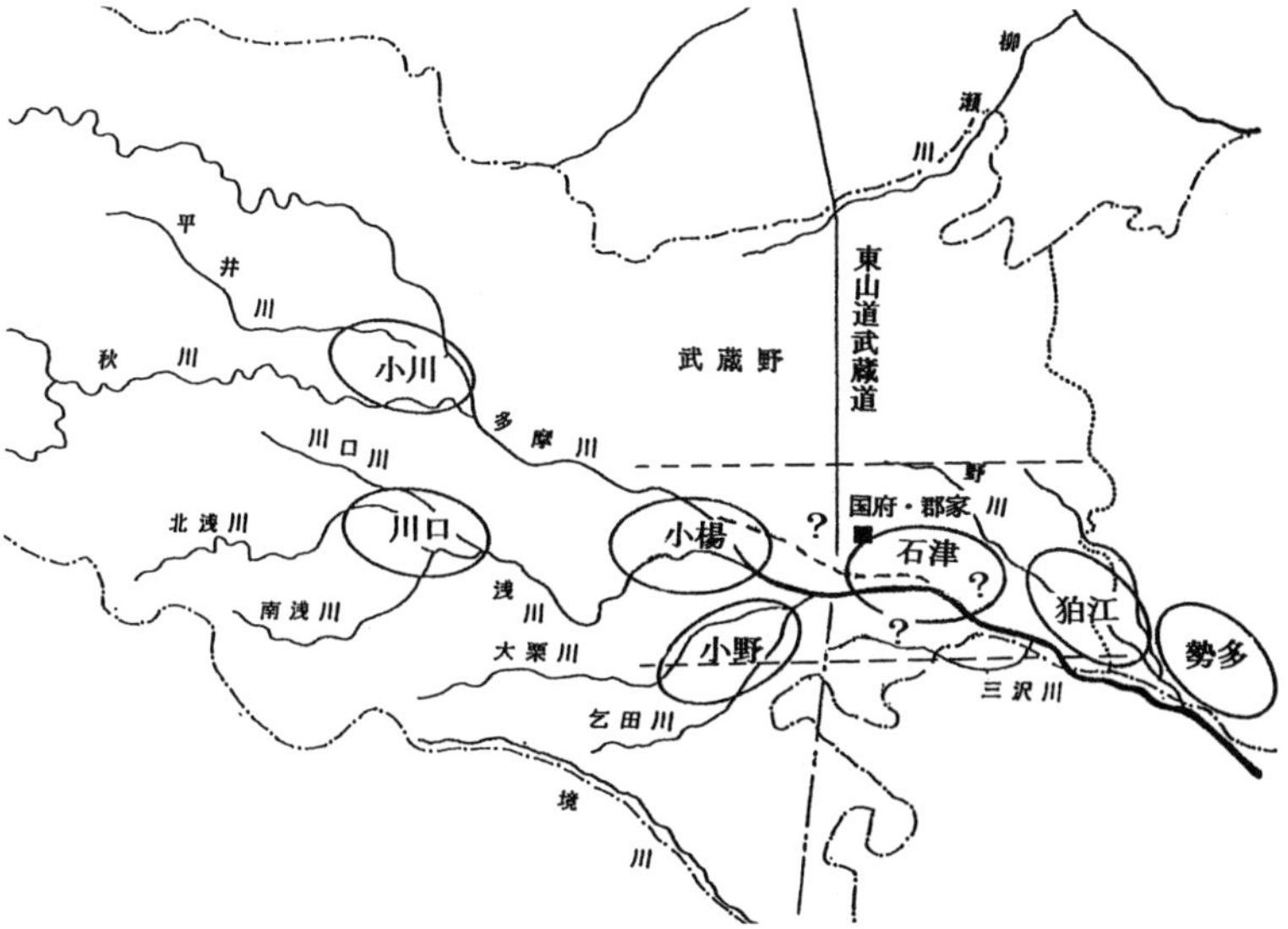

第 61 図　多磨郡の郷配置　8 世紀中頃以後（河野 2007 より転載）

えられてきた[78]（第58図）。

深澤靖幸は、瓦の貢進単位として、古代多磨郡に「多上」「多下」という地域編成区分があり、東山道武蔵路を境に、多磨郡が東西に分割されていたと考えた[79]（第59図）。その後、河野喜映は、深澤の指摘した「多上」が多摩川上流部の右岸を、「多下」が多摩川中・下流域の左岸を示し、小川郷・川口郷・小楊・小野郷は「多上」に、狛江郷・勢多郷は「多下」に含まれるとした。さらに、小楊郷は中・近世の史料や伝承から、日野市から府中市の多摩川沖積低地に、石津郷は、多摩川の古名「石瀬河」と国府・郡家の津から、武蔵国府域とその東方に設定した。そして、本貫地から離れて国府に集住した人々を社会の実情に沿って把握するため、国衙の周辺から狛江郷にかけて、新田郷、小嶋郷、海田郷という新しい三郷を設置し、「多上」と「多下」の地域区分の中間に配置したと考えられた[80]（第60・61図）。

つまり、多磨郡の郷（五十戸・里）名は、多摩川の上流から下流に向かって記載されたとし、七世紀末～八世紀初頭には、小川→川口→小楊→小野→石津→狛江→勢多の記載順が決まっており、東山道武蔵路を境に上流側を「多上」、下流側を「多下」とした。さらに、七世紀末以後八世紀中頃までに、国府周辺から狛江郷に集住した人々を律令制の下に掌握するために、新たに新田郷、小嶋郷、海田郷の三郷を設置し、「多上」・「多下」の中間に記載したと結論づけたのである。

筆者も河野説を支持するが、この見解は発掘調査成果に基づいて根拠を示したものではなく、多磨郡の郡域にまで論及しているわけではない。多磨郡という広大な郡が地理的にひとつのまとまりを持っていたとすれば、多磨郡と郷の領域は、多摩川を中心とした水系とその周辺の沖積低地および谷間に展開する集落が根拠になっていたと考えるべきであり[81]、集落遺跡の動向から検討することが有効と考える。

そこで、従来の多磨郡と郷の分布を参考に、発掘調査報告書で竪穴建物の年代が特定できる資料が公になっている

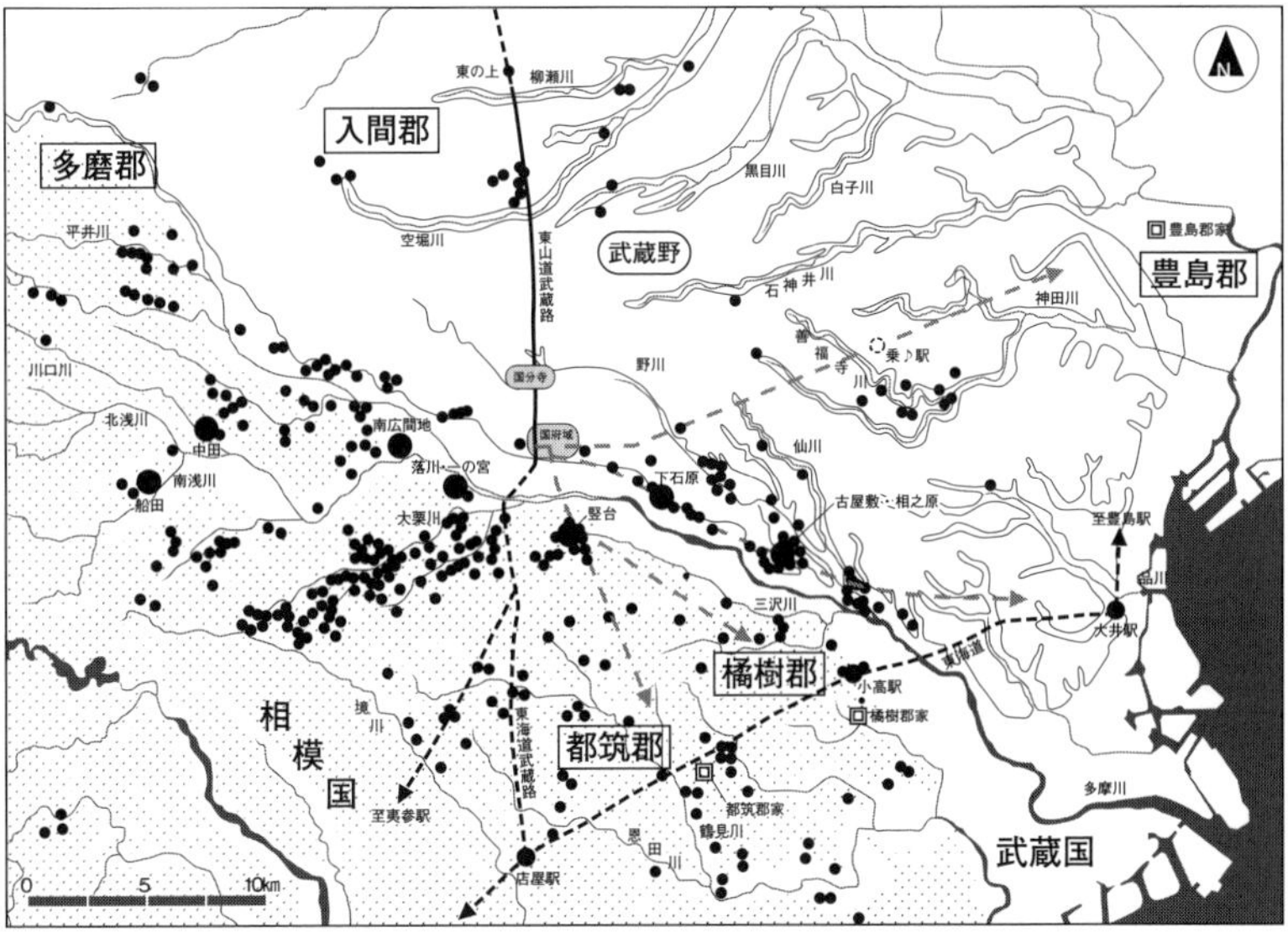

第62図　検討対象遺跡の位置図

三一三遺跡、対象面積約二二四万平方メートル、竪穴建物数約九二〇〇棟の竪穴建物跡の時期別推移を集計した（第62図）。

（2）竪穴建物の分布と時期別推移の傾向

まず、和妙抄の郷名記載順に沿って、竪穴建物が検出されている遺跡を多摩川上流から下流に向かって、各水系とその周辺の景観も意識して地域区分を行った。

a地域…あきる野市平井川・秋川周辺地域

b地域…八王子市谷地川・浅川（北浅川・南浅川）・川口川周辺地域

c地域…日野市下田多摩川・浅川周辺の沖積低地地域

d地域…八王子市・多摩市大栗川・乞田川・周辺地域

e地域…稲城市三沢川周辺地域

f地域…昭島・立川・国立市・府中市多摩川左岸上・中流域周辺地域

g地域…府中市武蔵国府域

h地域…国分寺市武蔵国分寺跡・関連遺跡

i地域…府中市〜調布市・三鷹市多摩川中流域左岸周

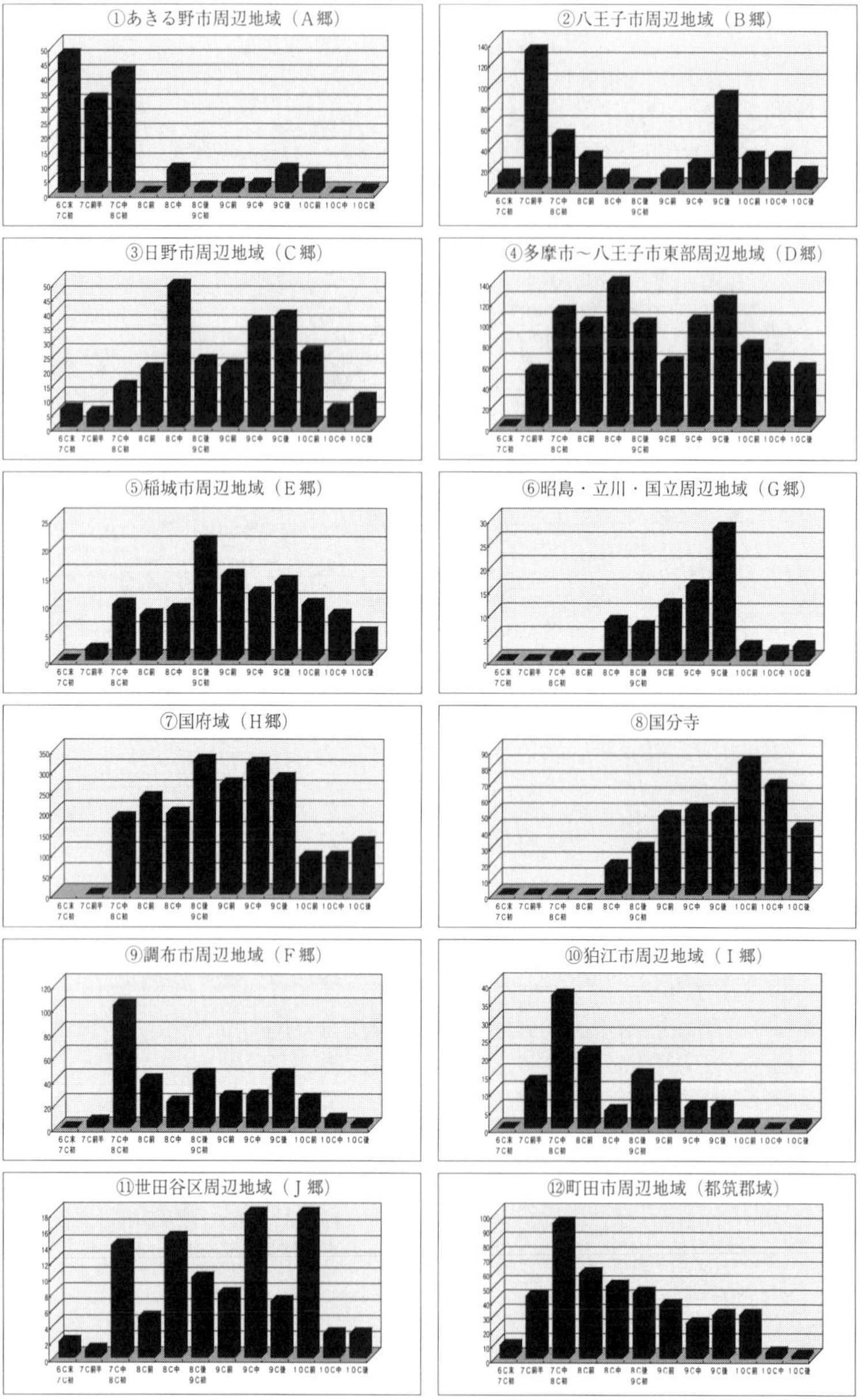

第63図　各地域ごとの竪穴建物跡の時期別推移

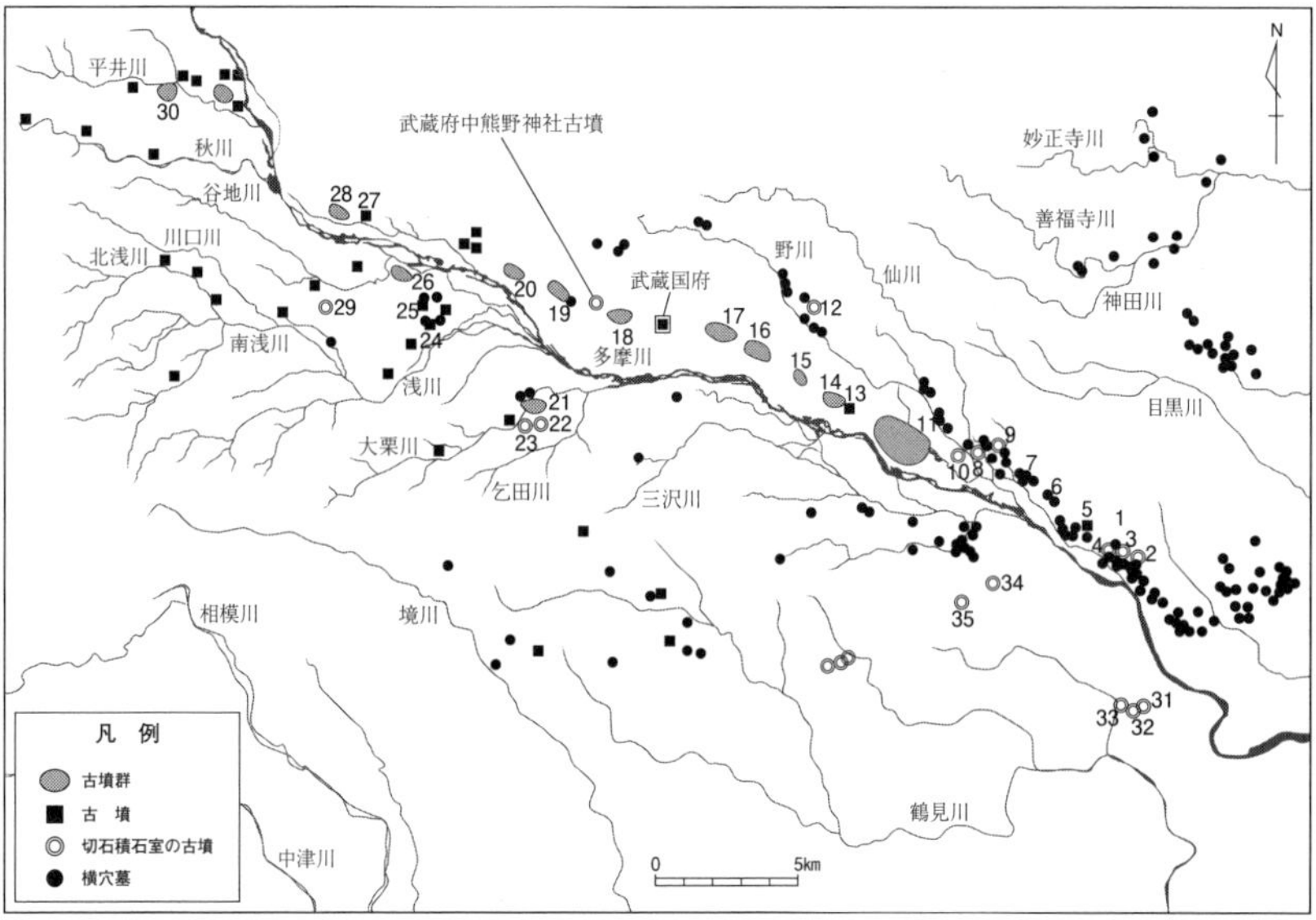

1 大田区多摩川台古墳群
2 大田区多摩川台１号墳
3 大田区観音塚古墳
4 大田区浅間様古墳
5 大田区庵谷古墳
6 世田谷区野毛古墳群
7 世田谷区砧古墳群
8 世田谷区殿山１号古墳
9 世田谷区大蔵１号古墳
10 世田谷区喜多見稲荷塚古墳
11 狛江市狛江古墳群
12 三鷹市天文台構内古墳
13 調布市狐塚古墳
14 調布市下布田古墳群
15 調布市下石原古墳群
16 調布市飛田給古墳群
17 府中市白糸台古墳群
18 府中市高倉古墳群
19 国立市下谷保古墳群
20 国立市青柳古墳群
21 多摩市塚原古墳群
22 多摩市稲荷塚古墳
23 多摩市臼井塚古墳
24 日野市梵天山横穴墓群
25 日野市坂西横穴墓群
26 日野市七ツ塚古墳群
27 昭島市経塚下古墳
28 昭島市浄土古墳群
29 八王子市北大谷古墳
30 あきる野市瀬戸岡古墳群
31 川崎市加瀬台９号墳
32 川崎市加瀬台３号墳
33 川崎市第六天古墳
34 梶ヶ谷古墳
35 川崎市馬絹古墳

第64図　多摩川流域の古墳時代後期～飛鳥時代主要古墳・横穴墓分布図

辺地域

j地域…狛江市～三鷹市多摩川中流域左岸周辺地域

k地域…世田谷区多摩川下流域左岸周辺地域

l地域…町田市～川崎市鶴見川・恩田川流域周辺地域

m地域…杉並区善福寺川流域周辺地域

次にこれらの地域ごとに、竪穴建物の時期別推移を検討してみたところ、次のようなモデルに分けることができた。

七世紀ピーク型＝a地域・b地域

七世紀後半～八世紀中葉ピーク型＝i地域・j地

域・l地域
八世紀前葉・九世紀前・中葉ピーク型＝g地域
八世紀中葉・九世紀中葉ピーク型＝c地域・e地域
八世紀中葉以降増加型＝h地域
九世紀後半ピーク型＝f地域
一定周期ピーク型＝d地域・k地域

さらに、分布傾向と時期別推移を重ねてみると、その地域のなかで中核的集落がすべての時期継続する地域とそうでない地域に分かれることがわかる。前者は、中田遺跡・船田遺跡があるb地域、南広間地遺跡があるc地域、d地域、堅台遺跡があるe地域、下石原遺跡があるi地域、古屋敷・相之原遺跡があるj地域の六地域、後者はa地域、f地域、k地域の三地域である。前者と後者の違いは、古墳時代後期から飛鳥時代の古墳の分布と集落の時期別推移によって理解することができる。

第64図は、多摩川流域の古墳時代後期から飛鳥時代の古墳の分布図で、第62図の集落遺跡の分布図とほぼ同じ範囲で作成してある。両者を比較すると、同時代の古墳の中でも有力墳である切石積横穴式石室墳が後に中核的集落が持続する地域とほぼ重なっていることがわかる。B地域には北大谷古墳、D地域には稲荷塚・臼井塚古墳、I地域には天文台構内古墳、J地域には大蔵1号墳である。C地域にないのは、同地域が多摩川と浅川下流域の肥沃な沖積低地にあること、E地域にないのは、同地域が七世紀中葉以降に集落が出現していることが理由で、逆に中核的集落がない地域は、A地域が七世紀をピークに集落が激減していること、F地域が八世紀中葉に集落が出現していることがその理由であろう。

こうした分析をもとに、多磨郡の郡と郷の領域を復元したのが第65図である。多磨郡の郡域は、従来言われてきたような範囲ではなく、多摩川とその支流の水系ごとに集落が分布していること、武蔵国分寺以北には広大な「武蔵野」が広がっていることから、(82)第65図のように考えた。なお、第65図で図中の黒丸が大きくなっている集落は、その郷のなかで中核的な集落と考えているものである。

多磨郡の北の郡境は、多摩川流域左岸に展開する集落遺跡の北限を境とし、従来多磨郡とされてきた東京都国分寺市以北の東村山・武蔵村山等の空堀川・黒目川流域は入間郡域と考えた。つまり、多磨郡と入間郡の郡境は、荒涼とした武蔵野の南端付近とした。多磨郡の南の郡境は、多摩市・稲城市までとし、従来多磨郡内とされていた町田市域は、多摩丘陵以北と以南で明確に集落が途切れることと、分布はすべて鶴見川・恩田川流域に含まれることから都筑郡域と考えた。このように考えれば、決して多磨郡は広大な郡域のなかに集落が散在するのではなく、郷域ごとにまとまりをもった地域だったことがわかる。

なお、ここでは遺物の検討まで行うことはできなかったが、例えば、都筑郡域とした町田市すぐじ山下遺跡などから奈良時代前期の盤状坏が多く出土していることについては、同様に、東山道武蔵路で多磨郡と結ばれている入間郡域の埼玉県所沢市東の上遺跡からも盤状坏が多く出土していることとあわせて考えれば、両遺跡が官道沿いの中核的な集落だったとすれば容易に理解できる。武蔵国府をはさんで南北両方向の官道沿いの集落は、郡の領域を越えてさまざまな交流があったと考えるべきであろう。

次に、先述した流域ごとの集落遺跡の分布から捉えられる郷の領域を左記のように設定した。なお、記載は和妙類聚抄記載順に従っている。

A郷＝a地域（あきる野市平井川・秋川周辺地域）

B郷＝b地域（八王子市谷地川・浅川（北浅川・南浅川）・川口川周辺地域）

C郷＝c地域（日野市下田多摩川・浅川周辺の沖積低地地域）

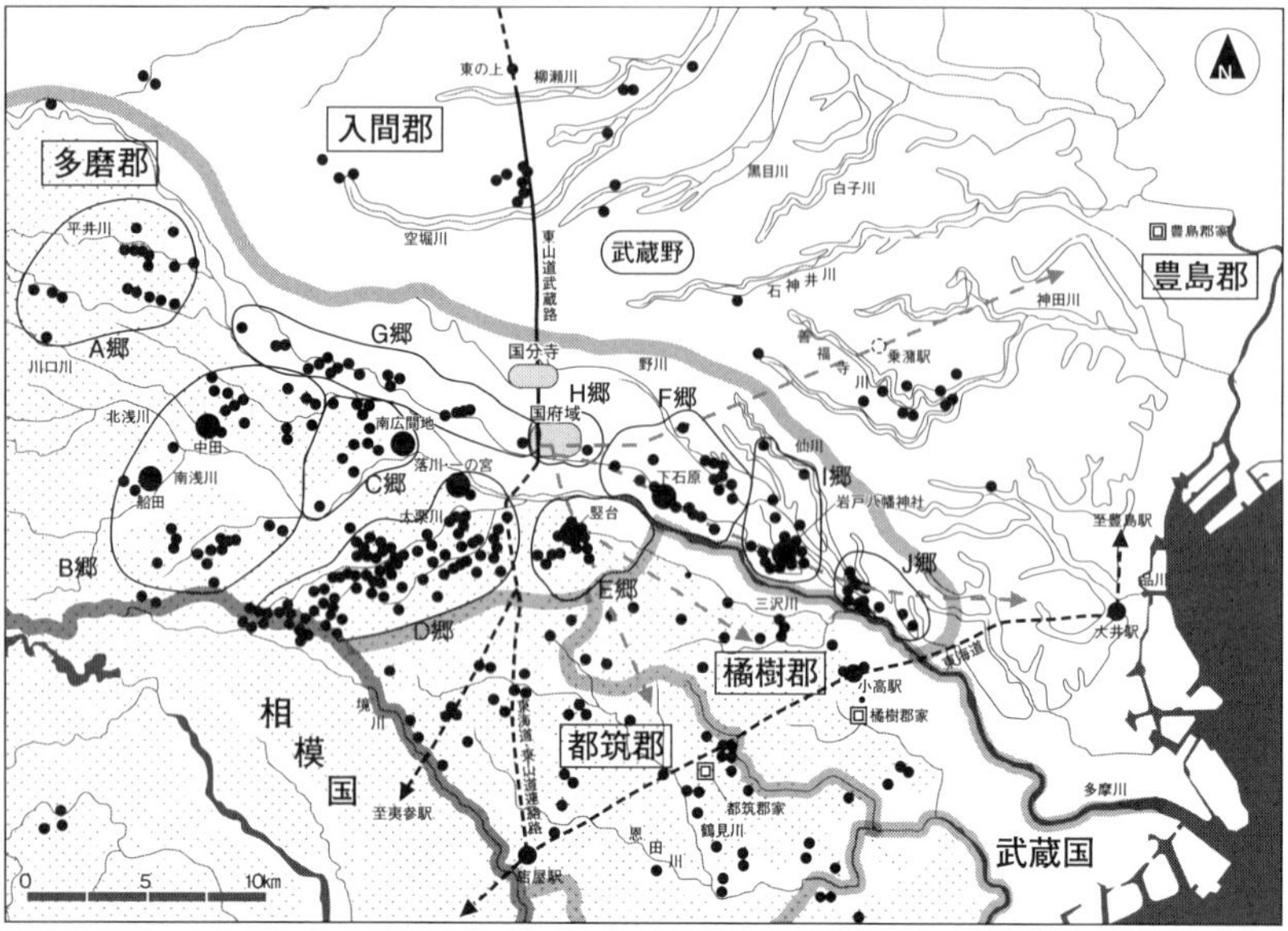

第65図　古代多摩郡のムラと郷域

D郷＝d地域（八王子市・多摩市大栗川・乞田川・周辺地域）

E郷＝e地域（稲城市三沢川周辺地域）

F郷＝I地域（府中市～調布市・三鷹市多摩川中流域左岸周辺地域）

G郷＝F地域（昭島・立川・国立市・府中市多摩川左岸上・中流域周辺地域）

H郷＝I地域から分置

I郷＝J地域（狛江市～三鷹市多摩川中流域左岸周辺地域）

J郷＝K地域（世田谷区多摩川下流域左岸周辺地域）

それぞれの郷の設定根拠だが、多摩川上・中流域右岸のA郷、B郷、多摩川下流域左岸のI郷、J郷は分布からみれば問題なく設定できる。その間については、C郷、F郷も問題ないだろう。この場合、B郷とC郷の郷界が問題となるが、ここでは、多摩川と浅川の肥沃な沖積地帯をC郷に、それより上流の丘陵地帯をB郷と考えた。多摩川がこの付近は蛇行を繰り返していたと考えられているので、立川・国立市周辺地域は、当初C郷に含

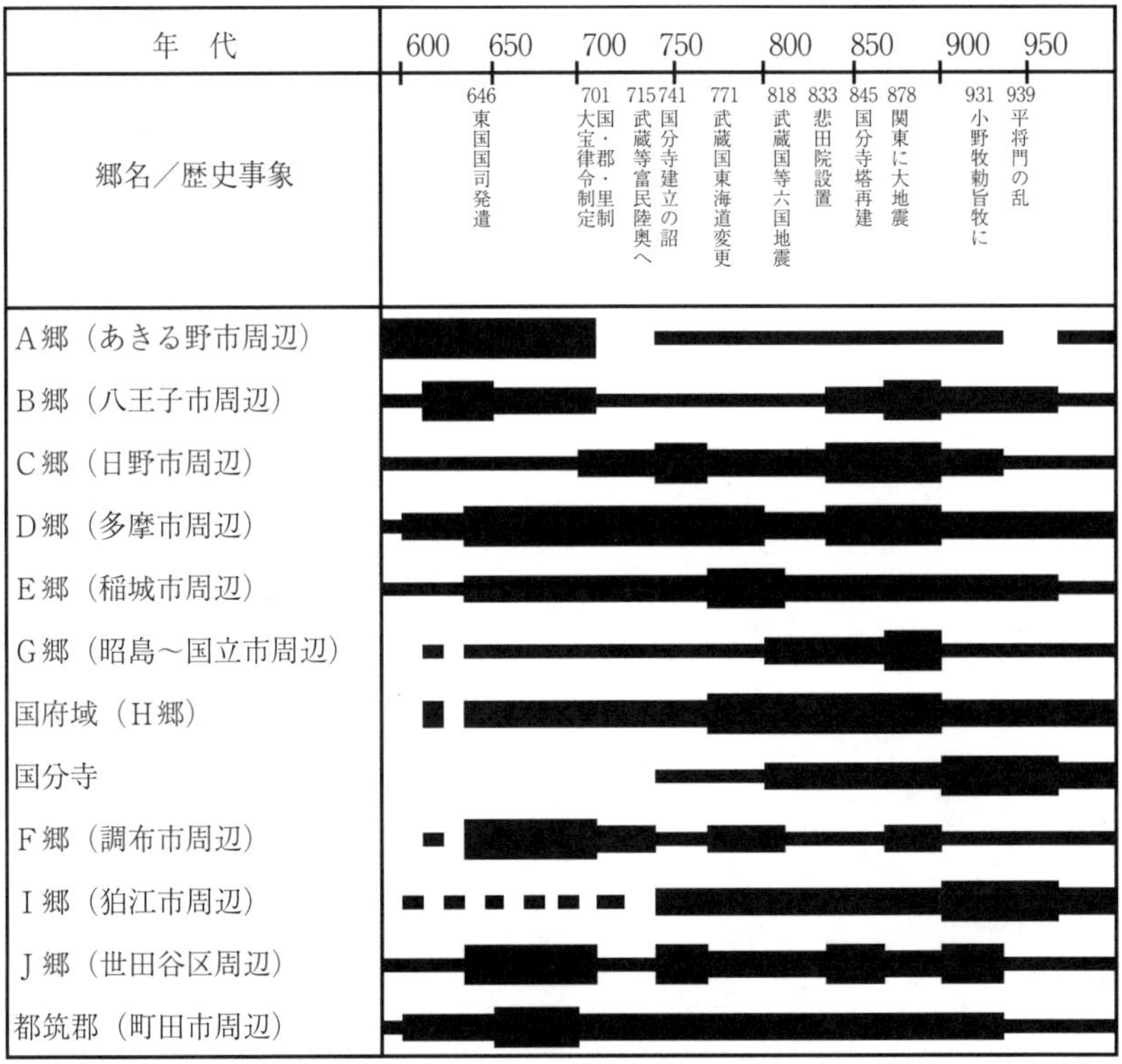

第66図　武蔵国府・国分寺と各郷の消長図

まれていた可能性も考えられる。ここまでを国府成立直前の飛鳥時代の郷の領域とする。

その後、国府が成立・整備される七世紀末〜八世紀中葉に至って、国府に多くの人口が集住し、律令政府がそれらの人員を郷に割り当てていく必要が生じたため、新たに複数の郷をそこに割り当てたのではないか。例えば、国府近傍のI郷からH郷を分割設置し、国府・国分寺の瓦や塼を焼成した大丸窯跡群や竪台遺跡など八世紀前葉以降成立する稲城市周辺地域にE郷を、さらに、国府域西部から国立・立川・昭島市周辺までをF郷として郷を分置したのであろう。

郷域における集落の分布と時期的推移をまとめたのが第66〜68図である（図中の黒丸は、竪穴建物が確認され

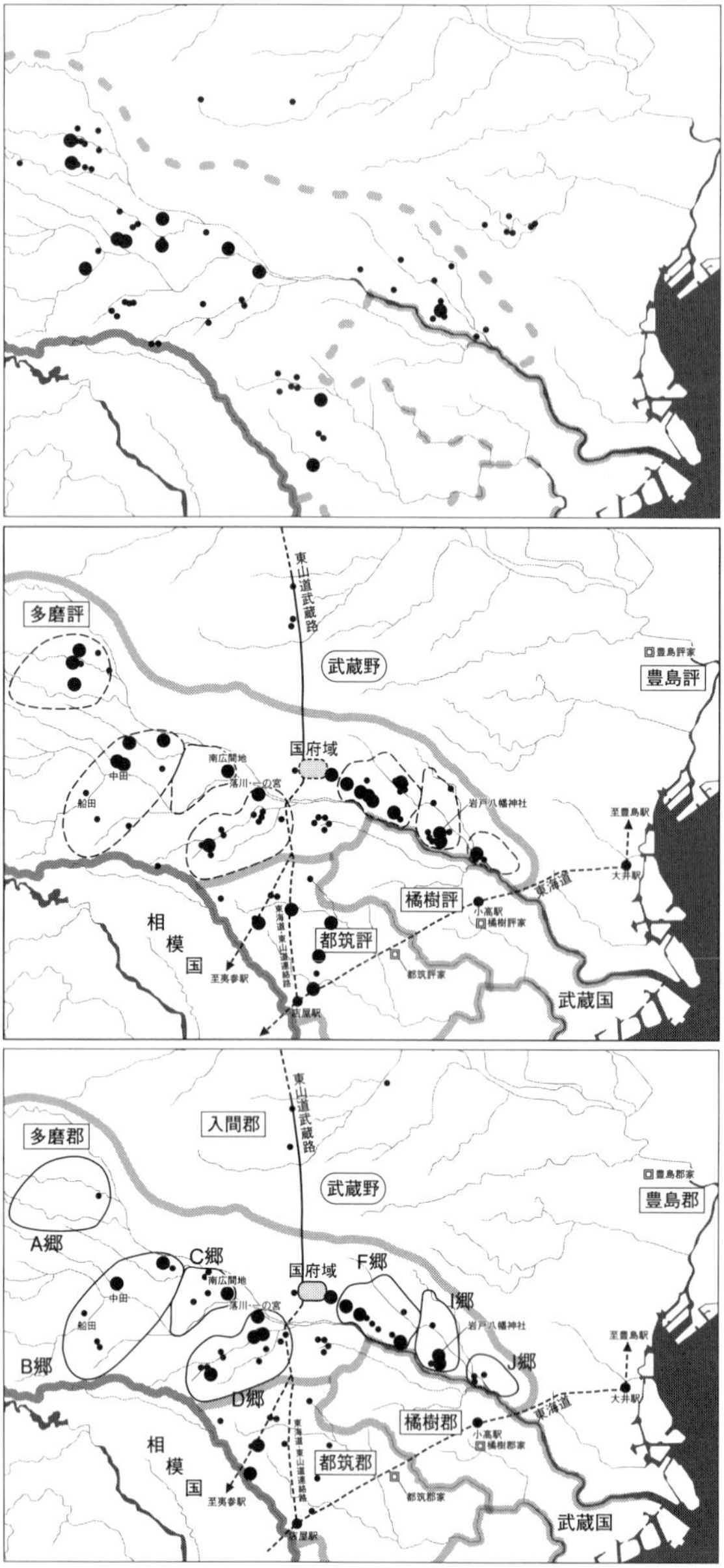

Ⅰ期
(6世紀末～7世紀前半)

Ⅱ期
(7世紀中葉～8世紀初頭)

Ⅲ期
(8世紀前葉中葉)

第67図　多磨郡の集落遺跡と郷の領域変遷図（Ⅰ期～Ⅲ期）

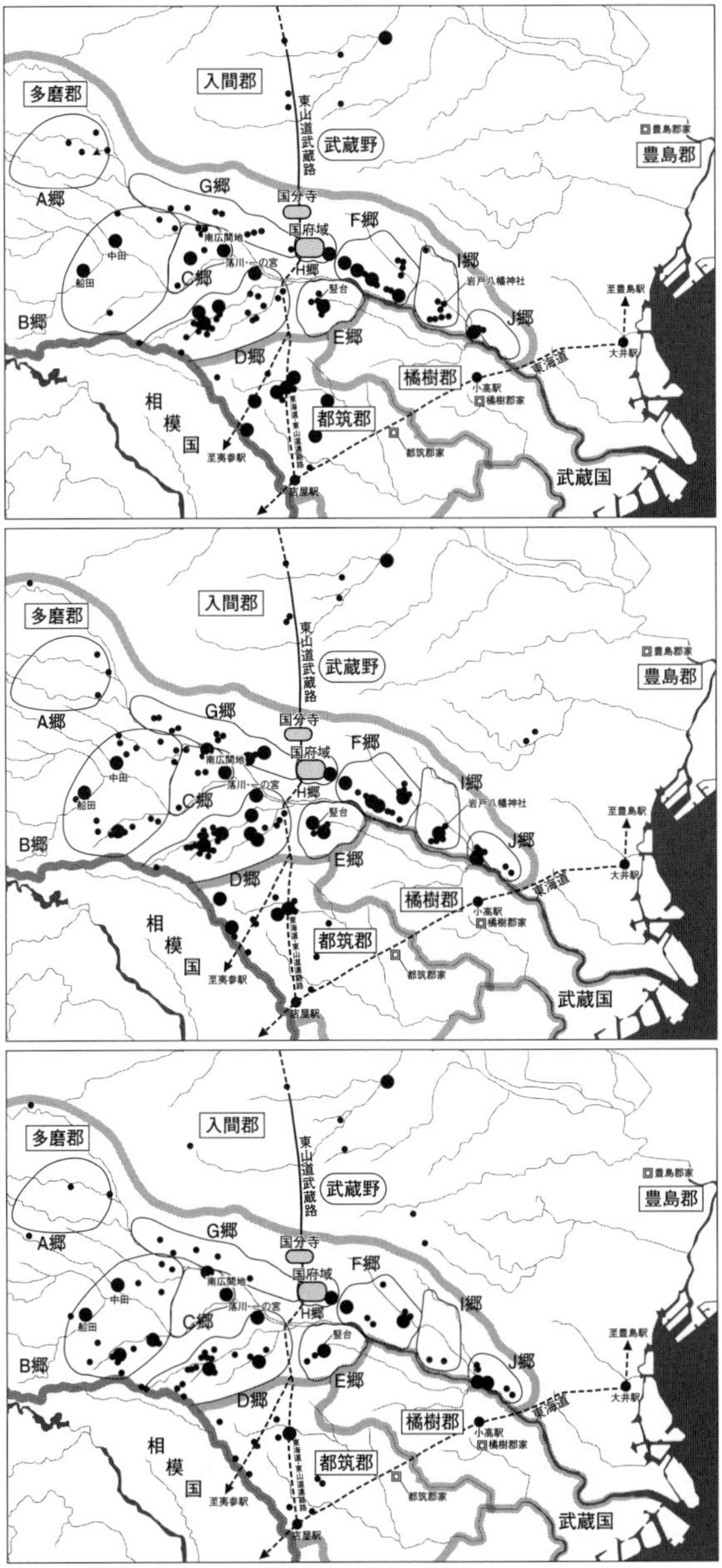

Ⅳ期
（8世紀後葉～9世紀前葉）

Ⅴ期
（9世紀中葉～9世紀後葉）

Ⅵ期
（10世紀前葉～10世紀後葉）

第68図　多磨郡の集落遺跡と郷の領域変遷図（Ⅳ期～Ⅵ期）

た集落を表しており、大きい黒丸が一時期五棟以上の竪穴建物が認められる集落を示している。ただし、時期が特定できたもののみを扱ったので、一時期その集落に竪穴建物が五棟しかなかったことを示すものではない）。

Ⅰ期（六世紀末～七世紀前半）＝七世紀ピーク型としたA郷・B郷が濃密で、その他の郷は密度が薄い。この時期は、Ⅱ期以降の沖積低地まで水田化を広げていく中核的集落はまだなく、丘陵地帯の河川流域や中小支谷の谷戸田を生産基盤にしていた集落が主体的であった。

Ⅱ期（七世紀中葉～七世紀末）＝A郷・B郷は引き続き密度が濃いが、七世紀後半～八世紀中葉ピーク型としたF郷・I郷に突如濃密な分布が見られる。筆者は、武蔵国府が現在の府中市に設置された理由について、複合的な要因が重なった結果と考えている。その理由として、Ⅰ期とⅡ期の分布図の空白地帯に後に国府が置かれていることから、多磨郡の上下の地域編成の境界付近＝A郷・B郷・C郷・D郷とF郷・I郷・J郷の二分割のちょうど空白地帯で、水陸交通の要衝に国府を置いたとも考えられる。

Ⅲ期（八世紀前葉～中葉）＝A郷の分布が極端に薄くなる。B郷は中核的集落が存続する。D・E・G郷に広く分布が認められ、国府の整備期にあわせて、新たに郷を設定したと考えられる。

Ⅳ期（八世紀後葉～九世紀前葉）＝B郷のように、一時的に中核的集落がなくなる郷もあるなど、中核的集落が継続する郷とそうでない郷が分かれていく。D郷では落川・一の宮遺跡、E郷では堅台遺跡、G郷では大和田・下大和田遺跡のように、掘立柱建物を伴う中核的集落もみられるようになる。

Ⅴ期（九世紀中葉～）＝十世紀前葉までは中核的集落が継続するが、十世紀中葉以降、特に国府東側の郷（F郷・I郷・J郷）で集落の小規模化が著しい。

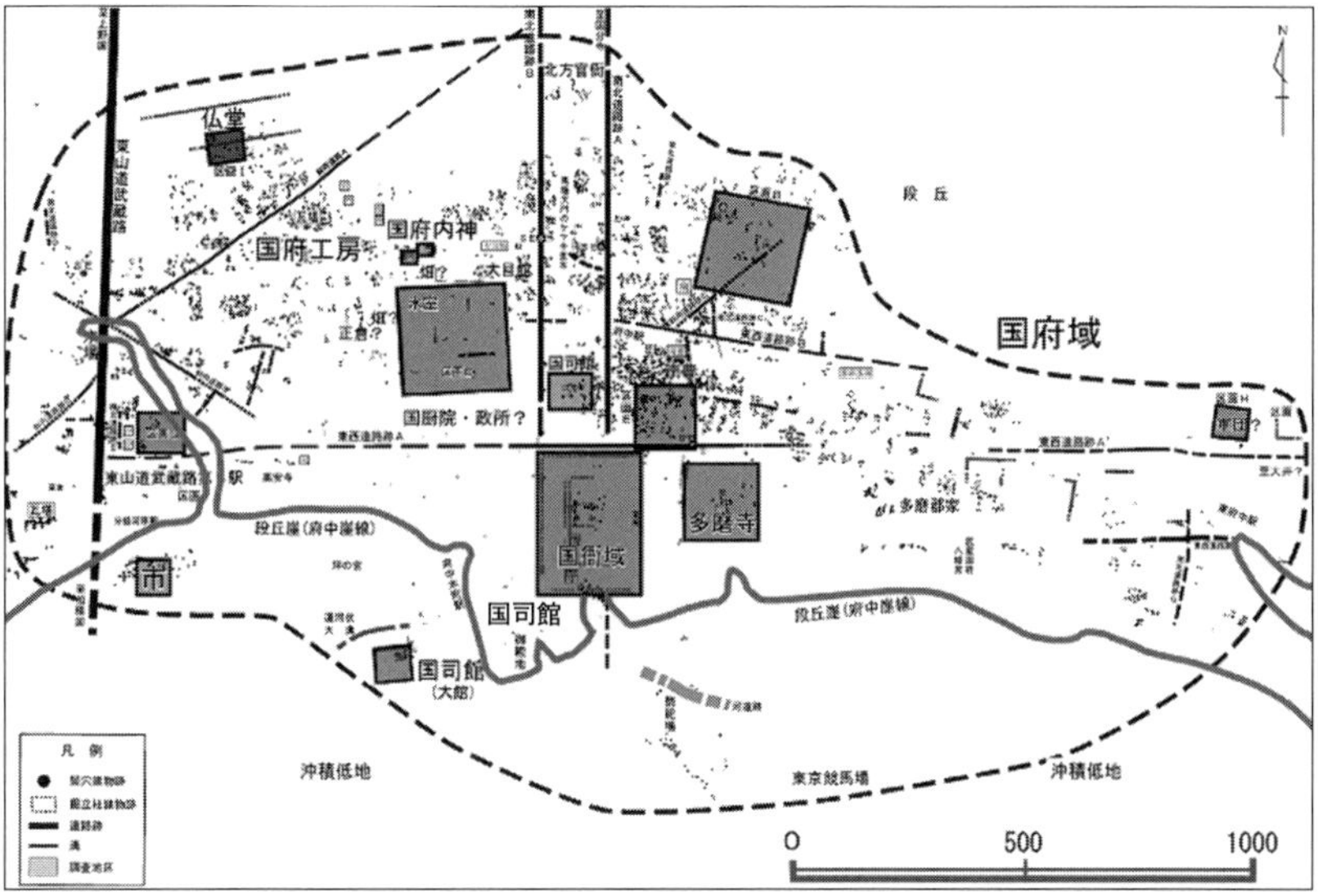

第69図　武蔵国府の復元図

二　国府の空間構成と集住する人々

先述してきたように、武蔵国府域の空間構成は、竪穴建物や掘立柱建物跡、区画溝や道路跡などの主要な遺構とその時期的推移および墨書土器・円面硯などの遺物の分布から、国衙を基点とした道路網が形成され、主要道路に沿って官衙ブロックが散在しながら、国府域が面的に広がることが明らかになっている（第69図）。

武蔵国府域で時期の特定できる竪穴建物数は、全体で四〇五〇棟ほどあり、奈良時代前期の八世紀前葉に限ってみても、二三四棟ある。

調査対象面積約三四万二八〇〇平方メートル、国府域全体を約二〇〇万平方メートルとすれば、調査対象面積は、国府域全体の約一七パーセントなので、二三四棟／一七パーセントは、一三七六棟となる。国府域における竪穴建物の分布密度に地域差があるとはいえ、おおむね妥当な数字だろう。つまり、奈良時代前期の武蔵国府には、一三〇〇棟を超える竪穴建物が同時存在していたと推測され、同時期の武蔵国府の人口は、一三〇〇棟×α人がいたことになる。「養老五年（七二一）下総国葛飾郡大嶋郷戸籍」（東大寺正倉院文書）によれば、葛飾郡内の甲和里、仲村里、嶋俣里の三里で一二〇〇人程の人口がいたので、奈良時代前期の武蔵国府には、一里（郷里制下の一郷）を超える人口が集中していた。こうした国府に集住する人々は、どのような人々でどこから集められて来たのか。

国府に集住した人々については、中村順昭の研究(83)が参考になる。国府の構成員の中心は、いうまでもなく国司で、国庁・国衙（後に国司館）で勤務していた。国司は、中央派遣官なので、在地の人間ではないが、武蔵国の場合、守以下九人の国司がいて、それらの従者や資人が相当数いた。また、国司以外で在地の人間が想定されるのは、外散位（郡司の退任者や中央で位階を得た後本貫地に戻った者で十数人程度）、国学生（武蔵国の定員は五〇人）などの郡司師弟、軍団の兵士、その他律令に規定のないさまざまな下級役人である。在地の有力層から任命された郡司は、国司より下級の地方官ではあるが、国司の配下ではなく、古墳時代以来の地域社会のさまざまな人間関係を背景に、在地の共同体的諸関係を把握する役割を担っていたのである。

また、九世紀前半に定められた雑徭に携わる人数の国ごとの基準によれば、武蔵国では年間平均四四、五人の人数が国府につめていたと想定されている。そのほか、諸国書生が数十人、郡散事と記される人々、国司に与えられる事力（四等官全員で四〇人ほどか＝職分田の耕作や国司館周辺での雑務に従事）などの公的な者のほか、国司の私領の経営に関わる私的な従者や関係者がいたとされる。こうした人員をすべて加えると一〇〇人以上の人間が国府もしくはその周辺でさまざまな業務に従事していたことになるが、竪穴建物一千棟からすれば、ごく一部でしかない。竪穴建物で日々生活していた人の大半は、短期間国府に集住した雑徭の徭丁と考えるのが妥当だろう。

ところで、武蔵国府跡で検出された四〇〇〇棟を超える竪穴建物は、国府域内のみならず一般集落と比較しても、その構造や造作に大きな差異は認められない。つまり、あらかじめ国府に集住する人々のために竪穴建物が用意されていたとしか思えない。現代風にいえば、大規模工場で働く人達の社員寮が同じ規格で、何棟も建てられていることになろうか。つまり、国府域の竪穴建物の大半が国府に集められる雑徭の徭丁＝短期間労働者の住まいだったため、国府に集まってきた人々が自己の住まいを自ら建てるのではなく、すでにあった建物を集住期間だけ使用したと考えられるのである。

さて、中村の研究は、主に奈良時代の国府の職員構成に関するものだったが、九世紀以降の国府に集住した人員については、山口英男の重要な指摘がある。(84)国内に本居を持った雑色人が九世紀後期から十世紀にかけて大幅に増加し、この時期に国府に居住する人間の増加を想定した。さらに、国府に居宅を構える在地支配層は、九・十世紀を通じて増加傾向にあり、国府が在地支配層の集中的居住の地域になっていくとし、この状況が国府とその周辺の集落にも影響を与え、国府周辺は国内でも経済的・文化的に特殊な地域になっていったと想定した。武蔵国府域全体の竪穴建物の推移は、八世紀前葉という国府の造営期を第一次ピークとしてその後減少するが、九世紀中葉から再び増加し、九世紀末から十世紀前半代に再び第二次ピークを迎える。まさに、山口の指摘と同じ傾向が看取できる。

さらに、中村によって『和妙類聚抄』の国郡部記載の郷名中に、郡家郷や駅家郷という郷名は確認できることに対して、国府郷や国衙郷という記載は全く見られないことが指摘されてきた。(85)古代律令体制下の行政区画は、国郡里制から、七一七年に国郡郷里制をしき、七四〇年頃郷里制を廃して、国郡郷制に移行している。郷とは、そもそも人間一人ひとりを戸籍で掌握するための基礎的単位であるので、本籍が都かその周辺にあった中央派遣官の国司以外では、国の行政事務に携わる下級役人や郡司師弟、その他手工業生産に関わる者など、本籍は国内の各郷にあったはずである。

郡家郷があることは、郡家周辺に集まった集落が一郷分におさまったからであり、国府・国衙郷がないのは、国府には一郷をはるかに超える人口が集住したため、国府郷として新たに一郷を設けることができなかったためと考えられる。(86)

次に、国府とその周辺の集落の消長をまとめておきたい。武蔵国府は、六世紀末～七世紀前半代（Ⅰ期）には集落の空白地帯だった地域、Ⅱ期（七世紀中葉～八世紀初頭）には多磨郡の上下の地域編成の境界付近（A郷・B郷・C郷・D郷とF郷・I郷・J郷の二分割の中間地帯）で、水陸交通の要衝に設置されたと考えた。Ⅱ期には、各郷（里）に拠点的な集落が成立し、七世紀末から八世紀初頭に、国府が成立し、そこに人口が集中する。この段階で、竪穴建物の増減だけをみれば、A郷・B郷・F郷・I郷が減少しているので、国府への人の移動を想定したいところだが、全く中核的集落がなくなってしまうA郷以外は、中田・船田遺跡が残るB郷、飛田給・下石原・染地遺跡が残るF郷、古屋敷・相之原遺跡が残るI郷のように、郷域全体で人口が激減するわけではなく、郷域のなかに分散しながら、中核的集落が継続していく。

そして、国衙も整備され、国府が拡充するⅣ期（八世紀中葉～九世紀初頭）に、国府への人口集住に伴い、新たに、国府周辺に三つの郷（E郷・H郷・G郷）を割りあて、Ⅴ期（九世紀前葉～九世紀後葉）以降、その状況が続いていった。当然のことながら、国府へは多磨郡以外の武蔵二〇郡からさまざまな人員が集められたはずで、国府近傍から集中的に人員が徴発されたわけではない。先述したように、長期間国府に滞在する人員は非常に少なく、竪穴建物に集住した人の大半が短期間労働者と考えれば、多磨郡内の郷からまとまった人員が一定期間国府に集められたわけではなく、そのつど、さまざまな目的によって、各郷のなかから短期間ごとに、国府へ人員が集められたと考えられる。

最後に、これまでA～Jの記号で記してきた郷名について、『和名類聚抄』所載の郷名に比定する私見を示しておく。A郷＝小川郷、B郷＝川口郷、C郷＝小揚郷、D郷＝小野郷、E郷＝新田郷、F郷＝小嶋郷、G郷＝海田郷、H郷＝石津郷、I郷＝狛江郷、J郷＝勢多郷。

三　まとめ

飛鳥時代から奈良・平安時代前期は、律令国家体制の成立から確立期にあたり、地方の支配体系も中央集権体制へと大きな変化を遂げた時代であった。律令国家は、古墳時代まで続いた地域社会構造の解体と、官僚支配体制の確立を目指したので、各地域で新たな開発に伴い、集落の再編成が行われた。その大きな要因のひとつとして、地域支配の拠点である国府の建設といった国家的レベルの開発事業に関わる労働力確保とその維持・管理を目的とした集落の再編があったと考えられる。

本節では、国府所在郡としての多磨郡内の集落遺跡の分析から、多磨郡の郡域と郷の比定地について、考古学的な検討に基づく私見を提示するとともに、各郷と国府の消長を検討した。多磨郡の領域は、従来の説ではなく、多摩川とその水系に沿った東西に長くまとまりを持った領域だったことを明らかにした。各郷の領域のなかで、新田郷や海田郷の場所の比定根拠や郷内の集落のあり方と国府・国分寺の状況との詳細な比較検討、あるいは盤状坏や南武蔵型・相模型・落合型（中耕地タイプ）の土師器坏などの土器類の比較検討については、今後の課題としたい。

第五節　東国における国府の景観と道路網

古代の国府は、国と国を結ぶ駅路、国府と諸郡を結ぶ道路網の結節点や河川の沿岸など、水上・陸上交通の要衝に選地されていることから、その国の政治都市として、さまざまな役割を担っていたはずである。本節では、第二章第二節で検討した武蔵国府域と道路網の実態を東国の国府跡と比較検討し、東国における国府の景観と道路網について考察を行う。なお、ここでいう東国とは、主に関東地方を指すこととする。

一　国府の選地条件

国府が水陸交通の要衝に置かれたことは、すでに歴史地理学の立場から全国的な調査研究を行った藤岡謙二郎が指摘し[87]、木下良[88]、中村太一[89]なども国府の選地について論述してきた。特に、駅路と国府の立地条件を検討した中村太一は、国府は、駅路沿道、なかでも交点（分岐点）などの交通拠点に立地し、水上交通路の交点にも立地することから、国内の交通ネットワークの最重要地点に設定されたとした。さらに、その要因は、古代律令国家が地域の在地勢力の比重の相違を認めない一元的領域支配を地方支配の目標に置き、交通を支配することによって、それぞれの地域の在地勢力を同一のレベルで把握することを目指したと考えた[90]。筆者もその点は支持したい。

さて、東国の国府の立地の特質は、東山道と東海道という二つの官道にちょうど挟まれるような位置にあることが重要である。第70図は、関東地方の古代官道と国府の位置を表したもので、東国の国府の立地環境の特徴として、国の南側のより都寄りで、駅路と河川の結節点、水陸交通の要衝に立地していることがわかる。さらに、国庁が置かれている場所は、河岸段丘などの低地から一段高くなった段丘上の災害に遭いにくいところで、広い国府域を設定できるような平坦な場所が選ばれている。国府は中央政府の出先機関としての役所だけでなく、令制国の政治・経済・文化の一大センターとしての機能を持っていた。つまり、国内の交通のネットワークの中心に置かれることで、都からさまざまな文化が流入し、国内に広まっていったのである。武蔵国府の選地も、武蔵国の都に最も近い南端で、駅路（東山道武蔵路）と多摩川の結節点に位置し、相模国府から多摩丘陵を超えた最初の渡河点の広い国府域が設定できる平坦面に置かれた[91]。

第70図　東国の駅路と国府の立地

二　東国国府の景観と構造

(1) 武蔵国府跡

武蔵国府跡は、すでに詳述してきたので、ここでは他国の国府と比較しやすいように、道路網の特質と国府域のあり方について概述しておく。

①道路網の特質と国府の景観（第71・72図）

ア　南北道路跡は、東山道武蔵路以外、側溝を持たない傾向にある。路面幅は、東山道武蔵路が側溝心々間距離で二メートルだが、南北道路跡Bも最大一三メートルの規模がある。

イ　東西道路跡は、両側側溝を含めて、側溝を持つものが多い。側溝心々間距離は八～九メートルで、一一メートルのものもある。

ウ　路面幅は、官道（国府域外へ延びるもの）が一二～一三メートル、国府内道路が三～六メートルと八～九メートルの二

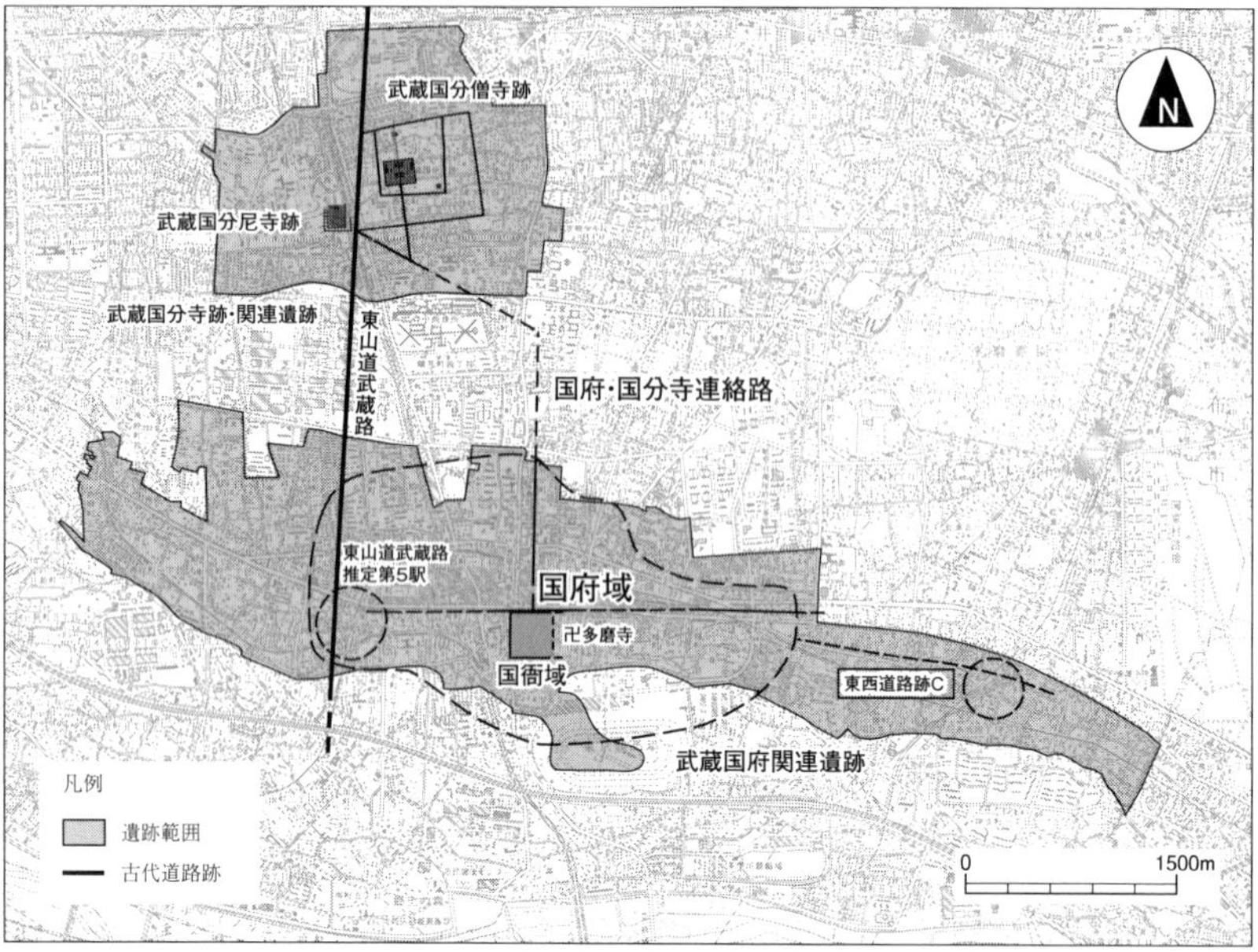

第 71 図　武蔵国府跡・武蔵国分寺跡と東山道武蔵路

グループがある。

エ　こうした国府域の道路網の整備は八世紀後半以降だが、敷設が八世紀前半に遡る可能性もある。

武蔵国府域は、国衙を基点として、主要道路に沿って諸官衙が散在するが、竪穴建物や掘立柱建物が面的に広がる。その内実は、国衙周辺地域の正方位を意識した道路地割と建物を配置した官庁街と、斜行道路に代表されるような正方位を意識しない機能を重視した地域に機能分化しているように、機能重視型の国府域が形成されていた。これが武蔵国府域の特質と言え、「面的形成・機能重視型」古代地方都市と位置づけられる。

②国府の変遷

プレ期（七世紀中葉～後半）　段丘崖上の大國魂神社以東の地域に集落が展開。西方には上円下方墳が築造され、東山道武蔵路が開道する。

I期（七世紀末～八世紀初頭）　国府成立期。段丘奥に建物が進出し、井戸も造られることから、国衙は未整備ながら、国府の成立期と位置づける。郡名寺院「多

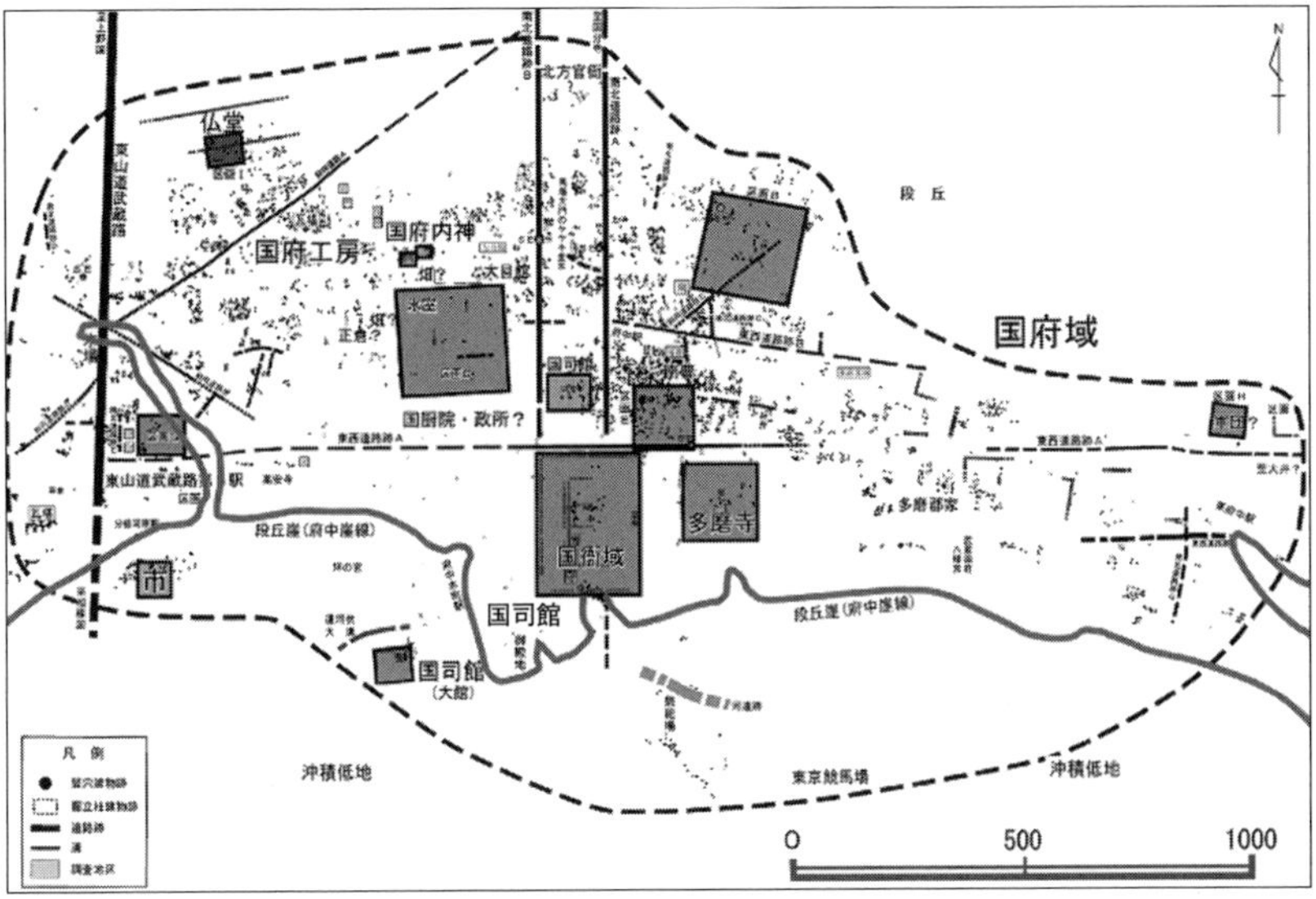

第 72 図　武蔵国府域復元図

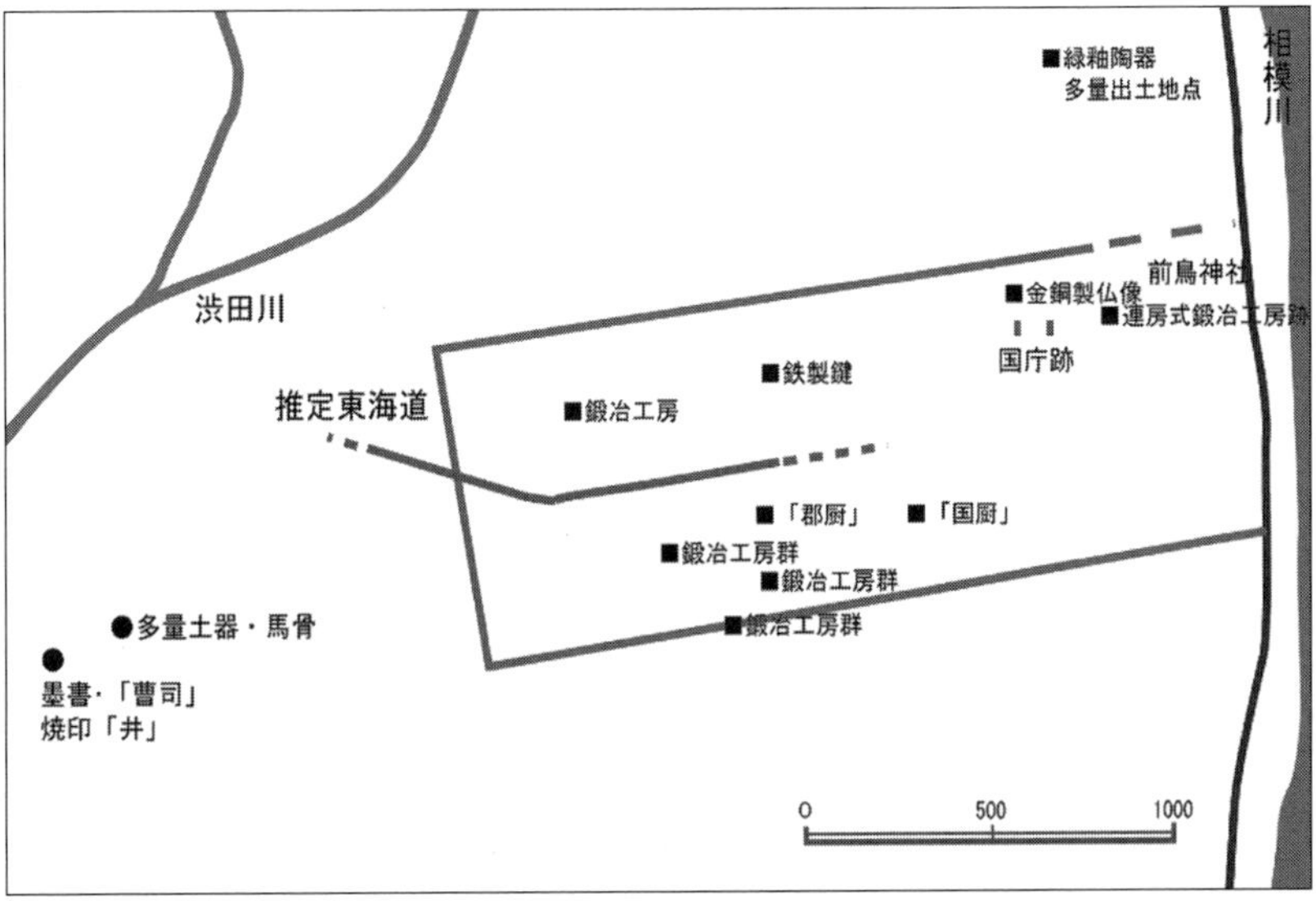

第 73 図　相模国府域復元図

磨寺」もこの時期に建立される。

Ⅱ期（八世紀前半） 国衙が整備され、主要な道路網も形成されはじめる。

Ⅲ期（八世紀中葉～九世紀中葉） 国衙と多磨寺の整備・拡充に伴い、国府域が広範囲に広がる。国府内外の道路網が整備される。

Ⅳ期（九世紀後半～十世紀後半） 第二次整備拡充期。国衙が改修整備され、国府域も広域に維持され続ける。

Ⅴ期（十世紀末～十一世紀代） 国衙が機能を終えるとともに、国府域も狭い範囲に集約される。

武蔵国府域は、飛鳥時代から平安時代を通じて、一定の国府域が整然と整備・維持されていたのではなく、各種官衙ブロックの整備時期にあわせて、国府域に各種施設が分散しながら、面的で流動的に広がっていたと考えられる。

（2）相模国府跡（神奈川県平塚市）

相模国府の所在地は、一般的に国府と国分寺が同一郡にあることから、初期国府を高座郡とする説（三遷説A 高座（海老名市）→大住（平塚市）→余綾（大磯町））、海老名国分寺が弘仁十年（八一九）の相模国分寺火災後の国分寺、小田原市の千代廃寺を初期国分寺、下曽我遺跡を国府関連遺跡とする足柄国府説（三遷説B 足柄→大住→余綾）があった。[92]しかし、近年では、初期国府を大住郡（平塚市）に置き、移転は余綾郡への一度だけとする二遷説（大住→余綾）が有力視されるようになり、筆者もこれを支持している。[93]以下は、平塚市の相模国府跡の駅路と景観である。

駅路 東海道駅路と考えられる道路跡が構之内遺跡第三地点（両側側溝、心々間距離九メートル、硬質面最大幅六・五メートル）、第四地点（両側側溝、心々間距離九・五メートル、硬質面最大幅八メートル）、山王B遺跡第一地点（両側側溝、心々間距離一〇・七メートル、硬質面最大幅八メートル）で検出され、その総延長距離は九〇〇メートルに及んでいる。道路の築造は、八世紀中葉と考えられている(94)。

国府の景観　相模国府域は、東西約二・一キロメートル、南北約八〇〇メートルの長方形の範囲が想定されている（第73図）。国庁は、国府域東方の「湘南新道遺跡群」で、約八〇メートル離れた南北棟の大型廂付長方形建物が二棟並列して発見され、国庁脇殿と考えられている(95)。国府域内では、竪穴建物跡が多数確認され、掘立柱建物跡と竪穴建物跡の検出数が武蔵国府同様、おおよそ一対四になっている。さらに、国府域内に八世紀代の官衙ブロックや国厨家（稲荷前A遺跡「国厨」「旧豉一」など）、連房式鍛冶工房跡（国府域北西の坪ノ内遺跡）などが散在する点(96)も武蔵国府と近似する特質である。こうした発掘成果に基づき、相模国府では東海道が国府域の中を東西に走り、大型の掘立柱建物や竪穴建物が集中する国府の景観が復元されているが、第73図をみると、国府想定域の外から「曹司」墨書土器や緑釉陶器が多量に出土していることがわかる。筆者は、現在想定されているような直線的な復元ではなく、武蔵国府域のように、竪穴建物跡、掘立柱建物跡、出土遺物の分布等の実態から、想定より広い相模国府域を捉えるべきと考えている。

（3）下総国府跡（千葉県市川市）

下総国府跡は、下総台地南西端部に形成された国分台台地上に立地し、谷を隔てた北東の台地上に、下総国分二寺が存在する。国府台遺跡で国衙域を画すると考えられる大溝と道路遺構が検出され、国衙域が和洋女子大学校地内およびその東方地域に所在すると考えられている(97)。

駅路　国府台遺跡で、両側側溝を持つ道路跡が検出され、一期（心々間距離六・九メートル、側溝は八世紀代に機能低下）、二期（心々間距離一五～一八メートル、九世紀代）に分かれることが指摘されている。また、新山遺跡では、八世紀代に遡る六メートル幅の道路跡が検出され、東海道駅路と考えられている(98)。

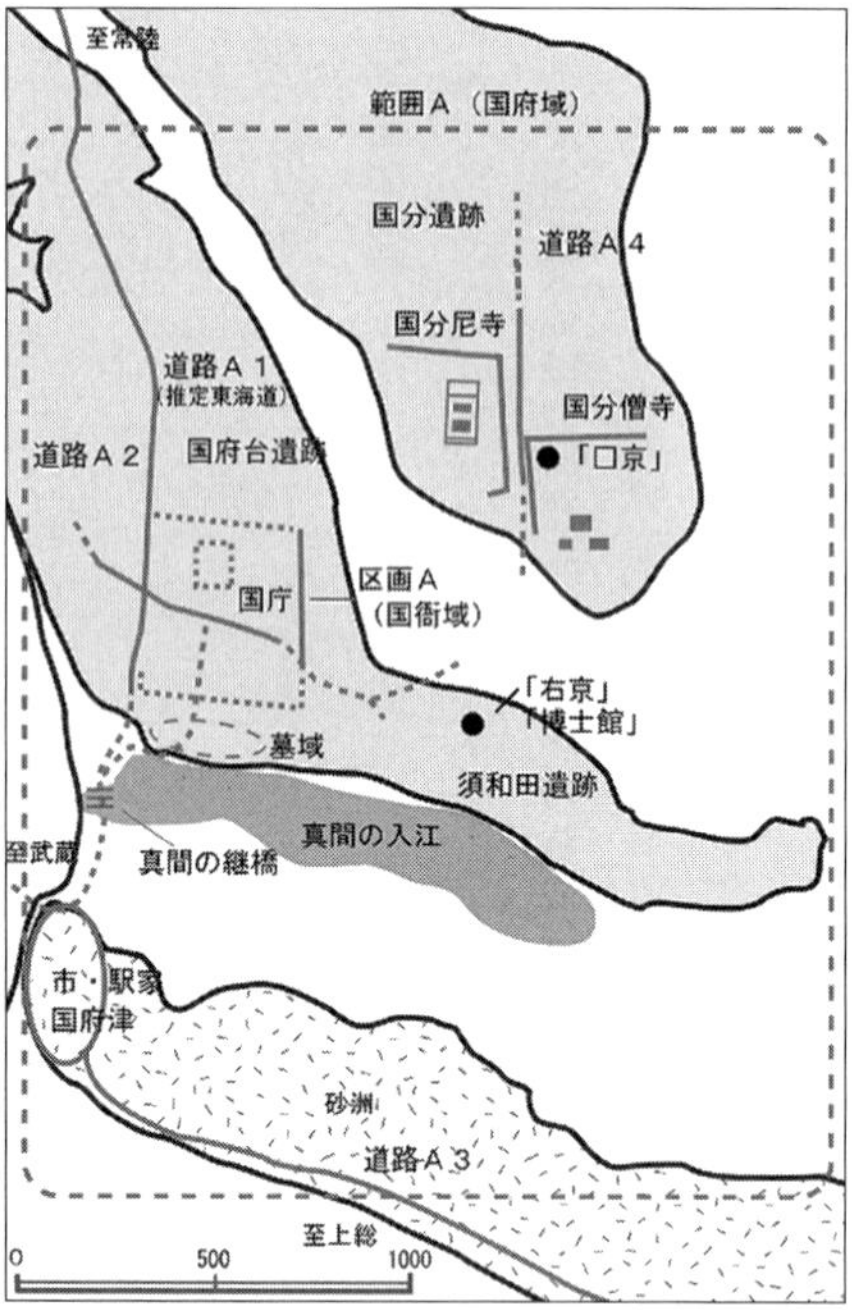

第74図　下総国府域復元図（注103山路文献をもとに作成）

国府の景観　市営総合運動場遺跡・下総総社跡では、八〜九世紀前半の竪穴建物や掘立柱建物跡群が検出され、多量の瓦、「井上」・「郡」墨書土器が出土し、国衙が立地する台地南側の市川砂州上に、東海道井上駅が推定されている。国府跡出土の土器様相を検討した松本太郎・松田礼子によれば、七世紀末〜八世紀初頭に国府が成立し、盤類や大甕の出土数の多さから、下総総社跡付近に国厨家が存在したと考えられている[99]。

下総国府の変遷については、和洋学園国府台キャンパス内遺跡の調査成果で左記のように捉えられている[100]。

Ⅰ期：八世紀前半　国府台台地中央部開発による国府・国衙造営が始まる。
Ⅱ期：八世紀中葉〜九世紀初頭　溝による区画施設が出現。
Ⅲ期：九世紀代　再整備期。
Ⅳ期：十世紀代　竪穴建物群が急増。国衙の衰退。

さらに、もとは国府台台地と連続する丘陵だった須和田丘陵上に立地する須和田遺跡では、「博士館」・「右京」墨書土器が出土していることから、郡衙、井上駅（市川砂州上）、国分二寺、国府津（真間の入江）を含めた地域が国府域に想定されている[101]（第74図）。下総国府は、各種機能が分散・配置される点が武蔵国府と類似するが、国分寺が国府域に含まれる点が武蔵国府跡とは異なる点である。

（4）常陸国府跡（茨城県石岡市）

常陸国府跡は、常総台地の北部につらなる石岡台地上の平坦面に立地する。南東に恋瀬川の沖積地が広がっており、国府の選地とその景観は、武蔵国府と似ている。近年の石岡市教育委員会による精力的な発掘調査によって、国庁跡が石岡市石岡小学校内に所在することが確定し、第Ⅰ期～第Ⅲ期の三期変遷（八世紀中葉に瓦葺化）が捉えられている。さらに、国庁に先行する初期官衙の存在も明らかになりつつある。(102)

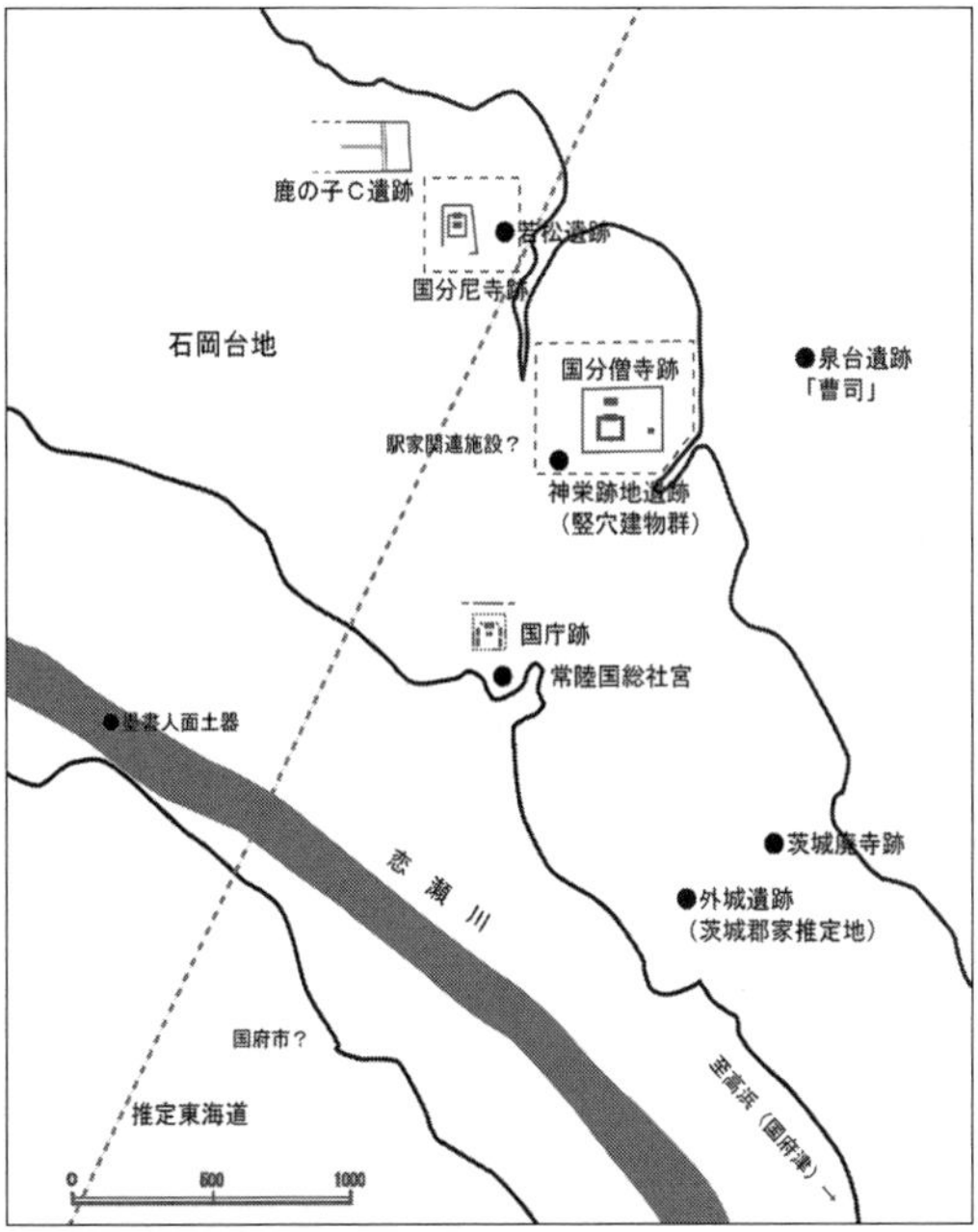

第75図　常陸国府跡とその周辺遺跡

東海道駅路　五万堀古道（笠間市仁古田）一号道路跡が両側側溝（心々間距離八～一〇メートル）で、総延長距離三〇〇メートルにわたって確認され、三時期変遷（七世紀後葉～十世紀前葉）が考えられている。(103)

国府の景観　常陸国府跡では、国衙を中心として、半径二キロメートルの範囲内に、古代の主要な遺跡が分布している（第75図）が、国府域の範囲は不明な点が多い。しかし、蝦夷征討にかかる国衙付属官営工房と考えられている鹿の子C遺跡（石岡市鹿ノ子）は、山王川南岸で国衙から北方約一・五キロメートルの距離にあることから、従来国府方八丁説からすれば国府域の外だと考えられてきた。しかし、河川段丘上に展開する状況は武蔵国府域との類似性が強く、国分僧・尼寺、鹿の子C遺跡、「曹司」墨書土器が出土した泉台遺跡、茨城郡衙推定地などを含めて国府域に含めるべきと考えている。

（5）上野国府跡（群馬県前橋市）

国庁・国衙跡は未確認だが、前橋市元総社町一帯に国府域が想定されている。国府跡は、榛名山東南麓の末端で、東西を小河川に挟まれた平坦な台地上に立地する。周辺には古代上毛野国の盟主としての総社古墳群や放光寺（山王廃寺）が存在し、南方を東山道駅路が通り、北西に国分二寺がある。前代からの上毛野の中心地域に国府が造営された。弘仁二年（八一一）上国から大国に改められている。

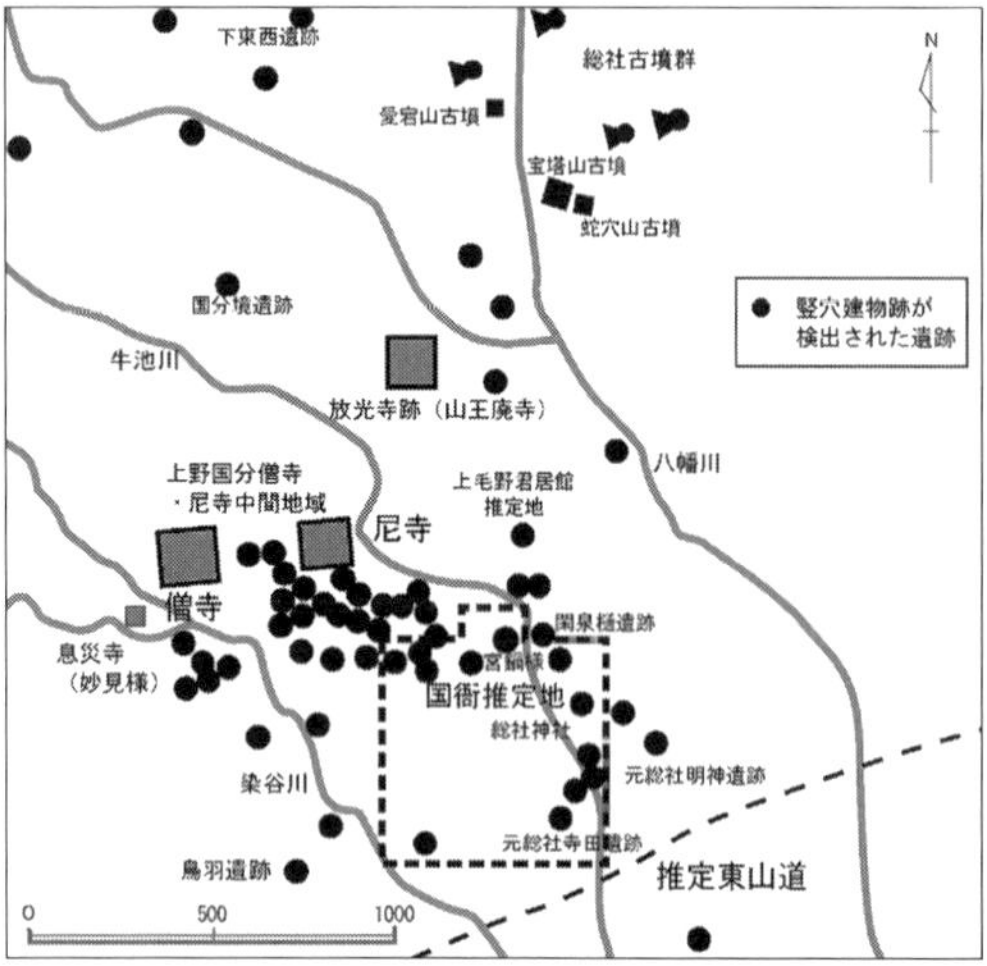

第76図　上野国府跡とその周辺遺跡

東山道駅路　「牛堀・矢ノ原ルート」七世紀後半造営、八世紀後半廃絶。両側側溝（心々間距離一三メートル）総延長距離約三〇キロメートルに及ぶ。

「国府ルート」九世紀後半造営、片側側溝（幅員約四・五〜七メートル）。「下新田ルート」八世紀〜九世紀にかけて存続。両側側溝（心々間距離一二メートル）。総延長距離約三〇〇メートルという三ルートが確認されている。(104)

国府域の景観　近年、前橋市教育委員会が土地区画整理事業に伴う調査等で、精力的に上野国府解明に向けた発掘調査を進めている。群馬県埋蔵文化財調査事業団の調査も合わせると、上野国府・国分寺跡周辺で発掘された竪穴建物跡は、実に三〇九一棟にのぼっている。なお、掘立柱建物は非常に少ない状況となっている。具体的には、元総社寺田遺跡（前橋市元総社町）では、人形などの形代木製品、斎串、黒漆塗りの椀・皿、「国厨」・「□曹司」・「国」・「厨」などの墨書土器が出土し[105]、閑泉樋《かんせんとい》遺跡では、推定国府域北限の東西大溝が検出されている。その大溝の延長方位はN-89度-Eで、上面幅七メートル、深さ二メートルという大規模なものである。十世紀前葉に埋没が始まることが判明していることから、掘削はそれ以前のものとされる。元総社明神遺跡でも、四〇〇メートル以上、同一線上で、南北溝が検出されており[106]、これらの大溝の検出状況によって、方八町の方形の範囲に、北側に一町分国庁が突出する国府域が想定されている[107]（第76図）。

しかし、上野国府跡周辺で発掘された竪穴建物跡の分布（第76図）や国庁推定地南西約一キロメートルの鳥羽遺跡で武蔵国府と類似した方形区画遺構が検出されていること[108]からすれば、いわゆる方八丁という方形の区画を超えた広い範囲、すなわち下総国府同様に、国分僧・尼寺を含めた範囲を国府域と考えるべきではなかろうか[109]。

（6）下野国府跡（栃木県栃木市）

下野国府跡は、思川右岸の沖積地上に立地する。東国でも最も早く国庁跡が検出され、保存整備が行われた国史跡として著名である。国庁跡は、板塀や築地塀で区画された約一町四方の中に、前殿（東西棟）、東西脇殿（南北棟）が配置されている。左記のとおり、八世紀前半～十一世紀代まで、Ⅰ期～Ⅵ期の変遷が明らかになっている。（政庁は、八世紀前半～十世紀前葉頃までのⅠ期～Ⅳ期変遷[110]）。

Ⅰ期（八世紀前半代）、Ⅱ期（七五〇年～七九一年頃、瓦葺化）、Ⅲ期（九世紀代）、Ⅳ期（～十世紀前葉）、Ⅴ期（十世紀代）、Ⅵ期（～十一世紀中頃）

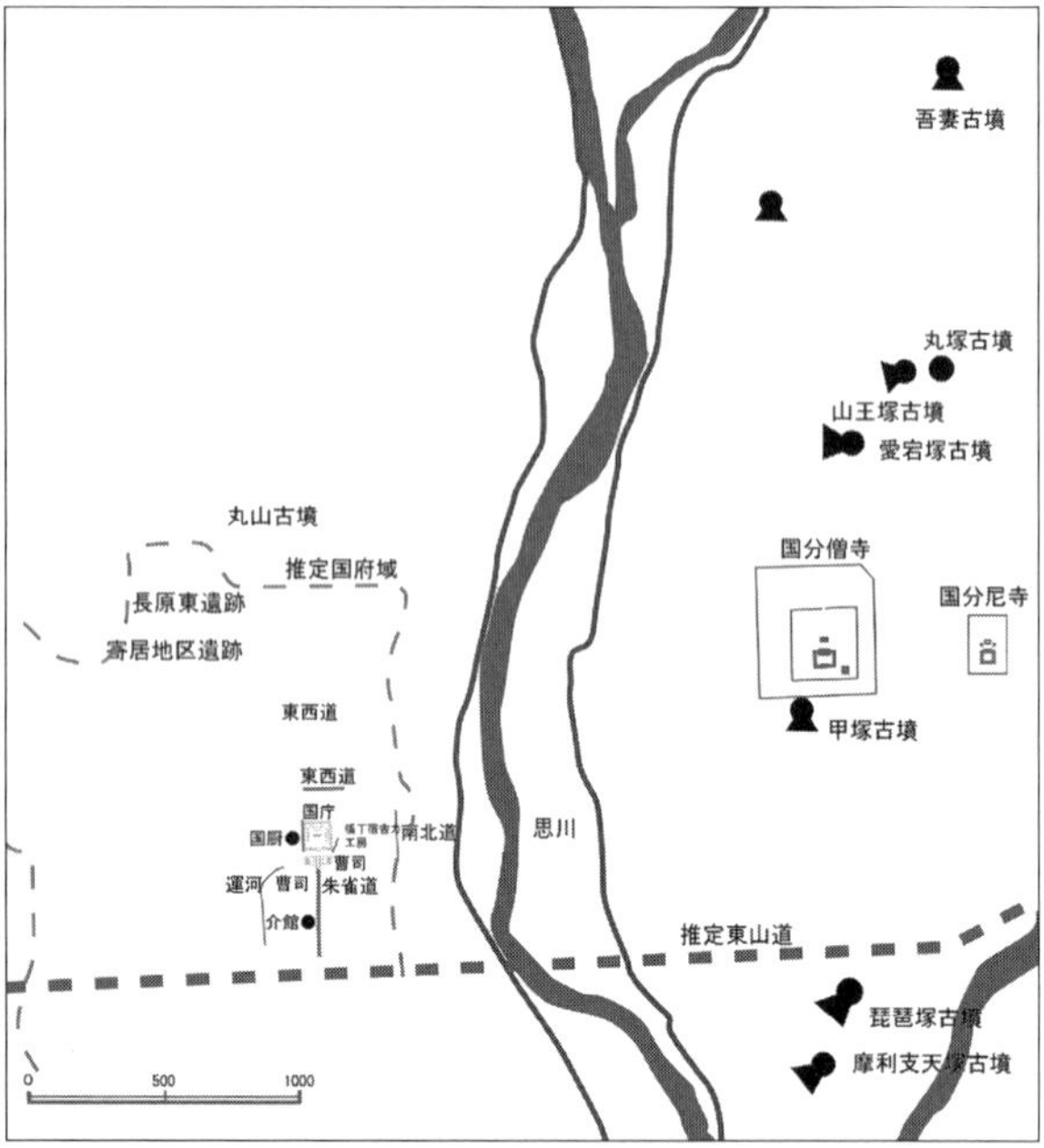

第77図　下野国府跡とその周辺遺跡

東山道駅路　厩久保遺跡では、八世紀前半の道路幅一二メートルの道路跡が検出され、北台遺跡では、七世紀第三四半期の造道と考えられる側溝心々間距離一二メートル（上面幅一・二メートル・深さ〇・七メートル）という両側側溝の道路遺構が検出されている。さらに、諏訪山北遺跡でも、側溝心々間距離一三メートル（側溝上面幅〇・九～一・四メートル、深さ〇・五メートル）の両側側溝を持つ道路遺構が検出され、東山道ルートの推定もなされている[11]。

国府の景観　国庁の南方には、南大路が延び、その規模は、幅三メートルの両側側溝で、心々間距離が約九メートル、総延長距離は約三五〇メートル以上に及ぶ。その周辺では、官衙ブロックや倉庫群が点在し、国庁北辺には、東西方向に延びる北辺大路がある。東西五町、南北六町程度の範囲が国府域と捉えられており、その北端付近では、東西方向に延びる大路が確認されている。

国司館　国庁南方約二〇〇メートルの南大路西側で、掘立柱塀に囲まれた東西約七〇メートル、南北約一〇〇メートルの区画内に二棟の廂付建物を中心に整然と建ち並ぶ建物群が検出され、「介」墨書土器の出土から国司館と考えられている。また、寄居地区遺跡などで、官衙的な建物が発見されていることから、近年、栃木市教育委員会では、当初想定より広い国府域を考えている（第77図）。下野国府の場合は、思川を挟んで東側に国分僧・尼寺がある立地なので、国分僧・尼寺を含めて国府域とするには躊躇せざるを得ないが、広範囲な国府域の調査の進展が期待される。

（7）陸奥国府跡＝多賀城跡（宮城県多賀城市）

多賀城造営以前は、仙台市郡山遺跡が初期陸奥国府跡と考えられている。多賀城跡は、丘陵地形を生かしながら、低地も取り込んだ不整方形に区画され、内郭（政庁）と櫓を持つ外郭によって、四辺が取り囲まれている。前殿（東西棟）、東西脇殿（南北棟）が配置され、八世紀前半〜十一世紀代まで、Ⅰ期〜Ⅵ期の変遷が明らかになっている（政庁はⅠ期〜Ⅳ期）[112]。

Ⅰ期（八世紀前半代）、Ⅱ期（七五〇年〜七九一年頃、瓦葺化）、Ⅲ期（九世紀代）、Ⅳ期（〜十世紀前葉）、Ⅴ期（十世紀代）、Ⅵ期（〜十一世紀中頃）

東山道駅路　新田遺跡で多賀城南面の「東西大路」に続く幅一二メートルの東西道路跡が発掘されている[113]。

国府の景観　多賀城南面の自然堤防上で、おおよそ一町四方の方格地割が発見されている。これは、多賀城外郭南辺築地と平行し（真東から南へ七〜八度傾く）、東西約一四四〇メートル、南北約八三〇メートルの範囲で、平行四辺形状に確認されている。平安時代以降、多賀城では、ややいびつな形を呈しているが、明らかに方格地割が形成されていることがわかる（第78・79図）。

国司館　政庁南方の山王遺跡で、東西九間以上、南北四間の大規模な東西棟四面廂付建物跡が発見されている。また、同遺跡の東西大路南側では、南北一三九メートル、東西十一八メートルの平行四辺形の区画内に遣り水状の遺構と多数の掘立柱建物が配置された空間が検出されており、これらが国司館と考えられている[114]。

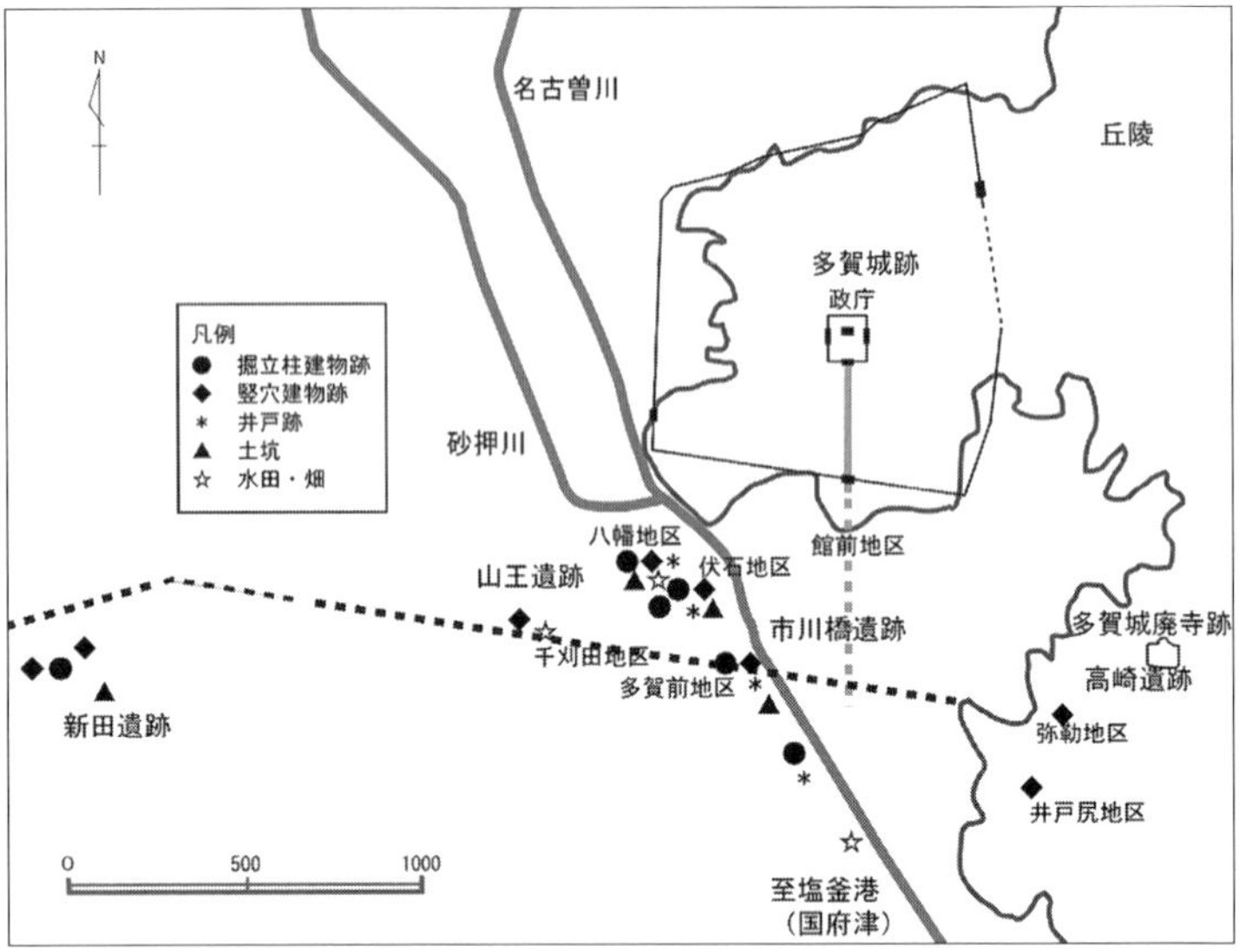

第78図　多賀城跡とその周辺遺跡（奈良時代）

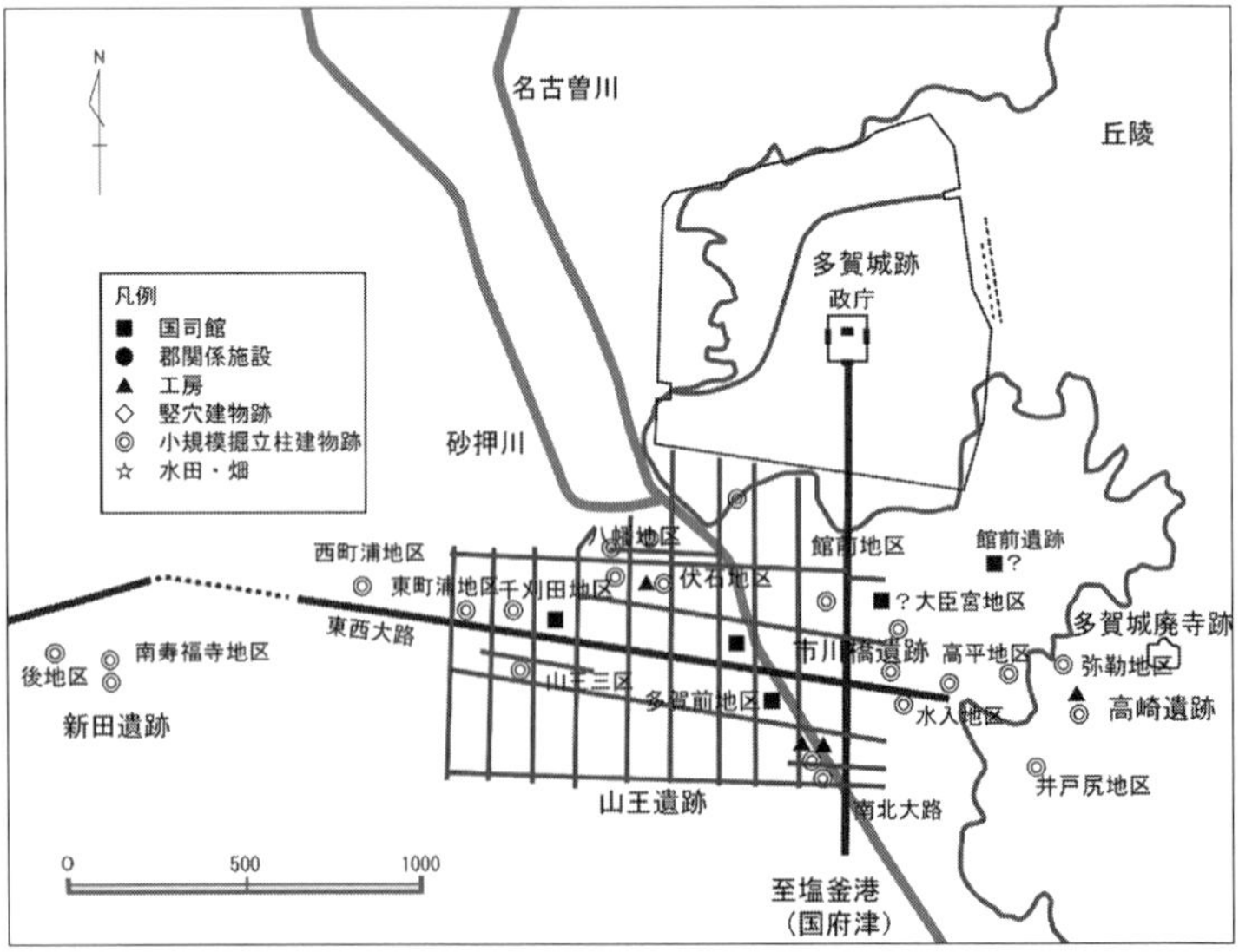

第79図　多賀城跡とその周辺遺跡（平安時代）

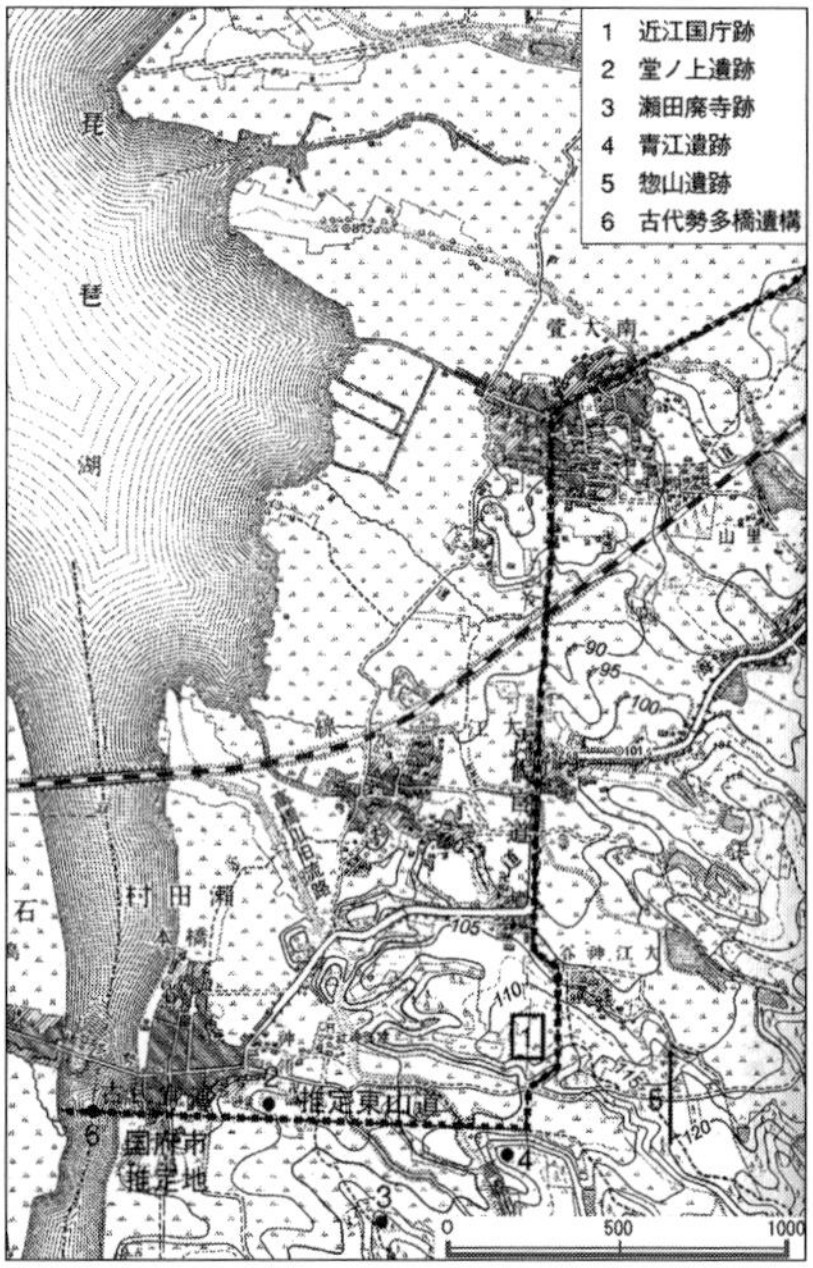

第80図　近江国府跡とその周辺遺跡
（注115金田文献をもとに作成）

（8）近江国府跡（滋賀県大津市）

近江国は渤海使のルートでもあり、壮麗な国庁が作られているように、都と密接なつながりのある国府である。近江国府跡は、早い段階で国庁が確定できた国府跡で、惣山遺跡など、国府域でも重要な遺跡が発掘されている（第80図）。今後は、国府域全体の解明を視野に入れた発掘調査の進展が期待される。

三　まとめ

以上、武蔵国府跡をはじめとした東国国府の景観と道路網について検討してきた。三〇年以上の発掘調査成果によって、国府域全体のあり方が明らかになってきた武蔵国府跡の調査事例と、他国の国府域のあり方を比較検討することで、東国国府の景観と道路網の特質を読み取ることができた。最後に本節で明らかにした点をまとめておきたい。

第一に、東国の国府の立地条件は、都に近い水陸交通の要衝（駅路の交点）に選地されるが、前代からの在地勢力の圏域に設置される例もあるなど、その地域性も重視されたことを指摘した。

第二に、駅路は、七世紀後半に整備されたと考えられるが、奈良時代以降も国府と国府を結ぶ主要な道路として、現実に即した維持・管理が行われていたことを確認した。

第三に、国府外道路と国府内道路には差異があって、国府外道路（駅路）は幅一二～一三メートルで、国府内道路

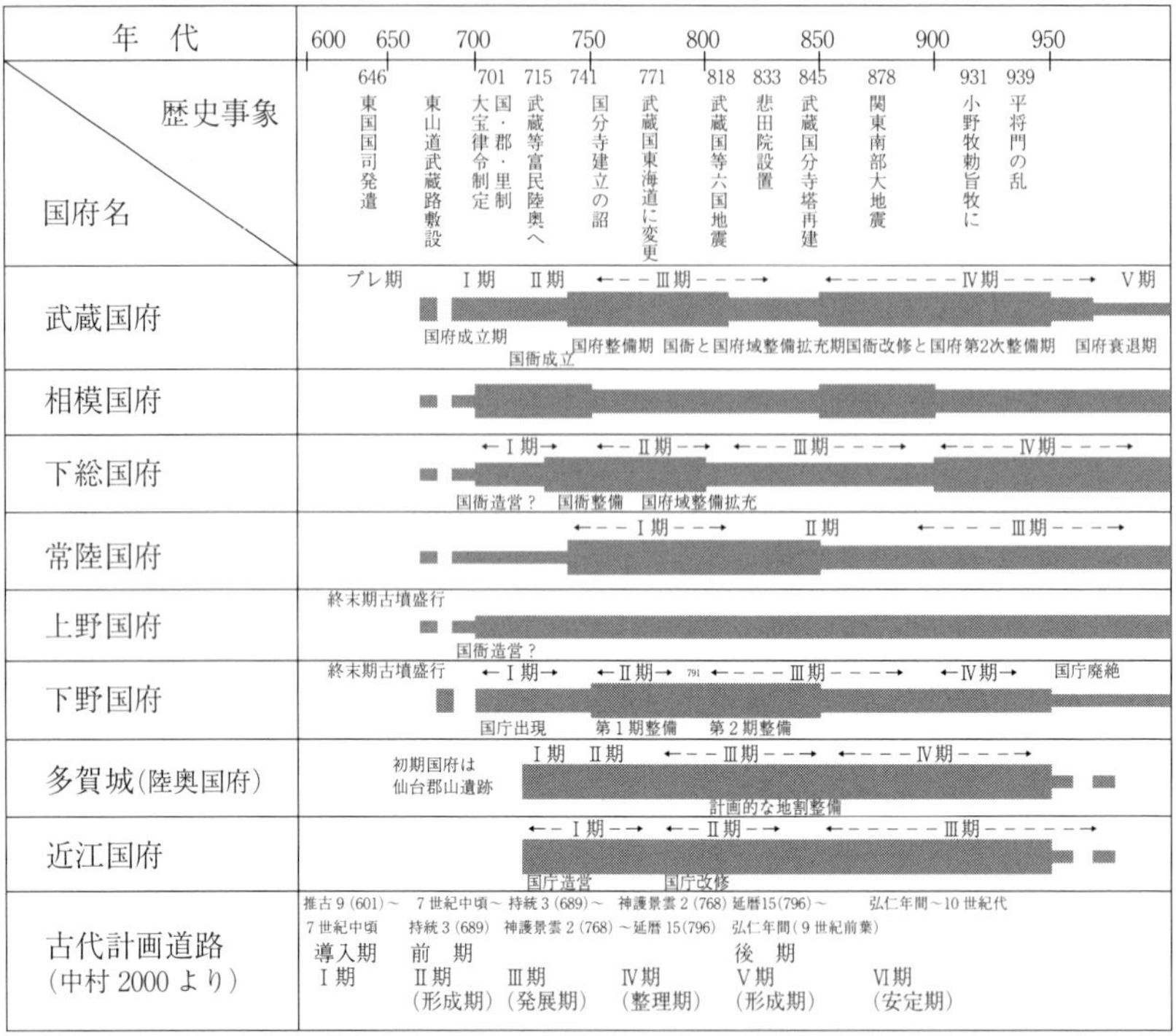

第81図 古代東国の国府と計画道路の時期区分

が三～六メートルと八～九メートルに分かれることを指摘した。

第四に、国府域は、金田章裕(116)が指摘したような「市街不連続・機能結節型」ではなく、外郭は不定形ながらも、各種施設と建物群が面的に連続することから、「面的形成・機能重視型」古代地方都市と位置づけた。そして、国府域の範囲は、国庁・国衙と中心道路を基点に、東西南北の主要道路に沿って各種官衙や雑舎群などが必要に応じて拡大していく都市空間を有し、その範囲は、時期的に流動的なものであったことを指摘した。

第五に、国府域の中心部、すなわち国衙域とその近辺に限っては、ある程度方格地割を意識した国府域の形成がなされていたが、国府工房などが存在する国府域の周辺部では、真南北ではない斜行道路跡なども確認されることから、手工業生産の場など、国府域内の各種施設の機能に即した国府域が形成されていたと考えた。

第六に、武蔵国府や相模国府のような東西方向への広がりと、下総や常陸のような南北方向に国府域が広がる国府が分かれるのは、その国府が置かれた地形に左右された結果であって、東国の国府は、竪穴建物や掘立柱建物が面的に広がる国府域を有すると考えた。

最後に、一つのモデルとして、東国の国府は、「国府独立型」と「国府・国分寺一体型」という二つのパターンに分かれることを指摘しておきたい。言うまでもなく、国分寺の建立は国府造営より数十年は後になるが、武蔵国府跡の項目で述べたように、七世紀末から八世紀初頭の段階で国府が成立し、八世紀前半に国衙が整備され、国府域に道路網が造られ、国府全体が古代の地方都市として整備される時期が八世紀後半代と考えており、その段階では、国府が国分寺も取り込んで国府域を形成する国、下総国府・常陸国府・上野国府（下野国府?）を「国府・国分寺一体型」と呼び、八世紀後半代でも、国分寺を国府に取り込まない武蔵国府・相模国府・陸奥国府（多賀城）のような場合を「国府独立型」と呼びたい。このようにパターン化される要因は、その国の国府と国分寺を選地する際の自然環境に大きく左右された結果と考えておきたい。

注

（1）　椙山林継「神社の起源」『日本「神社」総覧』新人物往来社、一九九二年。広瀬和雄「「神殿論批判」への反論」『考古学研究』第四六巻第三号、考古学研究会、一九九九年。宮本長二郎「伊勢神宮本殿形式の成立」『神道史研究』第四九巻第三号、二〇〇一年。

（2）　榎村寛之「古代日本の「信仰」」『日本の美術』第三六〇号、まじないの世界Ⅰ（縄文～古代）至文堂、一九九六年。同「都城と神社の関係について」『律令天皇制祭祀の研究』塙書房、一九九六年。同「伊勢神宮の建築と儀礼―棟持柱建物は神社建築か?―」『古代の日本と渡来の文化』学生社、一九九七年。岡田精司『神社の古代史』朝日カルチャーブックス五〇、大阪書籍、一九八五年。同「神と神まつり」『古墳時代の研究一二 古墳の造られた時代』雄山閣、一九九二年。同「神社建築の源流―古代日本に神殿建築はあったか―」『考古学研究』第四六巻第二号、考古学研究会、一九九九年。三宅和朗『古代の神社と祭り』歴史文化ライブラリー一一一、吉川弘文館、二〇〇一年。

(3) 井上尚明「考古学から見た古代の神社」『埼玉県立博物館』紀要二五、埼玉県立博物館、二〇〇〇年。同「古代神社遺構の再検討」『財団法人埼玉県埋蔵文化財調査事業団』研究紀要第一六号、(財)埼玉県埋蔵文化財調査事業団、二〇〇一年。

(4) 府中市教育委員会・府中市遺跡調査会『武蔵国府の調査二二』二〇〇二年。

(5) 群馬県教育委員会・群馬県埋蔵文化財調査事業団『鳥羽遺跡 G・H・I区』一九八六年。

(6) 注(3)井上文献。

(7) 注(2)岡田一九九九年文献。

(8) 錦田剛志「「古代神殿論」をめぐる近年の研究動向(上)―考古資料の解釈をめぐって―」『皇學館大學神道研究所所報』二〇〇二年。同「「古代神殿論」をめぐる近年の研究動向(下)―考古資料の解釈をめぐって―」『皇學館大學神道研究所所報』二〇〇三年。同「覚書『出雲国風土記』にみる神祇祭祀の空間―神の社を中心として―」『古代文化研究』第一二号 島根県古代文化センター、二〇〇四年a。同「『出雲国風土記』にみる神祇祭祀の空間」『季刊考古学』第八七号、雄山閣、二〇〇四年b。

(9) 篠原祐一「律令神祇制における「社」検証のための一視点」『栃木県考古学会誌』第二五号、栃木県考古学会、二〇〇四年。

(10) 篠原祐一「「杉沢Ⅲ遺跡」に見る律令初期『社』の存在について―研究基本資料となる報告書の紹介と分析―」『祭祀考古』第二四号、祭祀考古学会、二〇〇三年。

(11) 木下良『歴史新書〈日本史〉四四 国府―その変遷を主にして』教育社、一九八八年。

(12) 注(4)文献参照。

(13) 奈良文化財研究所『古代の官衙遺跡』Ⅰ 遺構編、二〇〇三年、八六頁。

(14) 府中市教育委員会・府中市遺跡調査会『武蔵国府の調査二〇』掲載「デニーズ寿町店地区」二〇〇二年。

(15) 府中市教育委員会・府中市遺跡調査会『武蔵国府の調査二一』二〇〇二年。

(16) 野田憲一郎「武蔵国府と工房」『多摩のあゆみ一〇三　特集国府・国分寺・東山道』（財）たましん地域文化財団、二〇〇一年。深澤靖幸「武蔵国府における手工業生産」『府中市郷土の森博物館研究紀要』第一六号、府中市郷土の森博物館、二〇〇三年。

(17) 平川南「古代の内神について―胆沢城跡出土木簡から発して―」『国立歴史民俗博物館研究報告』第四五集、国立歴史民俗博物館、一九九二年。

(18) 深澤靖幸「国庁跡に建てられた社―ミヤノメ神社小考―」『府中市郷土の森物館研究紀要』第一五号、府中市郷土の森博物館、二〇〇二年。

(19) 村井康彦「国庁神社の登場―惣社の系譜」『日本研究』一二、国際日本文化研究センター、一九九五年（のち、『角川選書三一四　王朝風土記』二〇〇〇年所収）。

(20) 倉吉市教育委員会『史跡伯耆国府跡国庁跡発掘調査報告書（第8～11次）』二〇〇八年。山中敏史・佐藤興治『（古代日本を発掘する五）古代の役所』岩波書店、一九八五年など。

(21) 卜部吉田家旧蔵文書・現天理大学附属図書館所蔵文書。

(22) 吉田晶『古代村落史序説』塙書房、一九八〇年、九〇頁。

(23) 山中敏史『古代地方官衙遺跡の研究』塙書房、一九九四年、一七六頁。

(24) 酒井清治「窯・郡寺・郡家―勝呂廃寺の歴史的背景の検討―」『柳田敏司先生還暦記念論文集　埼玉の考古学』柳田敏司先生還暦記念論文集刊行委員会、一九八七年。市毛勲「所沢市東の上遺跡入間郡衙否定説について」『埼玉考古』第三九号、埼玉考古学会、二〇〇四年など。

(25) 注（17）と同じ。

(26) 栃木県教育委員会『下野国府跡Ⅰ～Ⅳ』一九七九～一九八九年。同『史跡　下野国庁跡Ⅰ～Ⅲ』一九八七～一九八九年。田熊清彦「下野国府跡小考」『考古学叢考』一九八九年。木村等「ここまでわかった国府・国衙　下野国」『幻の国府を掘る―

東国の歩みから―』雄山閣、一九九九年。
(27) 篠原祐一「日光男体山」『季刊考古学　特集古代祭祀の世界』雄山閣、二〇〇四年。
(28) 注(17)と同じ。
(29) 木津博明「国府に地割はあったか　上野国」『幻の国府を掘る―東国の歩みから―』雄山閣、一九九九年。
(30) 注(5)と同じ。
(31) 宮本長二郎「別稿　鳥羽遺跡の神殿建築について」『鳥羽遺跡　G・H・I区』群馬県教育委員会・(財)群馬県埋蔵文化財調査事業団、一九八六年。
(32) 松尾充晶「奈良・平安初期の神社遺構―島根県青木遺跡―」『季刊考古学第八七号　特集古代祭祀の世界』雄山閣、二〇〇四年。同「出雲・青木遺跡の祭祀について」『第五回　古代中世の神道・神社研究会　古代の神社＝島根県青木遺跡研究』二〇〇四年。
(33) 米倉二郎「近江国府の位置に就いて」『考古学』六―八、東京考古學会、一九三五年。
(34) 注(3)井上文献と同じ。
(35) 斐川町教育委員会・斐川町土地開発公社『杉沢Ⅲ遺跡―斐川中央工業団地造成予定地内埋蔵文化財発掘調査報告書』二〇〇一年。斐川町教育委員会『平成一一・一二年度　斐川中央工業団地造成に伴う杉沢Ⅲ・堀切Ⅰ・三井Ⅱ遺跡発掘調査報告書』二〇〇一年。
(36) 奈良県立橿原考古学研究所・奈良県教育委員会『奈良県立橿原考古学研究所調査報告第八四冊　宮の平遺跡Ⅰ―式内社丹生川上神社上社旧境内地調査編―』二〇〇三年。本遺跡の調査成果については、奈良県立橿原考古学研究所の橋本裕行氏に有益なご教示を賜った。
(37) 注(2)と同じ。
(38) 川原秀夫「官衙に集う人々」『埼玉考古学会シンポジウム坂東の古代官衙と人々の交流』埼玉考古学会、二〇〇二年。
(39) 平塚市博物館『夏期特別展　相模国府とその世界』一九九八年ほか。
(40) 鬼頭清明「国府・国庁と仏教」『国立歴史民俗博物館研究報告』第二〇集、国立歴史民俗博物館、一九八九年。

(41)　従来、武蔵の国府と国分寺を同時に比較した研究はあまりされてこなかった。そのなかで、両者の長年に及ぶ発掘調査成果をもとに造営のシステムや機能と特質を検討した特別展「武蔵の国府と国分寺」の展示解説書をあげておきたい。府中市郷土の森博物館『府中市郷土の森博物館ブックレット4　武蔵の国府と国分寺』二〇〇三年。

(42)　「国華」・「好処」と国分寺の占地については、村山光一の研究を参照されたい。村山光一「武蔵国分寺、特にその歴史的景観について」『国分寺景観訴訟原告団の意見書・歴史的景観』二〇〇四年。

(43)　道路跡は、左記報告書掲載地区で、側溝が八世紀後半の竪穴建物跡と重複関係にある。また、武蔵国分寺参道口の門柱跡の時期は、注(44)文献を参照されたい。府中市教育委員会・府中市遺跡調査会『武蔵国府関連遺跡調査報告一七』一九九六年。

(44)　府中市教育委員会・府中市遺跡調査会『武蔵国分寺跡調査報告五』二〇〇二年。なお、参道口跡から僧寺方向への北方五〇メートルほどの地点（金堂東西中軸線から約四三五メートル）で、幅五・六メートルの道路跡とそれに平行する柱穴列（心々間九・九メートル）が検出されている。東京都建設局・武蔵国分寺関連（府中都市計画道路1・2・1号線の2）遺跡調査会『武蔵国分寺跡発掘調査報告―南方地区・府中都市計画道路（1・2・1号線の2）建設に伴う調査』一九八五年。

(45)　東京大学史料編纂所編『日本荘園絵図聚影三　近畿二』東京大学出版会、一九八八年。額田寺の空間構成については、次の研究がある。山口英男「古代荘園図に見る寺域の構成―額田寺の伽藍と寺領―」『古代』第一一〇号、早稲田大学考古学会、二〇〇一年。

(46)　『続日本紀』宝亀二年（七七一）十月己卯（二七日）条。

(47)　塚原二郎「武蔵国府と古代道路」『古代文化』第四九巻第八号、(財)古代学協会、一九九七年。

(48)　ただし、第二章第二節で述べたように、東山道武蔵路は、八世紀後半に官道としての機能が失われたが、道路として利用され続け、平安時代まで存続すると考えられる。

(49)　八木充は、文献史料から、国府施設の計画的な新営の構想が藤原京造営期にあったとし、国府施設とその政治空間の整備が平城京（宮）の造営と時期を同じくして進行し、和銅期（七〇八～七一四年）に国府造営の一大画期を設定した。筆者も、国衙の造営完了・整備と国府全域の整備期については、平城京造営以降の八世紀前半代と考えている。武蔵国府は、国庁・国衙の建物群の造営・整備と同時に国府域全体の整備が短期間で完成したのではなく、長期的な国府造営計画の端緒として、七世紀末〜八世紀初頭に国衙が未整備ながら、竪穴建物が広範囲に展開（国府造営の着手）し、その後、国衙の造営とともに、国府の街区も整備されていった。天武朝以降、国司は任国に下向しており、国衙の前身的な施設（国宰所）や評家を在任施設とすれば、藤原京期以降、国府の造営準備が開始されていたとしてもおかしくない。八木充「国府の成立と構造―文献史料からみた―」『国立歴史民俗博物館研究報告』第一〇集　国立歴史民俗博物館、一九八六年。

(50) 武蔵国分寺跡の調査研究成果については、下記の文献を参考とした。国分寺市史編さん委員会『国分寺市史上巻』国分寺市、一九八六年。有吉重蔵「武蔵国分寺の創建」『古代寺院と仏教』古代史論集三、名著出版、一九九八年。同「武蔵国分寺」『聖武天皇と国分寺―在地から見た関東国分寺の造営―』雄山閣、一九九八年。同「武蔵国分寺・武蔵国府」『文字瓦と考古学』国士舘大学実行委員会、二〇〇〇年。

(51) 武蔵国分寺跡の規模は、広域的な調査が行われる以前の段階で、東西八丁・南北五丁という壮大な寺地を指摘した滝口宏の研究成果があり、現在も国分寺教育委員会・国分寺市遺跡調査会による広域的な発掘調査と保存目的の確認調査が行われている。滝口宏「武蔵国分寺址調査私見」『日本歴史考古学論叢』日本歴史考古学会編、一九六八年。

(52) 注（50）有吉一九九八年文献と同じ。

(53) 早川泉「武蔵国分寺の盛衰―竪穴住居跡群の展開を中心にして―」『人間・遺跡・遺物三―麻生優先生退官記念論文集―』「人間・遺跡・遺物」編集委員会・発掘者談話会、一九九七年。

(54) 青木敬「盤状坏と古代集落―多摩地域における検討―」『土壁』第五号、考古学を楽しむ会、二〇〇一年。同「盤状坏の史的意義」『東京都多摩市和田西遺跡の研究』考古学を楽しむ会、二〇〇三年。

(55) 国分寺市教育委員会・国分寺市遺跡調査会『武蔵国分寺跡発掘調査概報』ＸＸⅢ、一九九九年。

(56) 第15表から第20表は、筆者が作成した集成データに基づきシンポジウム資料集に掲載された表を転載したものである。表の作成にあたっては、津野仁氏にご協力いただいた。

(57) 葛飾区は東京都だが、古代において下総国に所属しているので、検討対象から除外した。また、資料集成にあたって、多摩ニュータウン遺跡群の資料は東京都埋蔵文化財センターの松崎元樹氏にご提供いただいた。

（58）福田信夫『シリーズ「遺跡を学ぶ」〇五二　鎮護国家の大伽藍・武蔵国分寺』新泉社、二〇〇八年。
（59）落川・一の宮遺跡（日野三二七号線）調査会『落川・一の宮遺跡』Ⅲ総括編、二〇〇二年。日野市落川土地区画整理組合『おちかわ』一九九八年。
（60）松崎元樹「2　船田遺跡出土の鉄器について」『八王子市船田遺跡—都営長房団地建替工事事業に伴う第Ⅲ次調査—』東京都埋蔵文化財センター調査報告第一六一集　東京都埋蔵文化財センター、二〇〇五年。
（61）府中市教育委員会・府中市遺跡調査会『武蔵国府の調査』一九、二〇〇一年。
（62）津野仁「古代社会の生業をめぐる諸問題　趣旨説明」『日本考古学協会二〇一一年度栃木大会研究発表資料集　シンポジウムⅢ　古代社会の生業をめぐる諸問題』日本考古学協会二〇一一年度栃木大会実行委員会。
（63）山中敏史「国府は都市か」『争点 日本の歴史 第三巻 古代編Ⅱ』新人物往来社、一九九一年。同「地方都市の出現」『古代史の論点三　都市と工業と流通』小学館、一九九八年。
（64）津野仁「古代鉄鏃からみた武器所有と武器政策」『栃木史学』第一六号、國學院大學栃木短期大学史学会、二〇〇二年。
（65）注（62）と同じ。
（66）中村順昭「律令制下の国郡衙の職員構成」『古代王権と祭儀』黛弘道編、吉川弘文館、一九九〇年。同「律令制下の国府とその職員」『國史学』第一五六号、国史学会、一九九五年。同「武蔵国の国司と在地社会」『シンポジウム古代武蔵国を考える』古代武蔵国研究会、二〇〇三年。
（67）古代多磨郡の郡域を示した地図は、国史大辞典「武蔵国」に掲載されている武蔵国の二一郡の郡域を示したものが有名で、筆者も長年この郡域を引用してきた。しかし、この郡域の根拠は問題にされてこなかった。なお、ここで記載した現在の市区町村の範囲は、平凡社『東京都の地名』巻頭掲載の地図に国史大辞典「武蔵国」掲載の多磨郡域を重ねたものである。
（68）甲野勇『武蔵野を掘る』雄山閣、一九六七年。
（69）こうした調査研究成果は、多磨考古学研究会の『多摩考古』、武蔵野考古学会の『武蔵野』などに発表されてきた。
（70）八王子市中田遺跡調査会『八王子市中田遺跡　資料篇Ⅰ〜Ⅲ』一九六六〜一九六八年。
（71）落川・一の宮遺跡（日野3・2・7号線）調査会『落川・一の宮遺跡Ⅲ　総括編〔第二分冊〕』二〇〇二年。

(72) 服部敬史「古代集落の形と特徴」『日本考古学を学ぶ（3）』有斐閣選書、一九七九年。同「八王子市船田遺跡の平安時代集落（1）～（4）」『郷土資料館紀要　八王子の歴史と文化』第八号、一九九六年。同「古代多摩地域の低地集落とその背景」『古代文化』第五六巻第七号、（財）古代学協会、二〇〇四年。
(73) 福田健司「多摩川中流域における沖積地の開発―沖積地の遺跡と開発の契機を探る―」『帝京大学山梨考古学研究所研究報告』第7集、一九九六年。同「落川・一の宮遺跡の集落変遷―東国古代集落の形成と解体過程の一側面―」『古代文化』第五六巻第七号、（財）古代学協会、二〇〇四年。
(74) 比田井克仁「多摩丘陵における古代集落の展開」『「開発」と地域民衆―その歴史像を求めて―』地方史研究協議会編、雄山閣、一九九一年。同「武蔵野台地における六～七世紀の土器様相」『研究紀要Ⅰ』中野区歴史民俗資料館、一九九二年。
(75) 鶴間正昭「奈良時代集落の一断相―丘陵地における集落実態―」『法政考古学』第一一集、法政考古学会、一九八一年。同「古代の丘陵開発―多摩ニュータウン遺跡群調査一〇年の軌跡―」『研究論集Ⅹ』東京都埋蔵文化財センター、一九九一年。
(76) 荒井健治「国府集落と国府所在郡の集落」『ムラ研究の方法―遺跡・遺物から何を読みとるか―』帝京大学山梨文化財研究所編、岩田書院、一九九五年。
(77) 比田井克仁「南武蔵における律令国家形成期の集落動態―多摩郡と豊島郡の比較から―」『東京考古』二三、東京考古談話会、二〇〇五年。
(78) 小野一之「古代多磨郡の郷の分布と開発」『月刊歴史手帖』第二三巻一〇号、名著出版、一九九五年。
(79) 深澤靖幸「武蔵国府・国分寺跡出土の「多上」・「多下」文字瓦をめぐって」『村田文夫先生還暦記念論文集　地域考古学の展開』二〇〇二年。
(80) 河野喜映「古代多摩郡の郷配置」『多摩考古』第三七号、多摩考古学会、二〇〇七年。
(81) 注（78）と同じ。
(82) 小野一之「古代「武蔵野」の展開―国府の周縁―」『府中市郷土の森紀要』第一〇号、東京都府中市郷土の森、一九九七年。
(83) 注（66）と同じ。

(84)　山口英男「平安時代の国衙と在地勢力―九・十世紀の国衙・国府―」『國史学』第一五六号、国史学会、一九九五年。
(85)　注(66)中村一九九五年文献参照。
(86)　注(80)と同じ。
(87)　藤岡謙二郎『国府』吉川弘文館、一九六九年。
(88)　木下良『国府―その変遷を主にして―』教育社、一九八八年。
(89)　中村太一『日本古代国家と計画道路』吉川弘文館、一九九六年。
(90)　注(89)八五頁。
(91)　この点は、すでに荒井健治も指摘している。荒井健治「武蔵国府における古代の衢」『古代考古学フォーラム二〇〇八古代地域社会の衢をめぐる諸問題』帝京大学山梨文化財研究所・山梨県立博物館、二〇〇八年ほか。
(92)　荒井秀規「コメント　相模国府の所在をめぐる研究動向と今後の課題」『國史學』第一五六号、国史学会、一九九五年。明石新「相模国府の研究」『神奈川県立歴史博物館総合研究報告　総合研究―さがみの国と都の文化交流』神奈川県立歴史博物館、二〇〇二年。ふるさと歴史シンポジウム実行委員会『ふるさと歴史シンポジウム復元！古代都市平塚―相模国府を探る―』二〇〇六年。
(93)　相模国府(平塚市)と相模国分寺(海老名市)が約一二キロメートル離れていることから、国府成立段階で平塚市に国府を置くことに否定的な見解もあるが、国内でも、備前国や美作国のように、国府と国分寺が五キロメートル以上離れている事例もある。国府が整備された後に建立される国分寺の選地は、その国の地勢・自然環境に大きく左右されたはずで、国ごとの違いがあってもおかしくない。
(94)　荒井秀規・明石新「相模国」『日本古代道路事典』古代交通研究会編、八木書店、二〇〇四年。
(95)　かながわ考古学財団『湘南新道関連遺跡Ⅳ　坪ノ内遺跡　六ノ域遺跡　都市計画道路三・三・六号湘南新道街路整備事業に伴う発掘調査』二〇〇九年。
(96)　注(92)ふるさと歴史シンポジウム実行委員会文献など。
(97)　松本太郎「下総国(一)」『シンポジウム　国の国府 in WAYO―考古学からみた東国国府の成立と変遷―』シンポジウム

東国の国府 in WAYO実行委員会、一九九八年。駒見和夫「国衙の変遷から国庁を探る　下総国」『幻の国府を掘る—東国の歩みから—』雄山閣、一九九九年。
(98) 辻史郎・山路直充「下総国」『日本古代道路事典』古代交通研究会編、八木書店、二〇〇四年。
(99) 松本太郎・松田礼子「第六章　考察」『市川市出土遺物の分析』市川市教育委員会、一九九六年。
(100) 注(97)駒見文献。
(101) 注(97)松本文献および山路直充「京と寺—坂東の京、そして倭京・藤原京」『都城　古代日本のシンボリズム』青木書店、二〇〇七年。
(102) 川井正一「国府を支えた生産　常陸国」『幻の国府を掘る—坂東の歩みから—』雄山閣、一九九九年。石岡市教育委員会『常陸国衙跡—石岡小学校温水プール建設事業に伴う調査—』二〇〇一年。同『常陸国衙跡』Ⅰ～Ⅴ、二〇〇三～二〇〇七年。同『常陸国衙跡—国庁・曹司の調査—』二〇〇九年
(103) 川井正一「常陸国」『日本古代道路事典』古代交通研究会編、八木書店、二〇〇四年。
(104) 高島英之「上野国」『日本古代道路事典』古代交通研究会編、八木書店、二〇〇四年。
(105) (財)群馬県埋蔵文化財調査事業団『元総社寺田遺跡Ⅲ』一九九六年。
(106) 前橋市教育委員会『元総社明神遺跡Ⅰ』一九八四年。
(107) 木津博明「国府に地割はあったか　上野国」『幻の国府を掘る—坂東の歩みから—』雄山閣、一九九九年。
(108) 群馬県教育委員会・(財)群馬県埋蔵文化財調査事業団『鳥羽遺跡　G・H・I区』一九八六年。なお、鳥羽遺跡の神社遺構の至近距離では、鍛冶工房跡が検出されていることから、鍛冶集団のような職能集団単位ごとの領域を国府域周辺に配備した可能性が指摘されている。群馬県教育委員会・(財)群馬県埋蔵文化財調査事業団『上野国分僧寺・尼寺中間地域』一九八八年。
(109) 上野国府域については、木津博明が閑泉樋遺跡の溝を国府北限、元総社明神遺跡の溝を東限の溝と考えて、八町四方の方形区画に北に一町分突出した国庁域を想定している(注(107)木津文献、一四八頁)。しかし、竪穴建物跡の分布はその範囲を超えて広がっていることや、元総社明神遺跡などの溝から出土した土器は九～十世紀代が主体で、溝の掘削が国府成立から

かなり経過した時期の遺構であることから、国府成立当初の区画であったかどうかは検証が必要とする小宮俊久の指摘（左記小宮文献）もあり、武蔵国府跡同様の広域的な国府域の存在を考えるべきであろう。実際、木津博明も国分僧寺・尼寺中間域における七世紀終わり頃の竪穴建物の主軸の変化について、国府の影響があったことを指摘している。小宮俊久「上（毛）野国の古代交通網と官衙」『埼玉考古学会シンポジウム　坂東の古代官衙と人々の交流』埼玉考古学会、二〇〇二年。

（110）注（26）と同じ。

（111）中山晋・藤田直也「下野国」『日本古代道路事典』古代交通研究会編、八木書店、二〇〇四年。

（112）多賀城市史編纂委員会『多賀城市史第一巻　原始・古代・中世』多賀城市、一九九七年。同『多賀城市史第四巻　考古資料』多賀城市、一九九一年。

（113）千葉孝弥「陸奥国―宮城県」『日本古代道路事典』古代交通研究会編、八木書店、二〇〇四年。

（114）注（112）と同じ。

（115）金田章裕「国府の形態と構造について」『国立歴史民俗博物館研究報告』第六三集、国立歴史民俗博物館、一九九五年（のち、『古代景観史の探求　宮都・国府・地割』吉川弘文館、二〇〇二年所収）。なお、金田は、各地の国府跡の発掘調査の成果に基づき、国府域のあり方を検討した結果、国府の市街地は連続せず、南北の道路に沿って官衙が形成される「南北中軸型」、東西の道路に沿って官衙が形成される「東西中軸型」、「外郭官衙型」の三つに類型化した。その上で、国府を「市街不連続・機能結節型」都市と位置づけた。筆者も、金田の研究に導かれながら国府研究を行ってきたひとりであり、金田がこの成果を最初に発表した一九九五年当時では、いまだ武蔵国府の発掘調査成果がここまで公にされていない段階であった。ここでは金田と別な考え方を提示したが、金田の優れた着眼点と総合的な国府研究の成果を否定するものではない。

（116）注（115）と同じ。

補注

①第一節の旧稿発表時には、考古学的資料として、静岡県藤枝市御子ヶ谷遺跡（志太郡家跡）出土の「戌亥隅神」と判読された墨書土器に関する八木勝行の論文を取りあげたが、発表後に、「戊亥隅神」と解釈することはできないという見解が発表されて

いることを山中敏史氏にご教示いただき、本書ではその部分の記述を削除している。ただし、八木勝行が御子ヶ谷遺跡から西方約四・五キロメートル離れた島田市柳沢遺跡で、横穴式石室の形態をとる火葬墓と考えられる遺構から、八世紀第Ⅱ四半期に位置づけられる「神殿」銘の墨書土器が出土していることから、郡家に関連した被葬者の性格を想定されていることは注視すべきものである。八木勝行「駿河国志太郡衙の「郡家内神」について―御子ヶ谷遺跡出土の墨書土器をめぐって―」『考古学論文集東海の路―平野吾郎先生還暦記念―』「東海の路」刊行会、二〇〇二年。

②第一節の旧稿発表時には報告書が未刊だった島根県出雲市青木遺跡の正式報告書が二〇〇六年に刊行された。その総括で、松尾充晶が「古代の「社」と青木遺跡の祭祀遺構」と題して、青木遺跡を本質的にはⅣ区ＳＢ03が神坐を設けた社殿であり、これに付随して有機的役割をはたす施設や空閑地を含めて一体が神社施設として機能したと論じている。島根県教育委員会『青木遺跡Ⅱ（弥生～平安時代編）国道四三一号道路改築事業（東林木バイパス）に伴う埋蔵文化財発掘調査報告書Ⅲ』二〇〇六年。

③二〇一三年二月、前橋市教育委員会『推定 上野国府～平成二三年度調査報告～』が刊行され、これまでの上野国府跡に関連する発掘調査成果が集成された。上野国府跡では初めていわゆる方八丁域を超えて面的に広がる国府域が想定されている。本章で筆者が指摘したように、上野国府域も広範囲に広がることを前提として、さらなる国府域の考古学的解明が進展することを望む。

参考文献（注に記載のものは除く）

荒井秀規「和妙類聚抄に見る相模・武蔵の郷名について」『藤沢市史研究』第二六号、藤沢市史編さん委員会、一九九三年。

荒井秀規「武蔵国分寺、その機能をめぐって」『柳田敏司・森田悌編　渡来人と仏教信仰』雄山閣、一九九四年。

飯塚武司「奈良時代の多摩ニュータウン地域」『研究論集』ＸⅤ、東京都埋蔵文化財センター、一九九六年。

池上悟「南武蔵における奈良・平安時代集落出土須恵器の様相」『立正史学』第五〇号、立正大学史学会、一九八一年。

馬橋利行「Ⅳ成果と課題」『仮屋上西遺跡』国立市教育委員会、二〇〇六年。

岡田荘司「古代・中世の神社」『日本「神社」総覧』新人物往来社、一九九二年。

小倉慈司「八・九世紀における地方神社行政の展開」『史学雑誌』一〇三―三、一九九四年。

小野一之「古代「武蔵野」の展開―国府の周縁―」『府中市郷土の森紀要』第一〇号、府中市郷土の森博物館、一九九七年。

鬼頭清明「郷・村・集落」『国立歴史民俗博物館研究報告第二二集　共同研究「古代の集落」』国立歴史民俗博物館、一九八九年。

国史大辞典編集委員会編『国史大辞典』第一三巻、一九九二年。

駒見和夫「下総国府・国分寺周辺における竪穴建物群の動向」『房総文化』第二〇号、房総文化研究所、一九九八年。

櫻井敏雄「神社建築はどこまで遡るのか」『歴史読本二〇〇一年十月号　特集古代王権と神社の謎』新人物往来社、二〇〇一年。

すぐじ山下遺跡発掘調査団『東京都町田市すぐじ山下遺跡』竹中工務店仮設道路用地内遺跡調査会、一九八五年。

関和彦『日本古代社会生活史の研究』塙書房、一九九四年。

鶴間正昭・飯塚武司「多摩丘陵の遺跡群」『第3回多摩ニュータウン遺跡群を考えるシンポジウム　武士の発生馬と鉄』東京都埋蔵文化財センター、一九八〇年。

中山修一「考古学の立場からみた鬼門の迷信」『郵政考古紀要』一九号、大阪・郵政考古学会、一九九三年。

奈良文化財研究所『古代の官衙遺跡Ⅱ　遺物・遺跡編』二〇〇四年。

八王子市船田遺跡調査会『船田―東京都八王子市船田遺跡における集落址の調査』Ⅱ、武蔵書房、一九七三年。

濱島正士監修『文化財探訪クラブ四　神社建築』山川出版社、二〇〇一年。

深澤靖幸「武蔵国府における手工業生産」『府中市郷土の森博物館紀要』第一六号、府中市郷土の森博物館、二〇〇三年。

平凡社地方資料センター編『東京都の地名（日本歴史地名体系）』平凡社、二〇〇二年。

松崎元樹「南武蔵多摩郡における鉄器の生産と流通」『よみがえる古代東国の鉄文化～相模・武蔵の発掘調査成果から～』（財）かながわ考古学財団、二〇一〇年。

山路直充「国分寺における寺院地と伽藍地（上）」『古代』第一一〇号、早稲田大学考古学会、二〇〇一年。

山中敏史「コメント　地方官衙と労働力編成」『日本史研究』四八六、日本史研究会、二〇〇三年。

雄山閣『季刊考古学第八七号　特集古代祭祀の世界』二〇〇四年。

横浜市歴史博物館・（財）横浜市ふるさと歴史財団『東へ西へ―律令国家を支えた古代東国の人々―』二〇〇二年。

終章　研究のまとめと今後の課題

第一節　面的に広がりを持った機能重視型古代地方都市

古代国府の研究史を振り返る際に、誰もが必ず一読する書の一つに、国立歴史民俗博物館の共同研究「古代国府の研究」および同（続）がある。[1] そのなかで、国府の概念を再検証した虎尾俊哉[2]は、「国府という語を地域呼称として用いた明確な史料はないが、国庁院の外側近傍に国司の館や、場合によって民家をも含めたある一定の集住地域が存し、それを「府内」・「府中」と称した可能性まで否定して了う必要はない」としながらも、このことは「かなりの推定を含む。従って、その検証はすべて今後の発掘調査の進展に委ねる外はない。特に、府中市遺跡調査会によって行われている「武蔵国府関連遺跡」発掘調査の進展に期待したい。（中略）息の長い調査であるが、今後の調査件数の増加によって、かなり明白な「国府域」のイメージが得られる可能性が大きい」と述べている。

筆者は、武蔵国府跡の発掘調査に従事するようになってから虎尾論文に接したが、必ずや明白な「（武蔵）国府域」の姿を学会に周知させたいという大きな目標を持って今日まで調査研究を行ってきた。虎尾がこの論文を書いたのは一九八七年のことなので、それから二六年が経過したが、その間の地道な発掘調査の積み重ねと関係諸氏の努力によって、明白な「国府域」の姿が明らかになってきた。本書が長年に及ぶ武蔵国府跡の発掘調査の成果に基づいた武蔵国府域の実像をまとめることに主眼を置いた理由がそこにある。

検討の結果、武蔵国府は、七世紀末〜八世紀初頭（N1期）の段階で、東西約二・二キロメートル、南北約一・五キロメートルの範囲でその国府域が形成されることを確認することができた(3)。段丘崖の湧水に依存しない段丘崖から北へ五〇〇メートルほども離れた所まで居住域を拡大させることができた要因は、すでに荒井健治が指摘しているように(4)、共同井戸の存在にある。これに加え、深澤靖幸は、井戸が国府内の主要道路沿いに設置されていることから、井戸と道路というインフラ整備が多くの人々が集住する国府の整備を可能にしたとする(5)。

また、国府域には、竪穴建物や掘立柱建物が稠密に分布するだけでなく、確実に当該期に遡ると考えられる国衙の西方約八〇〇メートルの地点で確認されている区画Cや、国府成立期に遡る可能性が高い国衙の北西約三〇〇メートルで確認されている区画B、国衙から東方約一四〇〇メートル離れた地点で確認されている区画Dのような官衙ブロックの存在から、国府成立期の段階で、広範囲に官衙が分散設置されていることも、地方行政組織である国府の成立が七世紀末〜八世紀初頭にあることを裏付ける。

さらに、本書では、出土土器からも、武蔵国府の成立に論究した。土師器盤状坏の検討から、七世紀末〜八世紀前葉にみられる大型の盤状坏は、武蔵国府の成立に伴って出現した「武蔵国府タイプの盤状坏」と位置づけ、その用途を武蔵国府に限定された供膳具と位置づけた。また、国衙の東方至近地域において、飛鳥Ⅲ期を最古とする畿内産土師器や七世紀後半〜八世紀初頭の出土遺物が集中していることも、この地域に多磨郡衙が存在する可能性も含めて、国府の成立をN1期とする傍証である。

以上のように、七世紀末〜八世紀初頭の段階で、地方行政組織としての武蔵国府が成立していたことは間違いなく、その成立期に東西約二・二キロメートル、南北一・五キロメートルの範囲に国府域が広がっていたことが確認できたことは、古代の地方行政制度の成立を考えるうえでもきわめて意義深い。しかし、八世紀前葉とされる国府の中枢施設である国衙の整備に先立って、七世紀末〜八世紀初頭に国府域が成立することへの疑問も、当然考えられるところであった。

その点については、現在明らかになっている国衙中枢施設の下層もしくは隣接地区で初期国庁が発掘される可能性も考えるべきではあるが、国衙の南西約一〇〇メートルの至近の地から発見された初期国司館跡が大きな手がかりとなった。第二章第一節で詳述したように、その遺構は、主屋（正殿）、副屋（脇殿）、付属建物（竪穴建物と掘立柱建物）が正方位を意識して整然と配置され、八世紀前半を主体としながらも七世紀後半に遡る可能性が高いことから、初期国庁あるいはコの字形配置をとらない国宰所の機能を兼ね備えていたと考えられた。その考えが正しければ、右の疑問への一つの解決策となる。大橋泰夫は、法制度上、国司館は大宝令によれば国庁と別に設置されていたことから、国司館が国庁を兼ねていたとは考えがたいとした(7)が、鬼頭清明も国司の館が国庁とは別に存在したことは、国司の制度の成立当初から推察できるが、その初期の事情を示す史料は残されていないのでその内容を確認することはできないとも述べている(8)。現段階では、国衙地区で八世紀前葉とされる中枢官衙の下層等から官衙遺構が発見されていないことや(9)、初期国司館が七世紀後半に遡る可能性が高いことから、この国司館が、初期国庁もしくは国宰所の機能を兼ね備えていたと考えている。

古代の国府の成立をめぐっては、大きく、七世紀第Ⅳ四半期頃〜八世紀初め頃を初期国府の端緒的成立時期（第一画期）、八世紀第二四半期を国府の基本構造が成立する時期（第二画期）とし、この時期に国庁を伴う国府が全国的に成立するとする説(10)、国府の院が七世紀末〜八世紀初頭まで遡る説(11)、国府の成立が七世紀末〜八世紀初頭に遡り、藤原宮の荘厳化に連動して、国府をはじめとする地方官衙の造営整備が行われたとする説(12)、三河・美濃両国庁の成立の上限年代が九世紀第Ⅰ四半期に下るとする説[13]がある。また、養老六年（七二二）頃を起点とする長屋王政権の地方改革として、七世紀末から八世紀初頭の時期に端緒的構造にとどまっていた初期国衙の構造を、国を単位とする行政会機関として独立させ、斉一的・画一的な定型化した構造に大きく転換させたとする見解[14]も出されているが、これらはいずれも国庁（国衙）の成立から国府の成立を述べたもので、国府域も含めた国府の成立に言及しているものではない。その意味で、官衙ブロックを伴う広範な武蔵国府域が七世紀末〜八世紀初頭に成立することを明らかにしたことに大きな意義がある。

他国の国府跡でも武蔵国府域ほど稠密な遺構のあり方が明らかになっているわけではないが、こうした状況は、認められるようになってきた。出雲国府は、武蔵国府ほど広範囲に国府域の調査が進んでいるわけではないが、政庁とされる中枢部（六所脇地区）、実務的曹司（宮の後地区）、文書行政・工房・祭祀などの複合機能（大舎原地区）、漆集積工房（日岸田地区）、金属器工房（樋ノ口地区）と、国府機能を遂行するための体制が整備された状況が明らかになっている[15]。

築後国府跡は、継続的な国府域の調査が行われ、七世紀末〜八世紀前半に古宮地区に国庁が立地し（第一次国庁）、八世紀中頃には阿弥陀地区へ移った（第二次国庁）と考えられている。阿弥陀地区の国庁消失後、朝妻地区へ移転（第三次国庁）し、延久五年（一〇七三）に横道地区へ移転した（第四次国庁）とされる。七世紀末に成立が求められる古宮地区の国庁周辺では、広範囲な発掘調査が行われているわけではないが、いくつかの官衙ブロックと倉庫群が検出され、成立期の国府の状況が明らかになりつつある[16]。

このほか、広域な国府域の存在が想定されている周防国府跡でも、七世紀後葉の掘立柱建物跡を含む遺構群が確認されている[17]し、国府中枢部が不明確だが、七世紀代の竪穴建物跡が八世紀代と変わりなく広範囲に広がることが判明してきた上野国府跡[18]、八世紀前半の段階で、武蔵国府域と同様広範囲に国府域が展開する相模国府跡[19]なども、今後の詳しい竪穴建物跡の時期別推移の分析によっては、その成立が七世紀末〜八世紀初頭に遡る可能性は十分あるだろう。

七世紀末〜八世紀初頭に成立した武蔵国府は、八世紀中葉以降、国府域が北西方向に拡充し、最も整備・充実した時期を迎え、この段階で、東山道武蔵路は官道としての機能を失い、「国府・国分寺連絡路」が整備された。そして、九世紀後半から再び竪穴建物が国衙北方地域で充実する第二次整備期を迎える。十世紀末葉以降、国衙の衰退とともに、国府も国衙近辺に集約されるが、十一世紀代に至っても国府の機能は維持され続けた。

武蔵国府の空間構成は、国衙を基点として、道路と官衙が点で結ばれているわけではなく、主要道路と官衙を中心に国府域が面的に形成されていく。八世紀中葉以降の国府域は、東西約二・二キロメートル、南北最大一・八キロメートルと想定しているが、外郭は不定形で、必要に応じて拡大・縮小していくとともに、水場を基点に斜行道路が敷設され、その道路沿いに竪穴建物が展開するなど、碁盤目状ではなく、機能を重視して形成される。ただし、国府域の中心部に限っては、ある程度の東西南北を意識した地割が意識されていた可能性が高いことも指摘した。

つまり、古代国府の空間構成は、金田章裕によって、「市街不連続・機能結節型」都市と規定する見解[20]が示されていたが、武蔵国府は、「市街不連続・機能結節型」都市ではなく、「面的形成・機能重視型」古代地方都市と位置づけられる。

第二節　国府の成立に関する二面性

武蔵国府の成立を語る際に、今一つ触れておかなければならないことは、飛鳥時代（七世紀代）の律令国家体制の整備に向けた南武蔵地域の動向である。深澤靖幸は、国府のマチが七世紀末〜八世紀初頭に地方行政組織として成立するとし、郡名寺院多磨寺の検討から、国府中枢官衙の成立に先立って、評・郡司層建立寺院のみならず評家が設定されていた可能性に言及した。さらに、七世紀中葉頃の上円下方墳である武蔵府中熊野神社古墳の存在によって、府中の地が多磨郡領の本拠地であることは間違いなく、その素地は遅くとも七世紀中葉まで遡ると指摘した[21]。

確かに、七世紀中葉の築造と考えられる上円下方墳・武蔵府中熊野神社古墳は、南武蔵地域の他の有力墳同様、後の古代律令体制下の多磨郡域の郷の領域の中心付近に立地していながらも、企画性を持った上円下方墳という特殊な墳丘形態の採用、「版築工法」による強固な墳丘と掘り込み地業、完成された切石切組積みの横穴式石室、「七曜文」の鉄地銀象嵌鞘尻金具の出土から、周辺地域の有力墳との差異は明確である。つまり、武蔵府中熊野神社古墳は、七世紀中葉段階では南武蔵地域で傑出した存在であり、武蔵地域全体でみても最有力の首長墳と解釈できることから、右記の深澤の指摘は妥当である。

しかし、筆者は七世紀中頃から国府の成立に至るまでの動向が重要と考え、古墳という墳墓だけでなく、集落とその生産基盤との関係から多摩川中流域左岸の古墳群と集落の検討を行った。その結果、群集墳が盛行する六世紀から七世紀前半代の集落は、段丘崖の縁辺部に散在する程度だったが、七世紀後半になると段丘上に急激に増加していくことから、七世紀中葉（六四六年の東国国司発遣頃）を境に、それまでの集落の分布状況が一変するくらいの大きな集落の再編が起こったと考えた。七世紀中葉から後半は、熊野神社古墳のように、それまで有力首長墓がなかった多摩川中流域に有力首長墓が造られた後、東山道武蔵路や多摩評衙（後に郡衙）などの律令体制の導入に係る国家的事業が展開し、それらの事業に後の郡司層にあたる在地の有力豪族が深く関与したことは間違いない。七世紀末から八世紀初頭に成立する武蔵国府の造営は、律令国家の政策のもとに進められたが、実際の国府の整備は、国家の政策だけでは困難だったはずで、郡司層を核としたさまざまな人々が国府の整備を担っていたはずである。

国府の成立は、国府をどこに置くかという選地面で、河川交通と陸上交通という水陸交通の要衝[22]で、国府を管理・

運営していくだけの生産基盤にかなった場所に置く前提条件があった。しかし、国府の建設に必要な物資の調達などさまざまな事業や管理・運営を支えたのは、後の郡司に任命された有力豪族であった。八世紀に入ってからのことだが、武蔵国内二一郡中一九郡の郡名瓦・塼が出土していることから、国府の造営に武蔵国内の全郡が協力して行われていたこともこれを裏付ける。国府の成立には、古代のグランドデザインという理念的側面と実際の国府の造営や管理・運営に携わる実務的側面という二面性があって、後者には有力墳を築いた有力首長層が積極的に関わっていたのである。

第三節　武蔵国府の機能と構造

七世紀末～八世紀初頭に東西約二・二キロメートル、南北最大約一・五キロメートルの範囲の国府域を擁して成立する武蔵国府だが、その後、何の変化もなく国府域が連綿と続いていくわけではない。特に、国府域で五〇〇〇棟検出されている竪穴建物跡の時期的推移を検討することによって、武蔵国府は、八世紀中葉以降、北西方向に拡充し、最も整備・充実した時期を迎え、この段階で、東山道武蔵路は官道としての機能を失い、「国府・国分寺連絡路」が整備された。さらに、九世紀後半から再び竪穴建物が国衙北方地域で充実する第二次整備期を迎える。元慶二年（八七八）十一月の関東南部大地震が武蔵国分二寺の再整備のきっかけになったとする坂詰秀一の説[23]によれば、国府の再整備期にもこの関東南部大地震が与えた影響を与えた可能性が高い。十世紀末葉以降、国衙の衰退とともに、国府も国衙近辺に集約されるが、国府の機能は維持され続け、中世府中に至るまで、この地に国府があり続ける。

こうした国府域のあり方は、竪穴建物のみならず遺物からも捉えることができる。

国府域における官衙的土器の分布状況から、東西約一・五キロメートル、南北約一・二キロメートルの範囲に官衙的土器が集中するが、国府域北西地域（d地域）は、八世紀後半から竪穴建物が増加し、生産関連遺構も集中傾向にあるとともに、円面硯・畿内産土師器・盤類が少ないことから、当地域が八世紀後半以前から文書行政事務の少ない地域だったと指摘した。官衙的土器の分布から、国府域が東西約一・五キロメートル、南北約一・二キロメートルの範囲（円面硯・盤類集中地域）と、その東方に広がる東西約八〇〇メートル、南北五〇〇メートルほどの範囲（円面硯・盤類非集中地域＝畿内産土師器集中地域）に分離でき、後者は多磨郡衙に関わる地域と考えた。

国府の機能と変遷については、出土文字資料からの検討も有効である。まず、国府域全体で多量の出土文字資料が見られるのに対し、国衙域ではほとんど出土していないことは、政務や儀式などを行う清浄な空間を保っていた国府の中枢施設であることを裏付ける。「守」「目」「南曹」「大目館」「□館」「大館」[24]「政所」「右家」「楽家」「解申」などの官職・官司関係の墨書が国府域で広域に分散して出土していることは、国府域に国衙以外の文書行政の場としての機能である曹司が分散設置されていることを示す。特に、「□館」（八世紀前半）、「大館」（八世紀末〜九世紀前葉）、「大目館」（九世紀末〜十世紀前半）と、国司館に結びつく文字資料が出土していることもその点を裏付ける。また、国衙北方至近から出土した「多研」墨書円面硯や国衙東方から出土した「多麻多麻」線刻土師器甕から、多磨郡衙が国衙から比較的近い場所に存在する可能性が高い。

また、国府域北西地域で出土した「京」墨書土器は、武蔵国府に「京」という認識が存在していたことを示す。山路直充は、本資料に加え、下総国府関連須和田遺跡「右京」、下総国分僧寺跡「□（右カ・左カ）」、秋田城跡「京迎」、同城辺鵜ノ木地区「迎京」の文字資料から、国府域を「京」と認識していたとし、「東国の京」を都の「閉鎖型」と対比して「開放型」と位置づけた[25]。国府域を当時の人々がどのように認識していたのかを考える上で重要な指摘である。

武蔵国府域では、国府の文書行政の場としての機能を示す墨書土器以外に、「寺」「八講」「佛」墨書土器や仏面が描かれたもの、「神」「神福」「戊」など、仏教の体現の場や神祇・祭祀の場としての機能を表すものが出土している。「神」「戊」墨書土器は、武蔵国衙域から北西四五度（戌亥）の方角に位置する二重の堀で区画された方形区画遺構至近で出土しており、「武蔵国府の守護社」であることの傍証となった。古代の国府に「社」があったとする筆者の見解には批判的な意見[26]があるが、文献史学者のなかでも、「社」は国家の強制による造営のため、当初の社殿が独自の形態を持つ可能性を指摘する川原秀夫の見解[27]もあることから、古代の神社建築には多種多様な形態があると考えている。

さらに、国衙から西方約一キロメートルの段丘崖下の沖積低地で出土した「市」墨書土器から、当地付近に「国府市」の存在が推測された。この付近は、国衙北辺から直線で延びる東西道路と東山道武蔵路の交差点付近（衢）[28]である。この周辺（e地域）は、墨書土器出土比率が国府域のなかで異常に高く、「守」墨書土器、三彩小壺の出土、東西約九八メートルの区画施設（区画F）の存在から、国府付属駅（東山道武蔵路の第五駅）があったと考えている。つまり、国府における陸上・水上交通の結節点としての交通機能と「市」を中心とした国内外の経済交易圏の中核的機能が類推できる。同様な機能として、「国府津」があげられるが、平安時代前期の国司館と考えられる遺構の至近で東西方向の大溝が検出されたことから、多摩川から物資の荷揚げに利用された運河としての「国府津」の機能が考えられる[29]。

山路直充は、平川南の提示した都市条件①道路網と街区の設定、②地区構成、③水陸交通と港湾、④祭祀、⑤生産[30]に加え、景観を意識して建立された寺の存在を重視した[31]。国府というと、中央集権国家の地方支配の出先機関である行政府としての機能がとかく重視されがちだが、国庁・国衙、その他雑舎群、駅家などのさまざまな官衙の集中に加え、国府の造営から維持管理に係るさまざまな人々の徴用による人の集散や国内外の経済交易圏の中核的機能を持った国の政治・経済・文化の中心として古代の地方都市と捉えるべきである。

第四節　東国の国府の景観

武蔵国府を含めた東国の国府の立地条件は、都に近い水陸交通の要衝（駅路の交点）に選地されるが、まれに上野国府のように前代からの在地勢力の圏域に設置される例もある。国府域も、武蔵や相模のような東西方向への広がりと、下総や常陸のような南北方向に国府域が分かれるあり方を示すように、その国府が置かれた地形条件に左右されるが、東国の国府は、武蔵国府同様、竪穴建物や掘立柱建物が面的に広がる景観を有することは間違いない。

そのあり方は、「国府独立型」と「国府・国分寺一体型」という二類型に分かれる。国分寺の建立は国府造営より数十年は後になるが、七世紀末から八世紀初頭の段階で国府が成立し、八世紀前半に定型化された国衙が整備され、国府が古代の地方都市として整備される時期が八世紀中頃から後半代にあると考えており、その段階では、国府が国分寺も取り込んで国府域を形成する下総国府・常陸国府・上野国府（下野国府？）を「国府・国分寺一体型」と呼び、八世紀後半代でも、国分寺を国府に取り込まない武蔵国府・相模国府・陸奥国府（多賀城）のような場合を「国府独立型」とするモデルと考えた。このような二パターンの要因は、その国の国府と国分寺を選地する際の自然環境に大きく左右された結果と考えられる。

武蔵国の場合、国府と国分寺は直線距離で約二・五キロメートル離れており、両者の間は、東山道武蔵路と国府・国分寺連絡路で結ばれているが、その間は無居住地帯となっているので、「国府独立型」といえる。国府域に取り込まれない武蔵国分寺は、造営期の集団と整備後の維持管理運営集団、塔再建期後の第二次維持管理運営集団が、特定の地域に専住しており、国府との大きな差異を見出すことができた。また、国分寺集落の竪穴建物跡の竈は、特殊な掘り方を持つ事例が多く認められ、特に、造営段階の「オンドル型」構造[31]や煙道先に煙り出し孔を有する竈などが特徴的である。また、竈の芯材や外側に瓦で補強する事例が多々認められる。これらのことから、国府が国府域全体のなかで、特定の集団を見出しにくいのに対し、国分寺は造営から整備後の維持管理運営集団に差異があることから、それぞれの作業ごとに特定の技能を有する集団が徴発されていたものと考えられる。

第五節　国府と郡・郷の開発

国府が周辺の一般集落（農村）とは異なる古代の地方都市＝非農村的領域として成立していたことを裏付ける材料として、竪穴建物数からみれば一郷をはるかに超える人口が武蔵国府に集中していたことをあげることができる。では、国府ではどのような人々が竪穴建物で生活していたのか、国府の造営から維持管理・運営に関わる人々をどのように徴発して、国府での作業に従事させていたのか、それは時代とともにどのように変化していったのか、その実態を明らかにするために、竪穴建物の分布と時期的変遷から、国府と国府所在郡としての多磨郡の郡と郷の領域および開発について検討を行った。

その結果、武蔵国府は、六世紀末～七世紀前半代（Ⅰ期）には集落の空白地帯だった地域、Ⅱ期（七世紀中葉～八世紀初頭）には多磨郡の上下の地域編成[33]の境界付近で、水陸交通の要衝に設置されたと考えた。Ⅱ期には、各郷（里）に中核的な集落が成立し、七世紀末から八世紀初頭に、国府が成立し、そこに人口が集中する。この段階で、竪穴建物の増減だけをみれば、四つの郷で減少しているので、国府への人の移動という考えもあるが、全く中核的集落がなくなってしまう一郷以外は、中核的集落が残る郷のように、郷域全体で人口が激減するわけではなく、郷域のなかに分散しながら、中核的集落が継続していくと考えるべきである。

そして、国衙も整備され、国府が整備・拡充するⅣ期（八世紀中葉～九世紀初頭）に、国府への人口集住に伴い、新たに、国府周辺に三つの郷を割りあて、Ⅴ期（九世紀前葉〜九世紀後葉）以降その状況が続いていった。国府へは多磨郡以外の武蔵二〇郡からさまざまな人員が集められたはずで、国府近傍から集中的に人員が徴発されたわけではない。長期間国府に滞在する人員は非常に少なく、竪穴建物に集住した人の大半が短期間労働者と考えれば、多磨郡内の郷からまとまった人員が一定期間国府に集められたわけではなく、そのつど、さまざまな目的によって、各郷のなかから短期間ごとに、国府へ人員が集められたと考えられる(34)。

津野仁は、国府が非農業部門従事者の集約という課題に関して、生業という経済的分業関係・非農村的な様相が国府にあるかどうか検討すべきとし、国府域では、農具の比率が農村よりも低いが、確実に農具・紡織具なども出土し、農村と明確に分化していないとした(35)。さらに、国府域では、農村と類似した生業を行わなければならないのか、その必然性の解明が要求されると論じた(36)。

古代律令体制下における税負担のうち、国司の命により年間六〇日まで働かされる雑徭は、役所の造営や修繕、物品の運搬などの労働が課せられた。九世紀前半に定められた雑徭に携わる人数の国ごとの基準によれば、武蔵国では年間平均四四〜四五人の人数が国府につめていたとされる(37)。これはあくまで基準上の話であって、発掘調査で確認されている国府域全体で五〇〇〇棟を超える竪穴建物跡の検出数からすれば、多くの人々が国府で暮らしていたはずで、竪穴建物の大半が本貫地から短期間、国府に集住した雑徭の徭丁などの住まいと考えられる(38)。東京都内の生業遺物を分析検討した結果、鉄製品に関して国府と一般集落で差異がないことは、このような国府の短期間集住という性格が要因と考えられる。また、武器・狩猟具についても、武蔵国府関連遺跡と一般集落で大きな差は認められなかった。ただし、時期ごとの出土数では、一般集落が七世紀後半から出土量が多く、十一世紀代も一定量出土しているのに対し、国府では、八世紀前半から増加し、十世紀前半代にピークがあり、十世紀後半以降激減する差異が認められた。このことは、武蔵国府の成立（七世紀末〜八世紀初頭）と衰退＝機能低下（十世紀後半以降）との関連性を示すものといえる。

飛鳥時代から奈良・平安時代前期は、律令国家体制の成立から確立期にあたり、地方の支配体系も中央集権体制へと大きな変化を遂げた時代であった。律令国家は、古墳時代まで続いた地域社会構造の解体と、官僚支配体制の確立を目指したので、その政策に伴い、各地域で新たな開発に伴い、集落の再編成が行われた。その大きな要因のひとつとして、地域支配の拠点である国府の建設といった国家的レベルの開発事業に関わる労働力確保とその維持・管理を目的とした集落の再編があったはずである。さらに、国府所在郡としての多磨郡内の集落遺跡の分析から、多磨郡の郡域と郷の比定地について、考古学的な検討に基づく私見を提示し、各郷と国府の消長を検討した。多磨郡の領域は、現代の多摩地域に踏襲されてきた郡域ではなく、多摩川とその水系に沿った東西に長くまとまりを持った領域だったとする私案を提示した。[39]

第六節　古代武蔵国府研究の今後の課題

一　国庁の実態解明

武蔵国府では、国府の中枢施設である国衙中枢の一郭を明らかにしているが、「コ」の字形配置を有する定型化国庁の全容解明には至っていない。市街地の中心で住宅密集地という現況では発掘調査の実施に困難が伴うが、未調査部分、特に、国衙中枢部の南半部および国衙中枢部と郡名寺院多磨寺の間の空間地の確認調査が必要不可欠となっている。全国的な国府の成立に関する比較検討と集約による多角的な議論を行っていくためにも、国庁の全容解明が最大の課題である。

二　国府の第二次整備期の検討

本書では国府の成立とその後の展開に主眼を置いて検討してきたので、武蔵国府の変遷のⅣ期（九世紀後半〜十世紀後半）の国衙改修と国府の第二次整備期について、国府の機能と役割が変化していく段階と捉えたが、その要因に関する具体的な検討に及ばなかった。この要因については、元慶二年（八七八）十一月の関東南部大地震が武蔵国分二寺の再整備のきっかけになったとする坂詰秀一の見解[40]を取りあげたが、これまであまり積極的に論じられてこなかった自然災害と武蔵国の古代社会との関わりについて検討していくことが必要である。

また、武蔵国府域の面的に広がるあり方は、東国の他国の国府、相模国府や上野国府でも同様な状況にあることを指摘したが、今後は、他国の国府域の実態を一層検証していくなかで、面的に広がる国府域が東国特有のものなのか、あるいは全国的に共通性を持った特質なのか明らかにしていくことが課題である。

三　国府の人的構成の解明

武蔵国府跡で検出された四〇〇〇棟を超える竪穴建物の時期的推移から、奈良時代前期の武蔵国府には、一里（郷里制下の一郷）をはるかに超える人口が集中していたことを指摘したが、国府に集住する人々は、どのような人々でどこから集められて来たのか。この課題について、国府域の竪穴建物の大半が国府に集められる雑徭の徭丁＝短期間労働者の住まいだったとの見解を示したが、その全容解明が大きな課題となっている。

考古学的に国府に集住した人々を特定することは難しく、多くの困難が伴うが、多角的な視点から、「国府人」の実像を追究していく研究姿勢が必要である。

四　出土遺物の再検討

官衙的土器や盤状坏といった国府の成立から展開を象徴する土器群の検討は、今後は、より視野を広げて検討することで、中央との密接なつながりを有しながらも、地域色を持った「武蔵国府型律令的土器様式」として捉えることが可能かどうか検証していくことが課題となっている。その意味では、武蔵国府の土器編年全体を再検討することが必要で、一九八〇年代後半に山口辰一が組んだ武蔵国府の土器編年も、大きな流れに変更は生じていないが、K期（古墳時代）、H8～9期（古代末期）などの資料の蓄積によって見直しが必要となっており、膨大な武蔵国府跡出土器群の再検討が大きな課題である。

五　古代国府の衰退と終焉の検討

本書では、古代武蔵国府の成立と展開について考察してきたため、平安時代後期から末期に至る国府の衰退と終焉については触れることができなかった。武蔵国府は、中枢部の建物の基壇等に使用された塼が十世紀終わり頃に竪穴建物の竈材に流出することから、その段階で国庁・国衙の機能が失われていることがわかるが、十世紀末から十一世紀代も国府域の規模が縮小しながら、確実に国府としての機能は維持し続けられている。筑後国府跡のように国庁が四遷しながらも、十一世紀代まで存続する事例が知られていることから、国府の機能がどのように変化していくか、それを明らかにできるのは考古学の発掘調査によるしかない。

武蔵国府跡では、従来あまり多く確認されていなかった古代末期の遺構・遺物も資料が蓄積されてきた(41)。国内の国府跡のなかでも、終焉に至る過程を連続的に捉えることができる数少ない遺跡であることから、どのような経過をたどって国府が終焉を迎えるのか、今後の研究課題である。

二〇一三年七月、共同研究「古代地域社会の実像」の研究会が国立歴史民俗博物館で開催され、筆者も研究発表を行った。そこでの目的は、本書で繰り返し述べてきた三五年以上に及ぶ武蔵国府跡の発掘調査の成果と国府所在郡である多磨郡内の集落遺跡の検討によって、古代国府がどう変遷し、地域のなかでの役割をどのように変えていったのか、考古学の立場から検討し、武蔵国の政治情勢を復原することにあった。その場には、考古学、文献史学の第一線で活躍する研究者が列席し、さまざまな議論が展開された。このような考古学と文献史学の研究者の協働によって、さまざまな課題を解決していくこと、そして今後の武蔵国の政治情勢を復元することが求められている。そのためには、遺構・遺物の詳細な観察を第一としながらも、より一層私たちが考古学の発掘現場の情報を文献史学側に的確に伝え、お互いの議論が深まっていくよう努力していく必要があると感じている。今後も学際的な研究が深まっていくための地道な調査研究を行っていきたい。

注

（1） 国立歴史民俗博物館『共同研究「古代国府の研究」』国立歴史民俗博物館研究報告第一〇集、一九八六年。同『共同研究「古代国府の研究」（続）』国立歴史民俗博物館研究報告第二〇集、一九八九年。

（2） 虎尾俊哉「律令時代の国府について—文献史学の落穂拾い—」『共同研究「古代国府の研究」（続）』国立歴史民俗博物館研究報告第二〇集、国立歴史民俗博物館、一九八九年。

（3） 国府域が広範囲に広がることは、すでに左記文献にあるように、山口辰一・荒井健治などが指摘してきたが、本書ではこれまでの膨大な発掘調査データを再検証し、国府域の具体的なあり方を明らかにしたことおよび七世紀末～八世紀初頭の国府成立期に東西約二・二キロメートル、南北一・五キロメートルの範囲に国府域が展開することを確認できたことに意義があると思っている。山口辰一「武蔵国府と奈良時代の土器様相」『東京考古第三号』東京考古談話会、一九八五年。同「第四章　考察　第二節　武蔵国府集落の展開」『武蔵国府関連遺跡調査報告Ⅶ』府中市教育委員会・府中市遺跡調査会、一九八六年。荒井健治「第四章　考察　第一節　武蔵国府における街並み復元のための覚え書き」『武蔵国府関連遺跡調査報告Ⅶ』府中市教育委員会・府中市遺跡調査会、一九八六年。同「国庁周辺に広がる集落遺構の性格について―武蔵国庁周辺の状況をもって―」『国立歴史民俗博物館研究報告第六三集』国立歴史民俗博物館、一九九五年。

（4）注（3）荒井一九九五年文献。

（5）深澤靖幸「古代武蔵国府の成立」『府中市郷土の森博物館紀要』第二三号、府中市郷土の森博物館、二〇一〇年、三二頁。

（6）鬼頭清明「国司の館について」『国立歴史民俗博物館研究報告第一〇集』国立歴史民俗博物館、一九八六年。

（7）大橋泰夫「古代国府をめぐる研究」『古代文化』第六三巻第三号、特輯：古代国府の成立をめぐる諸問題、（財）古代学協会、二〇一一年。

（8）注（6）と同じ。

（9）唯一国衙の中枢建物である東西棟大型建物跡（M69―SB1・SB7）の下層で、東に方位がふれる桁行三間以上×梁行二間の南北棟（M69―SB8、下記文献）が発掘されているが、ごく一部の調査でしかなく、他にこのような建物は発見されていない。ただし、正方位を意識した国衙中枢建物より古い建物群の存在は注視していくべきと考えている。府中市教育委員会・府中市遺跡調査会『武蔵国府関連遺跡調査報告三九　武蔵国衙跡Ⅰ』二〇〇九年、五二頁第三一図掲載。

（10）山中敏史『古代地方官衙遺跡の研究』塙書房、一九九四年、三八三～三八九頁。

（11）大林達夫「院と所―周防国府の解明に向けて・その一―」『古文化談叢』三八、九州古文化研究会、一九九七年。

（12）大橋泰夫「国府成立の一考察」『古代東国の考古学―大金宣亮氏追悼論文集』大金宣亮氏追悼論文集刊行会、二〇〇五年。同「国郡制と地方官衙の成立―国府成立を中心に―」『古代地方行政単位の成立と在地社会』奈良文化財研究所、二〇〇九年。

（13）贄元洋「国府政庁の成立年代」『吾々の考古学』和田晴吾先生還暦記念論集刊行会、二〇〇八年。同「掘立柱建物の年代決定方法について―国庁を中心として―」『日本考古学協会第七九回（二〇一三年度）総会研究発表要旨』日本考古学協会・日本考古学協会第79回総会実行委員会。同「国庁における掘立柱建物の年代決定方法」『三河考古』二三号、三河考古刊行会、二〇一三年。

（14）須田勉「古代地方行政機関の整備と画期―初期長屋王政権の対地方政策をめぐって―」『日本考古学』第一五号、日本考古学協会、二〇〇三年（のち『日本古代の寺院・官衙造営　長屋王政権の国家構想』吉川弘文館、二〇一三年所収）。

（15）島根県教育庁埋蔵文化財調査センター『史跡出雲国府跡—9　総括編—』島根県教育委員会。
（16）松村一良「筑後国府の調査」『古代文化』第三五巻第七号、（財）古代学協会、一九八三年。神保公久「筑後国府の成立」『古代文化』第六三巻第四号、（財）古代学協会、二〇一二年。
（17）大林達夫「周防国府の建物群とその景観」『国立歴史民俗博物館研究報告』第六三集、国立歴史民俗博物館、一九九五年。
（18）前橋市教育委員会文化財保護課『推定上野国府跡　平成二三年度調査報告』二〇一三年。
（19）明石新「相模国府の研究」『神奈川県立歴史博物館総合研究報告　総合研究—さがみの国と都の文化交流　Ⅱ研究報告』神奈川県立歴史博物館、二〇〇二年。同「相模国府」『古代東国の考古学Ⅰ　東国の古代官衙』高志書院、二〇一三年。
（20）金田章裕「国府の形態と構造について」『国立歴史民俗博物館研究報告』第六三集　国立歴史民俗博物館、一九九五年（のち、古代景観史の探求　宮都・国府・地割』吉川弘文館、二〇〇二年収録）。
（21）注（5）深澤文献、二八頁。
（22）このことを最初に指摘したのは、藤岡謙二郎で、その後も歴史地理学の立場から、中村太一も同様な指摘をしている。藤岡謙二郎『国府』吉川弘文館、一九六九年。中村太一『日本古代国家と計画道路』吉川弘文館、一九九六年。
（23）坂詰秀一「元慶二年の地震と武蔵国分寺」『武蔵野』第八七巻第一号、武蔵野文化協会、二〇一二年。
（24）上野国府跡でも、国庁推定地から北西約八〇〇メートルの地点から「大舘」墨書土器（八世紀前半）が出土しており、武蔵国府跡と同様な事例として注目される。註（18）文献。
（25）山路直充「京と寺—東国の京、そして倭京・藤原京」『都城　古代日本のシンボリズム』青木書店、二〇〇七年。
（26）岡田精司　「神社建築の源流—古代日本に神殿建築はあったか—」『考古学研究』第四六巻第二号　考古学研究会、一九九九年など。
（27）川原秀夫「官衙に集う人々」『埼玉考古学会シンポジウム坂東の古代官衙と人々の交流』埼玉考古学会、二〇〇二年。
（28）荒井健治「武蔵国府における古代の衢」『古代考古学フォーラム二〇〇八　古代地域社会の衢（チマタ）をめぐる諸問題』帝京大学山梨文化財研究所・山梨県立博物館、二〇〇八年。
（29）盤古堂・野村不動産『武蔵国府関連遺跡調査報告　プラウドシティ府中建設に伴う事前調査』二〇〇八年。

(30) 平川南「古代地方都市論」『国立歴史民俗博物館研究報告』第七八集、国立歴史民俗博物館、一九九九年。
(31) 注(25)と同じ。
(32) 近年、武蔵国府跡でも、国衙東方約一・九キロメートル離れた清水が丘地域で、八世紀末~九世紀初頭とされるL字形カマドを持つ竪穴建物跡が発掘されている。西野善勝「古代武蔵国のL字形カマド―出現の背景をめぐって―」『東京考古』二八、東京考古談話会、二〇一〇年。
(33) 深澤靖幸「武蔵国府・国分寺跡出土の「多上」・「多下」文字瓦をめぐって」『村田文夫先生還暦記念論文集　地域考古学の展開』二〇〇二年。
(34) 山口辰一は、八世紀前葉(N2期)に至り、武蔵国府跡で北武蔵系の土器群がきわめて多量に出土することから、武蔵国庁・国衙(国府)の造営が本格的に始まったことに伴う県北地域を中心とする北武蔵地域の人々の直接の移動を示すものと考えた(注(3)山口一九八五年文献)。確かに、国庁・国衙を含む国府の本格的な造営段階では、一時的に多量の人々が国府へ徴発されてきたことは間違いないが、山口も同文献で、埼玉県北地域からの移動を主に取りあげたのは、南武蔵のなかにあって北武蔵系の土器の違いが明確に目立つからであって、南武蔵の各地区からも人員の徴発が行われたと指摘しているように、南武蔵地域の各郷からの人員徴発も考えるべきである。ただし、その考証は、郷名墨書土器などの文字資料が出土していない以上、山口も述べているように、丹念に南武蔵型坏や落合型坏などの在地の土師器の出土状況などの考古学の検討が欠かせない。
(35) 津野仁「古代鉄鏃からみた武器所有と武器政策」『栃木史学』第一六号　國學院大學栃木短期大学史学会、二〇〇二年。
(36) 津野仁「古代社会の生業をめぐる諸問題　趣旨説明」『日本考古学協会二〇一一年度栃木大会研究発表資料集　シンポジウムⅢ　古代社会の生業をめぐる諸問題』日本考古学協会二〇一一年度栃木大会実行委員会。
(37) 中村順昭「律令制下の国郡衙の職員構成」『古代王権と祭儀』黛弘道編、吉川弘文館、一九九〇年。同「律令制下の国府とその職員」『國史学』第一五六号　国史学会、一九九五年。
(38) 山中敏史「地方都市の出現」『古代史の論点三　都市と工業と流通』小学館、一九九八年。荒井健治「竪穴建物と「刀筆の吏」―武蔵国府の竪穴建物居住階層―」『坂詰秀一先生古希記念論文集考古学の諸相Ⅱ』坂詰秀一先生古稀記念会編、二〇〇六年。

（39）　国史大辞典編集委員会編『国史大辞典』第一三巻、「武蔵国」所収地図、一九九二年。

（40）　注（23）と同じ。

（41）　武蔵国府跡においては、十二世紀代の遺構は非常に少ないが、第七八九次調査（府中市教育委員会・府中市遺跡調査会『武蔵国府の調査』三五、二〇〇七年）で祭祀遺構が発見されている。今後の調査事例の増加が待たれる。

初出一覧

序章

第一節　「東国国府の景観と道路網」『白門考古論叢Ⅱ　中央大学考古学研究会創設四〇周年記念論文集』中央考古会・中央大学考古学研究会、二〇〇八年の一章および「特輯『古代国府の成立をめぐる諸問題』に寄せて」『古代文化』第六三巻第三号、（財）古代学協会、二〇一一年を改稿。

第二節　「コメント　古代武蔵国府跡研究の成果と課題」『国史学第一五六号』国史学会、一九九五年および「第二編第二章　武蔵国府の景観と国府の民」『新版　武蔵国府のまち・府中市の歴史』府中市教育委員会、二〇〇六年を改稿。

第三節　「2　武蔵国府跡出土土器編年における南多摩窯跡群の須恵器編年」『八王子市史研究』創刊号「南多摩窯跡群須恵器編年の暦年代検討」二〇一一年を改稿。

第一章

第一節　「例会報告　国史跡　武蔵府中熊野神社古墳の調査とその意義」『考古学雑誌』第九三巻第一号、日本考古学会、二〇〇九年。本節は、筆者が執筆して、塚原二郎と連名で発表した右論文をもとに、共同発表者である塚原の承諾を得て、その後の見解を補足して執筆したものである。特に、上円下方墳の築造企画である一段目（下方部）・二段目（下方部）・三段目（上円部）の比率が「1：√2：2」とする見解は、塚原二郎の発案である。

第二節　「七世紀における多摩川中流域左岸の古墳と集落―古墳の造られた時代から国府の時代への転換―」『多摩のあゆみ』第一三七号、たましん地域文化財団、二〇一〇年を改稿。

第三節　「終末期古墳の動向と国府の成立」『文化財の保護』第四五号、東京都教育委員会、二〇一三年を改稿。

第二章

第一節　「武蔵国府の成立」『古代文化』第六三巻第三号「特輯　古代国府の成立をめぐる諸問題」（財）古代学協会、二〇一一年を改稿。
第二節　国立歴史民俗博物館共同研究「古代地域社会の実像」平成二十五年度第一回研究会「古代武蔵国府の機能と役割～国府と周辺集落跡の検討から～」二〇一三年をもとにした新稿。
第三節　「古代武蔵国府域の空間構成―円面硯・畿内産土師器・須恵器盤類の検討から―」『多知波奈の考古学―上野恵司先生追悼論集―』橘考古学会、二〇〇八年。
第四節　「武蔵国府関連遺跡出土墨書土器の基礎的検討」『府中市郷土の森博物館紀要』第一五号、府中市郷土の森博物館、二〇〇二年。
第五節　「盤状坏の出現とその背景―武蔵国府関連遺跡出土事例の検討から―」『吉岡康暢先生古希記念論集　陶磁器の社会史』吉岡康暢先生古希記念論集刊行会、二〇〇六年。

第三章
第一節　「古代地方官衙における「社」に関する一考察―武蔵国府跡発掘の方形区画遺構の検討から―」『白門考古論叢稲生典太郎先生追悼考古学論集』中央大学考古学研究会・中央考古会、二〇〇四年。
第二節　「武蔵国府・国分寺の景観と人的構成―竪穴建物群の検討を中心に―」『坂詰秀一先生古稀記念論文集　考古学の諸相Ⅱ』坂詰秀一先生古稀記念会、二〇〇六年。
第三節　「東京都の古代生業」『日本考古学協会二〇一一年度栃木大会　研究発表資料』日本考古学協会二〇一一年度栃木大会実行委員会、二〇一一年を改稿。
第四節　「古代の郡と郷の領域と国府の景観―国府所在郡としての武蔵国多磨郡の検討から―」『国史学会平成二四年度大会研究発表』二〇一二年をもとにした新稿。
第五節　「東国国府の景観と道路網」『中央大学考古学研究会創設四〇周年記念論文集　白門考古論叢Ⅱ』中央大学考古学研究会・中央考古会、二〇〇八年を改稿。
終章　新稿。

あとがき

二〇数年前、府中市に奉職して初めて担当した大規模な発掘調査現場が府中駅南口第二地区の市街地再開発事業に伴う事前調査であった。当該地は、武蔵国府の中枢施設である国衙の至近に位置していたこともあり、武蔵国府の実態を現場で知るうえでまたとない貴重な機会となった。今でもその現場でお世話になった方々とのつながりは自分にとって人生の貴重な糧となっている。それから一〇年ほどは、職場の先輩方に支えられながら、大都市東京の市街地の真ったただなかという国内有数の過酷な発掘現場を経験させていただき、古代の地方都市・武蔵国府跡の圧倒的な発掘資料と対峙してきた。

筆者は、古代武蔵国府跡の発掘調査を担当して、文献史料では捉えることができない国府の実態を考古学的に検討するとともに、武蔵国の古代社会における国府の役割やその位置づけを明らかにすることを目標としてきた。そのなかで、国府とは、古代律令国家の出先機関としての官庁としての機能だけでなく、武蔵国の政治、経済、文化の中心としての機能を有した古代の地方都市と位置づけるべきと強く思うようになった。

その後、自分なりに、膨大な武蔵国府跡の発掘資料と向き合い、少しずつではあるが、武蔵国府跡の遺構・遺物に関する研究を蓄積してきた。そのなかで、武蔵国府の発掘成果は、日本の国内でも有数のデータが得られているが、まだまだ知らない人がたくさんいる。この成果をもっと多くの市民（国民）に知ってもらうために、より一層の努力をしていくことが、私たち武蔵国府跡の発掘調査に従事する者の使命であることを強く認識するようになった。しかしながら、発掘調査面積約四〇万平方メートル、調査件数が千数百か所に及んでいることもあって、武蔵国府の全体像をつかむまでに一〇年以上の歳月を要した。近年では、ようやく武蔵国府跡の発掘データをもとに、他国の国府跡との比較検討や国府周辺の集落遺跡の検討という比較研究にも着手できるようになってきたと思う。

大学院時代には、福田健司氏に、大変ご迷惑をおかけしながらも、考古学の原点は遺構・遺物の詳細な観察であり、発掘現場で獲得するあらゆる情報を基礎にした研究姿勢が大事であることを叩き込まれた。その福田氏に「日々の雑事に追われていてはだめだ。二〇代のうちに優れた論文を発表するよう頑張りなさい」と言われたことがいつも頭に残っており、励みになっていた。今回、その倍の時間がかかってしまったが、四〇代で何とか自分なりの研究成果をまとめることができ、うれしく思っている。

また、合田芳正、池上悟両氏をはじめとする中央大学考古学研究会の諸先輩には学生時代以来お世話になっている。特に、本書全体の構成に関する考え方は、井上尚明氏からのご教示が元になっており、氏の博士号学位論文『古代東国社会の成立と展開』も参考にさせていただいた。

本書の作成にあたっては、昭和五十年から三十八年に及ぶ武蔵国府跡の発掘調査に対してご理解、ご協力をいただいた府中市民、事業者および調査に従事された多くの方々の積年の努力に基づいた発掘調査の成果をもとにしている。それらの皆様方にまずは謝意を申しあげたい。さらに、府中市奉職以来格別のご指導を賜ってきた立正大学名誉教授で府中市遺跡調査団長の坂詰秀一先生、府中市の発掘調査や資料の取扱いについて、新人の時から懇切丁寧にご指導いただいてきた雪田孝氏、荒井健治氏、塚原二郎氏、中山真治氏をはじめとした府中市役所・府中市遺跡調査会の関係者の皆様、厳しいながらも的確なご指導をくださる府中市郷土の森博物館の深澤靖幸氏、いつも図版等の作成でお手を煩わせ、本書に掲載するための図版の再作成にも快くご協力を賜った野田憲一郎氏、大学院時代から現在まで種々ご教示をいただいている青木敬氏、いつも国府全般にわたってご教示・ご指導くださる山中敏史、大橋泰夫の両先生には、心からお礼申しあげたい。さらに、古代武蔵国の歴史を考える上では、古代武蔵国研究会の故村山光一先生、吉村武彦先生をはじめとする諸先生方からのご教示が欠かせないものであった。

私が幼少の頃から憧れていた考古学を生業とするきっかけを作ってくださった恩師である國學院大學教授の吉田恵二先生にもお礼申しあげたい。

また、本書の編集にあたりご尽力を賜った、同成社の佐藤涼子・三浦彩子両氏に対しても、深謝いたします。

本書は、私が公私ともに大変お世話になっている東京大学大学院教授の佐藤信先生にご推薦いただき刊行されたものである。佐藤先生に心から感謝の意を表す次第です。

最後に、私事ながら、研究への道に進むことを許し支えてくれた亡き父、今も私の仕事を陰ながら支えてくれている母、兄、妻、そして三人の子どもたちへの謝意も添えさせていただきたい。

二〇一三年十二月

江口　桂

古代《こだい》武蔵《むさし》国府《こくふ》の成立《せいりつ》と展開《てんかい》

■著者略歴■

江口　桂（えぐち　けい）

1966年　愛知県に生まれる
1988年　中央大学文学部史学科国史学専攻卒業
1990年　國學院大學大学院文学研究科博士課程前期修了
同　年　府中市教育委員会に勤務
現　在　府中市文化スポーツ部ふるさと文化財課長
主要論文
「武蔵国府の成立」『古代文化』第63巻第3号（特輯：古代国府の成立をめぐる諸問題）2011年、および同特輯（上）・（下）責任編集。「東日本における古代四面廂建物の構造と特質」『第15回　古代官衙・集落研究会報告書　四面廂建物を考える』奈良文化財研究所研究報告第9冊、2012年。

2014年5月31日発行

著　者　江　口　　桂
発行者　山　脇　洋　亮
印　刷　藤　原　印　刷　㈱
製　本　協　栄　製　本　㈱

発行所　東京都千代田区飯田橋4-4-8
（〒102-0072）東京中央ビル　㈱同成社
TEL 03-3239-1467　振替 00140-0-20618

ISBN978-4-88621-667-0 C3321

同成社古代史選書

①古代瀬戸内の地域社会

松原弘宣著

三五四頁・本体八〇〇〇円

【本書の目次】
第一章　瀬戸内海地域の郡領氏族／第二章　伊予国の立評と百済の役／第三章　西本六号遺跡と諸国大祓の成立／第四章　久米氏についての一考察／第五章　古代の別(和気)氏／第六章　瀬戸内海の地域交通・交易圏／第七章　法隆寺と伊予・讃岐の関係／第八章　久米官衙遺跡群の研究／終章　瀬戸内海地域の特質と展開

②天智天皇と大化改新

森田　悌著

二九二頁・本体六〇〇〇円

【本書の目次】
第一章　大化改新前史（皇位継承／政治課題／海外交渉）／第二章　中大兄皇子とその周辺（中大兄皇子と皇位継承／間人皇后／大海人皇子と額田王／中大兄皇子と学問・思想）／第三章　乙巳の変と大化改新（乙巳の変／東国国司／大化改新詔（一）／大化改新詔（二）／大化改新詔（三）／大化改新詔（四）／風俗改廃の詔）／第四章　天智天皇朝の施策（甲子の宣／近江令／皇室制度）／第五章　天智天皇の死とその後（天智天皇の死／二つの皇統意識）

③古代都城のかたち

舘野和己編

二三八頁・本体四八〇〇円

【本書の目次】
古代都城の成立過程―京の国からの分立―［舘野和己］／京の成立過程と条坊制［吉野秋二］／平安京の空間構造［山田邦和］／古代地方都市の〃かたち〃［前川佳代］／大寺制の成立と都城［竹内亮］／中国における都城の理念と東アジア［佐原康夫］／中国古代都城の形態と機能［齊東方］／中国都城の沿革と中国都市図の変遷―呂大防「唐長安城図碑」の分析を中心にして―［妹尾達彦］／中国古代都城の園林配置に関する基礎的考察―都城外苑を中心として―［北田裕行］

④平安貴族社会

阿部　猛著

三三〇頁・本体七五〇〇円

【本書の目次】

⑤地方木簡と郡家の機構

森　公章著

三四六頁・本体八〇〇〇円

【本書の目次】

⑥隼人と古代日本

永山修一著

第三六回南日本出版文化賞受賞

二五八頁・本体五〇〇〇円

【本書の目次】

⑦天武・持統天皇と律令国家

森田　悌著

二四二頁・本体五〇〇〇円

【本書の目次】

⑧日本古代の外交儀礼と渤海

浜田久美子著

二七四頁・本体六〇〇〇円

【本書の目次】

序章　外交儀礼研究の課題（問題提起／二つの研究史／ほか）／第一章　外交儀礼の形成（律令国家の賓礼受容／賓礼の受容と渤海国書）／第二章　外交儀礼の確立と展開（『延喜式』にみえる外国使節迎接使／年期制の成立とその影響）／第三章　漢詩文にみる渤海使（弘仁六年の渤海使／弘仁十二年の渤海使）／第四章　日渤外交の終焉と外交儀礼（寛平・延喜年間の日渤外交／渤海滅亡後の外交認識）／終章　古代国家の外交儀礼（藤原仲麻呂による唐礼継受／桓武朝における儀礼の再編／ほか）

⑨古代官道の歴史地理

木本雅康著

三〇六頁・本体七〇〇〇円

【本書の目次】

序章　古代官道研究の成果と課題（駅路の研究史／伝馬制とは何か／ほか）／第一章　宝亀二年以前の東山道武蔵路（武蔵国府及び第一駅―第二駅／第二駅―第三駅／ほか）／第二章　下野国都賀・河内両郡における古代駅路（三鴨駅―下野国府／下野国府―田部駅／田部駅―衣川駅）／第三章　下野国那須郡を中心とする古代官道（新田駅と芳賀郡家への伝路／新田・磐上駅間の東山道／ほか）／第四章　下野国の古代伝路（安蘇・都賀郡家と伝路／芳賀郡家と伝路／塩屋郡家と伝路／ほか）／第五章　出雲国西部の古代駅路（黒田駅―宍道駅／宍道駅―狭結駅／ほか）／第六章　福岡県小郡市西島遺跡5周辺の歴史地理―古代道路を中心として―（西島遺跡5周辺の古代道路／基肄駅の位置について／ほか）／第七章　豊前国京都・仲津両郡における古代官道（田河駅―多米駅／多米駅―築城駅／多米駅―到津駅／ほか）／第八章　肥前国彼杵・高来両郡における古代官道（『延喜式』駅路について／『風土記』当時の駅路について／ほか）／終章　武蔵国中・北部における古代官道と鎌倉街道（古代官道と鎌倉街道／武蔵路と鎌倉街道上道／武蔵国府から所沢市東の上遺跡まで／ほか）

⑩日本古代の賤民

磯村幸男著

【本書の目次】

序章　賤民史研究の視角（賤民史研究の捉え方と課題／日本古代の奴婢について―〝家人的形態〟ということ―）／第一章　東大寺奴婢帳の研究（官奴司の東大寺への貢進／東大寺の奴婢集積―諸国買取貢進奴婢と寺家買取奴婢―／大宅朝臣可是麻呂の貢賤について）／第二章　地方における賤民の展開（戸籍・計帳に見る大規模家族の奴婢集積／古代村落における階層分化についての一考察／観世音寺の奴婢について）／終章　日本古代の賤民

二四〇頁・本体五〇〇〇円

⑪飛鳥・藤原と古代王権

西本昌弘著

【本書の目次】

第Ⅰ部　飛鳥の陵墓と寺院（第一章　斉明天皇陵の造営・修造と牽牛子塚古墳―建王・間人皇女・大田皇女の合葬墓域として―／第二章　建王の今城谷墓と酒船石遺跡／第三章　川原寺の古代史と伽藍・仏像―筑紫観世音寺との比較を通して―）／第Ⅱ部　藤原京造営の諸問題（第四章　高市大寺（大官大寺）の所在地と藤原京朱雀大路／第五章　岸俊男氏の日本古代宮都論／第六章　大藤原京説批判―十二条八坊説への回帰―／第七章　藤原京と新益京の語義再考）

二三六頁・本体五〇〇〇円

【近刊】

⑫古代王権と出雲

森田喜久男著

二二四頁・本体予価五〇〇〇円